麦肯锡学院

麦肯锡原则

成就全球顶级公司的11条经验

THE FIRM

The Story of McKinsey and
Its Secret Influence on American Business

[美] 达夫·麦克唐纳 著 刘书博 译
Duff McDonald

机械工业出版社
CHINA MACHINE PRESS

北京市版权局著作权合同登记　图字：01-2021-1988 号。

图书在版编目（CIP）数据

麦肯锡原则：成就全球顶级公司的 11 条经验 /（美）达夫·麦克唐纳（Duff McDonald）著；刘书博译 .—北京：机械工业出版社，2023.12（2024.6 重印）

书名原文：The Firm: The Story of McKinsey and Its Secret Influence on American Business

ISBN 978-7-111-74673-7

I. ①麦…　II. ①达…　②刘…　III. ①企业管理 – 经验 – 美国　IV. ① F279.712.3

中国国家版本馆 CIP 数据核字（2024）第 026201 号

机械工业出版社（北京市百万庄大街 22 号　邮政编码 100037）

策划编辑：白　婕　　　　责任编辑：白　婕　　张　楠

责任校对：孙明慧　　梁　静　　责任印制：张　博

北京联兴盛业印刷股份有限公司印刷

2024 年 6 月第 1 版第 3 次印刷

147mm × 210mm · 14.375 印张 · 3 插页 · 278 千字

标准书号：ISBN 978-7-111-74673-7

定价：89.00 元

电话服务		网络服务
客服电话：	010-88361066	机　工　官　网：www.cmpbook.com
	010-88379833	机　工　官　博：weibo.com/cmp1952
	010-68326294	金　　书　　网：www.golden-book.com
封底无防伪标均为盗版		机工教育服务网：www.cmpedu.com

Praise

赞誉

“入山问樵，入水问渔”，无论一个人要成为优秀的咨询师，还是一家企业想要导入管理咨询的好工具、好方法来促进高质量可持续发展，让资深的管理咨询从业人士来推荐，麦肯锡的经验和方法都排在不同推荐名单的第一位。“涉浅水者见虾，其颇深者察鱼鳖，其尤甚者观蛟龙”，市面上关于麦肯锡的中文书多如牛毛，但本人认为由刘书博老师翻译的这本书是其中最值得一读的“尤甚者”。这得益于原著的大视野、大格局下的深邃洞见，更得益于刘书博老师深厚的企业管理理论素养、扎实的中英文水平和矢志不渝推动管理咨询助力中国的赤子情怀。

——刘剑锋博士，正略咨询前合伙人、正略中央研究院前副院长

这本书浓缩了麦肯锡这家成功的咨询公司关于成功的 11 条经验，每一条经验背后都凝聚了大量的成功案例，让我感受至深的是要构建企业的知识生态圈，员工既是知识的受益者，又是知识的生产者，即 Prosumer，Prosumer = Producer + Consumer。这在智能时代尤为重要，因为每个企业都必须学习如何差异化地生产与使用知识。

——钱自严，维信集团首席财务官，浙江大学客座教授

麦肯锡是德勤在咨询业务领域的主要竞争对手，阅读任何有关麦肯锡的书对一名德勤合伙人来说都是“偷师学艺”。对于各位有志于从事咨询服务工作或已经从事咨询服务工作但不在“麦府”上班的朋友，这本书是值得“偷师”阅读的，因为它为我们介绍了麦肯锡从成立至今将近 100 年的发展壮大历程，为我们展示了那些令人称道的咨询业绩是如何达成的，为我们描绘了优秀的专业咨询服务公司的领导合伙人在关键时刻是怎样做决策的。我的“学艺”心得是，这本书介绍的每一条“麦肯锡原则”都是业内人士甚至更广阔的商业界的学习标杆。

——吴卫军，德勤中国副主席，香港中文大学客座教授

一家成功公司背后的景象引人入胜、发人深省……这本书回溯了麦肯锡的崛起过程，同时提出了一个需要所有咨询师和咨询公司反思审视的问题：你们的工作到底创造了什么价值？

——安德鲁·罗斯·索尔肯，《纽约时报交易录》

市面上也有其他写这家美国典范性公司的书，但是这本书所提供的内容最新且全面，对历史的展示也清晰而有趣。

——《华尔街日报》

通过专业的素材整理展示，麦克唐纳塑造出一个令人信服的案例：不管是好还是坏，麦肯锡已成为 20 世纪美国商业的典范。

——《彭博商业周刊》

这是一本令人敬佩的书，它提出了有关麦肯锡未来的棘手问题。

——《经济学人》

本书印证了麦肯锡一位同事对公司前董事总经理罗恩·丹尼尔（Ron Daniel）的描述——“这人圆滑得能在你脸上溜冰，而且不留痕迹”，非常具有可读性。

——《金融时报》

达夫·麦克唐纳这本写世界上最大的咨询公司麦肯锡的书，应该作为全球有使命感的商业教练的必读书。

——《商业标准报》

本书可读性强，历史回溯充满洞见……达夫·麦克唐纳的叙事清晰、引人入胜，审视了麦肯锡的影响和所产生的价值。

——博客批判网

达夫·麦克唐纳用轻松愉悦的笔调书写了麦肯锡的光荣过往，书中的商业流行语令人耳目一新，人物刻画深刻，他生动地讲述了精彩传奇。

——《环球邮报》(多伦多)

本书精彩描述了麦肯锡的崛起过程。如果你想知道什么样的组织文化让这家公司变得如此卓越和成功，读读这本书吧。

——利雅卡特·艾哈迈德，普利策奖得主，《金融之王》的作者

在这部可读性很强的商业史著作里，达夫·麦克唐纳让我们以一种从未有过的深入内部的视角去了解当今最富有智慧、最重要的公司之一，这是其他记者从未做到过的。麦克唐纳用他那直白的讲述方式和富有洞见的分析揭开了麦肯锡成功背后的秘密，也提供了让公司向善向好的宝贵经验。

——杰米·戴蒙，摩根大通 CEO

麦肯锡是世界上最有影响力、最为神秘的公司之一。它如此著名，同时又很少真正被人了解，而达夫·麦克唐纳通过出色的探究，优雅地揭开了它的神秘面纱。感谢麦克唐纳。

——威廉·D. 科汉，《最后的大佬》《纸牌屋》《高盛如何统治世界》等畅销书的作者

我读了这本书，这是本好书。

——鲍达民，麦肯锡前全球管理合伙人，加拿大前驻华大使

达夫·麦克唐纳的新书介绍了麦肯锡公司的创始人，以及麦肯锡如何悄然影响美国商界长达数十载，分析了这家公司巨大的成就和同样令人惊讶的失败。正如麦克唐纳所说，这家公司最伟大的成功正是公司本身。如果你想要了解商业世界如何真正运作，这是一本重要读物。

——贝瑟尼·麦克莱恩，《纽约时报》最佳畅销书《群魔乱舞》的作者

麦克唐纳写了麦肯锡公司的权威历史，并通过麦肯锡揭示了市值数十亿美元的管理咨询行业。这是一部有关浪费人才的心碎传奇。

——菲利克斯·萨尔蒙，路透社财经博主

一部及时地、快节奏地描述这个核心商业组织功与过的著作。

——《柯克斯书评》

麦克唐纳的这本书发人深省，不但清晰描述了麦肯锡成长的编年史，而且情节跌宕起伏，充满了公司权力游戏的恩怨情仇。

——《出版人周刊》

Foreword

推荐序

第一次读到 *The Firm* 是在 2015 年夏天，我当时服务的咨询公司在新加坡开亚太区合伙人会，逛书店时偶然翻到了它，一下子被内容吸引。过去我也看过一些批评管理咨询行业和管理理论大师，或者咨询从业人员离开行业之后对职业经历见闻进行自嘲的书（这些书的名字在此书中多有提及），然而，像这本书这样对管理咨询行业的标杆麦肯锡，搜罗了如此翔实、丰富、横跨世纪的“黑材料”，却是闻所未闻。实际上，我读完这本书后，不但没有因为这些麦肯锡的“黑历史”而对其产生负面感觉，反而更加深刻地认识到了为什么现代商业社会需要管理咨询服务，为什么麦肯锡以及管理咨询行业塑造了欧美当代资本主义。

从我初次读到 *The Firm* 到今天过了快十年了，其间我在写作博客文章时多次引用这本书里的内容，例如，顶级咨询公司里咨询师“非升即走”(up-or-out) 的职业发展模式是怎么来的？又例如，20 世纪 80 年代末、90 年代初，当整个管理咨询行业都被新兴的 ERP 信息系统所改变时，为什么麦肯锡没有进入信息技术实施咨询领域？这些故事在国内鲜为人知，同时引出了一个问题：中国能否产生有麦肯锡的规模和社会影响力的管理咨询公司?

过去近十年里，麦肯锡在全球的生意并没有受到这本书的影响，相反，它的人员和营收规模在这段时间里成倍增长，从两万人增长到超过四万人。麦肯锡所代表的顶级管理咨询服务是企业服务中的奢侈品，它的人均营收大约是 40 万美元，而全球最大的咨询公司埃森哲尽管员工数量超过 70 万，人均营收却只有大约 10 万美元。麦肯锡在全球的主要竞争对手，波士顿咨询公司和贝恩咨询公司，本着“你有我也有”的原则，提供与麦肯锡几乎一样的服务内容，业务规模也和麦肯锡保持着同样的增速。

中国出现管理咨询行业的时间也不短了：麦肯锡、波士顿咨询公司都于 20 世纪 90 年代中期随着对外开放进入中国市场，科尔尼咨询公司、罗兰贝格、埃森哲、IBM 等国外著名咨询公司也纷至沓来。今天中国 GDP 占到了全球 GDP 总量的接近 20%，而从营收规模来看，麦肯锡、波士顿咨询公司、埃森哲这些咨询公司在中国的营收占其全球营收不到 5%。那么是不是中国本土出现了国外品牌的替代呢？答案是否定的。根据中国企业联合会发布的中国管理咨询行业公司排名，这个行业非常分散，营收规模很小，没有出现绝对领先的公司，稍有规模的咨询公司在对中国经济的影响力、知识的创造性方面，跟麦肯锡在欧美社会的地位不可同日而语。那些挂着管理咨询牌子的中国公司实际上不少是培训公司，真正做管理咨询的，在服务内容、人才发展、商业模式、合伙人机制上，和国外管理咨询行业也有很大区别。

这本书从麦肯锡的百年成长史的视角，反映了欧美管理咨询行业的发展历程。

第一阶段是从 20 世纪初行业萌芽到第二次世界大战前后的时期，主要以泰勒、福特的“科学管理”“效率管理”为主要服务内容，解决生产效率提升和薪酬分配公平之间的矛盾，缓和劳资关系。

第二阶段是第二次世界大战后到 20 世纪 70 年代，随着经济起飞，欧美公司的规模急剧扩张并开始全球化，管理咨询以企业集团的组织设计、管理控制体系为主要服务内容，公司提升的关注点从操作层效率转移到管理者效率，管理咨询开始聚焦大型企业的 CEO 议题，麦肯锡正是在这个阶段脱颖而出。

第三阶段是 20 世纪 80 年代，此时出现了战略咨询，以波士顿咨询公司、贝恩咨询公司崛起为代表，CEO 议题从运营效率向前瞻性的业务方向转变——选择什么业务跑道、在什么样的价值链环节去竞争、建立什么样的竞争优势，亦即“企业战略”。

第四阶段是 20 世纪 90 年代，随着信息技术的发展，公司以 ERP 作为工具来提升运营效率、开展组织变革和业务创新，四大会计师事务所（实际上早期是八大、六大）开始全面介入管理咨询行业，直到今天管理咨询已经成为这些传统会计师事务所的业务大头。

21 世纪以来可以算作第五阶段，互联网和高科技快速发展，风险投资和资本市场活跃，全球地缘政治多变，使得公司价值管理、数字化转型、人工智能应用、全球化和逆全球化、ESG 等课题成为管理咨询的新重心。尤其是新冠疫情后期，全球管理咨询业务产生了爆发式增长，2021 年，几乎所有头部管理咨询公司都宣布了激进的业务增长计划。

从以上发展历程来看，麦肯锡的成功有三个关键因素。

1. 社会和经济的发展

现代管理理论驱动的管理革命造就了管理咨询行业，而现代管理理论深深影响了20世纪上半叶欧美资本主义——“经理人资本主义”改变了之前欧美社会自由资本主义和垄断资本主义所存在的固有问题，艾尔弗雷德·钱德勒说的“看得见的手”弥补了亚当·斯密的“看不见的手”带来的社会缺陷；“受薪经理人”而非拥有企业的资本家成为企业管理的中心，使管理咨询应运而生，咨询师扮演着帮助经理人与董事会、员工、股东以及其他社会利益相关者建立良好沟通、不可或缺的重要角色。

2. 商业模式

麦肯锡以及其他咨询公司的商业话术是“解决企业最关键、最困难的挑战和问题”，这意味着它们将企业的CEO议题作为唯一的商业目标，此书中多处描述了麦肯锡在其发展过程中对这个信念产生摇摆又不断纠偏的过程。因而，麦肯锡的组织文化、利益分配和做生意的方式都围绕这种模式展开。

3. 品牌和人才的奢侈品特质

为了支持超越平凡的服务价格，又让客户感知到非凡的价值，麦肯锡通过多年的实践，展示了服务行业奢侈品的成功经营特质，包括人力资源稀缺性、特立独行的品牌神秘感、卓越的交付品质控制和刻意的反实用性等。

回到前面的命题，无论社会经济背景还是奢侈品商业文化，中国社会和欧美社会在传统上都有较大区别，因而，尽管中国出现管理咨询行业已经有30多年，消费品领域的奢侈品品牌方兴未艾，但在企业服务领域中，产生麦肯锡这样的顶级品牌还困难重重。

此书给中国的企业管理者、管理咨询从业者以及商业史研究者提供了非常宝贵的素材，并且引导大家思考，中国要产生“本土的麦肯锡”，究竟条件是什么，机会又在哪里。我认为，中国“本土的麦肯锡”的崛起之路，一定不会是简单复制 80 年前马文 · 鲍尔和他的团队的成功，而是要根植在中国的社会制度和文化里。

陈果

波士顿咨询 Platinion 前董事总经理、

IBM 咨询前全球执行合伙人、

怡安翰威特咨询前全球合伙人

georgechen2005@gmail.com

The Translator's Words
译者序

麦肯锡的专业精神

数千年来，一直都存在各种各样的咨询师。中国古代法家的代表人物韩非子，就可以称为一位咨询师。而在现代商业世界，作为专业咨询公司的麦肯锡则占据了多个“第一”：它是第一家将科学方法切实地应用于组织管理的咨询公司，率先用假设、数据和证明的方法来解决商业问题；它是第一家把赌注押在年轻人身上而不是经验上的公司；它是第一家接受真正全球化挑战的公司。麦肯锡在全球聚集了众多人才，它可能拥有全世界最有影响力的人才群体。

麦肯锡的影响力无处不在：20 世纪 20 年代的效率主义浪潮、40 年代的战后企业集团化、50 年代的理性化机制设计与营销崛起、60 年代的企业影响力提升、70 年代的美国重组和战略崛起、80 年代的信息技术快速发展、90 年代的全球化、21 世纪初期的互联网泡沫形成与破灭等，这些都有麦肯锡的身影。

今天，麦肯锡在全球 40 多个国家有 80 多个分支机构，近万名咨询师，年收入 30 多亿美元。

在麦肯锡工作意味着你拿到了通往全球各地的门票。它是商学院培训的最好和最后一站，是事业发射台，是无与伦比的职场简历出品站。麦肯锡的咨询师是管理专家、成本削减的快刀手，也是企业变革的催化剂。他们是商人中的商人，是企业的上层精英，一个深藏不露的团体，远离窥探的目光，为世界上的知名企业做幕后工作。同时，麦肯锡又是一家不爱打广告的公司，它从不公开谈论客户，从不吹嘘，行事低调，外界常常只感受到它的光芒，对它知之甚少。

麦肯锡为咨询行业提供了专业主义的标准，让咨询师这一职业富有吸引力。

它究竟是怎么做到的？我们需要在公司的历史中寻找答案。

“知识就是权力”

麦肯锡的开端是典型的美国风格：自我创造。美国的商业史就是由那些自信满满地去开辟新道路的人书写的。亨利·福特找到了一种大规模生产汽车的新方法。史蒂夫·乔布斯知道让计算机从办公室进入家庭蕴藏着巨大的机遇。杰夫·贝佐斯很早就看到了互联网的潜力，并将零售业带入了以太空间。詹姆斯·麦肯锡（James O. McKinsey）则告诉那些有钱有势的人，他们有什么地方做错了。

麦肯锡由美国芝加哥大学商学院教授詹姆斯·麦肯锡于 1926 年在美国创建。从一开始，詹姆斯·麦肯锡就想方设法地让自己的公司充满知识色彩——他和合伙人拥有多个大学学位，不但在大企业，而且在大学有着深厚的人脉。重要的是，詹姆斯不满足于做纸上谈兵的学究，他想要学以致用，用理论知识创造现实价值。

詹姆斯·麦肯锡所著的两本书——《管理会计》和《企业管理》，奠定了麦肯锡的思想与知识方法论。前者教学生们怎样利用会计数据解决商业问题。他认为，使用传统的数据记录有可能对公司的命运施以更大的控制力，包括建立标准流程（怎样完成事情，应该向谁报告信息）、财务标准（用来判断运营效率）和运营标准（包括非财务措施，如质量等）。在今天的商科学生看来，这种综合性的方法是一目了然和理所当然的。但在当时，通过定期和严格的公司业绩报告来规划、指导、控制并改进决策质量的设想显得非常新颖。

后者包含了麦肯锡《通用调查大纲》(General Survey Outline)的雏形，它以长达 30 页的篇幅介绍了系统全面地了解一家公司的方法论：从财务状况到组织结构，再到竞争定位。到了 20 世纪 30 年代初期，它成了麦肯锡咨询师工具箱的一部分。

詹姆斯·麦肯锡发明了新的知识标准，拓宽了问题领域，进而确定了新的行业价值。他和同时代人颠覆了流行已久的泰勒主义——他们不再把焦点放在组织结构底部的一线工人身上，而是放到了日益壮大的科层制组织中的白领和高层管理人员身上。泰勒主义科学实验般严谨的态度主张，也是麦肯锡推销策略的重要组成部分。麦肯锡借用了工程学的措辞，在“无私的专家”（也就是在资本和劳动力日益激烈的斗争中不选边站队）领域建立管理权威，并帮助管理层在劳资关系中最终获得主导地位提供了正当理由。

可以说，麦肯锡代表的是一个新兴知识行业、一种技术专家与技术官僚的文化权力。麦肯锡的咨询师不仅是掌握专业知识的技术专家，还是先进管理理念的“传教士”。伴随着麦肯锡的咨询师将知识与管理时尚传递到各行各业，他们手中的权力也越来越大。他们的到来往往预示着一场组织变革。他们提供的专家建议，往往决定着组织员工的职业命运。同时，麦肯锡也在知识构建方面大显身手。它是优秀的标准学习者和时代的感知者，更是面向实践的学术型老师，构建新理论、新概念、新方法，以解决新的现实问题。

在这个意义上，麦肯锡不仅仅提供咨询服务，也是老师——“传道，授业，解惑”。树立权威、掌握权力，不可不察教育。

在半个多世纪以前，美国的商学院就一直在苦苦探索自身的专业合法地位并寻求社会的认可，就如同当时的咨询行业一样。麦肯锡建立起了一个良性循环机制，让公司与商学院成为利益共同体。

哈佛商学院是麦肯锡长久以来的好伙伴，麦肯锡为哈佛商学院的实践导向案例教学理念保驾护航，助力哈佛的 MBA 获得社会认可，帮助这所商学院建立起持久而真切的威望。作为回报，哈佛商学院成了麦肯锡公司的御用预科班，培养出一批批提前植入麦肯锡公司价值观和处世原则的合格毕业生与公司新生力军。它俩一起奠定了“职业经理人”阶层与“咨询师”行业的合法性，以及 MBA 教育的长盛不衰。

职业精神

麦肯锡构建了新的知识，也为咨询这个新行业注入了专业主义，树立了一种职业价值与精神。

作为公司的创始人，詹姆斯·麦肯锡是个不折不扣的工作狂，他基本上不回家，对生意之外的人（甚至家人）都冷若冰霜。商学院会计学教授的背景让他带着强烈的目的性思维：他加入了许多地方俱乐部，但这么做只是为了建立生意往来，而非中意俱乐部本身的社交乐趣或出于个人爱好。

而詹姆斯·麦肯锡的继任者马文·鲍尔（Marvin Bower）却是一个“以人为本”的领导者。在鲍尔看来，会计师是受规则束缚的工蜂，而咨询师是自由的思想家，其视野和创造力远超资产负债表等会计报表。鲍尔领导下的麦肯锡从数据出发，逐渐加入价值观与愿景。鲍尔确定了麦肯锡的精神气质。

更重要的是，鲍尔一直以创立一种新的职业精神为己任。他是麦肯锡职业化与专业化道路的设计者与建设者。

“职业化”一直是创业期的麦肯锡追求的事情。那时候咨询公司良莠不齐，皮包公司很多，甚至有人宁愿说自己在夜总会里弹钢琴也不愿告诉妈妈自己是咨询师。

在职业化的过程中，麦肯锡有意模仿传统行业的职业做法，比如会强调专业化的语言、专业化的举止。此外，鲍尔是一个“外貌协会会员”：在外表上构建一种“高级感”的职业身份特征。比如，麦肯锡引领了商务穿着的风尚。黑色袜子、蓝色西装套装，还有白色衬衣。这套与高端客户往来时的穿衣规范也被 IBM 和其他咨询公司所效仿。就连向来看重穿衣打扮的欧洲同行看到了麦肯锡的咨询师，都惊叹他们看起来是如此年轻且成功的专业人士。鲍尔对麦肯锡咨询师的穿着要求极为严格，正装三件套一样不可少：深色西装、礼帽和吊袜带。鲍尔还要求员工穿着长筒袜，因为他对任何情况下袒露出来腿毛都深恶痛绝。

鲍尔编写了《公司工作基础与培训指南》。这本手册的内容涵盖了咨询师工作的方方面面，从花钱报销的流程到与客户通信的礼仪规范。同年，麦肯锡推出了“读书计划”，要求从助理顾问级别起，员工都要完成读书任务并写出阅读报告，每一个麦肯锡咨询师都要像翻书机器一样快速阅读。

麦肯锡要求每个员工每年阅读至少 15 本书，阅读报告要作为作业交给领导。如果你觉得这些阅读量对工作繁忙的咨询师来说太大了，那我可以告诉你，对于公司培训手册中的要求来说，这只能算是速读能力技术初级水平的要求。麦肯锡咨询师说：“对于我们的工作来说，每个人都要练习——从短时间有效的快速阅读再到长时间阅读，阅读的速度会逐渐提升。最好不要逐字去读，而是一目十行地泛读。”如果一个人的速读能力不行，甚至会对他的工作安全产生影响，“如果你没有及时上交阅读报告，那会引起公司合伙人的注意”。

此要求显示出鲍尔对麦肯锡咨询师的专业能力的评价标准：你不能仅仅在一个领域做细节工匠，更应该是好奇心旺盛、自学能力出众的博雅通才，拥有高超的现实问题解决能力和超乎常人的知识信息储备。

除了专业的外表与能力，专业主义更加需要职业精神的内涵。加入麦肯锡，绝不是要“稻粱谋”地混口饭吃而已。鲍尔一直强调，咨询师并非眼中只有钱和利益的雇佣军，而是要有正直和信念、职业精神、身份价值、社会意义。

鲍尔为麦肯锡的咨询师确立了五条职业原则：第一，置客户利益于公司利益之上；第二，坚持诚实、正直与可信任的最高标准；第三，为客户公司内的私人与机密信息保密，为客户内部个人的敏感性建议保密；第四，保持建议的独立性，随时准备告诉客户高层我们看到的事实，即使与高层设想的不一致，甚至影响到我们的收入与关系；第五，只接受我们有能力胜任并可以为客户创造价值的事情。

鲍尔不是一位高高在上的领导者，在他 60 年的麦肯锡的职业生涯中，有 17 年担任总裁，更多的时候他只是一位咨询师——身先士卒，研究客户的重大管理问题，提出独立的专业建议。鲍尔的个人工作方式成为专业精神最生动的注释，他坚持以绝对的诚实与直率面对客户。

有一个有关鲍尔的广为流传的小故事。在一次与一家重要客户的会议中，项目组向管理层陈述主要发现与思路，客户 CEO 是一位极端的专制独裁者，他不停地打断报告，于是鲍尔跳起来发飙："先生，这家公司的根本问题就是你本人！"之后，死一般的沉寂，当然，麦肯锡失去了这家客户，可鲍尔就是这样坚持的。

高高在上的高管阶层经常因为不够了解一线业务和市场前沿而饱受诟病。针对此问题，麦肯锡创造了一套积分访谈系统，对客户内部不同层级的员工进行广泛访谈，并把收集到的信息进行汇总提炼后呈现给高管参阅。在此过程中，麦肯锡并不只把自己看作报信人和信息桥梁，它是军师一样的建言者。

早在 20 世纪 40 年代，鲍尔开始推行一项做法，那就是麦肯锡给的建议，客户必须充分接受和执行，否则就不再继续合作。在麦肯锡的传闻中，也不乏咨询师在利益和专业做法冲突的时候选择放弃利益、坚守原则的故事。

不为金钱折腰，显示出麦肯锡的专业范儿。

对于麦肯锡而言，鲍尔既是统帅，又是操练教官。他高瞻远瞩，为公司确定了发展方向，同时在细节上一丝不苟、下足功夫。这是做任何事情的成功之道。广告行业的传奇人物大卫·奥格威（David Ogilvy）曾经这样评价："据说，如果你给我的朋友鲍尔寄去了一封制作精美的婚礼邀请函，那么这位麦肯锡的杰出人物会把邀请函的内容修改完善后退还给你。"

以个人榜样作领导是鲍尔的信念，他反对传统的以命令与控制为手段的层级制领导模式。1992 年，退休的鲍尔总结了他领导麦肯锡的经验与毕生对有效领导的思考，写了《麦肯锡本色》。在鲍尔所构筑的领导力的理想国里，领导者依靠信任，以自身为榜样，说服并激发人们思考与行动，从上到下的领导力完全替代层级制的命令与控制。

鲍尔知道他的描述只是一个理想国，地位、权力与位居人上的观念在人类的意识中是如此根深蒂固，领导力与层级制将是一场永久的斗争，但他深信以榜样作领导，激发人的自尊与自信、精神与意志，这是正确有效的领导方式。

有人这样评价鲍尔："他不仅仅是在说这些信条，他确实是这样做的，这是最有效的教育方法。"正如《论语》所言，"政者，正也""其身正，不令而行；其身不正，虽令不从"。

鲍尔不仅仅是位好领导，更是位好老师。他培养的麦肯锡人，在离开麦肯锡之后都称自己为麦肯锡校友。校友进入各大行业公司担任 CEO，也保证麦肯锡的服务和理念继续有人买单。麦肯锡的追随者将管理方式、改革理念等咨询建议产品升华，认为能够使用麦肯锡的产品就是一种"先进性"，代表自己迈向了光明正确的未来，也让麦肯锡的专业性有了社会认可的土壤。

与时俱进

20 世纪美国商业组织展开了一场前所未有的激进扩张。在 1895—1904 年的大合并热潮中，也涌现出了此前从未见过的大量企业实体：1800 家公司“压缩”成了 157 家巨型企业，包括美国钢铁、美国棉业、美国烟草、通用电气、美国电话电报公司（AT&T）等经济的中流砥柱。

与此同时，一个既非资本也不是劳动力的新经济角色——职业经理人出现了。这个新生群体渐渐地取代了第一代创始人的角色，成为美国企业的托管人。职业经理人成为麦肯锡的完美客户：由于缺乏对所管理组织的实际所有权的“合法地位”，职业经理人在展示自己所使用的先进技术的过程中会感到巨大的压力。

此外，当时的美国，巨型企业集团的规模大到连自己内部的管理者都难以驾驭。鲍尔和他的同行们为管理者提供了全新的管理工具和技术。这也是美国企业长达数十年的所有权与控制权分离历程的开始，在这场拉锯战中，咨询师成为职业经理人的得力盟友，而且这位盟友并不会与职业经理人抢饭碗。

麦肯锡不仅仅提供具体问题的具体解决方案，也在给予职业经理人群体工作的合法性。在这段历史中，麦肯锡发展得如此顺利，以至于它这个名字成为一种符号价值——仅是聘用它便能达到预期的效果。2009 年，出版巨头康泰纳仕（Condé Nast）聘请麦肯锡，以展示自己要在开支上削减 30% 的真实意图。公司的员工们全盘接受，他们知道这次老板是来真的了。

职业经理人与麦肯锡联手拉开了“管理资本主义”时代的序幕。

麦肯锡的“识时务”能力不仅体现于此，它在时代变迁中还展示出了**非凡的适应能力**。它开创了西方资本主义历史上最灵活的商业模式之一：客户面对什么问题，麦肯锡就卖什么解决方案；客户在哪里，麦肯锡就去哪里。

对于面临剧烈变化的行业，无论是金融还是制药，麦肯锡都是企业 CEO 们离不开的称职军师。在每一次大变革（从资本市场的放松管制，到新技术和全球化的扩散）中，麦肯锡都发挥了作用。不管企业遇到了什么问题，麦肯锡总能拿出补救方案。

一般来说，组织规模越大，其思维就会越固化，路径依赖也会越显著，那么麦肯锡这家有着近百年历史的大型企业是怎样做到活力常驻、把握时代脉搏的呢？这支常胜队伍的组织能力基础是什么？

制度基础

麦肯锡采用的是集中民主制，它的自我管理合伙人模式既帮助公司避开了独裁领导模式的陷阱，又让公司找到了与时代相契合的领导者。在鲍尔时期，麦肯锡的领导人就开始建立麦肯锡“统一性”的精神，让它规避了为争夺内部利益和瓜分金钱而产生的组织内斗与政治冲突。

当然，林子大了，什么鸟都会有。大公司员工里出现无耻之徒，这不仅是一种可能性，更是一种必然。比如，麦肯锡前董事总经理拉贾特·古普塔（Rajat Gupta）因涉嫌内幕交易罪被判入狱两年。在位期间，古普塔也令麦肯锡的价值观出现了偏移，由理念至上变成了金钱至上，急于把品牌声誉和价值观变现。

面对问题，麦肯锡进行了自我审视。一位前董事反思：“古普塔从未真正体现过鲍尔的价值观。他更像是一只商业动物。这就是他起初加入高盛董事会时没人感到惊讶的原因。这也是为什么人们对他的恨意如此强烈——他们明明看到了结果，却未能出面亲手阻止。他们在古普塔在位期间只顾着各自印钞票，而现在他们都感到愧疚。”

反思与愧疚，也促使麦肯锡的合伙人们选出新一任董事总经理，进而让组织在偏离航线之后回归正途。问题的出现并不可怕，可怕的是组织制度没有纠错能力，组织文化让人们对问题视而不见、避而不提。

人才基础

麦肯锡能够在知识产业中保持长青，还在于它对优秀的年轻人有着无与伦比的吸引力：一批批潜质出众的年轻人加入，公司将他们塑造成志同道合的员工，组建出一支干劲十足的咨询师队伍。

它依靠淘汰那些无法被塑造的人来实现这一目的。在麦肯锡，最重要的工作就是对员工加以塑造。它对年轻人的筛选也非常残酷，他们本来是学校里最聪明的人，可是干了两年就突然被麦肯锡扫地出门。但如果你成功地跻身合伙人的队伍，就相当于加入了一个幸存者精英俱乐部。

在某种意义上，麦肯锡解决了一个难题：说服人们为了一种超越自我的崇高感，可以拼命为公司效力。没有哪家竞争对手可以建立起如此的凝聚力，激发事业激情。麦肯锡的集体感规训仪式虽然不至于像日本那样，让员工们手拉着手在早会上高唱励志歌曲，但是效果也差不太多——世界上竟有一群这么聪明有想法的人为同一家公司效力。

麦肯锡会告诉你，它在人才管理上的成功没有什么“秘密”——它建立的基础是对招聘和培训的不懈关注，严格的同僚审查，聚焦于人对组织的贡献，而非为赚到多少咨询费邀功。麦肯锡的招聘过程之复杂，堪比招募宇航员。

麦肯锡对人工作能力的要求，也不仅仅是技术分析能力，还包括：

（1）经验式知识——知道什么知识理论技术工具对应解决什么类型问题。

（2）对现实中现象的敏锐度和知识构建能力。

（3）乐于思辨，求知若渴。

（4）能够看到社会的相互关联性，具有社会责任感和公益意识。

这些选人标准可谓苛刻，但是一旦入了麦肯锡的法眼，就会获得充分的组织支持，除了丰厚的工资奖金，还有快速崭露头角的机会：麦肯锡更加看重年轻有潜力，而不是资历经验，这也非常符合美国文化特色，与日本的论资排辈形成鲜明对比。

麦肯锡还奉行一套“非升即走”的制度，目的是让组织流水不腐、活力长存、枝叶常青，但是公司并不是让离开的校友自生自灭，麦肯锡品牌的光环和强大的校友网络让校友的发展有所保证，还有非常高的 CEO 转化率。

从知识到“智识”

麦肯锡明白顺应大势，站在风口。它顺应企业“现代化”和组织变革的潮流，将自己推出的管理建议放到大时代的背景中和当时的流行理念中：科学管理、组织变革、文化与领导力、信息技术、互联网时代。

不仅仅是跟上时代，更是引领时代，麦肯锡有强大的人才储备，从中走出时代的弄潮儿。

咨询师吉姆·罗森塔尔（Jim Rosenthal）和胡安·奥坎波（Juan Ocampo）撰写了《信贷证券化》（*Securitization of Credit*），这本书如地图一般指引着花旗银行和大通曼哈顿银行度过了南美债务危机；汤姆·彼得斯（Tom Peters）的《追求卓越》将美国式管理艺术和文化管理推向新的影响力高度；大前研一（Kenichi Ohmae）在麻省理工学院获得核工程博士学位后加入麦肯锡，他成名于麦肯锡日本分公司，在日本被称为“管理之神”；赫伯特·亨茨勒（Herbert Henzler）的麦肯锡德国分公司曾一度为德国 30 强企业中的 27 家提供服务，他直接转变了欧洲人对咨询行业的认识。

鲍尔为公司奠定了集体一致性，以及低调行事、博雅通识的精神内核，导弹科学家出身的麦肯锡合伙人弗雷德·格鲁克（Fred Gluck）则进一步推动了麦肯锡的“智识化”进程，开始建设麦肯锡自己的专业领域知识库。在后工业时代，麦肯锡的客户需要的不再仅仅是具体的工具技术，还有具有“专业智识”的整体思路和战略洞见，那些明星咨询师所展示的就是麦肯锡强大的知识创造能力。

不仅如此，麦肯锡组织内部有一种“知识生态圈”，成员不仅了解麦肯锡知识库里有些什么，还了解麦肯锡里有谁擅长这些专业领域。它显示出一种前所未有的“共同大脑”优势，一种未曾言明的组织共识也逐渐形成：如果你是精耕于零售行业的物流专家，而一位你从没见过、主要为制药公司工作的合伙人打电话询问你的建议，你肯定会乐于帮助对方。对同事乐于奉献和能够奉献的声誉，是麦肯锡咨询师在公司发展的个人资产。同事们不断相互学习、相互借鉴、相互认可，在此过程中，这种分享精神也真正地融入了公司文化。

阴暗面

在很长的时间内，咨询行业的增长已经超过了经济的增长。批评者认为，咨询行业存在一个根本问题：它对企业增长和创新的贡献能否证明自己有理由在经济蛋糕中占据越来越大的份额？有人认为，商业时尚是否具备真正的价值，这个问题并不重要。咨询公司看到了市场需求，并设法满足它，商业不就是这样吗？

企业来找咨询公司，通常是遇到了自己解决不了的问题，麦肯锡的咨询师几个月内就能弄清眉目，拿出可行方案，说明他们解决问题的能力很强。

不了解麦肯锡的人可能会以为，咨询师们这么擅长解决问题，那他们一定是行业资深人士，商业经验要比遇到问题的客户丰富。可实际上，很多麦肯锡的咨询师非常年轻，他们一毕业就加入麦肯锡。

换一种说法，麦肯锡有一条完美的员工个人成长之路：公司招聘的是年轻无经验且便宜的劳动力，然后让客户来为这些员工的成长买单。

事业成功的聪明人也往往更加自负骄傲。比如曾在麦肯锡任职、后来成为安然丑闻主角之一的杰夫·斯基林（Jeff Skilling）。有同事回忆起他时这样评价：“他自以为聪明的傲慢程度超出了人们的想象……他曾告诉《商业周刊》，自己在工作或生意上从来没有不成功过，从来没有。”

斯基林代表的是一部分人，他们急切渴望得到世俗的成功和认可，同时他们惧怕失败。他们竭尽所能达到各种优秀的标准，却对于自主性成长缺乏思考，对社会共同体缺乏责任感，也就是我们所说的“精致的利己主义者”。麦肯锡给了这些人一个证明自己能力的机会，这群人的存在也导致在咨询行业的金字塔领域，弥漫着一种傲慢与自私的气氛。

另外，管理世界从来不是客观的，而是充斥着意识形态的观念之争和权力的游戏。

作为技术专家的麦肯锡咨询师成了道德层面的仲裁者，他们信奉管理主义，这与极端现代主义一样，试图用科学或分析技术预测所有事情的未来，进而对社会与组织的方方面面施加控制。

尤其是面对争议性问题，有了麦肯锡专家的“专业知识”，就可以用科学分析的说服力让复杂的社会简化为独立清晰的变量因素和客观的统计数据，让以此为基础的决策变得毋庸置疑。比如，麦肯锡在很多国家和地区成为裁员的代名词，也成为高管高薪制度的始作俑者和维护者。麦肯锡用其知识专业性和权威性换来了自己高昂的咨询费用，也和高管达成了一种秘而不宣的共谋。咨询师帮助构建了高管阶层的特权地位，让商业文明中更多了一些贪婪与“丛林法则”。

此外，不用负责的决策，也就是外部咨询师的建议，会让人变得缺乏责任感和同理心。裁员过程暴露了一个批评者们至今仍能从大多数咨询师身上看到的缺陷：尽管他们在商业环境中靠着自己的高智商往上爬，但在对待人的方面往往有所欠缺。

麦肯锡向世界普及的管理标准和管理方式有其负面作用：它虽然强调价值观和体面，但是自己成了客户公司裁员浪潮和高管薪资高企的幕后推手。这就是“重组”“缩小规模”“合理化”一类的词语进入现代商业词汇库的原因，它们全都是裁员的委婉托词。管理咨询或许为公司的账目底线或高管的银行账户带去了价值，但很少让基层员工受益。

结语

美国资本主义如今或许正承受着压力，但美国现代管理技术——麦肯锡对其开创与传播都发挥了作用——却以其创新能力和强大的实力而著称。麦肯锡能成为代表一个行业的传奇，绝不是偶然。麦肯锡好运地赶上了时代的潮流，它也有较强的外部适应性，**更重要的是，它成长出坚实的内在基础——专业精神**。它从创立之初走到现在，一直都有明确坚实的目的。鲍尔倾注一生推崇的客户价值与职业精神的信条已经融入并成为这家公司的基因。麦肯锡人开辟了一个新的行业领域：他们不是银行家、会计师，也不是律师，而是专业的思考者。

《经济学人》如此评价：“麦肯锡过去几十年的成功在业界赢得的不仅是极高的声望，还是神话般的光环。”这些思想精英汇聚成全球最具影响力的管理智库，他们创造的管理科学与方法对现代企业运作影响深远，无可比拟；全球最大的 500 家企业中有 2/3 是他们的客户，这些工商业巨子的高层决策与运作直接受他们影响；这里还是全球最大的 CEO 学校，成千上万的麦肯锡校友在各个领域担任要职，延续影响。

专家知识、经济实力和社会网络资源相互叠加产生一种马太效应。

毫无疑问，麦肯锡让企业界变得更有效率、更理性、更客观，更以事实为基础。除此之外，它对社会有多大程度的贡献呢?

尽管麦肯锡已经在全球家喻户晓，但是它的影响力似乎并未赶上时代步伐——苹果、谷歌、脸书、特斯拉等，这些硅谷走出的创新先锋，它们所代表的科技未来和新商业价值，似乎对青年一代更加具有吸引力。

如今的麦肯锡是一家真正的全球性企业，鲍尔时代那种小规模白人精英俱乐部模式早已成为历史。客户对麦肯锡十分信任，麦肯锡的专业精神也因此承受着压力，这些无法量化的东西正是麦肯锡崛起的秘密和最为宝贵的资产。

Preface

前言

麦肯锡神秘的魅力

从商学院的毕业礼堂走出片刻，杰米·戴蒙（Jamie Dimon）就确定了自己的职业：咨询师。但之后的这段职业经历并未打动他，他对此工作的评价也不高。“就是管理的替补职能，”我在潜心给他写个人传记时，他告诉我说，“这类似‘好管家认证’。它是耍政治手腕，如果你做了一个（错误的）决定，你可以说，‘这不是我的错，是他们的错’……我认为咨询师会变成企业的一种疾病。”戴蒙日后当上了摩根大通（JPMorgan Chase）的董事长兼 CEO，他也因带领这家银行走出了 2008 年华尔街金融的废墟而被人誉为世界顶级的银行家。但是摩根大通四年后的交易造成了逾 50 亿美元的损失让他有些颜面不保，他也不得不承担起失败的责任——破天荒地改变了他对咨询的看法。“大多数咨询服务不值那个价，”他说，“但麦肯锡——好吧，是有真材实料的。”

2012 年，面对怎样缩减政府规模的提问，曾做过咨询师的来自共和党的总统候选人米特·罗姆尼（Mitt Romney）对《华尔街日报》的编委们说：“至少我会设立一些架构，在麦肯锡的指导下把它落实到位。”看到听众们诧异的样子，他补充道：“我不是在开玩笑。我可能会引入麦肯锡。”

在商业领域经营了近一个世纪后，麦肯锡取得的成就包括（但不限于）：早在罗姆尼竞选总统很久之前，就对白宫的权力结构进行过重塑；通过大规模企业重组指导了第二次世界大战结束后欧洲的重建；协助发明了条码；改革了商学院；甚至创造了把预算作为管理工具的理念。

最重要的是，麦肯锡的咨询师帮助企业和政府开创并维护了很多企业行为，而这些行为塑造了我们所生活的世界。他们成了最高决策层不可或缺的一部分，在这个过程中，他们成了我们这个时代最伟大的商业成功故事的主角之一。当代商业以知识经济和白领工作为特色——坐在摩天大楼和产业园区空调办公室里那些操控信息的知识型工作者创造出世界上最大的经济价值。这一切都离不开麦肯锡的推动和引导，而它也从中受益，并确定了自身的影响力和地位。

但与此同时，麦肯锡也曾犯过一连串严重的失误，如果是规模较小的咨询公司，可能早已一蹶不振。通用汽车公司陷入绝境的时候，麦肯锡咨询师们就在现场。凯马特陷入混乱的时候，麦肯锡是这家零售商的顾问公司。它还把瑞士航空公司推向了最终导致其崩溃的方向。麦肯锡在安然公司丑闻中也扮演了重要角色，而且在世纪爆雷发生之前，它一直向安然公司收取巨额的咨询费。这些客户还只是倒霉地上了头条的那一部分。还有很多公司曾向麦肯锡支付高额的咨询费，但得到的建议却欺骗了股东，导致了不必要的裁员甚至破产。然而，咨询师们很少因为自己糟糕的建议受到指责，至少不曾公开受到指责。

出乎意料的是，麦肯锡获得了无处不在的影响力，虽然它展示出的矛盾比《圣经》里的还要多。它很有名，但人们对它几乎全无了解。很少有麦肯锡咨询师在外界得到高度的赞誉。他们被人信任，也被人猜忌；被人喜爱，也被人厌恶。他们既自命不凡，又甘心身居幕后。他们充满信心，但也偏执多疑。对待客户他们既提供了帮助，又不乏操控摆布，甚至对待同事亦是如此。

他们究竟是做什么的？他们是管理专家、成本削减的快刀手，是替罪羊，也是企业变革的催化剂。他们是商人中的商人，是企业的上层精英，是一个深藏不露的团体，远离窥探的目光，为世界上最有权势的人做幕后工作。他们是怎么做到的？在他们自己和他人看来，他们对自身有着强烈的认同感，甚至会坚持在不必要的地方使用专有名词。对外，麦肯锡是一家咨询公司；对内，它喜欢以“The Firm”这样略带优越感的叫法自称。

• • •

但麦肯锡的故事远不止这些。它还与美国商界在20世纪的崛起和扩张息息相关，并从中体现了它在时代变迁中非凡的适应能力。美国资本主义如今或许正承受着压力，但现代美国管理技术——麦肯锡对其开创与传播都发挥了作用——却以其创新能力和强大的实力著称。今天，麦肯锡是一个全球性的成功故事，但它首先是一个典型的美国故事。

麦肯锡的奥秘之一是它跟美国非常相似，它内在有坚实的基础，外在有较强的适应性，还辅以一点传统的好运气。可以肯定的是：麦肯锡能成为一家百年公司绝不是出于偶然。它建立在明确的使命与愿景基础之上。还有人会想：它会不会只是历史的偶然，只是因为在正确的时间和正确的地点做了正确的事情才得以成功？是的，但就跟谷歌、乐高和丰田都是历史的偶然一样，它们成功了，而别的公司则跌跌撞撞地走向了灭亡。

麦肯锡的创业带着典型的美国风格：自我发明。公司的创办人是芝加哥大学会计学教授詹姆斯·麦肯锡，他于 1926 年创立了这家公司，公司的传奇领导人是其继任者马文·鲍尔。鲍尔一直以发明一种新的职业为己任，致力于帮助客户为即将到来的挑战和不确定性做好准备。当时有很多公司怀着同样的想法，有些甚至更早一些，但没人能跟鲍尔的纪律与专注相匹敌。他让麦肯锡脱颖而出，靠的不仅仅是它做些什么，更在于它是怎么做到的。小到员工的外表，大到招聘、培训、“非升即走”的人才激励政策，麦肯锡在这些方面都做到了极致。

类似于咨询师这样的工作已经存在了数千年。据说，中国古代法家的创始人、诸侯的幕僚韩非子，是人类历史上第一位咨询师。[1]然而麦肯锡仍然占据了很多个“第一”：它是第一家将科学方法切实地应用于管理的咨询公司（率先用假设、数据和证明的方法来解决商业问题），它是第一家看重年轻人的发展潜质更甚于员工经验的组织，也是第一家接受真正全球化挑战的公司。

麦肯锡在很大程度上参与了 20 世纪 20 年代的效率主义浪潮、40 年代的战后企业集团化、50 年代的理性化机制设计与营销领域的崛起、60 年代的企业影响力提升、70 年代的美国重组和战略崛起、80 年代的信息技术快速发展、90 年代的全球化、21 世纪初期的互联网泡沫形成与破灭等。如今，麦肯锡的影响力是如此深远，以至于人们很难想象没有麦肯锡的商业社会将是什么模样。

• • •

那么，麦肯锡咨询师们为全世界带来了什么样的净效应呢？这一小群理念一致的人强化了权力格局的现状，传播了美国的资本主义，在这个过程中，他们又有何得失？关于这样的问题，我们最好从几个不同的角度来回答。

他们的客户，尤其是高管和董事会成员，得到了一些极其聪明但收费高昂的参谋，在管理的茫茫暗夜中找到了一座灯塔。麦肯锡打着“最佳实践”的旗号，进行着类似于工业间谍的活动。想知道竞争对手打算怎么做吗？去找麦肯锡吧。毕竟，麦肯锡也在为其他所有公司效力。当然，反过来说，你的竞争对手也会发现你的打算，但大多数客户发现这样做是值得的。

20 世纪 50 年代，IBM 打算在欧洲扩张，它找谁来提供援手呢？麦肯锡。其他几十家公司，从亨氏（Heinz）到胡佛（Hoover），也都纷纷聘请了麦肯锡咨询师。又是谁在给欧洲经济的恢复以信心？麦肯锡让大众汽车和邓禄普橡胶（Dunlop Rubber）等公司相信，在咨询师们的帮助下，它们肯定能从几近毁灭的废墟中恢复过来。跟麦肯锡这些年轻、勤奋、努力的咨询师（他们被一位记者称为“商业哲学之王的特种部队”[2]）一起合作，客户们支付的每一美元都比在业界其他地方得到的回报要多。

麦肯锡咨询师们有一种非凡的能力，能在正确的时间出现在正确的地点。这种事情发生的次数之多，简直让人想知道他们是不是手握能够看到未来的水晶球。但事实上真相是微妙的，他们开创了西方资本主义历史上最灵活的商业模式之一：客户想买什么，他们就卖什么；客户在哪里，他们就去哪里。

麦肯锡这个名字的影响力是如此之大，以至于仅是聘用它的咨询师便能达到预期的效果。2009 年，出版巨头康泰纳仕请来麦肯锡，以展示自己要在开支上削减 30% 的真实意图。公司的员工们全盘接受。请来麦肯锡的举动不仅具有实际意义，也有象征意义。

当然，也不乏对麦肯锡的批评以及对它所做贡献的质疑。其中之一是，一旦麦肯锡进入客户内部，咨询师们便会娴熟地通过自己的工作制造出一种反馈回路，据说能缓解 CEO 的焦虑，但它实际上带来了更多的焦虑。按一位创始人的说法，咨询师们创造出一种“通往未来的道路十分明显”的错觉，[3] 并加以巧妙模糊。高管们变得太习惯有咨询师陪伴了，没了咨询师公司简直没法正常运转。这就产生了和 20 世纪 90 年代美国电话电报公司类似的局面：该公司在连续聘请麦肯锡的五年里向它支付了 9600 万美元的咨询费。

在类似局面下，咨询师的工作可能会导致一种不利于客户的潜在趋势，也就是说，长期的结果是客户变得依赖咨询师，而非独立行事。换句话说，一旦咨询师以聘任的形式把一段关系的楔子头敲进公司，通常便会想方设法地把剩余的部分也敲进去——变成所谓“来吃晚餐的男人”（来了就不准备走了）。麦肯锡其实并不为这种想法感到尴尬，而是称它为“转型式关系”，认为真正的改变只能来自长期的关系。但多年来，麦肯锡的许多客户为昂贵的漫长合约买了单，却没能得到什么回报。

• • •

至于麦肯锡咨询师们自己得到了些什么，这个问题就简单多了。他们获得了金钱、权力和声望，而且还在企业界里看起来像是在追求洞见和智慧。他们不是银行家、会计师，也不是律师，而是思考者。他们有机会冲着掌权者的耳朵窃窃私语，在不承担责任的情况下施加影响。在休斯敦的天然气公司安然的崛起和崩溃期间，麦肯锡曾是该公司前 CEO 杰夫·斯基林最为青睐的外部顾问。斯基林因他的罪行锒铛入狱，麦肯锡却基本上毫发无伤地从丑闻中全身而退。

或许最好的事情是，在麦肯锡工作意味着你拿到了通往全球各地的门票。它是商学院培训的最好和最后一站，是事业发射台，是无与伦比的职场简历出品站。只要在麦肯锡就过职，无论时间长短，都可以凭借这份令人羡慕的经历跳槽至其他公司，尤其是在麦肯锡自己的客户那里得到一份上佳工作。麦肯锡拥有一张极其成功的校友网络，把持着世界各地的高管办公室和董事会会议室。以扭转 IBM 颓势而出名的郭士纳（Louis Gerstner），最初曾为麦肯锡工作，后来跳槽到麦肯锡的客户美国运通。摩根士丹利 CEO 詹姆斯·戈尔曼（James Gorman）在麦肯锡工作了十年，然后跳槽去了自己的客户美林证券（Merrill Lynch）。这样的事情基本上每周都在发生。

当然，不是人人都走出了出色的职业生涯之路。安然的斯基林就是出身于麦肯锡的校友。因历史上最大的内幕交易 [这里指 2009—2012 年对对冲基金经理拉杰·拉贾拉特南（Raj Rajaratnam）展开的调查，此人已先一步被定罪] 而遭定罪的前董事阿尼尔·库马尔（Anil Kumar）和前董事总经理拉贾特·古普塔同样是前麦肯锡人。

你很少看到麦肯锡里有上了岁数的咨询师。跟它的共生者哈佛商学院一样，这家机构更看重年轻而非经验。麦肯锡和哈佛商学院在另一些方面也很像。对哈佛商学院毕业生来说，哈佛商学院就是哈佛商学院，没有别的任何地方可以与之比较。麦肯锡也是如此。实际上，麦肯锡的校友们，几乎在余生里都怀揣着他们的身份特殊感。这就是为什么拉贾拉特南丑闻从根本上撼动了麦肯锡，尽管这件事并未对麦肯锡的业务造成真正影响，但相对于业务，这件事对它自身形象的损害要严重得多。

· · ·

最后，它对社会有什么样的意义呢？毫无疑问，麦肯锡让企业界变得更有效率、更理性、更客观，更以事实为基础。除此之外，它对社会有多大贡献呢？

麦肯锡想让全世界都相信，它的咨询师们是传播最佳商业思维的“传教士”；他们无畏地推动企业走向未来，不仅能提高利润，还能帮助人类进步。这个看法也没问题：如果全世界最聪明、最成功的企业继续聘用麦肯锡咨询师，那本身就说明他们在创造价值。

但是，跟世界上很多大企业存在的情况一样，一些麦肯锡咨询师的表现跟雇佣军差不多——收着高额的费用，所做之事的价值令人质疑。这种情况越来越多，很难让人不注意到。最不济的时候，咨询师们被雇用只是因为雇主企业想高调地假装客观，实际上他们被当成了高管装腔作势的幌子。毫无疑问，经理们在为大幅削减成本寻找正当理由的时候，麦肯锡咨询师也是站台背书的助手，也是最方便的替罪羊与挡箭牌。尽管的确拿不出确凿的证据，但有一种明显的可能：较之现代历史上任何时期、任何地点的任何人，说大规模裁员的幕后推手是麦肯锡，都显得最为合情合理、令人信服。

就某种意义而言，麦肯锡就是咨询界的高盛，两者都把持了各自专业领域的高地，但同时也都各自具备了其他象征性意义。这就带来了一个长久以来令人纠结的问题——为它们投入的所有脑力和精力，真的抵得过相应的机会成本吗？这真的是美国最优秀、最聪明的人能够做出最有意义的贡献的地方吗？在美国经济面临 50 多年来最严峻的挑战之际，麦肯锡把目光转向了更为全球化的客户群体，它的这一举动部分解答了这个问题。麦肯锡对美国影响很深，美国除了从下往上重建之外别无他法，只可惜麦肯锡恐怕不太适合承担这一任务。

在这一点上，麦肯锡可能面临着跟美国企业一样的问题：想在竞争中处于领先地位，它是在创新之路上持续产出，还是仅依靠过去的成就就可以了？肯定是两者兼而有之，但两者各占多大比例呢？

• • •

以麦肯锡为代表的管理咨询始终是个难以说清楚的现象。一方面，这是因为理想的客户 - 咨询师关系是这样的：在工作完成、支票兑现之后，咨询师几乎可以立刻退居幕后。另一方面，双方最初买卖的到底是什么东西？答案存在一定的模糊性。

一言以蔽之，麦肯锡推销的是自己的见识、比客户看得更清楚的能力。这么做一次不是什么了不起的成就，因为不管是在商业还是其他地方，解决许多问题都要靠全新的视角。但这么做了近一个世纪，无疑是一项艰巨的任务，而麦肯锡显然已经做到了。

当企业CEO聘用麦肯锡时，他知道自己雇用了一些最聪明、工作最努力的人，值得为他们打开企业的支票本。洞察力可能——而且也经常——来自做到极致的分析，世界上再也没有比麦肯锡人更优秀的分析师队伍了。他们似乎总是能置身行动现场：2012年，麦肯锡在中国的业务是它增长最快的领域之一。

但CEO聘用麦肯锡的时候，还看重它的影响力和权力，因为麦肯锡与企业、政治或其他领域最高层的决策制定密切相关。麦肯锡的前董事总经理拉贾特·古普塔坐在高盛董事会会议室里处理内幕消息，真的没什么好意外的。有时候，真正重要的无非是你认识谁，而麦肯锡认识所有人。

不论怎样，麦肯锡可能代表着全世界最有影响力的人才群体。它是怎样在我们大多数人毫无察觉的情况下获得并保持这种影响力的，只是麦肯锡故事的一部分。本书想要讲述的是伴随着如此大的影响力，麦肯锡自20世纪20年代创办以来的所作所为。

Contents

目录

01 第一章

成功创业的秘诀

詹姆斯·麦肯锡成功地创建了麦肯锡这个影响了商业历史的百年公司，靠的是无与伦比的自信、专心致志与持之以恒的态度，以及知道何时打破规则的洞察力。

从伽玛到湖滨大道

美国的商业史就是由那些自信满满的人所书写的故事：亨利·福特知道自己找到了一种大规模生产汽车的方法，史蒂夫·乔布斯知道电脑从办公室进入家庭这一转变中蕴藏着巨大的商机，亚马逊的杰夫·贝佐斯很早就看到了互联网的潜力，并将零售业带入了以太空间。

詹姆斯·麦肯锡的自信与有形的事物无关。你的生意有问题吗？让他看一看，他很有信心能帮你弄清该怎么办。不仅如此，他还承诺会告诉那些有钱有势的人，他们什么地方做错了。正是基于这两个信念，他创办了这家日后全世界最有权势的咨询公司。它有胆识，能创新，就这个意义而言，它是一家独特的并且推动塑造了商业历史的美国企业。

1963年，麦肯锡在一封信中写道："过去的15年里，我花了相当多的时间去说、去做那些本该由其他人说和做但他们迟迟不愿说、不愿做的事情。我认为，这是我自己的哲学偏好导致的，我形成了某种用逻辑方式思考的倾向，一旦我通过思考得出某一结论，我就很难忍住不说。此外，如果该结论明确表明需要采取行动，我总觉得，努力将行动付诸现实，是我所做的贡献。因此我认为，我这一生注定要做一些让人觉得我咄咄逼人、冷酷无情的事情了。"[1]

没错，人们的确是那么看他的。但他们也认为，当碰到看似无法解决的问题的时候，应该向他寻求帮助，他能让走上歧途的价值几十亿美元的业务回到正轨。尽管麦肯锡的早逝让他来不及充分展示这份事业的发展，但这个来自奥扎克的农场小子已经在事业道路上跑了很远，[2]他过世时已经成为那个时代最受人尊敬的商人和创新家之一。他不仅理解了正在按自身形象重塑美国社会的巨头企业的需求，还预见了这些需求，帮助企业解决了它们未曾意识到的问题。

一切从会计开始，麦肯锡帮它摆脱了例行公事般的沉闷簿记，把它重新构想成为一种战略管理工具。他是个直言不讳的人，用自信的气质激励他人跟随自己的指引。他对企业管理重新做了定义，让它不再是管理官僚机构的日常事务，而是想象未来并为之准备劳动力。他很早就开始倡导通过裁员和其他削减成本的途径，拯救陷入困境的企业。他运用所有这些设想（当然还有更多其他的设想），最终建立了日后全球最有权势的咨询公司——麦肯锡，并让它成为最强大的商业专营机构之一。

麦肯锡生于1889年密苏里州的伽玛（Gamma），父母分别是詹姆斯·麦迪逊（James Madison）和玛丽·伊丽莎白·麦肯锡（Mary Elizabeth McKinsey），他在一座只有三间房屋的乡下农舍长大。小时候，他就凭借自己的数学天赋崭露头角。早期一位传记作者说，麦肯锡的高中校长曾聘他教自己学校的老师们代数，[3]不过另一位传记作者则说，他只是教其他学生，并没有教老师。[4]不管故事里是怎么说的，教书显然是他早年间的热情所在，而且看起来还将成为他毕生的职业。1912年，他从密苏里州沃伦斯堡州立师范学院毕业，获教育学学士学位。他认为自己首先（也最主要）是一个能为他人授课的人。

见过他的人都说他“很有存在感”：身高一米九，性格直率。他也很固执：哪怕大学期间曾一度丧失视力，他仍无视医生让他戒掉雪茄否则有可能再次失明的告诫。[5]医生说了什么已经无关紧要，总之一句话，麦肯锡拒绝改变自己的行为。

师范学院只是他漫长教育历程的起点，日后，他还在费耶特维尔的阿肯色大学获得法学学士学位，在圣路易斯大学边学习边教授簿记，还拿到了芝加哥大学的哲学学士学位。和他那个时代的大多数年轻人一样，第一次世界大战让他走了一段弯路。1917 年，他应征入伍；他从二等兵干起，第二年就被提拔为军械部中尉，并跟战争物资供应商一起踏遍美国全境。[6] 他见到的一切让他大感震惊：作为一个注重秩序的会计，他无法忍受供应系统的低效和混乱。这里迫切需要专业的管理，但到哪里去找专业的管理人员呢？

29 岁退伍后，麦肯锡继续充实着自己的学历清单。短短 10 年间，他获得了芝加哥大学的会计学硕士学位，被任命为该大学的会计学助理教授，并加入了乔治·弗雷泽（George Frazer）教授的弗雷泽和托贝特会计师事务所。他的学术事业持续发展。1923 年，他被任命为美国大学会计教师协会的副会长，1926 年，他成为芝加哥大学的商业政策教授。

最后这份工作首次流露出麦肯锡的事业野心：他知道会计不仅仅是簿记——数字不光可以揭示利润和损失、资产和负债，还可以揭示整个企业的故事和它可以完成的事业。当时人们只把会计视为对过去的记录，麦肯锡将它掉了个头瞄准未来，把它变成了一种有效的管理工具。

麦肯锡结识了来自艾奥瓦州苏城的爱丽丝·路易斯·安德森（Alice Louise Anderson），当时她正在芝加哥大学上麦肯锡教授的会计课。才上到第二节课，爱丽丝就告诉他，自己要退课，因为感觉从他身上什么也学不到。[7] 她的大胆直率赢得了麦肯锡的心，两人于 1920 年结婚。1921 年，她生了一对双胞胎男孩：罗伯特和理查德。

但麦肯锡的人生以事业为重，而非家庭。他的儿子罗伯特的记忆里麦肯锡是个不称职的父亲，并在自己乏味的成长过程中留下了不少伤疤。尽管麦肯锡快到 40 岁时变得非常富有（他曾租下一座拥有马球场的夏季农场，最终还搬到了芝加哥湖滨大道 1500 号街区的一个精英社区），但他不曾给孩子们买过玩具，因为他觉得这些是“无关紧要”的东西。[8]

他是个基本不回家的工作狂。他曾说，自己所有的午餐、一半的早餐和 1/3 的晚餐，都是陪潜在客户吃的。[9]就算偶尔在家，他也不允许孩子们在他“工作”的时候打扰他。虽然他能够表现得热情而和蔼可亲，但他只为了工作这样做。他对文学和文化不感兴趣。他加入了许多地方俱乐部，但他这么做只是为了建立生意往来，而非中意俱乐部本身的社交乐趣或出于个人爱好。

关于麦肯锡的个人生活，我们就知道这么多，但有几点值得强调：首先，麦肯锡发现，一家公司的秘密可以从它的财务账目中发现。他自豪地写了一些关于预算和预测的细节的书，因为他相信只有严格遵守这种“基于事实”的分析，一家公司才能真正发挥其潜力。然而，他的门生马文·鲍尔后来将麦肯锡公司跟会计这一形象划清了界限，把它定义成了一种跟会计截然不同的模样。在鲍尔看来，会计师是受规则束缚的工蜂，而咨询师是自由的思想家，其视野和创造力远超资产负债表等会计报表。鲍尔领导下的麦肯锡公司从数字出发，逐渐加入事业志向与发展愿景。

其次，麦肯锡自身的成功经历吸引了一群与他有相同人生目标的人——脱离寒门，变得有钱有地位。麦肯锡追求成功靠的是将专心致志、持之以恒与知道何时打破规则结合起来。他很早就决定，他要通过对掌权者说真话来获得权力。“他泰然自若，”曾在20世纪30年代与麦肯锡共事的威廉·纽曼（William Newman）写道，“身上没有留下奥扎克穷孩子的痕迹，半点儿也没有。他少时贫寒，我想这给他留下了深刻的印象。他渴望成功，但也想要拥有金钱，他想要有钱随便花的满足感。”

美国世纪

1941年，时代公司的出版商亨利·卢斯（Henry Luce）在《生活》杂志的一篇社论中创造了“美国世纪”一词。他形容的是第二次世界大战爆发之前美国在全球经济和政治上的主导地位。但卢斯的形容并不夸张：实际上美国世纪早在几十年前就已经开始了。

19世纪中叶和后半叶，全美铁路的兴建和电报的普及，帮助创造了全世界第一个真正的“大众”市场。如果一位企业高管志向高远，他的公司就不必只为本地客户效力。只要拥有必要的资金或手段，搞定组织的安排和后勤事务，它就可以服务于整个北美大陆，甚至更远的地方。

经济历史学家艾尔弗雷德·钱德勒（Alfred Chandler）在其影响深远的著作《规模与范围》（*Scale and Scope*）中记录了

日后被称为第二次工业革命的重大变革。这本书的书名，指的便是美国企业在（制造）规模和（流通）范围方面同时发生的革命。这两场革命使美国在一代人的时间里从农业社会变成了工业强国。1870 年，美国的工业产值占到了世界的 23%；到 1913 年，这一比例跃升至 36%，超过了英国。[10]

到 1920 年，全美只有 1/3 的家庭能使用电，只有 1/5 的家庭有抽水马桶，[11] 就在这时，这个国家的商业机构却展开了一场前所未有的激进扩张。这带来了一个此后一直困扰着商界领袖的难题：如何发展壮大，同时又保持对企业的控制。从由小业主运营的、只生产一种产品的作坊，变成一家大规模的复杂的全国性企业，是一项棘手的任务。第一，你必须建造足够大的生产设备，以达到预期的规模经济。第二，你必须投资开展全国性的营销和流通工作，确保销售范围有望跟扩大后的生产规模匹配。第三，你必须雇用、培训其他人来管理你的企业，并对他们保持信任。这些人被叫作管理者，而在美国世纪的上半叶，管理者处于极度短缺的状态。

成功的先行者收获了巨大的利益。在那些最初只有一两家企业冒险涉足的行业，这一两家企业在很长一段时间内都主宰了自己的领域，例如亨氏、金宝汤、西屋电气这些如雷贯耳的企业。[12] 在 1895—1904 年的大合并热潮中，也涌现出了大量这个世界从未见过的企业实体：1800 家企业“压缩”成了 157 家巨型企业，[13] 包括美国钢铁（U.S. Steel）、美国棉业（American Cotton）、全美饼干（National Biscuit）、美国烟草

(American Tobacco)、通用电气、AT&T 等中流砥柱。[14]

在这一转型过程中，人们确认了一个关键的商业问题（这也是数十年来麦肯锡赖以成功的原因之一），即只靠单一的中央总部，再也无法充分管理如此庞大的帝国了。权力必须下放到基层。问题是，怎么做。这个问题让当时一些伟大的思想家，包括社会学奠基人之一的马克斯·韦伯（Max Weber）为之着迷并深入探索。在韦伯看来，必须找到一种能够通过基层组织调动资源的系统性方法，这也是对纯粹魅力型领导方式的重大改进。

在《1920—2000 年的美国商业：如何运作》(*American Business, 1920-2000: How It Worked*) 一书中，哈佛大学教授托马斯·麦克劳（Thomas McCraw）道破了问题所在："运营任何规模的公司最大的管理挑战通常来自两个领域：其一，集中控制是必要的；其二，员工亦须掌握足够的自主权，以便对公司做出最大的贡献，同时从工作中获得满足感，这也是同等重要的需求。两者之间必须达成微妙的平衡。换句话说，问题恰恰就在于，在公司内部，要把不同类型的决策权放在什么地方。"[15]

杜邦、通用汽车和西尔斯（Sears Roebuck）等公司率先系统性地聚焦这一问题。按钱德勒的说法，杜邦派人去其他四家同样面临类似问题的公司——阿玛尔肉品加工公司(Armour)、威尔逊公司（Wilson and Company)、国际收割机公司（International Harvester）和西屋电气——询问对方都是怎么做的。[16] 答案惊人地雷同：创新者们从中心集权式系统转向了有着不同产品和地域细分的多部门结构。这一概念，使得运营部门的主管可以完全控制所有事情，除了资金资源。高层从更整体的视角分析业务，监控各部门，并相应地分配资金。

那个时代最成功的公司，如通用电气、标准石油和美国钢铁，都采用了这种模式的某种变体。但总体上，它们是各自独立发展出这些设想的，而这是一个反复试验的过程，代价高昂、耗时耗力。要是真有外部专家的话，它们肯定更乐于找人来帮自己的忙。这是一个巨大的商机，一种全新的服务呼之欲出。

填补空缺

美国联邦政府无意间为创建现代咨询行业尽了自己的一份力。从 19 世纪后半叶开始，美国联邦政府定期进行监管，遏制大企业的权力，其中发布的文件包括 1890 年的《谢尔曼法》，1914 年的《联邦贸易委员会法》和《克莱顿法》以及 1933 年的《格拉斯 – 斯蒂格尔法》。这些措施的目的是防止公司彼此共谋，操纵价格或以其他方式操纵市场。历史学家克里斯托弗·麦肯纳（Christopher McKenna）表示，由此而来的意外后果是，加快了寡头之间形成非正式（但合法）的信息共享方式。谁能担此重任呢？咨询师们。[17]

监管举措还为麦肯锡等咨询公司带来了另一项丰厚的好处：企业之间的幕后交易受到限制，不得不展开真正的竞争，这意味着它们需要提高运营效率，此方面仍然是咨询师的强项。

但或许最有助于咨询业建立的情况是企业界出现了一种全新的关键参与者。诸如卡耐基、杜克、福特和洛克菲勒等缔造商业帝国的巨头们，他们已经建立了庞大的、垂直整合的企业，但是既没有时间、人才，也没有意愿为这些实体创建和实施管理系统。他们是资本主义的征服者，而非行政官。然而，一如钱德勒所指出的那样，“这些公司的扩张、合并和整合战略要求各行政层级进行结构改革和创新”。[18]

一个既非资本也不是劳动力的新经济角色出现了：职业经理人。这个新生群体渐渐地取代了创始人的角色，成为美国企业的托管人。通用汽车公司传奇总裁阿尔弗雷德·P. 斯隆（Alfred P. Sloan），就是第一个因其出色的管理能力而出名却并非企业所有者的人。他采用的分权制和多部门组织结构让通用汽车公司得以灵活机动地战胜步履维艰的福特汽车公司，夺下行业领先地位。福特汽车公司或许彻底改变了制造业，但斯隆意识到，汽车市场已经变得足够大，可以细分出购买别克、凯迪拉克、雪佛兰、奥兹莫比和庞蒂亚克等子品牌的不同消费群体了。到 20 世纪 20 年代末期，汽车市场趋于成熟，人们渴望拥有更多选择。斯隆还让他们能以借贷的方式购买汽车——这在当时是一个开创性的想法。等到这十年结束，通用汽车公司已经超过福特汽车公司成为市场份额第一，直到 20 世纪 80 年代才让位他人。

斯隆这样的职业经理人成了麦肯锡的完美客户：由于缺乏

对所管理组织的实际所有权的“合法性”，职业经理人在力证自己所使用的管理模式是先进的这点上感到了巨大的压力。还有什么人能比传播新的管理模式的咨询师能够更好地让人们关注到这些新实践呢？这是美国企业长达数十年的企业所有权与控制权分离历程的开始，在这场拉锯战中，咨询师成为职业经理人的得力盟友——这位盟友并没有盯上职业经理人的饭碗。“管理资本主义”时代就此拉开序幕。

两个多世纪以来，经济学家一直认为企业在某种程度上受制于亚当·斯密（Adam Smith）所言的“看不见的手”。美国管理思想的革命提供了另一种设想：管理的“看得见的手”——组织不仅能对外部市场力量做出响应，还能促成新事物的出现。

学术界帮忙推动了这一意识的发展。1900 年以前，美国只有一所本科制商学院，即 1881 年由金融家约瑟夫·沃顿（Joseph Wharton）捐赠 10 万美元成立的宾夕法尼亚大学沃顿商学院。达特茅斯大学塔克商学院紧随其后于 1900 年成立。接下来的十年，几乎所有重要的大学都明确地开始设立工商管理专业，培养未来的管理人才。

虽然工业式培养 MBA 项目确实是战后兴起的现象，但早在 1908 年，哈佛大学就创办了工商管理研究生院，开设了一门两年学制的“商业政策”课程，旨在为学生提供一种解决商业问题的综合方法，教学内容涵盖会计、运营和金融。[19] 按哈佛大学的说法，这门课程的目的是让学生能够从“最高管理层的视角”来看待这些问题。詹姆斯·麦肯锡的许多学术著作都围绕着这一议题展开，研究成果为后来麦肯锡公司的实践提供了指导。

麦肯锡的作品

作为一名年轻的学者，麦肯锡是一个多产（虽说并不算特别吸引人）的作家。他的前四本书都是关于会计和税收本质的大部头：《联邦收入和超额利润税》（1918年）、《会计学原理》（与A.C.霍奇斯合著，1920年）、《簿记学与会计学》（1921年）和《财务管理》（1922年）。到第五次写作时，他的视野明显开阔了。《预算控制》（1922年）是第一部关于预算的权威著作，它彻底改变了会计的概念，并视预算为管理决策的重要工具。"预算控制包括以下几个方面。"麦肯锡写道，"第一，以估计的形式，陈述各业务部门在一定时期内的计划。第二，对这些估计进行调整，制订出针对整个企业的一套平衡方案。第三，编制报告，比较实际绩效和估计绩效，如果报告显示有必要进行修订，就对最初的计划加以修改。"[20]

这似乎是常识，但麦肯锡对运用预算流程的全新看法不亚于引发了一场革命。"再也没有哪种有着类似范围、类似复杂度的管理机制，能够这么迅速地推广开来，"仅仅10年后，一位评论家就这样写道："据估计，自1922年以来，工业上80%的预算采用了此种方法。"[21]

在此之前，预算是一种单向操作：会计人员把公司的所有开支加起来，接着仿佛是才想到似的，再加上销售预测。在麦肯锡看来，公司应该从制订商业计划着手，弄清楚如何实现它，接着估计这样做的成本。在这种新的语境下，预算不再仅仅是一种登账活动；它还可以用来识别出绩效卓越者（在现有预算下做出更佳绩效的人），锁定弱者（绩效不佳者），并采取纠正措施。“尽管许多人并未制订科学的计划，”他写道，“……但几乎没有人否定这套系统的优点。”

随后的两本书充实了麦肯锡的理论：1924年的《管理会计》（*Managerial Accounting*）和《企业管理》(*Business Administration*)。前者教学生们怎样利用会计数据解决商业问题。他认为使用传统的数据记录可以更好地控制公司，包括建立标准流程（怎样完成工作，应该向谁汇报信息）、财务标准（用来判断运营效率）和运营标准（包括非财务措施，如质量等）。在今天的商科学生看来，这种综合性的方法是一目了然和理所当然的，但在当时，通过定期和严格的公司业绩报告来规划、指导、控制并改进决策质量的设想显得非常新颖。后者包含了麦肯锡《通用调查大纲》的雏形，它以长达30页的篇幅介绍了一个系统全面了解一家公司的方法论：从财务状况到组织结构，再到竞争定位。到了20世纪30年代初期，它成了麦肯锡咨询师工具箱的一部分。

《通用调查大纲》的影响不容低估。这是麦肯锡用来了解一家公司的基础方法，并为新入行的咨询师们在各项目中展开调查提供了清晰的路线图。这种调查还塑造了咨询师的思维：

《通用调查大纲》侧重于强调管理者为什么要做这些事情，而不是他们怎样做到。借助《通用调查大纲》，咨询师每次受聘上岗时都会考虑客户所在行业的前景、客户在行业中的地位、管理的有效性、客户的财务状况、未来有可能影响客户的有利或不利因素。大大小小的细节都值得注意，不管是对公司所有政策（包括销售、生产、采购、财务和人事）的研究，还是对厂房设备布局是否提供了最高效的生产操作所进行的分析。等到年轻的咨询师为客户完成了调查，他便已经八九不离十地摸透了这家公司和它的业务情况。

“你可以看到麦肯锡研究方向的发展，”从 1934 年到 20 世纪 70 年代初期都在为麦肯锡效力并且根据自己在公司的经历写了一本简短的回忆录的约翰·诺伊科姆（John Neukom）说，“他对会计的细节失去了兴趣。等我到了麦肯锡，他已经对预算程序失去了兴趣，转而对分析公司、理解公司怎样运作更感兴趣了。他清晰地诊断出公司的所有问题。”[22] 诺伊科姆还回忆了 1925 年麦肯锡在纽约召开的一次财务高管会议上所提出的令人印象深刻的洞见：“通常，我发现，说自己不相信组织结构图的高管，也不希望准备一份组织结构图，因为他不愿让别人知道自己还没搞明白自己公司的组织架构这一事实。出于同样的原因，许多人反对预算。他们不愿意有人发现自己对未来要做的事情考虑得有多么少。”

依靠这种洞察力以及“管理可以塑造公司的命运”这种整体哲学观念，麦肯锡决定开家商店来销售自己的洞见。

麦肯锡公司成立了

20世纪20年代中期，麦肯锡开始以“詹姆斯·麦肯锡会计及管理工程师公司”（James O. McKinsey and Company, Accountants and Management Engineers）的名义开展业务，这就是现在的麦肯锡公司的前身。对一家以准确把握细节为傲的公司来说，很奇怪，它自己的实际成立日期不得而知——有本1937年的培训手册上是1924年，[23]而约翰·诺伊科姆在回忆录里说是1925年。[24]不管怎么说，麦肯锡的时机选择得很好，当时的经济蓬勃发展，对咨询顾问服务的需求似乎无穷无尽。

值得一提的是，“咨询师”这个词当时并未出现在公司的名字里。相反，“管理工程师”一词反映了当时的主流风气，即科学掌握着最严重问题的答案，哪怕是人类的商业活动也可以从数据驱动的严密分析中获益。麦肯锡的标准工作记事本一直使用方格绘图纸，这在工程学中很常用。至于麦肯锡并未雇用真正的工程师这个事实，也就成了无关紧要的事情了。

撇开知识基础不谈，麦肯锡在现实世界的根基来自肉类生意。麦肯锡的第一个客户是美国最大的肉类加工企业阿玛尔。阿玛尔的财务主管阅读了《预算控制》一书，然后希望麦肯锡帮助他们重新思考肉类加工厂的预算和规划方法。

麦肯锡的第一位合伙人是汤姆·科尔尼（Tom Kearney），他曾是芝加哥另一家肉类加工企业斯威夫特公司的研究主任。相比于麦肯锡正式而严苛的行事风格，科尔尼显得温和许多，两人形成了一种惬意的互补。另一位早期合伙人是威廉·亨菲尔（William Hemphill），也就是最初聘请麦肯锡的阿玛尔的财务主管。

麦肯锡继续在芝加哥大学执教了一段时间，最终转为全职在公司工作。他能身兼数职的原因之一是，他从来不把工作时间浪费在办公室的琐碎事情上。在哈尔·希格登（Hal Higdon）1969 年出版的咨询史《商业治疗师》（*The Business Healers*）一书中，一位合伙人记得麦肯锡这样说过："我必须用外交手腕跟客户周旋，但对付你们这些混蛋，我就没必要用外交手腕了。"[25]（马文·鲍尔日后仿效麦肯锡"严厉之爱"的方法，建立了自己的建设性批评模型。）

麦肯锡直言不讳，但他同时思维敏捷。他曾经靠着观察公司的信笺抬头发现了客户的问题。一家中西部空调制造商的文具上写着："从东海岸到西海岸，从加拿大到墨西哥全境，安装工业空调。"在销售人员还不能依靠飞机出差的年代，麦肯锡注意到旅行费用可能正在吞噬公司的大部分利润，员工的服务范围应该仅限于芝加哥周围方圆 500 英里㊀之内。他想得没错。[26]

就连大萧条也未能阻碍公司的发展。到 1930 年，麦肯锡共有 15 名专业人员。1931 年，他起草了《通用调查大纲》，次年，他在华尔街 52 号一家破产的投资公司的办公室里开设了纽约分部——有六间办公室，外加公共接待区。这些驻纽约的

㊀ 1 英里 = 1609.344 米。

咨询师不仅为当地的工业公司工作，还为库恩－勒布等投资银行工作。1934 年，芝加哥办事处搬到了南拉萨尔 135 号新菲尔德大厦 41 层。到 20 世纪 30 年代中期，麦肯锡的合伙人每天收取 100 美元的服务费用——这是个庞大的数目，尽管跟麦肯锡本人收取 500 美元的服务费用比起来可谓微不足道，他也是当时全美国收费最高的咨询师。

把钢琴师带出红楼

在詹姆斯·麦肯锡取得成功之前，他必须先为管理学正名。在《管理迷思》（*The Management Myth*）一书中，从哲学系学生变成咨询师，日后又成为作家的马修·斯图尔特（Matthew Stewart）以高度批判性的眼光回顾了管理学思想史，认为管理思想从一开始就存在缺陷。他将“科学管理之父”弗雷德里克·温斯洛·泰勒（Frederick Winslow Taylor）称为罪魁祸首。

泰勒著名的工时－动作“研究”，使用秒表衡量体力劳动，目的是去除冗余动作、减少重复活动、提高生产力。泰勒主张生产任何东西都只有唯一的“最佳方式”，只要配备了泰勒的工具，管理者就能识别出它。在斯图尔特的描述中，泰勒是伪科学的传道者，他倡导的是一个虚假的概念：“体力劳动者是没有思想的躯体，管理者是没有躯体的思想。”[27]

但泰勒关于提高劳动效率的设想，在他那个时代很受欢迎，也很有影响力。1911 年，他出版了《科学管理原理》（*Principles of Scientific Management*），此书迅速畅销，后来被翻译成八种语言。1914 年，他在纽约就自己的理论发表讲演，吸引了 16 000 人。[28] 哈佛商学院创始人埃德温·盖伊（Edwin Gay）就是泰勒的信徒。亨利·福特的流水线生产系统，是对泰勒思想的现实应用。就连列宁和托洛茨基也学习了他的思想，认为泰勒主义是俄罗斯问题的解决之道。[29]

随着泰勒声名鹊起，世面上冒出来无数的公司利用类似听起来很科学、有技术的方案去解决商业问题。大多数此类公司已经淹没在历史长河当中，包括哈林顿·爱默生（Harrington Emerson）和贝肯－戴维斯（Bacon & Davis）。也有些公司活了一个世纪之久，如成立于 1886 年的理特咨询公司（Arthur D. Little）。1921 年，理特的工程师们利用猪耳朵里的明胶生产人造丝，制出一个丝绸钱包，并因此赢得了赞誉。1914 年，埃德温·博思（Edwin Booz）创办了跟自己同名的咨询公司，该公司日后成为博思艾伦咨询公司（Booz Allen Hamilton）。还有查尔斯·E. 贝多（Charles E. Bedaux），他开发出一套叫作“按结果付薪”的薪酬体系，1919 年创办了贝多公司（Bedaux Company）。他是最早向海外扩张的咨询师之一，到 20 世纪 20 年代，贝多公司在英国、德国和法国建立了办事处。到 1930 年，有 1000 多家公司使用贝多公司的咨询师，包括伊士曼柯达公司、杜邦公司和通用电气公司。[30]

由于人人都可以称自己为咨询师，这也就意味着骗子层出不穷，败坏了整个行业的名声。20 世纪 30 年代，矿业工程师

E. N. B. 米顿（E. N. B. Mitton）加入了贝多公司的英国办事处，他开玩笑说，在那个年代，他宁可告诉母亲自己在“妓院里当钢琴师，也不愿承认自己加入了一家咨询公司”。[31]

从一开始，詹姆斯·麦肯锡就想方设法地让自己的公司跟名声不佳的前辈们区分开来——他和合伙人拥有多个大学学位，在大公司里有着深厚的人脉。一如麦肯锡颠覆了会计学，他和同时代人也颠覆了泰勒主义。他们不再把焦点放在组织结构底部的一线工人身上，而是放到了日益壮大的官僚机构白领和高层管理人员身上。[32]但泰勒的科学严谨主张也是麦肯锡推销策略的重要组成部分。哈佛大学教授拉凯什·库拉纳（Rakesh Khurana）写道，麦肯锡借用了工程学的措辞，在“无私的专家”（也就是在资本和劳动力日益激烈的斗争中不选边站队的专家）领域建立管理权威，并帮忙为管理层在劳资关系中最终获得主导地位提供了正当理由。[33]

随着管理阶层规模的扩大，对咨询师的需求也在增长。1930—1940 年，美国尚未摆脱经济大萧条的阴影，咨询公司的数量却从 100 家增加到了 400 家。到 1950 年，市面上已经有 1000 多家咨询公司。[34]对一个正在萌芽阶段的职业来说，这种远远超过了整体经济的增长速度也很容易理解。但值得注意的是，在 20 世纪的剩余时间里，咨询行业的增长速度仍然超过了经济。

长期以来，该领域的批评者一直在哀叹，他们认为咨询行业的核心存在一个根本的问题：它对公司增长和创新的贡献，能否证明自己有理由在经济蛋糕中占据越来越大的份额。斯图尔特认为，泰勒及泰勒主义的支持者是否具备真正的价值这个问题并不重要，咨询公司看到了市场需求，并设法满足它——商业不就是这样的吗？

“说到底，他们的专长不是管理企业，而是做管理这门生意。”斯图尔特写道。“跟在任何行业一样，赢家和输家的区别不在于可被验证的行业专业技能，而在于运作行业产品的能力。”[35] 在接下来的 40 年里，没有一家咨询公司能像麦肯锡公司一样运作这一行业的产品。

第一位前咨询师

考虑到麦肯锡成立之初恰逢经济大萧条，因此，公司最初建立起的声誉来自帮助客户应对财务危机。当时麦肯锡很大一部分的工作是纯粹的重组，帮忙分析可能的合并和收购方案，以期实现规模效益，或减少竞争定价的压力。但麦肯锡的谋生之道是寻找那些更高效、生产力更高的标的，银行家对这些标的往往有着大量需求，但由于银行不得出售自己的咨询服务，它们便请来麦肯锡这样的公司分析潜在的交易，比如，1934 年共和钢铁公司（Republic Steel）和科里根 – 麦金尼钢铁公司（Corrigan-McKinney）的拟议合并。

20 世纪 30 年代，麦肯锡为银行家做了大量的工作，就连詹姆斯·麦肯锡用来分析公司所有权模式的《通用调查大纲》

也有了“银行家问卷”的别称。公司在其他行业同样取得了进展，尤其是钢铁行业。服务客户的工作让咨询师们在东西海岸之间奔波：约翰·诺伊科姆在回忆录里写道，1936 年这一年里他有 179 个晚上不在家住，他的差旅行程达到 31 000 英里㊀，覆盖了 33 座城市，坐了 112 趟卧铺列车。[36] 同年，麦肯锡本人成为美国管理协会的董事会主席。

麦肯锡的关系网养活了公司。他说，自己曾邀请“芝加哥或纽约的每一位重要银行家共进午餐”，结果是“几乎每一位银行家都曾给过我工作”。[37] 但没过多久，公司就发现了不依靠他的生存之道。1935 年，中西部最大的百货公司马歇尔·菲尔德（Marshall Field & Company）聘请了麦肯锡，他的咨询师生涯就此结束了。该百货公司处于生死边缘，过去 5 年，它已经亏损了 1200 万美元，还即将偿还 1800 万美元的贷款。麦肯锡全副武装来对付该问题：派出了一支 12 人的咨询师团队，走访了 32 个州的 752 家零售商，还走访了工厂和批发商店。

麦肯锡的结论是，马歇尔·菲尔德公司应该走专业化之路：剥离批发业务，出售拥有的 18 家纺织厂，完全专注于零售业务，然后裁员、裁员、裁员。马歇尔·菲尔德的董事们不光喜欢这个主意，还问麦肯锡，他能否亲自来执行建议。碰到这样的提议，许多咨询师会临阵畏缩，麦肯锡却很感兴趣——1935 年 10 月，他接受了马歇尔·菲尔德公司董事长兼 CEO 的职位。

多年来，许多咨询师离开了咨询行业，因为他们更喜欢

㊀ 1 英里 = 1.6093 千米。

“做，而不是说”。但一如麦肯锡自己所发现的，此事知易行难。麦肯锡推荐的成本削减措施实施起来很残忍。在日后被称为“麦肯锡大清洗”的整饬中，马歇尔·菲尔德公司遣散了1200名员工，[38]尽管此举让这家零售商恢复了坚实的财务基础（它一直生存到2005年，才被梅西百货收购），管理层却失去了员工们的信任。

有好几年，这家零售商都在跟一群幻想破灭的员工对峙，这些员工突然意识到企业只关心他们是否正常打卡上班，并不真正在乎他们的权益。裁员过程暴露了一个批评者们至今仍能从大多数咨询师身上看到的缺陷：尽管他们在商业环境中靠着自己的高智商往上爬，但在对待人的方面往往有所欠缺。这就是像“重组”“缩小规模”“合理化”一类的词语会进入现代商业词汇库的原因，它们全都是裁员的委婉托词。管理咨询或许为公司的经济收益或高管的银行账户创造了价值，但很少让基层员工受益。

这份工作让麦肯锡本人也付出了沉重代价。他每天都在跟自己所开出的苛刻处方带来的恶果较劲，他陷入抑郁，身体也垮了。“我这辈子从来没意识到，自己做商业决策比单纯建议别人怎么做要困难那么多。”这句名言，是他对一名同事所说的，也是他对自己帮忙创建的这一新生领域的“尖锐控诉”。[39]不仅如此，经济大萧条的影响也加剧了马歇尔·菲尔德公司存在的问题。没过多久，麦肯锡就发现自己竟然要动手裁减整个部门，让员工提前退休，解雇资深员工。[40]他的儿子罗伯特后来回忆说，父亲收到过十几封信，威胁要他的命。[41]

短暂结盟

在马歇尔·菲尔德公司任职期间，麦肯锡并没有放弃自己创立的公司。他想做的远不止要控制它。就在他开始自己零售公司高管生涯的同一个月，他就谋划了麦肯锡公司与斯科维尔–惠灵顿公司（Scovell, Wellington & Company）的合并，后者创办于1910年，也提供会计与咨询服务，原本是麦肯锡公司的竞争对头。这桩交易让公司拥有了两家分支机构——负责咨询的麦肯锡惠灵顿公司和负责财务业务的斯科维尔–惠灵顿公司。人们期待这些公司之间能够达成紧密合作。1936年，麦肯锡–惠灵顿公司在芝加哥有22名专业人士，在纽约有17名，在波士顿有5名。

来自斯科维尔–惠灵顿公司的霍勒斯·克罗克特（Horace Crockett）取代年轻的马文·鲍尔成为麦肯锡–惠灵顿公司纽约分部的经理，为了宽慰鲍尔，公司让他做新公司的合伙人。麦肯锡公司的汤姆·科尔尼和C.奥利弗·惠灵顿（C.Oliver Wellington）负责公司的芝加哥分部。克罗克特很快拉到了美国钢铁公司的一个庞大咨询项目，总金额超过150万美元。(詹姆斯·麦肯锡本就认识美国钢铁公司的人。每个月他都会在匹兹堡跟美国钢铁公司的负责人迈伦·泰勒讨论战略问题，[42]一天收费500美元。在之后的几年里，这种定额收费服务，成为公司业务中越来越有价值的一部分。)

尽管在公司内部职位明升暗降，马文·鲍尔的实际影响力却在上升。1935年，他说服麦肯锡取消纽约的审计业务，因为他认为这不属于咨询工作。鲍尔预见到，公开驻扎在客户公司里的咨询师跟理应没有偏见的审计师之间必定存在冲突。[43] 然而，在这方面，鲍尔的观点尚未影响公司的发展方向。芝加哥分部继续提供会计服务，麦肯锡实际上已经把视线放到了尽力拿下斯科维尔－惠灵顿公司的控制权上。

事实证明，鲍尔在其他方面也很有影响力。首先，他不喜欢奥利弗·惠灵顿。尽管鲍尔日后信奉“同一家公司”的理念（即不管地理位置如何，所有的分部都是平等的），他当时还没那么想。比如，他不喜欢向不是自己选择要跟随的上司汇报工作，而对于惠灵顿要求提供信件复印件的命令，鲍尔更是“怒不可遏”。或许这是因为他向麦肯锡写过一些只能称为“谄媚”的信件，比如在 1936 年的一封信里，他兴奋地赞叹麦肯锡拿下纽约一笔业务的“社交计划”。

两家公司联盟的最终分裂始于一轮信件沟通。1936 年 7 月，麦肯锡给惠灵顿寄去一封措辞激烈的信，指责他试图过多地控制麦肯锡－惠灵顿公司的合伙人，这扼杀了他们的创造力。同年 8 月，惠灵顿回信，对麦肯锡公司员工的凝聚力表示怀疑。有一阵子，这些分歧显然得到了缓和，但到麦肯锡去世这一重大冲击发生之后，它们全面爆发。

渴望冒险的保守者

麦肯锡因肺炎去世时年仅 48 岁，他只为公司留下了几家分部和数十位专业人士，把公司变成美国商业重要机构的任务落在了马文·鲍尔身上。在人们眼里，鲍尔才是麦肯锡公司真正具备远见卓识的建造者。

1903 年，鲍尔出生于俄亥俄州的辛辛那提，父亲是威廉·J. 普雷斯顿·鲍尔（William J.Preston Bower），母亲是卡洛塔·普雷斯顿·鲍尔（Carlotta Preston Bower）。少年鲍尔远比麦肯锡要宽裕，倒不是说他没有亲手做过苦力活：就读高中期间，他做过磨床操作员和运冰工人，直到 1921 年被布朗大学录取。1925 年，他以经济学和心理学双学位毕业，后在克利夫兰的汤普森海因与弗洛里律师事务所（Thompson, Hine & Flory）做暑期实习生。他的大部分工作是代表事务所的批发商客户向硬件零售商收取债务。

由于对未来欠缺把握，他向自己的父亲——俄亥俄州凯霍加县政府副书记员——征求建议。父亲建议他去学习法律。考虑到当时正值蓬勃发展的 20 世纪 20 年代，社会上涌现出各种令人兴奋的新企业，学习法律是一个非常保守的建议。但年轻的鲍尔顺从地答应了，并于 1925 年秋天进入哈佛法学院。等他最终爬到麦肯锡公司的最高层，他把招聘的天平偏向了跟自己从前一样雄心勃勃但不喜欢冒险的聪明年轻人。

在哈佛法学院学习的第二年和第三年之间，鲍尔跟高中时的女朋友海伦·麦克劳琳（Helen McLaughlin）结婚了。1928 年毕业后，他向克利夫兰最著名的律师事务所众达（Jones Day）求职。鲍尔迫切地想要成为克利夫兰“建制派”的一员，而众达就是他的门票。但因为他在哈佛法学院的成绩不够好，众达拒绝了他。因为想不到别的好出路，他又回到了学校，于当年秋季入读刚成立的哈佛商学院。之前求职的挫折显然让这位年轻人变得更刻苦了：他以全班前 5% 的成绩完成了在哈佛商学院的第一年学习，并最终成功进入了众达。

随着经济大萧条的全面爆发，鲍尔在这家律师事务所的大部分时间是在为 11 家陷入困境的公司担任债券持有人委员会秘书。“没人询问这些公司为什么失败。”他后来说。他还承认自己对公司和管理问题的认识“既业余又肤浅”。[44] 但鲍尔喜欢为陷入困境或破产的公司设计重组资本结构的挑战。他认为此事很需要创造力。另外，他认为起草相关法律文件（债券信托契约一类的）无聊得要死。他梦想有一家公司能让自己专注于喜欢的创造性工作。幸运的是，哈佛商学院的一位教授告诉他，有个叫詹姆斯·麦肯锡的人想法跟鲍尔惊人地类似。

1933 年年初，当鲍尔受命前往芝加哥为一家债券持有人委员会工作的时候，这位年轻人趁机写信给同在该市的麦肯锡，希望能够见一面。这是一次思想的碰撞。麦肯锡对鲍尔说，自己的事务所有 13 名“会计师和工程师”，负责的都是鲍尔喜欢的事情，其他的杂务留给律师处理。麦肯锡提议，如果鲍尔加入自己的公司，全部的时间都能做自己喜欢的事情，而不像现在这样只有一半的时间属于自己。鲍尔跟妻子商量后再次回到芝加哥，并接受了三场面试，他最终收到了麦肯锡的工作聘书。他接受了。“众达的人都认为我疯了。”日后鲍尔这样说。[45]

鲍尔在1933年11月13日成为麦肯锡的一员。他的第一项任务是帮助纽约的萨伏伊广场酒店（Savoy-Plaza Hotel）的债券持有人委员会想出提升销量、降低成本的办法，从而缓解巨大的财务困境。[46]此外还有一项针对名为商业溶剂（Commercial Solvents）的中型化学公司的早期研究。鲍尔冒失地告诉客户公司的总裁让销售经理对利润负责，总裁却保留了完全的定价控制权，这是不公平的。总裁大为光火。“年轻人，”总裁咆哮着说，“我请你的公司调查的是我们的销售活动，不是我的活动。我要给麦肯锡先生打电话，叫他把你从研究项目中除名！”总裁说到做到，麦肯锡也没对手下人留情面，他把鲍尔调离了这个项目组。[47]

鲍尔把这段经历视为一次学习的机会，他意识到，自己指望客户接受一个年龄只有客户自己一半的人的批评，可能有点性急。这倒不是说他觉得自己的想法有错，而是他的传达方式有问题，以及他没有提前向詹姆斯·麦肯锡请教。鲍尔根据这一教训总结出了如今每一位麦肯锡咨询师都学过的一句话：如有必要，可以说出坏消息，但要说得恰当。

他也没有对麦肯锡公司失去信心。纽约分部的负责人沃尔特·维耶（Walter Vieh）返回芝加哥以后，鲍尔被任命为纽约分部经理。他到公司还不到一年，但给老板留下了深刻的印象。更重要的是，他是当时纽约最资深的咨询师。在这期间，麦肯锡一直对自己创办的公司行使着完全的控制权，直到四年后他突然过世。此后的十年里，鲍尔把麦肯锡公司塑造成了他身为年轻律师所设想的那种专业机构：一家跟知名律师事务所有着同样的声望和影响力但又不必花时间在无聊杂务上的组织。换句话说，麦肯锡公司就是一家不开展法律业务的律师事务所。

先驱之死

按鲍尔的说法，詹姆斯·麦肯锡一直有意离开马歇尔·菲尔德公司回到自己的咨询公司，并让鲍尔作为得力助手共同运营。但是挽救零售公司带来的压力让麦肯锡染上了肺炎，在青霉素问世之前，这是不治之症。1937 年 11 月 30 日，麦肯锡去世。《芝加哥论坛报》在头版宣布了这一消息。

《美国商界》(*American Business*) 在悼文中指出，麦肯锡和他的同行让咨询师这个职业获得了合法性与正当性，且提升了整个管理阶层的地位："他在马歇尔·菲尔德公司的记录证明——如果需要有什么证明的话——盈利还是亏损，几乎都是管理的问题。"[48]

这并不是一个普遍的观点。由于麦肯锡在马歇尔·菲尔德公司的铁腕整治，这家咨询公司在芝加哥的业务遭受了长达十年的负面影响。这是对未来的麦肯锡公司的一个教训：跟一家濒临倒闭的公司扯上关系对咨询公司的业务有害。从那时起，麦肯锡公司就致力于稳妥地藏身幕后，它此后拒绝透露客户名单，同时坚持要求客户也应保持类似的谨慎态度。

当时鲍尔才34岁，对麦肯锡的过世尤其难以接受。他将麦肯锡视为偶像，甚至给自己的第三个儿子起名詹姆斯·麦肯锡·鲍尔。鲍尔在提起自己的导师时这样写道：“他认为每个力争成功的人都渴望得到批评的意见，所以他真的会提出批评。他的大多数意见都是负面的。他的赞扬十分少见，一旦出自他口，便会给人留下难忘的印象。这种做法对我来说充满魅力。(我发现，如果赞扬和批评数量相当，人们只记得住赞扬。)”[49]

在整个职业生涯中，鲍尔不断地向这位与自己只共事了四年的人表达敬意。但是几十年后，他偶尔也会夸大自己在公司历史中扮演的角色。鲍尔的传记作者伊丽莎白·埃德莎姆（Elizabeth Edersheim）找到了一份对话记录，该对话发生在麦肯锡去世很久以后鲍尔跟麦肯锡公司的一位董事之间。董事问鲍尔，为什么他从未把公司的名字改成鲍尔公司。鲍尔说：“我和合伙人们必须走出去，说服客户继续与我们合作，哪怕我们已经失去了主要合伙人。身为公司的负责人，我必须寻找新的合约，尽管我的名字不是麦肯锡……那时候，我下定决心，绝不让我的接班人陷入同样的境地，解释为什么他的公司不以他的名字命名。所以，我们保留了麦肯锡的名字，我从来没有后悔过。”[50]鲍尔的话掩盖了当时一桩人尽皆知的事实：麦肯锡去世后，鲍尔并非公司的负责人，要到足足十二年之后，他才坐上了那个位置。所以，麦肯锡公司并不是鲍尔想怎么做就怎么做的公司，至少那时还不是。

对劳役的崇拜

公司并不总是能够在其创始人去世后继续生存，麦肯锡公司很可能走上这条不幸的道路。麦肯锡去世前一个月，美国钢铁公司的项目（占麦肯锡公司纽约分部55%的收入）宣告结束。在巅峰时期，美国钢铁公司项目雇用了40多名麦肯锡的员工，[51] 这是早期大客户上钩之后的一种赚钱模式。在任何情况下，要弥补收入如此大幅的下跌都是很难的。接下来的1938年也并不容易。纽约和波士顿分部皆在苦苦挣扎，而芝加哥分部根本维持不住局面。公司亏损了57 000美元，这个数目比现在听起来要大得多——尤其是公司那时候的总资产仅为256 376美元，大致相当于2012年的400万美元。

1938年4月，鲍尔给汤姆·科尔尼和霍勒斯·克罗克特写了一份备忘录，建议他们甩掉惠灵顿。他设想三人搭伙成立一家新的公司——但只有科尔尼和克罗克特能拿出足够的资本金。这两位高级合伙人喜欢鲍尔，但也知道他没钱。

1938年10月，鲍尔实现了目标。麦肯锡–惠灵顿公司“遗憾地”宣布奥利弗·惠灵顿撤出咨询公司。更重要的是，这家咨询公司将一分为二：在纽约和波士顿运营的是麦肯锡公司，在芝加哥运营的是麦肯锡–科尔尼公司。汤姆·科尔尼曾建议将那两个分部合并到芝加哥，但纽约分部选择了自己的道路。鲍尔尚未掌握权力和影响力，并没有从这场纠纷中脱颖而出并担任麦肯锡公司的负责人，但在排挤惠灵顿、确立纽约分部独立地位这件事上，他无疑扮演了关键角色（尽管不是唯一的关键角色）。

鲍尔当时的回忆里充斥着对同事们的批评。他在萨伏伊广场酒店与合伙人沃尔特·维耶发生争执，导致维耶被从纽约回到芝加哥。“我很快发现，他对待问题就像是个会计。”[52]鲍尔后来写道，这对自诩为大思想家的维耶无疑是个刻薄的指责。在思考谁将继承詹姆斯·麦肯锡的衣钵时，他对奥利弗·惠灵顿和汤姆·科尔尼也捅了刀子：“奥利弗无法领导……汤姆不是个天生的领袖。”[53]

克罗克特和另一位合伙人迪克·弗莱彻（Dick Fletcher）各自出资28 000美元，让麦肯锡公司得以自立，克罗克特成为管理合伙人。“我太年轻了。”鲍尔解释说，仿佛这就是一切的原因。太年轻，也太穷：鲍尔只能掏出3700美元，这个数目显然令他只能屈居克罗克特手下。鲍尔在纽约哈佛商学院俱乐部的朋友尤因·莱利（Ewing Reilly）借给羽翼未丰的公司10 000美元，这桩人情，鲍尔永远不曾忘记。公司重申其宗旨是“管理咨询”，而非“管理工程”。

虽然纽约分部和芝加哥分部是两家独立的法律实体，计划是让它们成为自由的联属机构，交换部分适合对方的业务（收取15%的中介费），共同维护麦肯锡品牌的完整性。与此同时，两家公司的合伙人承诺在未来两年内，以总计141 796美元的价格（按2012年的币值，这相当于220多万美元）买下麦肯锡遗孀手里21%的股份。

鲍尔和他同时代的人只是在某些方面继承了詹姆斯·麦肯锡的事业。随着麦肯锡的离世，鲍尔可以随心所欲地表现出他对会计的厌恶，并将之从公司的业务中剔除。《咨询》杂志（*Consulting*）在麦肯锡去世后写了一篇简报，很精练地对此事做出了描述："这里要写下一个略带讽刺意味的脚注——麦肯锡本人对业务最大的贡献，似乎跟另一个对这家公司产生巨大影响的人的贡献有所冲突，哪怕公司仍然挂着麦肯锡的名字。有一段时间，很少有谁像詹姆斯·麦肯锡所做的工作一样松开了会计师们的镣铐，但在接下来的几年里，也很少有人比鲍尔更努力地想要重新让会计师们戴上镣铐。或者，至少要把会计师们挡在董事会会议室外面。"[54] 詹姆斯·麦肯锡是会计，但马文·鲍尔不是。在鲍尔的指导下，麦肯锡公司的员工使用会计工具，但他们并不仅仅是会计，他们是咨询师。

在接下来的十多年里，霍勒斯·克罗克特只是名义上的领导，据说，有些事情他们只是"名义上"提及某人。但到马文·鲍尔执掌麦肯锡时，情况正好反过来，麦肯锡变成了马文·鲍尔的公司：虽说公司没有挂他的名字，但其他的一切都高呼着"马文"！最为重要的一点是：一切都可以献给客户。客户，客户，客户。鲍尔认为自己无非客户利益的仆人。他要建设一家志同道合者的专业机构，在此过程中，他还创造出一个非同寻常的悖论：马文·鲍尔和他的同事们，将成为历史上最成功、最有影响力的仆人。

第二章 02

坚持客户至上理念

麦肯锡坚持客户至上理念，认为自己的存在就是为了服务客户，利润只是附带结果。公司所有员工的收入均来自公司的共同收入，以此为客户提供更客观、优质的服务。公司从不泄露自己的客户名单，将成功的功劳归于客户。公司总是尽早地与客户就期望达成的效果建立共识，最终出具的报告不会有出乎客户意料的内容。

吟经者

詹姆斯·麦肯锡提出了“战略规划”的概念，而他的继任者马文·鲍尔则进一步让“战略规划”从一个不入流的概念转变成了一种只有专业人士才可胜任的职业。在那之前，鲍尔心中有一个强烈的愿望：不能再让任何人把麦肯锡咨询师的工作看扁、把咨询师轻视为组织的寄生虫。他希望管理咨询师像21世纪出现的职业一样，比如医生、律师、工程师、国家部长，受到社会尊敬。为达此心愿，鲍尔需要构建出一系列的规则、程序、沟通语言和行为方式，也就是所谓的美国咨询师的职业文化系统。这也正是鲍尔天生擅长做的事情：他专注、自律、一丝不苟，这些个人品质让他有可能去构建起一套独特的制度，一套持续至今的麦肯锡制度。对于咨询业来说，多亏了鲍尔，麦肯锡成了行业里响当当的名字。

麦肯锡制度能够被成功构建，源于一个经常被商业世界所忽视的宝贵品质——不断表述自我的意愿。鲍尔拿出自己生命中五十年的时光来不断地向世界讲述同样的事情。“他从未偏离自己的理念，”郭士纳（麦肯锡前咨询师，后入职雷诺兹－纳贝斯克和IBM公司并升任高管）回忆道，“成为伟大的领导者，更重要的是要‘耐得烦’，要坚守，要持续，要重复，而非能言善辩的口才。”另一位麦肯锡前咨询师，如今摩根士丹利的CEO詹姆斯·戈尔曼在2011年接受采访并谈及这项领导力特质的时候，评价得更为直白：“这真是一个无与伦比的特质，我多么希望我之前能够在‘持之以恒地重复’上做得更好。”[1]

鲍尔不厌其烦地做的制度建设工作的第一项内容是，发明出“麦肯锡人格”：麦肯锡人应该是忘我的，时刻准备着为建设一项伟大的事业而牺牲个人名利，从不贪图虚名，总是充满自信且考虑大局。英国前任外交大臣威廉·黑格（William Hague），之前也是麦肯锡咨询师，他对此评价道：“作为麦肯锡人，公司鼓励员工相信自己属于一个特殊的精英人士俱乐部。”[2]

在“牺牲精神”的阐释上，鲍尔以身作则。公司在 1944 年与科尔尼咨询公司芝加哥分部合伙开设了新的旧金山办公室，鲍尔带着他的妻子海伦在 1945 年夏天就搬去了旧金山湾区的帕洛阿托（Palo Alto）以支持新业务的开展运转。据记者约翰·休伊（John Huey）所说，直到 1963 年鲍尔才下定决心让自己和公司远离同行竞争者。[3]

鲍尔和他的合伙人本可以在退休之时将公司以市场价卖出，以获取一笔丰厚的收入，作为奋斗的回报。毕竟对于任何一家市场表现优良的公司而言，其市场估价总是要大大超出账面价值。当时他们的同行深谙其道，纷纷套利变现，比如乔治·弗瑞公司（George Fry & Associates）和巴林顿公司（Barrington Associates）就分别在 20 世纪 50 年代被售出套现。麦肯锡的竞争对手克雷萨普 – 麦考密克 – 佩吉特公司（Cresap, McCormick and Paget）甚至在十二年里出售了两次——第一次在 1970 年出售给花旗集团（Citicorp），然后在 1977 年购回，1982 年再次出售给韬睿咨询公司（Towers Perrin）。

鲍尔的做法显得与众不同，他反其道而行，将自己的公司股份按照账面价值卖给公司。他以这样的方式表达了自己衷心拥戴麦肯锡公司事业的态度，也给那些希望在公司获得成功的每一个人传递了一个清晰的信号：他为了制度理念可以放弃大量财富，但依然可以活得体面，不用担心房贷压力，专心朝着成为公司合伙人的方向稳步前进。麦肯锡应该是“自我永存”的，鲍尔为此信念放弃了个人财富。他传递的信号是：为麦肯锡工作，就是拥抱了一项特殊使命——牺牲小我以奉献公司事业。

鲍尔的决策震撼了不少人，其中也包括他的家人。他的儿子迪克·鲍尔（Dick Bower）说："听到了父亲决定把自己的股份按照账面价值卖给公司，我们每个人的惊讶溢于言表。说实话，这个决定难以置信，但这就是他。"[4]

在鲍尔建立麦肯锡制度之前，市场上充斥着自称咨询师的叫卖者。鲍尔则清晰地为咨询业的发展提供了愿景：咨询师应该像律师一样，从事的是一份基于自主性和诚实正直的专业工作。咨询师应该像工程师和会计师那样把科学的思考方式、对事实基础的精准把握植入工作理念和项目中。就像医生救治病人那样，咨询师为"不健康"的公司开具处方和给出治疗建议，帮助公司重回正轨；还要像神父那样服务客户。

因其法律专业背景，鲍尔把咨询公司对标律所的愿望最为明确。在历史学家克里斯托弗·麦肯纳 1940 年所著的小册子中，记载了麦肯锡是如何解释公司定位的："我们对于为公司提供管理问题解决方案的咨询服务，就如同大型律所提供的法律咨询服务。"[5] 换句话讲，如果在美国进行商业活动，缺少了律师的帮助，那么公司将寸步难行。如果鲍尔能够让麦肯锡咨询师的地位如同律师一般，那么这家公司就会在美国的经济生活中树立至高无上且牢不可破的地位。

另外，鲍尔也准备尝试改变一种固有观点——咨询师是"商业医生"。比起商业医生，他更加希望人们相信，麦肯锡是一种"资源"。相比一般的公司，卓越的公司更加能够获取所需的资源。《财富》杂志记录了 1954 年鲍尔所说的一个观点："使用麦肯锡资源最多的客户，对我们的需求最少。"[6]

在 1997 年出版的《麦肯锡本色》(*The Will to Lead*) 一书中，鲍尔列出了专业咨询师的五项基本工作原则。其中有一些重复内容，但也正体现了鲍尔的一种"重复力"。第一，咨询师必须把客户的利益放在咨询公司之上。如果咨询师在项目调研过程中认为此咨询项目并不利于客户——花钱没用，或者研究无法落地，那么咨询师必须告诉客户真实情况。第二，咨询师必须要在正直、真实、可信赖方面坚守最高标准。第三，咨询师必须为客户的私人和专有信息保密。第四，咨询师必须以独立的姿态告诉客户真实的情况和信息。第五，咨询师必须只提供有真实价值的服务。

表面上看，以上这五条基本原则并无新意和争议。尽你所能服务好客户，别想着用任何方式去欺骗他们，在咨询界大家都是这么说的。但是，鲍尔对于咨询职业的想法有些许不同。他曾经写过，他在 1947 年与合伙人汤姆·科尔尼分道扬镳的原因之一是，科尔尼认为工作只要达到伦理标准即可，而不是专业标准（Professional Standard）。达到伦理标准的意思是行为合乎道德，这只要是一个正直诚实的人都可以做到。[7]而依专业标准行事，则需要行为者承担起更多的责任。可能对有些人来说两者之间仅有细微差别，但对于鲍尔来说，这是对事业理想更为清晰而详细的表达。对于他来说，咨询公司的目的是服务客户，利润只是附带结果。

麦肯锡话语

一个为商人提供咨询服务的咨询师可以宣称自己的工作并非商业活动吗？这表面上看起来是无稽之谈——帮人增加利润是无私之举——但是这就是鲍尔的选择，也是数千名麦肯锡人需要吸纳认可的观点。在2010年的一次访谈中，受人尊敬的麦肯锡前董事总经理罗恩·丹尼尔说：“不夸张地说，我现在依然是奔跑着去工作，这听起来有点过分压低身段的感觉，但这就是咨询服务工作。咨询服务有独有的方式和特点，我们的存在就是要服务客户，对我来说，服务工作具有至高无上的价值。”[8]

鲍尔以强而有力的方式推行这样的服务理念，贯彻“我为人人、人人为我”的经营哲学与盈利方式。他对公司的工作制度进行了具体安排：所有咨询师的收入来自公司的共同收入，而不是来自其所在的区域办公室。此安排激发了组织内部的创业精神，将新拓展的业务伴随的风险分担给全体员工，同时鼓励人才在公司内部自由流动。这项安排也向潜在客户传递了一个信号——当你与麦肯锡公司合作之时，你可以调动它的所有资源为你所用。

伴随这样的经营哲学，鲍尔推出了一套新的组织话语。麦肯锡面对的是委托人（Clients），而不是顾客（Customers）。麦肯锡咨询师并非在完成一项工作，而是扮演一个角色。公司提供实践行动和组织成员，而非生意和员工。公司不做销售，也没有产品或市场。公司并非与委托人“谈判”，因为这个词带着一种对立的气氛，咨询师只是进行布置和安排，不提供所谓的规则，而是创造价值。最后，也许是最重要的一点，麦肯锡并非一家公司（A Company），它是一份事业（The Firm）。

在一些情况下，鲍尔领导下的麦肯锡公司也并非完全表现得像是一个行走世间的布道士。尽管鲍尔明确规定公司从不发布商业广告来售卖咨询服务，但麦肯锡公司仍然制作了2600份长达42页的小册子，名为《成功管理补充手册》（*Supplementing Successful Management*），目标读者是当前和潜在的客户。在1966年，麦肯锡公司在《时代周刊》上刊登了一则招聘广告。这则招聘广告的题目以一个问题的形式呈现：“在麦肯锡公司取得成功，需要些什么？”下面自问自答的内容是：“经过一流教育打磨的头脑，具备出众的思维能力和想象力，能够解决复杂问题；自信且善于表达，敏于学习他人长处以助力自身进步；当然还有良好的性格以及对高标准的追求。”

不难看出，这则招聘广告瞄准的读者群除了应聘者之外，还有麦肯锡的潜在客户。麦肯锡虽然表示自己没有做商业广告的动机，但是坚称自己不涉足市场公关的情况并非属实。[9]比如，20世纪60年代，公司与当时的市场公关龙头公司彭德尔顿·达德利（Pendleton Dudley）签署了合作协议。此外，麦肯锡也从默登咨询公司（Murden and Co.）那里购买过服务。默登公司是彼尔德伯格俱乐部㊀会议（Bilderberg conferences）的早期参与者之一。

鲍尔对于麦肯锡应该避免使用传统广告的坚持自然有背后的道理。即使麦肯锡想要打广告，那广告推销的具体内容是什么呢？当然不能把麦肯锡服务过的客户名单拿出来“显摆”吧？著名记者哈尔·希格登在《商业治疗师》中这样解释：“管理咨询服务的内容是如同复杂的、艺术品般的事物，也因此难以在一则广告的有限空间里被有效地说明呈现。咨询公司唯一能够有效呈现的是本公司咨询师无可比拟的个人能力。如果非要让咨询公司打广告，就像是让罗马的天主教堂用《生活》杂志的两页版面来宣传上帝。”[10]

怎样才算是一个成功的麦肯锡咨询师呢？鲍尔花了一辈子来确定这个问题的答案。第一点，鲍尔说：“成功的咨询师应该具备一种人格魅力，能让大多数人都喜欢他。”[11] 凭借这种人格魅力，成功的麦肯锡人应该能够参与他所属的社区建设：加入当地的地方委员会，参与慈善事业，甚至去教堂。这是一种建立社区关系的商业策略，也是鲍尔现实理想主义的表达。（麦肯锡的制度也有阴暗面：一位名为亨利·格莱特利、在纽约分部任职的咨询师被麦肯锡扫地出门，原因是公司发现他是

㊀ 彼尔德伯格俱乐部是一个由欧美各国政要、企业巨头、银行家组成的精英团队，他们在“暗处”操纵着世界。这个秘密组织的诸次会议所讨论的问题包括全球化、国际金融、移民自由、国际警察力量的组建、取消关税壁垒实行产品自由流通、限制联合国和其他国际组织成员国的主权等，往往被认为是西方重要国际会议召开前的预演。

同性恋。格莱特利的一位朋友楚门·卡波特与他关系亲密，在这些私生活细节被公开后，卡波特也被迫“病假休息”。）

第二点，麦肯锡咨询师需要通过自己的外表来激发自信心。据鲍尔自己所言，他招聘人的时候一个参考决策因素就是应聘者的外表。在他的著作中就有不少对于麦肯锡咨询师外表的描述，比如：“我发现哈里森·罗迪克（Harrison Roddick）具有吸引人的外表和个性。[12] 沃尔特·维耶……在他四十多将迈入五十岁的时候显得英俊、讨人喜欢。”[13] 据一位麦肯锡前咨询师说，一直到 20 世纪 90 年代，“善于交际”和“受人欢迎”都是麦肯锡咨询师群体的一个显著特性。

鲍尔对于外表的重视具有时代性。1969 年，乔治·麦克唐纳·弗雷泽（George MacDonald Fraser）在其所著编年史小说中对离经叛道者哈利·普莱吉特·福莱西曼（Harry Plaget Flashman）的描写，正像是鲍尔对麦肯锡咨询师外表的期待：“他那双蓝色的眼睛炯炯有神，从容地注视着一切，自带一种高贵气质，暴发户见了恨不得要把自己一半的财产拱手相让。这就像是一位骄傲的王子，他坚信自己是对的，世界正是为了他的满足和快乐而秩序井然。”[14]

麦肯锡咨询师通常是高个子。当时的一位同行业咨询师认为，麦肯锡人通常留长发，个子要高出平均水平，他们总是能够鹤立鸡群，受人瞩目。

另外，鲍尔对于麦肯锡咨询师的穿着要求也极为严格，正装三件套一样不可少：深色西装、礼帽、吊袜带。鲍尔还要求员工穿着长筒袜，因为他对任何情况下露出来的腿毛都感到深恶痛绝。毛里斯·坎尼夫（Maurice Cunniffe），一位 1963 年到 1969 年在麦肯锡任职的前员工在提及公司的着装要求时依然记忆犹新，他说："绝对要长筒袜！如果你戴的帽子上有羽毛装饰，那一定要让它刚刚好探出帽檐，不能多也不能少。"[15]

另一位麦肯锡咨询师杰克·万斯（Jack Vance）回忆道："你应该穿着吊袜带、戴着帽子，但不能戴蝶形领结，胡子一定要刮干净。"还有，不能穿菱形花纹的袜子。在麦肯锡有一个广为人知的传说：一次与客户的会议中，一位和鲍尔同行的年轻咨询师不经意地露出了他裤脚里面的菱形花纹袜子，会后回到办公室，鲍尔便开始强调公司制定的穿衣指南中对于袜子的要求，甚至在周六举办了一个座谈会，专门讲授正确的穿衣方式。[16]在 20 世纪 90 年代，麦肯锡依然要求咨询师在外出时一定要穿着西装上衣外套，只有在办公室里才能够只穿衬衣。直到 1995 年，麦肯锡咨询师们才争取到了"休闲商务"着装工作日。麦肯锡咨询师总是佩戴着的袖扣也成了同行和客户的笑谈。

在一次和传记作家伊丽莎白·埃德莎姆的访谈中，鲍尔曾对穿着标准的要求进行过解释："如果你的工作是去帮助客户，让他们有勇气去跟踪和关注来自现实的细微线索，那么你就需要尽一切可能减少那些让客户分心和偏离轨道的东西。如果你有突破规矩的、革命性的好建议，同时你穿得规规矩矩，这样你的客户会更愿意接受你的观点……如果你去坐飞机，看到飞行员穿着短裤、戴着火焰般耀目的头巾，那你会做何感想？你是不是更愿意看到穿着制服、戴着肩章的飞行员？基本上来说，穿衣要求就是职业行为的一部分，尤其是当你想要建立自信和强调身份时。”[17] 不论争议，鲍尔就是要尽快地把麦肯锡咨询师变成一支无个体性的队伍。在 1962 年的时候，麦肯锡员工们出版了一本名为《咨询师配色指南》（*The Consultants' Coloring Book*）的书，但书中所有对颜色的建议不是黑色就是灰色，以此来表达自己对工作场所风格的调侃。长期担任公司合伙人的沃伦·卡农（Warren Cannon）认为公司的着装要求让麦肯锡人看起来像是收入颇丰的殡仪业从业者。

鲍尔对于潮流变化并非全然视而不见。1961 年，约翰·F. 肯尼迪在其总统就职演讲中破天荒地没有戴帽子，三年后，鲍尔在办公室的时候也不戴帽子了。大家在公司里纷纷相互确认：他不戴帽子了？是不是穿衣这方面的要求有所松动了？“我等候观望了六个星期，”一个咨询师跟他的同事讲，“这也许是个陷阱。”[18] 但现实是这项戴帽子的要求确实是被公司废止了。

除了穿衣风格，麦肯锡员工的一致性也表现在其他的方方面面：办公室的布置、工作纪要的书写方式等。所有的办公室都被要求装修布置得一模一样，直到今天依然如此。咨询师所做的收费不菲的咨询分析报告必须严格按照既有的一套细致入微的格式要求——蓝色封面，统一的字体、段落间距和表达风格。多数麦肯锡的咨询报告会以标有“今日议题”的一页开始，这传递出麦肯锡对于客户的姿态：我们不是来展现我们的工作结果的，我们是来教会你们思考的——以一种缜密而有逻辑的、结构清晰且易于掌握的方式来思考。鲍尔对于麦肯锡咨询师的要求也很清晰：不要让你的个性呈现在工作中的任何地方。

因此，鲍尔让自己替代了公司：他就是麦肯锡的化身，公司方方面面的事务细节都受到他的关注，都要经过他的审视。他对备忘录的使用达到了登峰造极的程度，任何他留意过的事情都会被十分详尽地记录下来。这个个人习惯也成了麦肯锡的传统：时至今日，公司领导层还会心血来潮地写出长达 15 页的文字说明，以向全体员工阐述管理者对于咨询师角色的理解，以及如何在麦肯锡取得事业成功。鲍尔还曾经发现公司制作的咨询报告中有太多椭圆形标识和破折号，为此他专门记在备忘录中并禁止咨询师对椭圆形标识和破折号随意使用。[19]

鲍尔也是第一个编写《公司工作基础与培训指南》（Basic Training Guide）的人（后简称《指南》）。这本写于 1937 年的手册，其内容涵盖了咨询师工作所涉及的方方面面，从报销的流程，到与客户通信的礼仪规范。同年，惠灵顿在麦肯锡推出了“读书计划”，要求从助理咨询师级别的员工开始，所有人都要完成读书任务并写出阅读报告。每一个麦肯锡咨询师都要像翻书机器一样快速阅读，阅读内容包括两册《空调系统》(*Air Conditioning*)，以及光听书名就令人为之一振的《工业文明中的人类问题》(*The Human Problems of an Industrial Civilization*)《现代经济社会》(*Modern Economic Society*) 和《美国汽车巨头》(*Automotive Giants of America*) 等经典作品。

公司要求每个员工每年阅读至少15本书，阅读报告要交给纽约分部的合伙人哈里森·罗迪克。如果你觉得这些阅读量对工作繁忙的咨询师来说太大了，那对公司培训手册中的要求来说，这只能算是速读能力的初级水平要求。麦肯锡咨询师说："对我们来说，每个人都要练习——从短时间有效地快速阅读再到长时间的阅读，阅读的速度会逐渐提升。最好不要逐字去读，而是一目十行地泛读。"如果一个人的速读能力不行，甚至有可能危及他的饭碗，"如果你的阅读报告没有及时上交，那会引起公司合伙人的注意"。

鲍尔在《指南》上所做出的努力体现了他一贯的个人风格。如果咨询师需要起草一份与客户的委托书，那么他甚至可以在《指南》里面找到鲍尔提供的两份内容详尽的范文案例。如果咨询师要回答一个潜在客户关于麦肯锡公司背景和股权关系发展等方面的问题，那么《指南》中有长达数页的相关内容。《指南》还收录了公司创始人詹姆斯·麦肯锡的演讲，商务旅行的乘车要求（旅程超过100英里才可使用商务舱），用五页纸的内容规范并指导咨询师制作出提供给公司内部和客户审阅的咨询工作时间记录表（Time Sheet㊀）。尽管麦肯锡公司在之后决定，除了包括咨询费用的表格之外，不再给客户提供包含其他信息的表格，但是在1937年的时候，和当时美国各行各业一样，公司仍迷恋于以细微之至的方式来收集和分析各种数据，

㊀ 咨询行业普遍使用的一种记录工作时间的考勤表，用来记录工作者的到岗、离岗时间和工作时长。——译者注

毕竟，麦肯锡咨询师把自己看作“管理工程师”。

在早期，麦肯锡会在《指南》中宣扬自己的咨询师在加入公司之前就已经经验丰富，而这种见多识广也被视为公司的财富。但在之后，麦肯锡颠覆了这一观点，反而认为之前的工作经验会给咨询师无偏见地解决问题带来障碍。

就像鲍尔所写的所有有关麦肯锡的文件一样，他要求公司上下对《指南》的内容完全保密，尽管《指南》中并未涉及任何商业机密。他解释道：“《指南》应该被我们列为最高机密文件。我建议大家随身携带，而不要放在酒店房间或者办公室里，以免丢失泄露内容。”为什么鲍尔如此重视此事？因为不同于法律、医疗等其他专业性工作，咨询业的专业性显然需要“包装”，这些“包装”包括一个人的穿着、举止、言语，因为除了专业学历和学位之外，这些方面似乎也可以展示出一个人的能力和实力。

在鲍尔谨慎态度的背后，也是在《指南》的最后，释放出的是鲍尔那份他尽其所能掩藏的雄心壮志。他写道：“我们并非没有理由把今日的麦肯锡公司比作世纪之初的福特汽车公司，现在的麦肯锡公司看起来也同样具备了福特汽车公司当年称霸新行业的优势条件。我们是否能够达到同样的行业高度则取决于我们是否可以在未来三十年里把可能性变为现实。”此畅想听起来或许野心十足，但是完全正确。

如此的表达对于鲍尔而言并不常见，他讨论的通常是专业话题。1962—1968 年就职于麦肯锡的咨询师道格·艾耶尔

（Dough Ayer），他回忆起告诉鲍尔自己要去滑雪，鲍尔的回复是："你并不擅长滑雪，万一摔断腿，就没办法去见客户了。"道格说："我还是去滑雪了，但是我能够理解他的建议。"[20]

升级客户

在 20 世纪 40 年代初期，麦肯锡在战时出人意料地取得了长足的进步。冲突的时局和企业界的混乱看起来是利于咨询业务发展的，因为麦肯锡帮助美国工业转向战时生产。他建议番茄酱制造商亨氏公司转型制造滑翔机，建议美国汽车公司生产坦克。虽然这并不是鲍尔理想中麦肯锡要做的事情，但是麦肯锡的业务一路高歌猛进：到 1945 年，公司在纽约分部的客户数量由 5 年前的 35 家发展至 89 家，在波士顿分部的客户数量由 9 家发展至 25 家，旧金山分部则是 4 家。

公司营收在 1940 财年是 28.4 万美元，1942 年就飙升到 42 万美元。在 1943 年，麦肯锡的净利润是 25 万美元，净利润占营收比超过了 40%。虽然战争最后两年公司有所亏损，但是整体业务保持增长。战争结束后一年里，麦肯锡咨询师的数量达到 68 位，而在 1942 年的时候只有 25 位。这些增长性数据预示着咨询业光明的未来。

麦肯锡时时处处拓展着人们对咨询业的已有认知。鲍尔在全国各地的巡讲中针对专业组织和行业协会的演讲总是能够鼓舞人心，让人眼前一亮，演讲的主题包括诸如"解放百货公司"

和“授信的管理观”等。这种做法也让麦肯锡镀上了一层“智性之光”，以便卖给大客户宏大的理念。

1937 年，麦肯锡波士顿分部聘用了保罗·切林顿（Paul Cherington），他曾是哈佛商学院市场营销学教授，著有《消费者需求和满足》（*Consumer Wants and How to Satisfy Them*）一书。他在书中较早地提到了“产品周期”（Product Cycle）的概念，意思是产品就像人生一样是阶段性的（出生、成长、成熟、衰亡），伴随着阶段性的机会和问题。在美国 1935 年制定的《全国劳资关系法》（《瓦格纳法案》）生效之后，麦肯锡针对此组建了一支专家团队，并雇用宝洁公司前劳动关系经理哈罗德·伯根（Harold Bergen）为客户提供专业建议，帮助它们解决与日俱增的劳资关系问题。

伯根的加入为麦肯锡公司一次性地带来了一大批新业务和潜在客户：克卢特－皮博迪公司（Cluett-Peabody）、亨氏食品公司、佳斯迈威（Johns Manville）、卢肯斯钢铁公司（Lukens Steel）、美国联合包裹服务公司（United Parcel Service，UPS）、普强公司（Upjohn Company）、喜万年照明集团（Sylvania Electric）、日光照明集团（Sunbeam Electric）。[21] 聪明如麦肯锡自然不愿意把自己树立成工会的敌对方，但是麦肯锡的客户和企业管理者们非常清楚他们的咨询师在劳资冲突中的立场和角色。

当年，詹姆斯·麦肯锡希望自己的公司除了提供解决问题的咨询服务产品外，还能像一个汇集商业精英的平台和私人俱乐部，只有最具实力和富有声望的客户才能加入。到了 1940

年，麦肯锡的愿望已经得以实现：除了上文提到的客户，麦肯锡俱乐部的客户成员还包括美国航空公司、美国钢铁公司，以及马歇尔百货公司（虽然这家公司高管大量裁员的行为严重损害了麦肯锡在芝加哥的形象，但是它依然被麦肯锡视为客户）。

为战略而战略

麦肯锡的专长是把他人的问题变为自己的利润。就像银行能够从经济危机中看到机会，获得并大量持有被强制回收的企业抵押资产一样，麦肯锡将一般性调研作为核心方法论予以推广。伴随着经济的恢复，麦肯锡适时机敏地推出更为激进的方法论来推动业务发展，并帮助诸如四玫瑰威士忌酒厂（Four Roses Whiskey）等公司梳理工作流程。沃伦·卡农回忆道："这是我做过的最为凄惨的工作，工作过程中我需要跟着威士忌产品销售人员跑东跑西，去往各个销售渠道，从而发现销售过程中存在的问题，而这个过程少不了跟着喝大酒。"[22]

麦肯锡体现其专业能力的一个关键是令人们信服，这些咨询师不仅仅能够提供富有灵感的解决方案，而且有天赋不断获得这样的灵感。当工业革命的技术进步给社会带来了"科学主义"文化思潮的时候，麦肯锡推出了针对客户经营管理问题的科学评估方法。在经济萧条要削减开支时，麦肯锡提供了裁员的建议。而当企业面临规模化管理时，麦肯锡又可以就组织结构提供最新的建议。

管理咨询服务不仅是帮助客户变得更好，还利用了“攀比心”带来的不安。麦肯锡提供客户所需要的解决方案，隐性销售的是后者。组织理论中有一个概念——“模仿趋同性”（Mimetic Isomorphism），指的是企业组织之间倾向于模仿、从众，既然大家都在这样做，那总归是有道理的。

20 世纪前半叶，美国主要的工业巨头都在忙着进行扩张，追求规模经济。这一过程背后的理念是企业组织要分工明确（如采购运营、市场品牌、销售渠道等），并围绕不同的职能部门进行业务推进，同时，企业高层管理者的职责是对各个部门和不同的产品线进行总览式管理。后来，通用汽车公司总裁斯隆先生以及杜邦公司和西尔斯百货公司的管理者推出了一种颠覆式的组织管理模式。在新的管理模式中，组织的高层管理者被下放到各个产品线，只对其负责的支线负责。这种工作职责的划分模式被称为“事业部制”或者“M 形组织”——能够让企业更加快速灵活地应对市场变化，也能够让业务经理自主决策，不用再在组织决策链条中上传下达的过程中等待。

到了 20 世纪 40 年代中期，通用汽车公司和其他几家先行者都已经转型成了“M 形组织”，新模式也给它们带来了巨大收益。相比之下，多数美国公司依然在黑暗之中苦苦摸索，这就给咨询行业带来了机会——去传播伟大公司成功实践的“法宝”。在这一点上，麦肯锡在当时还算不上市场领导者，它正面临着同行强有力的竞争，如罗伯特·海勒公司（Robert Heller & Associates）、克雷萨普–麦考密克–佩吉特公司，以及博思艾伦咨询公司。但是后面的十年间，麦肯锡不仅争得了这个新业务市场最大的一块蛋糕，而且把“组织转型”这个美国法宝带入欧洲大陆。大洋彼岸的欧洲已经在战后恢复了元气，准备迎接新的管理思想。

新的组织模式让企业总部可以从日常管理问题中脱身，从而把精力聚焦到更大的图景和更为重要的事情上。新模式同时创建出一个新的高管阶层——没有具体直线工作职责但是收入颇丰的自由思考者。他们需要做的是“战略性思考”。“战略”（Strategy）并非一个新概念，而是源自希腊语中的strategos，意思是“军队领袖”。但是，就像沃尔特·基希勒（Walter Kiechel）在其所著的《战略简史》（*The Lords of Strategy*）中指出的，这个军事领域的概念直到在20世纪中期才进入商业领域。其中最早提到战略概念的是切斯特·I. 巴纳德（Chester I. Barnard），他在1938年所著的《经理人员的职能》㊀（*The Functions of the Executive*）一书中提到了“战略因素”。[23]但是多数人并不会独立进行战略制定，更不会和竞争对手一起做战略计划，这个时候就需要客观而公正的咨询师登场了。咨询师不仅仅可以解决管理和商业问题，也能够合理化和保护新生的高管阶层。

商业史的研究者把战略思考看作突破式的新事物。被誉为现代管理学之父的彼得·德鲁克（Peter Drucker）在其1955年出版的《管理的实践》㊁（*The Practice of Management*）一书

㊀㊁ 本书中文版机械工业出版社已出版。

中写道："管理不只是被动的适应性行为，而是主动采取行动，促使企业获得期望的成果。"类似地，哈佛商学院教授潘卡吉·盖马沃特（Pankaj Ghemawat）认为，企业并不应该坐以待毙，完全由外部力量所控制，正是战略计划可以让企业掌控自身命运。[24] 美国头部企业的高管接受了这样的"人定胜天"论，他们也需要来自麦肯锡的帮助。当这批美国企业掉转目光，开始进入战后重建的欧洲大陆，试图从当地竞争对手那里夺取市场利润的时候，麦肯锡成了它们有力的帮手。

最后的阻碍

确信自己就是詹姆斯·麦肯锡所选择的公司继任者，鲍尔下一步需要实现对于公司的完全掌控，也意味着他要与汤姆·科尔尼进行最后的角逐。汤姆是詹姆斯的第一任合伙人，负责运营芝加哥分部。当时麦肯锡公司的营收主要来自纽约分部，纽约分部营业额是芝加哥分部的两倍多。在克罗克特的支持下，鲍尔毫不掩饰地表达了希望公司使用一个统一名称——麦肯锡公司的意见，这一举动激怒了科尔尼，他认为是依靠自己的名字吸引到的业务。决裂在所难免，直到 1947 年，鲍尔及其合伙人团队确立了"麦肯锡"这一公司名称，并在芝加哥重新开设了新的分部，由哈里森·罗迪克领导。罗迪克在 1935 年 26 岁时就加入了麦肯锡，之后一直升任到纽约分部的负责人。

随着科尔尼被扫地出门，鲍尔在权力登顶的道路上就只剩下了最后一个障碍——盖伊·克罗克特——一位在1939—1950年一直担任麦肯锡董事总经理，但是基本上被公司历史遗忘的人物。在回顾麦肯锡公司的历史人物的时候，很多人会直接从创始人詹姆斯·麦肯锡直接跳到马文·鲍尔。其中的部分原因是克罗克特性格温和，他乐意让野心勃勃且正直的鲍尔获得掌控组织的权力。鲍尔在自己的著作中尽其所能地表达了对于克罗克特的认可和尊重。尽管如此，其他人却难以同样善良。前董事总经理罗恩·丹尼尔在2003年的一次访谈中表示："克罗克特是在领导之位，但鲍尔才是组织的发动机和头脑。"[25]另一位公司高管轻蔑地讽刺道："克罗克特和鲍尔完全没有可比性，前者是一位专业的会计师。"[26]

麦肯锡行事法

麦肯锡公司坚持认为，自己的工作是服务于客户公司的最高决策层，而非他们的下属。在CEO眼中不重要的事情，对咨询师来说同样不足挂齿。这一理念的好处是让麦肯锡不必提供专门的技术咨询。CEO没有时间精力处理细枝末节的事情，所以麦肯锡从不费心处理这些细节。这也成了麦肯锡的主要特征：只有俗人蠢材才裹足于狭隘的专业知识，我们思考的是愿景和未来。

随着麦肯锡获得客户的信赖，就能够推出一种全新的、令人羡慕的收费制度。之前一直模仿的是法律咨询公司的收费制度——按天收费——到了 20 世纪 40 年代，麦肯锡开始施行自己的“价值收费”（Value Billing）制度——客户应该为咨询建议产品付多少钱，麦肯锡自己说了算。这是一项天才之举。时至今日，麦肯锡发给大客户的项目报价单也不过一页纸的内容，最后的项目总收款却可以高达一千万美元。如果客户觉得贵，麦肯锡可以简单地回复道：我们在半个世纪前就是按这样的标准收费的。

另一个麦肯锡遵循了半个世纪之久的特色制度是从不泄露自己的客户名单。客户公司的 CEO 们喜欢这个制度，因为他们不想让自己寻求建议帮助的事情透露给竞争对手或者任何人。麦肯锡乐于把成功的功劳归于客户。记者、传记作家罗伯特·卡洛（Robert Caro）有过这样的观察领悟：“在这个世界上，如果你乐于把功劳归于他人，那么你会取得更多的成功。”[27]

这正是麦肯锡所奉行的行为理念：将功劳归于客户。这自然是个好主意，有谁会雇用和自己争功劳的咨询师呢？作为交换，麦肯锡也不必为客户接受建议后的行为后果负责。虽然有时候个别客户会违反协议，将多年来这样或那样的后果归咎于麦肯锡，但是多数情况下，麦肯锡和客户对其所做的工作保持沉默。只有在一些极端案例中——在 20 世纪 90 年代，安然公司和瑞士航空公司的倒闭，让其背后的咨询公司麦肯锡不得不走向前台为自己所提供的产品质量进行公开辩护。

麦肯锡承诺为客户公司的 CEO 们解决的问题之一就是信息瓶颈。高管阶层经常因为不够了解一线情况而饱受诟病。针对此问题，麦肯锡创造了一套积分访谈系统，与客户公司不同层级的员工进行广泛访谈，并把收集到的信息汇总提炼后呈给高管参阅。但咨询师们并不认为自己仅仅是信使。他们是咨询师。他们是如此重视自己的建议，以至于20世纪40年代的时候，鲍尔开始推行一项做法，那就是客户必须按照麦肯锡的建议来执行，否则就要重新考虑是否继续合作（出乎意料的是，客户们竟然还认可了这样的做法）。有关麦肯锡的传闻中不乏这样的故事：公司合伙人勇敢地拒绝掉了问题客户。据说咨询师伊夫·史密斯（Ev Smith）终止了与克莱斯勒公司的合作，就是因为公司CEO不同意执行他提出的开除某一个“腐败”员工的建议。[28]

鲍尔在其自费出版的一本回忆录中提到一件往事：性格古怪的亿万富翁霍华德·修斯（Howard Hughes）想要在派拉蒙影业项目上寻求麦肯锡的帮助，于是鲍尔本人赶赴旧金山与修斯会面，他被安排到一所公寓并被告知修斯一有空就会来见他。一天半之后，鲍尔给修斯的秘书打了个电话，告诉她说如果修斯不能在第二天下午两点会面，那么修斯不仅在此次安排中见不到鲍尔，以后也不再有机会见到鲍尔。修斯得知后即刻赶赴会晤，并在数次的讨论之后说服鲍尔，让他至少与自己的高管团队沟通交流下。沟通的结果十分糟糕：鲍尔对大家说，像修斯这样的偏执狂是永远听不进别人讲话的，再高的咨询费也不值得去赚。

03 第三章

“非升即走”的用人之道

麦肯锡采取优中选优的人才政策，实施“非升即走”的用人制度，每位员工每年至少接受一次全面的评估，在这个过程中，往往有 80% 的员工会就此离职，公司借此进行人才换血以保持活力。对于离职的员工，麦肯锡会对其再就业提供支持，并将他们称为校友。

分权之国

马文·鲍尔把一套不可动摇的价值体系烙进了麦肯锡的核心，而真正让麦肯锡实力超群的，还是他为公司制定且要求组织全力执行的一套方式方法。当政府的预算开支增长时，麦肯锡就会给华盛顿市提供咨询建议。当战后的欧洲亟待重建时，麦肯锡即刻前往，并在全球建立起自己的业务部门。当行业市场对于咨询人才的争夺日趋激烈时，麦肯锡祭出高招，与哈佛商学院建立长期合作关系，招收其优秀的 MBA 毕业生。之后，当哈佛商学院的人才库开始枯竭时，麦肯锡的目光跳出了传统人才库，进而开始从其他行业或专业招聘人才，工程师、哲学博士、医学博士等，都可以被麦肯锡招入麾下。这是最佳状态的麦肯锡：坚如磐石的基础之上，建立起一个灵活多变的庞大组织，它总能够矗立于时代的前沿。

1950 年，当克罗克特卸任麦肯锡掌舵者一职时，他的继任者人选毫无悬念。马文 · 鲍尔那时 47 岁。他已经在麦肯锡工作了 17 年。他得到了同事们的敬重和全力支持。大家对他唯一的抱怨就是，他会过多地听取妻子海伦的建议。和 20 世纪 50 年代美国大量貌合神离的家庭不同，鲍尔夫妇是亲密的二人团队。有人问鲍尔的儿子迪克谁是父亲最好的朋友，他不假思索地答道："我母亲。"[1]

或者应该说，是她和麦肯锡。鲍尔一生所爱，除了妻子，就是麦肯锡。他定义了麦肯锡，麦肯锡也定义了他。在《华尔街教皇》（*The Pope of Wall Street*）一书中，作者约翰 · H. 科尔曼（John H. Coleman）对于书中人物罗伯特 · 摩西（Robert Moses）的描写是："对一些人来说，只有奢华的鱼子酱才能够满足他们的胃口。而对于摩西而言，他需要一个火腿三明治，当然还有权力。"[2] 鲍尔既不需要鱼子酱也不需要权力，他需要的是影响力。而正是通过麦肯锡，鲍尔可以获得影响力。

对于麦肯锡而言，鲍尔既是统帅，又是它的操练教官。他高瞻远瞩，为公司确定了发展方向，同时又在细节上一丝不苟、下足功夫。这是做任何事情的成功之道。广告行业的传奇人物大卫·奥格威（David Ogilvy）曾经这样评论：“据说，如果你给我的朋友马文·鲍尔寄去一封制作精美的婚礼邀请函，那这位麦肯锡的杰出人物会把邀请函内容修改完善后退还给你。”[3]鲍尔这种极致令人无语，也令人感到敬佩。“当我在1961年入职麦肯锡的时候，马文·鲍尔无处不在，”麦肯锡前员工道格·艾耶尔回忆道，“我们这一年里必须每月共进一次午餐。他不是一个特别有趣的人，但是他是我这辈子见到过的最专注的、心神合一的人。”[4]

和所有商业传奇领袖一样，鲍尔也是非常幸运的。他职业生涯的黄金时期正好赶上美国战后经济蓬勃发展期。从第二次世界大战开始一直到1973年，实际人均国民生产总值每年增长3%——几乎是1890年至第二次世界大战期间增长率的3倍，比1973年至2000年增长率高出50%。与此同时，美国的人口激增，在1945—1973年间数量增长了一半。随着国家对民生工程的投入，联邦政府预算同时期快速增长。

咨询业在20世纪五六十年代年均增长率高达15%，成为美国商业世界闪亮新秀之一。麦肯锡无疑是领导者，它从竞争中脱颖而出，聚揽了最为聪明的年轻人，并获得了客户们的极大青睐。战后繁荣中出现了2个存在关联的新事物——巨型组织和管理主义[5]——而麦肯锡正好有着绝佳的优势，能够从这两种新事物中同时受益。在1947—1968年，行业前200家最大规模的公司所持有的行业资产比例由47.2%增长为60.9%。[6]在1950年旨在禁止同行业竞争者兼并的《塞勒–凯佛维尔法案》(*Celler-Kefauver Act*) 推出之后，公司经营者开始通过收购大量不相关的业务追求增长，而他们对这些业务知之甚少，甚至一无所知。

在第二次世界大战前，一家公司有 10 ～ 25 个业务部门，战后这个数字激增到 40 个甚至更多。1929 年，美国最大的 100 家公司中只有 15% 的公司有多元化业务；到 1960 年，这个比例达到 60%，且不断攀升，到 1970 年达到了 76% 左右的顶峰。[7] 20 世纪 60 年代，通用电气公司拥有 190 个有独立经营预算的部门。而有效管理如此庞大的企业实体所需的知识与经验在那时还是空白。这正是麦肯锡的绝佳机遇。麦肯锡咨询师扮演起了人类学家的角色，专注于探索那个正在演进的现代化组织——集团公司。他们也是第一批真正深入实地了解这个巨型社会组织如何运行的探索者。

随着业务的增长，麦肯锡不得不对自己的一些核心原则进行修改，比如创始人詹姆斯·麦肯锡当初所要求的公司业务只与最高负责人直接对接。而如果和类似通用电气这样的巨型公司合作的话，咨询业务不可能全部与集团 CEO 沟通。因此，鲍尔决定与低一级别的管理者对接业务。“组织已经变得越来越大、越来越复杂……我们现在业务的对接人有可能是集团某一个业务分公司的总经理。”鲍尔写道。[8] 但他依然强调坚守原则——麦肯锡只为客户解决那些最为重要的问题。在 1963 年，鲍尔解雇了一个公司合伙人，因为他认为这位同事在与婴幼儿配方奶粉先驱美赞臣的业务合作中做了大量的日常性工作。[9]

20 世纪 50 年代，麦肯锡几乎已经与美国所有家喻户晓的品牌建立了业务合作：高露洁、克莱斯勒、通用食品、菲利普·莫里斯（Philip Morris）和雷神公司（Raytheon）。麦肯锡也为美国红十字会和南加州交响乐团提供公益咨询服务。公司的影响力也从纽约和芝加哥拓展到了旧金山和洛杉矶，到了 1960 年，西海岸的业务收入总和超过了一百万美元，占公司总额的 16%。[10]《商业周刊》1955 年 9 月的一篇报道中有一幅两页的地图，上面标记出了 20 家匿名的公司总部所在地，它们皆为麦肯锡的客户。虽然客户信息未被公布，但是麦肯锡的成功天下皆知：它在为整个美国商业提供咨询服务。

组织人

“公司人（Company Man）”这个概念和社会群体在 20 世纪 50 年代的美国兴起。威廉·怀特（William Whyte）在 1956 年出版了经典著作《组织人》（*The Organization Man*），这是“公司人”的另一种称谓。两个名字预示着新社会已然步入了公司组织一统天下的时代。年轻人心甘情愿地把自己交付于公司，即使是变为谄媚上司的秘书，也依然开心地用自主性换取稳定的工资收入，大公司给员工们提供了经济大萧条以来前所未有的稳定工作。对于新时代特色，怀特在书中写道：“当然人们对此也有嘲讽，他们把这种组织控制中的人比作转盘牢笼里的仓鼠。但是大家并不觉得这是无法忍受的痛苦；他们觉得自己与组织之间达成了一种终极的和谐。”[11] 如此的自愿的服从是管理者梦寐以求的事情。一位 IBM 的主管告诉怀特：“培训使得我们的员工变得可被替换。”[12]

虽然在小说家和好莱坞创作的文艺作品中，办公室职员的从众化现象被描述为一种令人担忧的潜在威胁，但是现实生活中，整个国家对于大型组织的怀疑与警惕已经在战后时期大幅度松动。正如拉凯什·库拉纳在《从高目标到高技能》(*From Higher Aims to Hired Hands*) 中所述，数以千万的美国人，他们曾经在军队服役，或在战时工厂劳作，他们也是第一批在战后进入大型组织的员工。对比而言，他们不觉得需要去质疑企业管理，尤其当对组织的忠诚、服从能够换来稳定而逐步上升的职业前景时。[13]

同时期的麦肯锡，一小部分咨询师脱颖而出。1951 年，阿奇·巴顿 (Arch Patton) 成为继詹姆斯·麦肯锡之后第一位开拓出一个全新领域的咨询师。通用汽车公司曾请巴顿帮忙进行一项针对高管薪酬的研究，此项目中巴顿一共走访调研了 37 家大公司。研究结果被发表在《财富》杂志和《哈佛商业评论》上，其中巴顿提出了一个惊人的现象：员工工资增长水平超过了管理层。管理层对此发现尤为关注，他们把巴顿的发现转变成让管理层收入水平突飞猛进的一种正式批准。时任泛美航空公司 (Pan American World Airways) CEO 的胡安·特里普 (Juan Trippe) 聘请巴顿开展一项关于公司高管团队股票期权配置的研究。自此之后，这种增加高管薪酬并“证明”其合理性的需求源源不断。多年来，巴顿在此领域一共撰写了六十余篇文章。

尽管巴顿的研究发现给麦肯锡公司带来了不菲收入，但是相伴而生的负面评论甚至是恶名也招致了鲍尔的反感。巴顿曾经无意中听到鲍尔对一个同事讲，高管薪酬工作并非麦肯锡精神所重视的“问题解决”类价值工作，而仅仅是一种“专业技巧”。巴顿听到后即刻产生了辞职的念头，但是他最终说服了自己忘掉这个来自老板的评论。他的同事也希望他留下来，毕竟近几年他一个人带来了公司总收入近 10% 的贡献。但是，鲍尔对待巴顿的高管薪酬工作如同对待猎头工作一样鄙夷厌恶，他认为这样的事情无法产生真正的价值，这导致麦肯锡错失就继任者选拔这一基本问题向高管提出建议的机会。对此现实与理想的矛盾，一位退休的麦肯锡咨询师说：“如果要说到麦肯锡的主要弱点，这就是其一。它的业务涉及方方面面，就是不包括这一项。每个人也因为不用去做猎头业务而感到舒服。但是这不等于我们无法帮助经营主管完成其职责三分之一甚至一半的工作任务，即帮助他考虑如何配置人才结构，如何有效地保持组织的人才能力。正因为‘马文对抗阿奇’的情况弱化了麦肯锡的业务潜力，且影响至今。这是我们错失的最大机会。”

虽说如此，巴顿的案例还是激发了麦肯锡的同仁们探索新的业务领域。1958 年，迪克·纽舍尔（Dick Neuschel）——他于 1945 年加入麦肯锡并且之后成为鲍尔的三人管理团队成员——成功推进麦肯锡进入保险公司的业务领域；此举被认为是麦肯锡在之后的 50 年里最为成功的尝试之一。

鲍尔坚持认为，麦肯锡员工的个人风采不能够盖过公司的，但是在个别情况下他别无选择，只好允许一颗明星比其他明星更耀眼。如同数年后的汤姆·彼得斯一样，巴顿在20世纪50年代就是麦肯锡的明星，即使他对于美国商业发展的贡献充满争议。巴顿的研究和发现无疑是美国公司高管薪酬飞涨的一种催化剂。20世纪80年代的一次访谈中，当被问及他如何看待自己当时工作产生的影响时，巴顿的回答简单而直接："感到内疚。"[14]

当然这是后话。在20世纪50年代，人们并未对公司高管的高收入心存不满。美国公众对于未来也非常乐观，麦肯锡内部更是如此。1939—1956年，公司只有一位员工以除退休之外的原因离职。[15]

赢下政府项目

长久以来，芝加哥是麦肯锡业务的主营阵地，纽约是其发展的动力机，而到了20世纪50年代，华盛顿则成为麦肯锡施展拳脚的新舞台。美国军方为咨询行业提供了新的业务来源，1935年到1945年，美军经费总额由25亿美元激增到620亿美元，增长了近24倍。随之而来的是政府部门在战后的扩张。麦肯锡和同行们都嗅到了其中金钱的味道，麦肯锡于1951年5月开设了位于美国首都华盛顿的分部办公室。

麦肯锡的华盛顿分部成立后不久，新当选的总统德怀特·艾森豪威尔（Dwight Eisenhower）就聘用了麦肯锡，就政府行政部门的政务官候选人以及白宫组织重构等方面事务向其寻求建议。其中一项成果便是创造了白宫总参谋长这一新职位。自此麦肯锡开始了与美国政府之间近十年的名利双收的合作。

在一段时期内，麦肯锡咨询师需要涉及大量的基础猎头工作。类似于美国联邦调查局创始人 J. 埃德加·胡佛（J. Edgar Hoover）的谨慎保密姿态，麦肯锡 1940 年的一本工作手册中这样写道：“我们已经准备就绪，将帮助我们的客户来确定其管理职位的胜任者人选。为达此目的，我们需要对各个领域优秀人才的个人信息予以保密。”[16] 但是此时麦肯锡依然与招聘业务保持距离——因为在鲍尔看来，这又是一种与专业价值背道而驰的业务类型。夹在现实和理想之间左右为难之际，麦肯锡想出了一套好用的专业话术，用以重新定义自己的工作内容。比如，麦肯锡咨询师会问自己：如果想要带来真实的价值，帮助客户带来正向改变，那么我需要去做什么样的工作？“一旦需要回答这样的问题，”丹尼尔·戈特曼（Daniel Guttman）和巴利·维尔纳（Barry Willner）两位律师在他们开拓性著作《影子政府》（*The Shadow Government*）中写道，“麦肯锡就提出，自己可以帮客户寻找适合的人才。”[17]

政府行政部门的项目工作内容就是招聘人才，但是这不是单纯的猎头工作，而是基于战略的猎头工作。一位著名的共和党人哈罗德·托尔伯特（Harold Talbert）曾经对艾森豪威尔说，他愿意去聘请麦肯锡来站在政府的角度找出一整套国家发展策略。比如，为了实现服务于“美国人民的心愿”，总统一共需要设置多少政府职能岗位？

在提供给艾森豪威尔的最终版报告中，麦肯锡估算出如果要有力而全面地治理好200万人口的联邦政府，那么一共需要设立610个政府工作岗位。[18]艾森豪威尔看过报告之后对鲍尔说：“这很有价值。我们会把它当《圣经》一样使用。”[19]伴随总统的肯定而来的奖励巨大：20世纪50年代，麦肯锡与25～30个联邦政府机构建立了业务合作，从“自己帮助创建出的行政体系那里获得了威望与项目合同”[20]，分得了大大的一杯羹。

于是麦肯锡开始扮演一个新的重要角色——为国家安全事务提供建议。1953年，麦肯锡与副总统纳尔逊·洛克菲勒（Nelson Rockefeller）一起参与到对美国国防部组织重构的项目中。1955年，麦肯锡帮助美国原子能委员会进行核动能商业项目的探索开发。1958年，当美国原子能委员会前委员基思·格伦南（Keith Glennan）荣升为第一届美国国家航空航天局（NASA）的管理者时，他聘请了麦肯锡来帮助自己建立这个新机构。此项目的一期合作继而扩展为八次后续项目合同，服务费用总额为232 000美元，在这期间一名麦肯锡咨询师直接进入NASA工作。[21]

历史学家克里斯托弗·麦肯纳认为，通过与政府的合作，麦肯锡促使美国发生了根本性的转变，变成了“合同制国家”。在一项对NASA的合同制定政策研究中，麦肯锡建议并极力推动私营企业参与其中，并且得出 NASA 应该把研发工作外包给外部有能力的公司的结论。[22] 麦肯锡的报告中也引用了通用电气公司时任董事长拉尔夫·科迪纳（Ralph Cordiner）对此建议的支持观点。科迪纳怎么会不支持呢？通用电气公司是第一批与美国政府签订合作协议的公司之一。

当美国政府开始将工作职能外包时，需要依赖麦肯锡为其在合作方选择上面提供支持，麦肯锡自然会向政府推荐自己的客户资源。因此，麦肯纳评价说，除了一些特殊的具体任务，麦肯锡咨询师充当起了“这个合同制国家日常管理经营的核心角色”。[23] 美国北美人航空公司（North American Aviation）是麦肯锡的客户，这家公司从 NASA 超过 240 亿美元经费的阿波罗项目中获得了 1/3 的合同。[24]

于是很自然地，麦肯锡的客户拥有了与之继续合作的强大动机。这也是一个完美的正向的反馈循环：麦肯锡为政府工作，政府依赖麦肯锡提供选择合作伙伴的建议，麦肯锡的老客户也能够帮助麦肯锡完成政府工作。多年以后，政府监察机构对此类互开便利之门的行为予以监督控制，但是在当时，没有人对此现象有所抱怨。

鲍尔在掌舵麦肯锡的十余年里，对公司内外事务得心应手，一个当年被克利夫兰的律师事务所拒之门外的人，当下正在为美国总统出谋划策。鲍尔的回忆录中有一张午餐卡的照片，午餐是和约翰·肯尼迪总统共进的，日期是 1963 年 10 月 8 日，菜单内容：洛林咸派、马伦戈烩鸡胸肉、巧克力香梨圣代。

一个微不足道但广为人知的争议事件

在20世纪五六十年代，麦肯锡的政府合作工作做得风生水起。公司的华盛顿代表，约翰·科森（John Corson），已经在方方面面和中央政府建立起了密切联系，麦肯锡实际参与到每个政府项目委员会的工作：戴维斯委员会（军队组织研究项目）、凯斯滕鲍姆委员会（联邦救助基金项目）、盖瑟委员会（苏联核武器威胁项目），以及来自高等教育、公共卫生、航空运输等领域的其他多个政府项目。[25]

但是在纽约一次与态度强硬的市政的不愉快合作经历促使麦肯锡重新考量与政府合作的价值。卡特·贝尔斯（Carter Bales）是一位富有上进心的麦肯锡咨询师，他在1968年的时候为自己谋得了一份在纽约市政厅的无薪岗位，担任纽约市预算局项目预算系统分部主任。虽然从政府那里获得的报酬是项目提成，但贝尔斯在麦肯锡工作期间，已经在实质上扮演起了政府公务员的角色。戈特曼和维尔纳在《影子政府》中说："麦肯锡在名义和事实上都兼具了公共和私立组织的属性。"[26]

贝尔斯与麦肯锡后来参与创建了一个公共利益导向公司，用以管理纽约市政医院。贝尔斯促成签署了一份向麦肯锡支付32.5万美元为此政府项目筹建的公司提供"管理方面的支持"的意向书。在此之中，贝尔斯不仅代表政府方，也代表麦肯锡方。另外，纽约市政府也与麦肯锡签署了一份总额为30万美元的合同，后者在纽约的模范城市项目中提供咨询帮助，以及参与到一部分预算局管辖范围内的项目之中。

纽约市市长约翰·林赛（John Lindsay）的政敌偶然发现了贝尔斯的双重角色，引起了轩然大波。整个1970年的夏天，《纽约时报》把林赛政府以及麦肯锡放在了舆论指责的风口浪尖。受此影响，政府财务总管亚伯·彼姆（Abe Beame）首先收回了用于支付麦肯锡服务费的150万美元。彼姆的此项决定并不是因为贝尔斯的“脚踏两条船”，而是因为在不少情况下麦肯锡都未签署合同——因此所涉及的合作是不合法的，这种情况下市政厅没有义务来支付款项。贝尔斯和他在麦肯锡的相关同事得知此事后感到错愕且愤怒：基于惯例，公司与纽约市政厅签署合同的时间总是要迟于项目开展落地的时间；麦肯锡这么做只是基于相互信任的假设。当然，公司的欠款最终还是要回来了。

第二个舆论焦点是有关公司与政府合作中是否存在违背道德的现象。在后续的项目审查过程中，大为光火的贝尔斯在听证会上为自己辩护。麦肯锡董事总经理李·沃尔顿（Lee Walton）和纽约分部经理罗恩·丹尼尔站在贝尔斯这一边，但是鲍尔却明确地表达了不支持的立场。鲍尔认为贝尔斯玷污了麦肯锡的名声，并要求沃尔顿解雇贝尔斯，但这于事无补。

该市的伦理委员会和咨询管理工程师协会都认为麦肯锡并无违法违规和其他不妥行为，但是这段经历使麦肯锡意识到，与政府部门合作工作缺乏安全性和隐私性，而这恰恰与麦肯锡熟悉的模式不同。

在公司的内部历史记录中，麦肯锡并不觉得这个“微不足道但广为人知的争议”是个大问题，尽管这件事情当时让公司坐立难安。沃尔顿也曾经告诉记者，“这该死的事情让人饱受折磨”，鲍尔也把此事描述为“极度痛苦”。[27] 在这场政治风波的尾声，麦肯锡承认自己的“城市业务”发展过度，纽约分部经理罗恩·丹尼尔被迫解雇了四十位咨询师。

尽管行业内部风传贝尔斯的麦肯锡生涯因此事故终结，但是现实中他的职业之路并未受到实质性影响。在 20 世纪 80 年代的很长一段时间里，贝尔斯依然是麦肯锡最大的项目承接人。充满事业激情和自信满满的贝尔斯牵头拿下了数百项合同，在他为麦肯锡效力的长达 33 年的职业生涯中，他建立起的合作对象包括美林证券、大通曼哈顿银行（Chase Manhattan）和哥伦比亚广播公司（CBS）。他执行力超群，全心身投入到麦肯锡方法论的实践中。麦肯锡的方法是与客户并肩面对艰难困苦。在并肩作战的合作关系中，“棘手的问题并不总是可以在顿悟中看到答案、在灵光乍现中得到解决，”他说，“现实情况反而是，我们要展开日进一寸的攻坚克难工作，结硬寨，打呆仗。比如在美林证券的咨询项目中，我们发现客户的零售经纪人实际上在补贴公司的批发业务。对此，我们给他们提出了一项更为合理有效的绩效评估奖励新方法，但是这个事情的推进举步维艰，耗费了一年半。”[28]

贝尔斯同样是一个敢于冒险的人。他尝试在麦肯锡展开环保方面的实践业务，事实证明这对于当时的市场客户来说显得过于超前。他也在1972年参与了一次国会议员选举，但并未成功。在纽约市政府项目的争议事件过去几年后，鲍尔在一次公司合伙人会议中将贝尔斯赞誉为麦肯锡最为成功的咨询师。据一位公司同事观察，“马文是一个非常有原则且态度鲜明的人。但是如果他的想法改变了，那就是毋庸置疑地改变了”。

麦肯锡最终完全地从政府业务中撤离出来，把已经涉足的市场拱手让给了竞争对手博思艾伦咨询公司，只从事一些零星的地方政府工作。麦肯锡对此的解释是，联邦政府咨询业务流程在日益官僚化的组织中变得越来越冗长烦琐，采购部门也变得越来越独立，麦肯锡与最终合作方的关系也越来越显得无关紧要。当然，经济收益也在变少。麦肯锡的收费向来很高，如果政府对其定价不满，在私营公司中可以找到大把的合作对象。麦肯锡当时的态度可以借由鲍尔的话表达：“国会、媒体，以及所有的公共领域对高价格持有一种敏感且负面的态度。”[29]在贝尔斯与纽约政府争议性合作之前，到20世纪60年代末期，政府项目收入只占麦肯锡总收入的5%，非营利性组织合作项目收入占比为1%。[30]之后的40年里，麦肯锡几乎把所有的工作和对世界的贡献都放在了企业界。

向伦敦出发

当麦肯锡建立华盛顿据点时，马文·鲍尔的目光就已经看向了海外。1953年，他和妻子海伦踏上了人生中第一次国际旅程——前往法国和葡萄牙——当他们归来之时，鲍尔在其与公司合伙人的备忘录中提出了要建立欧洲业务桥头堡的想法。[31]

当时麦肯锡的雄心壮志依然局限于美国，客户来自本土市场的各行各业。在1959—1961年，麦肯锡的客户来自20个行业，其中只有石油行业贡献的业务收入超过了10%。战略规划是麦肯锡最大的业务领域，其收入占公司总收入的20%，公司规模依然有待发展。乔恩·卡岑巴赫（Jon Katzenbach）回忆道："当我在1960年加入公司的时候，同事只有100人左右，我记得去参加公司举办的第一个会议，地点是位于纽约的一家名为'睡谷'（Sleepy Hollow）的乡村俱乐部。大家很容易打成一片，我们共用一屋，最年轻的员工和最资深的董事住一个房间。"[32]

到20世纪50年代末期，麦肯锡已经准备就绪，走上扩张之路。当时麦肯锡在美国的国内业务已经趋于饱和，增长机会有限，一些客户也已经在海外积极探索布点。虽然去中心化组织改革在美国开展得如火如荼，但是欧洲的企业界还未参与其中。第二次世界大战重创了欧洲的跨国公司，正好给竞争对手美国带来了难得的机会：1948年，美国公司在英国的分部只有93家，而到1971年，这个数字增加到544家。[33]

技术的进步与新技术的应用也有力支持了麦肯锡的全球化扩张。20世纪50年代，民用航空已经成为公司管理层高效便捷且便宜的出行方式，越洋电话线路也于1956年投入使用。欧洲瞬间变得不那么遥远。博思艾伦咨询公司和理特咨询公司都于 1957 年开设了苏黎世分部。同年 12 月，《商业周刊》甚至发文批评麦肯锡：只想着把美国的咨询师派到海外市场，而不是在海外建立分部。而这种情况很快就改变了。

1955 年，麦肯锡聘用了欧洲商业专家查尔斯·李（Charles Lee），与公司合伙人吉尔·克利（Gil Clee）合作制订出公司的扩张方案。作为鲍尔的继承人和得力干将，克利在患肺癌之前担任董事总经理，他在金融财务方面的知识也是对鲍尔价值中心原则的有利补充。克利和李在后续几年一直致力于推动公司的海外业务，但是扩张的速度缓慢。到 1956 年，麦肯锡还仅是与一些公司的海外业务展开合作，这些客户包括亨氏、IBM 以及 ITT 公司。其中与 IBM 的国际贸易公司在巴黎市场的合作项目是协助 IBM 电脑业务进入欧洲，除此之外，麦肯锡并无更多涉足。

麦肯锡真正进入欧洲市场可以说是“东风好借力”。1956 年，美国大型石油公司德士古（Texaco）将其在委内瑞拉的奥古斯都石油开采项目“Gus”转接给荷兰皇家壳牌公司（Royal Dutch Shell，现名为壳牌集团），壳牌时任项目负责人约翰·路登（John Loudon）对此项目垂涎已久，他委托麦肯锡对此公司在当地的业务流程进行梳理，并推进组织重建工作，这也是对未来即将开展的合作的潜力评估。评估结果令路登满意，于是在 1957 年 7 月路登掌管壳牌之后，他即刻致电麦肯锡，邀请其咨询师进一步对自己管理下的整个公司进行业务梳理，提供组织发展建议。马文·鲍尔亲自前往荷兰海牙参加壳牌的商务合作洽谈，麦肯锡的美国公司背景这时候发挥了作用。当时壳牌的荷兰 – 英国股权背景让其在选择咨询师的时候陷入僵局，因为其内部决策者相互不买账，荷兰股东和英国股东彼此都不同意向荷兰公司或者英国公司寻求咨询服务。麦肯锡的背景让双方达成妥协，麦肯锡也因此获得了一个国际大单。伦敦分部的成立势在必行。

基于麦肯锡传统，所有重要事务都需要有备忘录记载。克利在 1958 年 3 月写了一份题为“筹备中的伦敦分部”的备忘录。他在 1956 年曾试图提议在伦敦成立新分部，但是遭到了反对，因为麦肯锡咨询师们认为欧洲客户支付不起高昂的咨询费用。而与壳牌的合同让他们看到事实并非如此。1958 年 4 月 8 日，在深入研究了伦敦分部的提案之后，麦肯锡的董事们召开会议，鲍尔在会中表示研究得足够充分了，请大家举手表决。表决的结果是一致通过：麦肯锡决定成立伦敦分部。1959 年 4 月，麦肯锡正式宣布新的分部坐落在伦敦的圣詹姆斯区国王街 4 号。如同麦肯锡在美国的“机构合作式”人才招聘政策，麦肯锡英国的人才也来自富有盛誉的教育机构。麦肯锡伦敦分部的第一任负责人休·帕克（Hugh Parker）毕业于剑桥大学，他被从纽约分部调往伦敦，带着公司分拨的 2.5 万美元的启动经费开拓新疆土。在伦敦工作的第一年，帕克与胡佛公司的英国分公司签下了总额为 4625 美元的合同。

“他理解英国人，”鲍尔之后写道，[34] 更重要的是，“为了建立起一支和美国同事同样水准的人才队伍，我们需要首先招聘那些来自牛津大学、剑桥大学的优秀毕业生，继而可以由他们吸引更多的人才加入我们。”[35] 帕克就是一个典型的麦肯锡人，他总是强调麦肯锡人应该有“成功所需要的基本习惯”。[36] 除此之外，他还有“牛剑”的名校光环加持。鲍尔也有自己对麦肯锡人的判断标准：“成功的咨询师需要具备一种人格魅力，能够让周边人都喜欢他。”[37]

但是，帕克是一个美国人。当伦敦分部的主要业务由一开始的服务于美国公司的海外业务逐步过渡到服务于英国本土企业，其人员结构也不得不进行调整。因为英国的公司高管们更希望能够和本土咨询师进行交流对话。为此，麦肯锡将爱尔康·科皮萨罗爵士（Sir Alcon Copisarow）招入麾下，后者曾在英国政府工作多年，并在 1966 年成为麦肯锡英国分部首位非美国籍负责人。这项任命无疑是精明的，之后英格兰银行的总裁就指明要求科皮萨罗团队为其银行提供咨询服务。[38]

1959 年 1 月，壳牌宣布采纳麦肯锡提供的组织管理建议，其中部分建议一直被沿用到 20 世纪 90 年代。这极大地鼓舞了麦肯锡，但是它也声称此事招致了麻烦。公司合伙人伊夫·史密斯说：“他们四处宣扬说雇用了麦肯锡。我们公司的名字经常出现在《泰晤士报》上，坦率地说，这把我们吓坏了。”[39]

麦克·艾伦（Mike Allen）是一位曾经就职于麦肯锡的咨询师，他之后成立了自己的咨询公司，同时他也是早期推动英国市场业务发展的元老之一。他回忆那段日子时说：“我们就像电影明星一样。美国的通用电气公司在 20 世纪 50 年代推出了去中心化改革，我们也跟随管理潮流，并把这个理念推广到海外市场。”艾伦还记得当年针对英国人神圣的茶歇时间发起的挑战。“当我们和英国邮政合作时，我们对其所花时间进行了记录。本来以为一个茶歇是 15 分钟，但是实际上有两个小时。那里的员工一天八个小时的上班时间里面只有三个小时的有效劳动。工会领导说这是管理方式的错误。他说得没错。”[40]

新业务增长迅猛。到 1962 年，伦敦分部的客户名单中包括亨氏公司英国分公司、迈赛弗格森公司（Massey Ferguson）、胡佛公司，以及当地本土企业邓禄普和化工业领先品牌 ICI。截至 1966 年，伦敦分部已经成长为麦肯锡第二大分部，拥有 37 家合作企业，而纽约分部当时的数字是 96 家。[41] 麦肯锡当时所销售的咨询产品，自然就是企业组织的去中心化建议：在很短的时间里，麦肯锡帮助英国前 100 家企业中的 25 家完成了组织去中心化建设。麦肯锡前咨询师道格·艾耶尔说：“说实话，这个事情并没有什么挑战性。那个时期，在美国大家都觉得从商很自然，但是在英格兰，人们眼中的正经职业还是公务员、牧师或者军人。那边的商业需要帮助。”[42]

据说麦肯锡的咨询师在欧洲出差的时候都是人手一本艾尔弗雷德·钱德勒所著的《战略与结构》(*Strategy and Structure*)，放在公文包里随身携带。钱德勒提出的多部门模式是组织结构的必要条件，而麦肯锡咨询师就是这种新模式的说客。据历史学家克里斯托弗·麦肯纳所说，一个欧洲公司的经理人跟同事说，你只要买来钱德勒那本书认真读读，就能帮你省去 10 万美元的麦肯锡咨询费。法国的《世界报》造出了一个词：prêt-à-penser——类似于 prêt-à-porter（工业化标准生产），意思是“现成的”。这个报纸以这个法语新词来嘲讽麦肯锡的做法——兜售既有的知识，做“知识贩子”，标的是量身定制的价格，做的衣服只不过是在袖口处做细微修改。

但是这样的负面声音很快就被淹没在麦肯锡热潮中。麦肯锡在欧洲的发展如此成功，以至于“麦肯锡”这三个字在当地都带上了不同的含义。英国的《星期日泰晤士报》对“麦肯锡”进行了词义新解：“1. 动词。撼动，重组，宣布裁员，废除既有协议。这些行动主要针对大型工业企业，但也适用于所有管理上有问题的组织。比如：英国国家广播公司（BBC），英国邮政总局（General Post Office），以及萨塞克斯大学（University of Sussex）。2. 名词。一家来自美国的国际管理咨询公司。”[43] 在许多人看来，麦肯锡重构了整个欧洲。

麦肯锡咨询师同样有较为正面的专用话术来形容公司在欧洲的扩张。“麦肯锡……和其他组织一样进行着重建欧洲生产的工作，”公司合伙人约翰·麦康伯（John Macomber）说，“还有就是……丝毫不用怀疑，我们投身其中的动力是给它们提供帮助，而非受到金钱驱使。”[44]

在接下来的十年里，麦肯锡在令人羡慕的合作项目中“帮助”了一大批英国客户，包括吉百利食品公司（Cadbury Schweppes）、冠达邮轮公司（Cunard）、劳斯莱斯公司、英国帝国化学工业集团（Imperial Chemical Industries）、英国泰莱集团（Tate & Lyle）、联合利华（Unilever），以及威格士公司（Vickers）。麦肯锡在公共领域的工作也取得了成功，和英国原子能委员会、爱尔兰银行、英国铁路、英国国家广播公司、英国国家医疗服务体系以及英格兰银行建立了合作。英格兰银行的案例被英国咨询界同行们认为是一种侮辱。“英国邮政是给我们的一记耳光，英国国家广播公司是打在身上的一记耻辱之拳，而英格兰银行则是灭顶之灾。”英国管理咨询协会主席这样评论。难道英国本土的管理咨询行业如此糟糕，以至于英国人不得不去花钱让殖民地的人来给建议了？

英格兰银行与麦肯锡合作所引发的公共舆论和愤慨反而更加强化了人们对麦肯锡实力超群的认知。《科学》杂志伦敦分社的通讯员写道：“麦肯锡来了，它在社会公众中打造了一种形象，那就是，如果上帝决定重新创造世界，他会让麦肯锡来帮忙。”[45]

在20世纪60年代末期，欧洲充斥着对于美国经济入侵的恐慌。美国对欧洲的直接投资从1950年的17亿美元增长到1970年的245亿美元。[46]法国记者让－雅克・塞尔旺－施赖贝尔（Jean-Jacques Servan-Schreiber）在1968年出版的《美国的挑战》（*The American Challenge*）一书中明确地指出，美国公司跨国运营的能力正在摧毁欧洲的竞争对手，而它们成功的秘诀就是它们的组织结构，换种说法，那就是去中心化组织形态。

这是《规模与范围》的翻版，只不过这次是在全球竞争环境中。塞尔旺－施赖贝尔写道：“今后的十五年里，继美国和苏联，世界第三大经济体和产业实体很可能不是欧洲，而是在欧洲的美国产业。”[47] 但是“美国产业”还只是一个抽象概念。而在那时候，麦肯锡相比于任何机构和组织都更能够具体地呈现出这样的影响力和发展潜力。

在伦敦打出名声之后，麦肯锡在欧洲的扩张势如破竹。公司于 1961 年 6 月开设日内瓦分部，不久之后与瑞士公司客户建立合作：嘉基公司（Geigy)、雀巢公司、山德士公司（Sandoz）以及瑞士联合银行。1963 年 11 月，麦肯锡在巴黎建立分部，与法国航空公司、里昂信贷银行（Crédit Lyonnais)、佩希内集团（Pechiney)、雷诺汽车公司（Renault）和罗纳普朗克公司（Rhône-Poulenc）等建立合作。1964 年，麦肯锡又在阿姆斯特丹和德国的杜塞尔多夫建立新分部，合作公司包括巴斯夫（BASF)、荷兰皇家航空、德意志银行以及大众汽车。截至 1969 年，麦肯锡有一半的收入来自海外市场。在 1950 年，M 形组织这一概念对于德国公司来说还很陌生，到了 1970 年，德国前百的大公司中有一半已经将 M 形组织结构贯彻落地，其中很多是借由麦肯锡来实现的。[48]

1967—1974 年，麦肯锡的身影出现在了非洲的坦桑尼亚：来自九个不同分部的 60 多位咨询师会聚此地，帮助坦桑尼亚时任总统朱利叶斯 · 尼雷尔（Julius Nyerere）制订国家发展计划。虽然公司给予了一定份额的费用减免，但是据记者迈克尔 · 西姆（Michael Useem）报道，咨询费用依然高昂，以至于坦桑尼亚政府不得不把其列为专项经费预算。[49] 洛根 · 奇克

（Logan Cheek）在1968年至1971年任职于麦肯锡并参与过此项目，据他回忆，当时尼雷尔总统在会议室里读了公司的计划与报价单，“他看过了上面的内容，然后说‘这正是我想要的’。然后他看到了费用信息。会议室陷入了一阵长久的沉默，然后他说：‘你们有没有意识到，你们公司在这个项目中资历最浅的咨询师的收入，都要比我们国家政府级别最高的部长收入高？’罗杰·莫里森（Roger Morrison）听到后以为这个项目没戏了。但接着总统站了起来，移步到会议室窗前，凝视沉思后他说，‘但是在我出生的小村庄有一句老话：如果你舍得拿出花生，那你会获得猴子’。我们后来拿下了此项目”。[50]

1971年，麦肯锡接到了一个新任务——研究香港的行政体系现状并提供建议。这又是一个来自精英名校校友关系的项目：就像是爱尔康爵士走进时任香港总督麦理浩爵士（Murray MacLehose）的办公室，离开的时候手中已经拿到了这份新的合作协议。[51]

麦肯锡在欧洲快速的“殖民扩张”和顺风顺水的业务发展让公司如日中天，也让公司在一片乐观的赌博性投资氛围中对即将结束的20世纪60年代的繁荣和即将到来的20世纪70年代的动荡缺乏足够的准备。但不管如何，麦肯锡抓住了欧洲的发展红利。

麦肯哈佛

1953年，麦肯锡作为首家与商学院合作的咨询公司，制定并开始实施“优中选优”的人才政策——更加看重潜质超群的年轻人，而非经验丰富但岁数大的求职者。麦肯锡的目标人选锁定为哈佛大学的“贝克学者”（Baker Scholars）——班级成绩排名前5%的学生。之后的几十年里，麦肯锡和大学的合作愈加紧密，作家马丁·基恩（Martin Kihn）还发明了一个搞笑的新词来称呼这一现象——麦肯哈佛（McHarvard）。在此政策下首先加入麦肯锡的两位咨询师分别是约翰·麦康伯和罗杰·莫里森，他俩在公司的服务时长加起来是58年。莫里森于1972—1985年执掌伦敦分部。麦康伯负责巴黎分部，他在离开麦肯锡后先是成为化工公司塞拉尼斯公司（Celanese Corporation）的董事长，然后成为进出口银行（Export-Import Bank）总裁。

在麦肯锡内部，重青年轻经验的选人标准并非没有争议。公司合伙人伊夫·史密斯回忆说：“不妨跟你说，当我带着那时候的新人罗杰·莫里森加入我的项目团队时，我紧张得要命，客户是克莱斯勒，那些阅人无数的老狐狸眼里容不得沙子。”[52] 即使是鲍尔本人也心怀担忧。莫里森回忆说：“马文在面试我的时候，一直在告诉我一个道理，那就是如果没有经验，是很难有效从事管理咨询工作的。”[53]

这项政策依然被贯彻下来。1950—1959年，公司中拥有MBA学历的咨询师比例由20%攀升到80%，而咨询师年龄的中位数下降了近十岁。[54] 这些新人更年轻，更有野心且更省钱。为未来潜力下注，也成为麦肯锡的一个标志特征。其中的想法很简单：相比改变老脑筋，塑造年轻人思维会简单许多。“哈佛并不教授会计或者财务，”麦肯锡前员工、在安然丑闻中被定欺诈罪的杰夫·斯基林这么说道，“它教你如何让人信服。”[55]

在多数人看来，说服力的基础是真诚，言出必行。但是斯基林所代表的是美国一小部分人群，他们被称为“缺乏安全感的优等生”。“人们为什么选择到这里工作？”麦肯锡前咨询师、作家詹姆斯·夸克（James Kwak）提出了这个问题。“他们所招聘的员工是从教育系统中挑选出来的最好的毕业生。我曾经是这类毕业生的一员——我求学于哈佛、伯克利、耶鲁法学院。这里的学生急切渴望学业成功和被他人认可，同时他们惧怕失败。我们的一生都是在名校里竭尽全力地按照各种学业要求不断奔跑。毕业那会儿你突然发现未来不再清晰，面对比之前任何时候都要多的选择，恐惧和不安随之而来。对那些对自己未来人生还持观望态度的年轻人来说，麦肯锡让事情变得明朗。”[56]麦肯锡并不代表职业的终点。在一个真正的“专业”工作中，执业者的合法性基于耕耘精进而获得的专业知识。而在咨询业里，则充斥着一种夹杂着傲慢的不稳定性。年轻人在麦肯锡工作时所受到的欺压令人发指，而这种职场现象在咨询行业普遍存在。

郭士纳记得自己当年初出茅庐，还是一名年轻的咨询师，就被派去参加各个咨询项目服务大型公司客户：纳贝斯克公司、IBM，以及资本收购界的翘楚凯雷投资集团（The Carlyle Group）。郭士纳在回忆录《谁说大象不能跳舞？》（*Who Says*

Elephants Can't Dance?）一书中写道，麦肯锡的用人方式是把那些斗志昂扬但缺乏经验、不懂规矩的年轻人丢出去，让他们自行解决客户的问题。“我自己第一个项目任务是给美孚石油公司（Socony Mobil Oil Company）提供一份高管薪资方案。项目工作中的第一天让我永生难忘。我对高管薪资这个事情一窍不通，对石油行业更是一无所知。感谢上苍，我那时候还只是个躲在团队后面的无名之辈，但是在麦肯锡世界，年轻人必须要急速成长。在客户的项目开始后不久，我就要直面比我大几十岁的高层管理者。”

换一种说法，麦肯锡里有一条完美的员工成长之路：公司招聘年轻无经验且便宜的劳动力，然后让客户来为这些员工的成长买单。回顾历史，你会发现这条人才特色之路的形成并非一蹴而就。在半个多世纪以前，从第一所商学院建立开始，美国的商学院（包括哈佛商学院）就一直在苦苦探索自身的专业合法地位和社会认可，就如同当时的咨询行业一样。麦肯锡则建立起了一个良性循环机制，让双方在合作中互惠互利。或许没有任何一家公司能够像麦肯锡一样使得哈佛的 MBA 获得社会认可，帮助这所商学院建立起真实而持久的威望。作为回报，哈佛商学院成为麦肯锡的御用预科班，培养出一批批提前植入麦肯锡价值观和处事原则的公司新生力军。在 20 世纪 60 年代中期，麦肯锡咨询师中 2/5 的人来自哈佛。在 1968 年，公司给 27 位哈佛商学院毕业生发放了聘书，其中 14 个人接受了这份工作。[57] 令人惊讶的是，到了 1978 年，公司的咨询师数量接近700人的时候，哈佛商学院毕业生依然超过了总人数的1/4。[58]（这对商学院似乎有些讽刺，毕竟，商学院鼓吹要培养“领导者”，可它的毕业生却接二连三地进入咨询这样保险的职业道路。与其说学生们崇拜“领导力”，倒不如说崇拜因循守旧。）

麦肯锡对哈佛的影响力深至能够左右其教学方法的地步：当1979年，当哈佛校长德里克·博克（Derek Bok）提议不再使用商学院著名的“案例研究”方法时，鲍尔亲自出面，写了一份长达52页的报告，为案例研究辩护，称没有任何正当理由改变传统。[59]这个设想随之搁浅。另外，罗恩·丹尼尔后来成为哈佛的财务主管，负责管理校友捐赠。这种关系一直延续到今天，每一年毕业季，麦肯锡都对哈佛的年轻人张开怀抱。如今，大约1/4的商学院毕业生进入麦肯锡，开启自己的职业生涯，他们为客户公司的资深高管提供建议，告诉对方如何运营公司。[60]

即使是哈佛商学院的天之骄子，在麦肯锡的工作往往也不能够持续到退休。大多数年轻咨询师只能在麦肯锡工作短短几年，之后便被迫离开，另谋生路。只有1/6的人能在麦肯锡的职业发展模式中坚持五年或以上。这种无情的淘汰制度被称为“非升即走”，最早于20世纪初期由凯威律师事务所（Cravath, Swaine & Moore）建立，故此也叫作“凯威制度”。1954年，鲍尔和合伙人正式开始采用这一制度，启动了无情的绩效评估循环。在麦肯锡，咨询师每年至少要接受一次全面的个人评估，这一过程中有十多名同事对被评估者打分，就其个人进步状况和绩效提出具体的意见和建议。

这种公司内的生存压力并不会随着员工工龄增长而减弱。1963 年，麦肯锡将这一制度扩展到初级合伙人层面，“非升即走”的制度升级为“要么成长，要么离开”(grow-or-go)。接着，该制度同样适用于董事，他们必须“要么领导，要么卸任”(lead or leave)。60 岁及以上的员工会感受到逐渐明确的示意——是时候走了。麦肯锡强烈鼓励“老人们”在 65 岁之前离开公司。50 年前，麦肯锡咨询师的平均年龄是 32 岁，今天仍然是 32 岁。如果没有持续的人员流动和“人才换血”，公司就没法维持这样的数字，尤其是在高层。资深合伙人麦克莱恩 · 斯图尔特（MacLain Stewart）评价说，麦肯锡这种模式还不算是“狗咬狗”，而是“狗咬老狗”。即便如此，麦肯锡仍然毫无愧意地将自己的“传统”描述成：人们离开麦肯锡是为了寻找更广阔的一片草原。在多数公司，提出辞职或遭到解雇对员工来说是一种负面的事情，而在麦肯锡，它被升级为常规仪式。

据作家马修 · 斯图尔特回忆，在一次探讨麦肯锡未来的内部报告会上，演讲者开玩笑地说，或许在十几年后，我们在座的各位就只有 1% 还能留在公司。“当然，正是靠着这种金字塔原则，在一家受人尊敬的咨询公司里成为合伙人才只需要大概 8 年（正常情况下）。而这 8 年的工作量对于追求上进的年轻人来说可谓繁重艰辛，如同抽筋吸血一般。”他写道。[61]“最终，所有参与游戏的人都是输家。”[62]马丁 · 基恩指出了整个人才制度中的另一个悖论：在麦肯锡（以及其他咨询公司），员工通常是基于所展示出的分析和处理数据的能力（即专业技能）从助理咨询师晋升为初级合伙人。但此后的晋升之路，则几乎完全取决于他的客户服务和营销能力这样的社会技能。[63]“你从一般的项目管理工作开始干，接着，如果你这方面做得不错，就要转变赛道变成销售主管。”麦肯锡的前员工说。

公司员工的离职率如此之高，离开麦肯锡也就变得没有那么丢脸。麦肯锡还推出了一个彰显善意的失业员工再就业计划，[64]并将从公司离职的员工们称为校友。1959年，麦肯锡费心收集了离职员工的通信地址，然后每年为他们寄去圣诞贺信。（那时候，麦肯锡员工是清一色的盎格鲁–撒克逊新教徒白人。）和麦肯锡所做的每一件事一样，麦肯锡的“善举”带有战略目的，离开麦肯锡的咨询师，最终会变为公司未来的客户。1957年，麦肯锡的一小群员工在纽约一家酒吧举行了一次非正式的圣诞聚会，他们把自己称为“老兵”（Rotten Corps）。到1960年，参加这个聚会的人多数变成了麦肯锡前员工。据说，鲍尔曾禁止在职员工参加聚会，但大家依然我行我素。10年后，麦肯锡校友增至499人。而麦肯锡在安置其离职员工方面的周到与技巧，也成为公司的一个特色。

不愿医治枪伤的医生

到20世纪60年代末期，麦肯锡成为业内人人艳羡的对象。之前人们认为，只有陷入困境的企业才会聘请咨询师，这个旧观点已经被彻底改变：似乎只有成功的企业才会聘请麦肯锡。“就像最近有一位医生拒绝治疗一名因中弹流血的男子，咨询师也不喜欢垂死挣扎的企业。”记者约翰·休伊日后在《财富》杂志发文，描述了这种观念上的转变，“咨询公司与客户的业务合作如果一团糟，那么旁观者会有自己的解读，得出对咨询公司不利的结论。”[65]

鲍尔注重培训和一致性的一个结果是，麦肯锡所生产的唯一实体产品（也就是麦肯锡在咨询项目结束时交给客户的研究建议报告）具备了自己的独特性。“从 20 世纪 50 年代开始，你就看得出来，”历史学家克里斯托弗·麦肯纳说，“它的报告书质量更高，写得更好，考虑问题更细致深入，而且具备一种独特的风格。就像你拿起一封律师函，一下子就能判断出它出自哪家律师事务所。”[66]

值得注意的是，独特性不一定意味着报告内容让客户倍感意外。对麦肯锡的大多数合作项目来说，流程是固定的。最开始的洽谈沟通环节都是咨询师询问客户公司的 CEO：“你希望从这个项目中得到些什么？”换句话说，结论可以是事先就商议好的，或者说，在得到研究结果的过程中，不会出现意外因素。在项目实施的过程中，麦肯锡会与客户坐下来进行多轮会谈，报告项目进展。咨询师把这个环节叫作“预先布控”。最后的项目总结陈述中也鲜有 CEO 完全没有预料到的内容，尽管这明显有悖于麦肯锡一贯营造的“只论真相”的自我形象。

或许麦肯锡研究的严谨性会让客户感到吃惊，但研究的结论很少是在客户完全不参与调研过程的情况下得出的，也就是说，客户一般对咨询项目的研究结论不会感到意外。麦肯锡受人钦佩的地方不在于它总能提出多么革命性的创意设想；相反，它受到客户欢迎的原因在于采用了一种看似科学系统的方法：先提供有待验证的多种假设，然后通过现实的数据，让有的假设得以验证成真，有的假设被无情推翻。即便如此缜密小心，麦肯锡有时候也会在没有适当考虑潜在影响的情况下，依然按照客户的意思给予建议。因此，作为建议者的麦肯锡，也要为20世纪80年代所出现的负面商业案例担负一定责任：通用汽车发展受阻、瑞士航空的破产、安然公司的骗局，以及其他许许多多不那么广为人知的错误。

麦肯锡通过对各个层级的员工进行密集的培训和评估来确保组织的至高地位。早在1952年，麦肯锡就设计了一套合伙人股份分配问卷，总分值是1000分，内容涉及公司发展贡献（150分）、领导力（200分）、招聘（50分）、个人发展（100分）、客户介绍（200分）、任期（50分）、客户声望（125分）、为公司建立声望（125分）。一套内部测评问卷能这样事无巨细和面面俱到，不免略显荒诞，但它的存在却可以表达出一种信念，那就是公司有能力掌控自己内部的一切事情。

公司在培训方面做得更彻底。据说在20世纪60年代，麦肯锡每年会拿出40万美元来对员工进行心理评估，[67]此项工作在之后时有开展，直到20世纪90年代。更重要的是，1956

年，麦肯锡放弃了合伙制结构，进而组建了有限责任公司。在1949年和1951年，鲍尔和克罗克特两度有过这个想法，但是后来都搁置了，因为两人都担心麦肯锡的风格会因此发生变化：越是远离纯粹的合伙制，合伙人跟组织的感情可能变得越疏远。但最终，他们还是说服了自己，认为此转变利大于弊。他们最终拍板进行转变，公司得到了诸多的收益：员工能够分享公司避税后的更高利润，公司可以以更经济的方式处理退休和死亡索赔，并更迅速地积累资本、促进业务扩张。（根据美国的合伙企业法，合伙人必须按其收入份额纳税，不管当年是否分配收益，故此，再投资就变成了税后投入，因此成本要昂贵得多。公司的成立则解决了这个问题。）

改变带来的个人收益的增长是显而易见的。马文·鲍尔开着凯迪拉克轿车，在纽约郊区布朗克斯维尔住得舒舒服服，房子还越换越大。和业内的其他公司一样，麦肯锡也接受了人力资源杠杆的理念。1960年，麦肯锡招聘了176名非咨询师员工，他们为165名咨询师提供支持。换种说法，300名员工为42名公司合伙人工作，“杠杆率”达到了1∶7。[68]多数咨询师每年最多有2000个收费工作小时，实际利用率介于80%～100%之间。[69]这种金字塔式组织的挑战在于，要把顶尖人才同时铺到尽量多的项目中，而新上岗的哈佛商学院毕业生则充当临时工跑腿打杂。这样一来，一线的大量工作由初级咨询师来完成，业务收入的大头被合伙人分得。这与早期建立在经验基础上的咨询公司不同，后者没有这样的初级人才可利用。不过，虽然麦肯锡的合伙人保住了收入，但放弃了自己对组织的话语权与所有权——这种转变也是对马文·鲍尔说服力和权力的有力证明。

此事也是对鲍尔做事执着的证明。虽然鲍尔始终认为，咨询师的首要义务是不考虑经济因素，否则就很难在工作中坚守专业精神，但他还是会密切关注每一分钱。

尽管年事已高（鲍尔的妻子在 1985 年过世，此后鲍尔又活了 18 年，99 岁过世），但鲍尔仍坚守在公司岗位，不断提醒身边人，让他们和自己一样不忘关注让麦肯锡变得伟大的各种小事。一名前员工回忆说，20 世纪 80 年代初期他刚进公司工作，有一次去往杜塞尔多夫，到达目的地没多久就发现了一个来自马文·鲍尔的未接来电。他立刻给鲍尔回电话。

“你在哪儿？”鲍尔问。

“在杜塞尔多夫，先生。”员工回答。

“你为什么要从杜塞尔多夫给我打电话？”鲍尔问。

“我在给您回电话，先生。”

“听着，你以后得学会对公务支出上点儿心，”鲍尔说，“我的电话没那么重要，你完全可以等回了纽约再给我回电话。”

“是的，先生，”员工回答，“但我不确定您那边的事情紧要与否。”

“没必要的电话就是浪费钱，”无视对方问题，鲍尔自顾自地说，“我只是想约个时间跟你碰碰头，互相自我介绍一下。再见。”

喧哗的大变革

麦肯锡商业模式中有一个重要的公开秘密，那就是它的成功基本来自转售他人的见解。数十年来，麦肯锡销售的主要产品来自杜邦等公司首创并实施的去中心化分权系统和多部门组织结构，麦肯锡针对不同客户需求制作了定制版本。客户们心里也清楚。实际上，它们经常聘请咨询师是为了刺探市场竞争对手的意图动向。克里斯托弗·麦肯纳说得很明白：“咨询师们会带着一些信息进去，又带着不同的信息出来。客户公司则需要判断这些信息中哪些对自己更有价值。”

讽刺的是，麦肯锡所面临的最重大竞争挑战来自一家同样销售管理智慧的竞争对手，而后者的“智慧”来源与麦肯锡完全一致——杜邦公司的首创实践。1963 年，理特咨询公司的资深咨询师布鲁斯·亨德森（Bruce Henderson）创立了波士顿咨询公司（Boston Consulting Group）。他使用一种极其简单的四象限矩阵分析模型开创了战略咨询时代，这就像是在还在拉弓射箭的麦肯锡面前开了一枪，让麦肯锡心惊胆战了好几年。

战略咨询并不是什么新鲜事。业界在此方面的实践已有几十年。但杜邦公司所采用的方法与众不同之处在于，它不再让每一位经理基于头脑风暴进行激进的销售预测，而是根据更现实、更合理的预测，调整其产品组合及资源分配。这实际上也就是詹姆斯·麦肯锡的理论：经理们必须证明自己可以通过合理的预算和预测来发展其所负责的部门业务，如果做不到，只是运气不好。“大约在1965年，‘战略’凭空出现，成为管理学的一门基本学科，”马修·斯图尔特写道，“它成为（至今仍然是）CEO的关键任务，商业教育的基础课程，以及全世界最昂贵的咨询公司所提供的产品。”[70]

波士顿咨询公司创始人亨德森的核心创意是，构建一套方法模型，让每个人都可以很快理解并应用它进行管理决策，帮助公司决策者梳理多元化的业务现状。于是他推出了“增长矩阵”（Growth-Share Matrix，又名“波士顿矩阵”）这一经典的管理决策模型，让高管们可以把公司产品业务分为以下四种类型：奶牛（用来挤奶变现的摇钱树），明星（有潜力，但需要组织资源支持其发展），瘦狗（正在衰落，需要尽早脱离的业务），问题（需要进一步深入研究其潜力）。亨德森用波士顿矩阵简化了企业决策者要面临的组织内外部复杂信息，这一做法也让波士顿咨询公司弯道超车，超越了当时的麦肯锡。在这个传奇模型的指引下，管理者在公司未来的重大决策面前不再犹豫不决。铺开模型矩阵，一切问题自有答案：这个业务是冉冉升起的明星吗？那就给它投更多的钱！它是条瘦狗吗？快让它一了百了吧！这是头奶牛？那就抬高价格，趁它过时之前，把奶牛所有的价值都榨干！

战略管理成为公司去中心化时代终结的答案。随着大多数大公司完成组织变革，公司高管阶层最需要做的就是为本阶层的存在寻找合理性，为自己不用从事日常运营的工作提供合理的解释。公司里有大量的工作或许是在产生真实的价值，但是这里面也存在一个平行宇宙，那就是自我强化的管理层与咨询师之间所建立的合作关系。

这种对战略的关注引出了一股新的概念洪流，为商学院的课程重新注入了新的活力。“全面质量管理”和“目标管理”，新一轮的管理学概念应运而生。曾声称“发明”了管理学的彼得·德鲁克是管理学界首位影响全球的新概念之父。1946年，他写了一本关于通用汽车的书，名为《公司的概念》（*Concept of the Corporation*），凭借此书他跻身管理学家的行列，此后的半个世纪里，邀请他进行管理培训和前来咨询的人络绎不绝。一大批管理学大师在德鲁克之后涌现，其中最著名的是哈佛商学院的迈克尔·波特（Michael Porter），但大师们大多数的管理学理论和概念（包括波特著名的“五力”理论），实际上都是新瓶装旧酒，或许菜单变了，但永远是产品、客户、供应商和竞争对手等概念调料。这些新理论有着完全相同的目标：以全新的角度思考自己的市场竞争地位。

然而只要处理得当，新瓶装旧酒的概念循环利用也并不丢脸。20世纪90年代，麦肯锡认为美国的公司正在进行一场“人才战”，这一新提出的观点赢得了广泛赞誉——哪怕早在1956年，卡耐基基金会就宣布要“寻找伟大人才”。时间过去了30年，任何管理概念都可以拿来重新定义，亨德森也正是借用了杜邦公司在20世纪30年代就提出的见解进行新模型的构建。麦肯锡当时还不知道有这样的“概念杠杆”，甚至在将近10年里都不曾把亨德森的公司成立放在眼里，只不过这一次，麦肯锡发现自己曾经牢固的地基开始晃动了起来。

傲慢自大的苗头

到 20 世纪 60 年代末期，因为麦肯锡的合作公司数量庞大，客户们开始顾忌可能出现的利益冲突。一些公司如果发现麦肯锡跟自己的直接竞争对手有业务合作，就会终止与麦肯锡的合作。对此，咨询界的“专业”回应是怎样的呢？1973 年成立的贝恩咨询公司（Bain & Company）认为，在任何行业中，妥当的做法都是只为一家主要客户提供服务。而麦肯锡得出了相反的结论：要想真正了解一个行业，公司需要为行业中的所有人服务。

此问题在过去几年曾反复出现。1960 年，德士古（当时麦肯锡最大的石油行业客户）的 CEO 要求麦肯锡放弃美孚石油公司、联合石油公司和太阳石油公司的合作项目。麦肯锡推三阻四、犹豫不决，德士古最后也做出让步。[71] 这家石油公司在削减成本方面取得了巨大成功，也因此它没有坚持对麦肯锡的要求。这也是麦肯锡守口如瓶的秘密之一：尽管它吹嘘自己在顶级战略思维方面的专长，但对其庞大的客户群体而言，它最有价值的地方往往是对客户公司削减成本提供有效的新方法。放眼全球都找不到可以和麦肯锡媲美的削减成本大军了。

20 世纪 60 年代末期，麦肯锡与花旗集团的合作又碰到了类似的问题，后者不愿跟竞争对手大通曼哈顿银行共用同一家咨询公司。这次事情的发展就没有那么顺利了。“我们正在非常顺利地推进工作，要把花旗建设成一个富有吸引力的长期客户，可是突然之间，我们接到了大通时任董事长兼CEO戴维·洛克菲勒（David Rockefeller）的询价。”乔恩·卡岑巴赫回忆说。“由于我们在服务政策方面是一致的，我们认为公司能够同时为这两家银行提供服务。但是实际上这件事变成了对我们既有政策最耐人寻味的一次考验。麦肯锡后来决定继续为大通服务。花旗CEO沃尔特·里斯顿（Walter Wriston）则落实了他的威胁。之后的15年里，我们没能从花旗那拿下一个项目。”[72]

撇开这一挫折不谈，与花旗集团的合作展示了麦肯锡可以深入客户业务各个方面的能力。首先，麦肯锡帮助银行围绕市场类型（零售市场、批发市场和私人市场）而非银行功能（如贷款、存款和业务处理）来进行组织建设。接着，它着手制定战略，以应对政府即将实施的宽松化政策浪潮，来自麦肯锡的建议最终让这家纽约的银行发展成一家金融服务集团。此类战略层面咨询项目包含应对未来变化的大量可能性建议，因此也意味着无穷无尽的工作。

1965年2月，小沃尔特·古扎迪（Walter Guzzardi Jr.）在《财富》杂志上发表了一篇题为《咨询师：晚餐的约定》的文章，描述了麦肯锡始于20世纪50年代的发展过程。文章的标题照搬了1939年上映的一出热门戏剧《晚餐的约定》，此剧讲的是一个尖酸刻薄的房客摔断了腿，为了康复而暂住在房东家里，但后来就赖着不走了。同样地，麦肯锡咨询师们一旦抓住了客户，就决不肯松手。“管理咨询行业中的佼佼者对硬推销嗤之以鼻，认为这既没必要，也无效果，”古扎迪写道，“他们对标准的软推销也看不上眼，认为其缺乏想象力，毫无价值。一流的咨询师忠于自己的行业传统，他们发明了一种新武器：自我延续式推销。”[73]

花旗银行和美孚是麦肯锡第一批“超级客户”中的两家——尤其是后者，在20世纪50年代到70年代，为麦肯锡带来了源源不断的业务。但随后，更多“超级客户”出现。20世纪60年代末期的合并热潮，往后的10年里发展成了全面狂热。1965年，全美国进行了2000桩此类交易，而1969年则出现了6000多桩。（1974年，随着经济危机的到来，这一数字跌至2861桩，但是在当时企业并购市场一片火热。）[74] CEO在收购自己完全不熟悉的行业业务时，迫切地需要及时的外部援助——故此，对咨询的需求就更大了。出于多元化经营的目的，美国的大型企业集团混乱地买卖公司，这很快催生了邪恶的产物：华尔街金融机构运作的公司买卖业务。

这里自然会有失策的案例。在向纽约政府提出按照焦油和尼古丁含量对香烟行业课税的建议后，麦肯锡一度失去了来自烟草行业的客户菲利普·莫里斯。如果两家客户寻求的结果截然相反，坚持“客户优先”原则的麦肯锡显然会陷入左右为难的境地。但这样的例子并不多见。麦肯锡几乎拿下了所有坚决要求公司提供独家服务的客户，而提供独家服务，又是麦肯锡坚决拒绝的做法。

麦肯锡坚决拒绝客户的底气来自哪里？在很长一段时间

里，咨询行业的发展似乎看不到顶，增长的势头似乎可以永远持续下去。咨询工作（尤其是麦肯锡的）成了美国制度的一部分。1965 年，《商业周刊》指出，在美国，每 100 名“经理人”中就有一位咨询师。（到 1995 年，每 13 名中就有一位。）[75]《财富》杂志补充道：“按一些咨询师的说法，他们的登场堪比‘基督再临’。”[76]

麦肯锡也已经成为一个奢侈品牌，而奢侈品牌从不为自己道歉或做多余的解释。从这个角度考虑，咨询业务收取高额费用只是因为它是麦肯锡。麦肯锡当年的客户美国空军中有一位上校说：“咨询师为你的工作注入了更强的可信度。有个与我们合作过的伙计，他的年薪高达 16.6 万美元，是我薪水的 10 倍。这自然让他的地位高大起来。在正式外交活动中，咨询师可以帮你出面沟通。”[77] 换句话说，如果你聘用了麦肯锡，你的员工就会明白这次不是开玩笑，是要动真格的了。尽管如此，这仍是一种昂贵的协助沟通手段：麦肯锡向客户收取的费用，是它付给自己咨询师酬劳的 3 倍，其中包括薪资、管理费和利润。鉴于此，我们或许可以这样想：聘用麦肯锡其实是摆阔的意思。

马文·鲍尔曾预言，通往精英地位最可靠的方法，就是要表现得好像自己已经是精英了。他说得没错。但是到了 20 世纪 60 年代末期，咨询师的故作姿态却演变成了他们的自我评估和孤芳自赏。突然之间，麦肯锡开始无法找到足够优秀的人加入自己的精英俱乐部了：1965 年，它在《纽约时报》上刊登了一则招聘广告，虽然之后收到了1000份求职信，却没有一人入公司法眼。一年后，公司又花费了2万美元在《时代》杂志上刊登了四则广告，同样没有效果。[78] 在麦肯锡，从鲍尔开始，所有人都开始信奉起这样的卓越主义，认为自己的优秀是独一无二的。但这种自恋氛围也导致了一个意外后果：咨询师变得草率马虎起来。

公平地说，并不是所有人都认为自己无所不能。1966年，麦肯锡四人管理小组的成员吉尔·克利（另外三人是伊夫·史密斯、迪克·纽舍尔和鲍尔）向公司合伙人们写了一份备忘录以表达自己的担忧，他认为麦肯锡的增长更多的是因为客户需求的增长，而非麦肯锡的服务有多了不起。次年，迪克·纽舍尔也在一份题为《麦肯锡该何去何从》的备忘录里补充了自己的担忧。多名咨询师都认为麦肯锡所采用的通才（Generalist）模式，对更为专业的客户群体正逐渐失去吸引力。只可惜，这些对未来的忧虑，淹没在了长期增长所带来的叫好喝彩声里。

麦肯锡的一个问题是，它从不好好照顾公司的明星员工，这背后的一个设想是“铁打的营盘，流水的兵”——最重要的是公司，个人是可以被代替的。这让公司的人才流失：像罗德·卡耐基（Rod Carnegie）这样的人离开了麦肯锡（罗德·卡耐基很受同事的尊重，他们叫他“上帝罗德”）。1970年，罗德离开公司，成为力拓集团（Cozinc Rio Tinto）的财务总监（后来又成为CEO）。卡耐基是典型的麦肯锡人，他不仅来自牛津大学，还在校队参加了划船比赛。（他甚至重新设计了沿用数百年的船桨。）他不仅读了哈佛商学院，还是成绩拔尖的贝克学者。他不光加入了麦肯锡，还成为公司历史上最年轻的董事。但这位真正出色的人才最终厌倦了公司里自我满足的文化氛围。卡耐基后来说：“这与事业意义有关，这里缺乏激励人心的愿景，也不是一个能让人感到可以真正向前迈一大步的地方。”[79]很多人认为这是在批评时任董事总经理李·沃尔顿，但他也指出了一个更为严重的问题：麦肯锡开始在功劳簿上躺平了。

麦肯锡在 20 世纪五六十年代的优异表现，既来自咨询师所说的专业技能和出众的才华头脑，又得益于第二次世界大战后美国企业的巨大成功。整整 20 年间，这个国家多数领先的工业企业在没有大规模价格竞争的情况下，依然保持住了各自的国内市场份额。[80]总而言之，赚钱很容易。尽管企业界自信心爆棚，但管理巨型寡头垄断（或者更好的说法是垄断）企业并没有太大的挑战性——没有竞争压力，运营问题相对容易解决。

在国际市场上，麦肯锡完全没有为经济发展放缓做出预判和设置应对方案。经历了一段几乎没有停歇的增长后，麦肯锡征服了欧洲，至少在组织咨询方面是如此。到 1970 年，超过一半的英国大型工业企业与麦肯锡签约。很显然，这样的迅猛增长是无法长久持续的，但麦肯锡依然在招兵买马和开疆拓土。鲍尔后来说：“1965 年，我们在欧洲大陆扩张过度，给那些我们设有分部的国家带来了相当大的服务质量风险。”[81]不过，这句话是作为心路回忆写于十多年之后，他在十年前是否也心怀疑虑我们就不得而知了。

新价值何在

马文・鲍尔的事业运极好。当咨询业务在美国刚刚开始起飞时，他便搭上了事业创始人詹姆斯・麦肯锡的便车，而1967年，就在咨询服务需求急剧下降之前，他从董事总经理一职卸任。他打理照料的生意很赚钱：1967年，麦肯锡的收入达到2100万美元，比他刚接手时的10倍还多；公司咨询师从84人增加到390人；公司为美国前25家工业企业中的19家、前100家中的58家提供咨询业务。[82] 20世纪50年代初期，麦肯锡在寻求商业成功上很有主意。马文・鲍尔坚信自己了解经营一家企业的最佳方式，并强力贯彻执行了自己的理念。等他退居二线的时候，他的事业愿景已经在公司被广泛认可。他的事业发展规划非常顺利。

但对什么人来说顺利呢？对麦肯锡来说，事情肯定是顺利的。毫无疑问，麦肯锡的大多数客户，尤其是客户机构的CEO们，都觉得麦肯锡适合自己。剩下的唯一问题是，麦肯锡是否有益于社会呢？尽管公司声称拥有宏观思维，但它赚到的大部分钱，靠的是帮客户削减成本——从詹姆斯・麦肯锡在马歇尔・菲尔德公司的年代起就是如此。从这个意义上说，麦肯锡是20世纪80年代重组、精简和合理化革命——说到底无非是形形色色的裁员理由罢了——的真正先驱。一位英国记者创造出“有待被麦肯锡掉”（to be McKinseyed）这个说法，来形容这一常常令人痛苦的组织改革经历。麦肯锡曾辩称，它“只评估情况，不评估人”。[83]但这不过是推脱之词。理论兴许是关于公司结构的，但现实却是关于员工饭碗的。

这是一个无法准确量化的数字，因为麦肯锡并不为客户做最终决定，但说麦肯锡在企业史上推动的裁员次数远比任何实体要多，应该并不夸张。诚然，境况不佳的公司或者境况不佳的公司的部门，迫切需要裁员；但这个概念无疑提出了一个终极问题：麦肯锡到底是带来了“价值”的净增长，还是仅仅是个企业界最精明强干的“雇佣军”。不过，“雇佣军”的问题在于：一旦没了乐子，他们就会互相攻击。而这，正是麦肯锡即将遭遇的局面。

马文·鲍尔创建了一个前所未有的全球性帝国，反映了 20 世纪中期美国商业成功的故事。然而，和所有帝国一样，麦肯锡也面临着挑战，其中最大的挑战出现在 20 世纪 70 年代，当时麦肯锡和美国本身都一度失去了方向。

第四章 04

战略业务单元

在麦肯锡的帮助下，通用电气将其 360 个规模庞大的部门重组为 50 个战略业务单元，每个单元以公司所服务的独立产品、行业或市场为基础，由若干事业部或事业部的某些部分组成。战略业务单元有利于提高单项产品的凝聚力，帮助公司将焦点从内部控制转向外部市场因素。

失去锚点

在战后经济的一片欣欣向荣中，没有人在意商业界的职业经理人像盛夏的野草一般野蛮地生长。但是随着 20 世纪 70 年代经济危机的到来，企业和社会之间形成的社会契约——只要努力工作、尽心尽责，不断提升自己的能力，你就能够获得一份一辈子安稳的工作——破裂了。这场经济危机引发的动荡还暴露出了管理阶层的能力不足，他们在面对艰难处境的时候显得毫无头绪，没能让自己执掌的公司做好准备，因此社会公众和知识分子开始对职业经理人阶层进行猛烈的抨击。正如艾尔弗雷德·钱德勒所言："高层管理者逐渐丧失了那种维持一个整体大于各部分之和的统一企业所必需的能力。"[1]

自美国企业集团诞生以来，所谓的"管理资本主义"就一直占据着全美商业哲学的主导地位。1920 年，管理人员与生产人员的比例是 15.6 ∶ 100。到 1970 年，这个数字几乎翻了一番，达到 30.3 ∶ 100。经济学家把这个比例看作公司组织"管理强度"的衡量指标。这个指标也揭示了"组织人"从"强盗大亨"㊀的阴影中走出了多远。[2]

然而，新道路的实际情况也变得一团糟：到 1973 年，美国 200 强制造业公司中有 15 家是综合性企业集团，分析师们开始怀疑这样的集团化商业是否真正为社会创造了价值。[3] 似乎大多数企业集团的价值都明显低于其所拥有的子公司的总价值。于是，大解体浪潮涌现。1965 年，每一项资产剥离对应 11 项并购，而到 1977 年变成了一项资产剥离对应 2.5 项并购。[4] 20 世纪 60 年代中期，华尔街的投资银行尚未设立并购部门；到 20 世纪 70 年代末期，并购部门已经成为这些银行的摇钱树。

很难想象，1967 年 10 月，在执掌麦肯锡 20 多年之后，马文·鲍尔在没有预料到上述巨大变化的情况下，做了一件他这种地位的人很少会做的事：他主动卸任了。那时他 64 岁。但是熟悉他的人对他的决定丝毫不吃惊。优雅及时的退场，才符

㊀ "强盗大亨"指的是从 19 世纪后叶通过榨取自然资源、利用政府影响和低工资水平等而致富的美国大资本家。——译者注

合他做人行事的原则。1963 年，他成立了一个三人执行委员会，由吉尔·克利、迪克·纽舍尔和伊夫·史密斯组成，这三人中的一人必然会从鲍尔手中接过权杖。唯一的问题是，到底是谁。

自创始人詹姆斯·麦肯锡去世后，公司还从未应对过如此重大的权力转移。它即将失去一位珍贵的领导者，而此时公司面对的外部环境也不再明朗。执行委员会的三名成员都是受人尊敬的合伙人，但毕竟他们谁也不是鲍尔。这一交接和转变让麦肯锡走上了一条充满不确定性的道路，它在之后的彷徨中探索了十年，才又一次步入正轨。

为了使权力交接平稳顺利，鲍尔专门建立了一个选举委员会，制定了一套详尽的选拔任命流程。首先是一轮无记名投票，投票结果交由麦肯锡的审计机构安达信统计。要想获胜，必须获得 60% 的绝对多数票，董事总经理可以连任多个任期（每一任期为 3 年），直到 60 岁。

一如富兰克林·德拉诺·罗斯福对总统任期限制所做的修改一样，鲍尔所建立的一套制度在事实上确保了自己在麦肯锡担任董事总经理的时间永远是最长的——对于一个希望建立丰功伟绩并名留青史的领导人来说，这一招十分巧妙且必要。但不管怎么说，这仍然是一套选举流程。全世界很少有其他具备同等规模或影响力的私营企业，真正允许组织的中高层管理者自己来推选他们的领导者。

不过，合伙人们还是以自己的实际行动展示了自己的主观能动性，他们表面上不停提到麦肯锡的官方说辞：大家不应该去拉选票竞选。而实际上，因此事涉及的利害众多，不竞选是不可能的。虽然无法在公司内部公开开展竞选活动，但是私下的拉票很是盛行。于是，组织派系出现了，积极的幕后游说也出现了。在第一轮选举中，国际事业部的合伙人们支持的是克利，因为他成功领导了美国以外地区的业务扩张。国内业务部门的合伙人，尤其是纽约分部的同事们，则非常支持纽舍尔——他有一头时髦的灰发，人们都称他“银狐”。由于缺少支持者，三人中的史密斯黯然退出了竞争，并且在幕后选择与纽舍尔作对。第一轮投票计票结束后，纽舍尔出局，克利的对手成了 41 岁的李·沃尔顿。沃尔顿是芝加哥分部的经理，他的背后是公司一批年轻合伙人的大力支持。1967 年 6 月 21 日，克利最终获胜。

次日，鲍尔在给公司写的一份报告中说：“我知道，任何一位前任领导人对新任领导人所能提供的最好帮助就是袖手旁观。”此后的 36 年里，他信守了自己的诺言。

有序的过渡期并未持续太久。新领导人克利是长老会牧师之子，曾在新泽西州参众两院任职，他于 1967 年 10 月正式就任麦肯锡领导人。他是个身材高大、富有魅力的男人，只穿夹杂白色细条纹的深蓝色西装，着装风格广为人知。他也是公司里最受欢迎的咨询师之一，1968 年 2 月他因为肺癌做了手术，次月便辞去了董事总经理的职位。公司内部的局面变得令人不安起来。一群紧张的合伙人甚至恳求鲍尔重新掌权。他们恳求说，别管规章制度了，它们都可以更改。然而，鲍尔拒绝了。1968年3月30日，李·沃尔顿当选董事总经理，新选举结果没有重大异议。同年7月，克利去世。他是两年内第二位去世的麦肯锡领导人——1966年8月，霍勒斯·克罗克特先走了一步。

据2003—2009年担任麦肯锡董事总经理的伊恩·戴维斯（Ian Davis）所说，克利在其短暂的领导经历中取得了一项意义重大的成果：他强调了麦肯锡自我管理的基本原则。克利认为，有才华的人不喜欢听命于人，所以，如果公司希望吸引并留住人才，就必须信任他们——即使在没有监督的情况下，这些人也会做正确的事情。随着公司规模的扩大，麦肯锡不得不面对一项新的挑战：它能否让合伙人享有他们极力争取的自主权，同时保证组织拥有足够的控制权，以防止其四分五裂？公司曾经采用过一种管控方式，即严格执行“统一标准、上传下达、有命必达”，类似于军队式管理，但是，即便是仆人和奴隶，也会违背主人的命令。

沃尔顿当选的那天，克利给他的合伙人写了一份题为《关于新董事总经理选举的笔记》的备忘录。这是一个垂死之人对自己毕生追求的职业理想的感人致敬，他写道：“据我所知，没有任何其他职业，也没有任何其他同类公司，能在挑战感、满足感和物质回报之间达成如此完美的平衡。”这是麦肯锡精神的完美升华，它认为自己集合了全世界最聪明、最激情洋溢的一群人。但在未来的艰难岁月里，这种精神将遭受考验。

1967—1972 年，麦肯锡经历了最后一轮爆发式增长。公司在多伦多、米兰、墨西哥城、悉尼、东京和哥本哈根新开了 6 家分部，专业员工人数超过 650 人；它的收入再次翻番，达到 4500 万美元。在每一个新的国家市场，麦肯锡都能够吸引到当地的精英客户，如意大利航空公司（Alitalia）、墨西哥国家石油公司（Pemex）。但是，麦肯锡即将发现搭乘美国经济顺风车的负面影响：在油箱装满油的时候，这是一段美好的旅程，只可惜，油箱马上就要空了。

完美风暴

20 世纪 70 年代初期，世界巨变：越南战争、石油禁运、通货膨胀失控、经济衰退严重、美国放弃金本位制、随之而来的美元贬值，再加上欧洲和亚洲工业的复苏等，使得美国对自身的信念严重动摇。美国经济（和它的参谋——咨询行业）陷入一片混乱。经历了 20 年的持续增长之后，美国咨询行业的收入在 1970 年停滞在了 20 亿美元，此后的 6 年都没再增长。[5] 对习惯了增长从未见到过天花板的麦肯锡来说，这样的局势可谓灭顶之灾。

1971 财年，由于客户需求趋平，新开分部的费用耗尽了麦肯锡的账户现金，它遭遇了财务困境。这一经历也揭示了麦肯锡基本上没有为意外情况和艰难时期做好准备——公司没有严格的成本控制机制。这促使公司下定决心，只有需要维持运营时才举债，资本支出必须自筹资金。

20世纪70年代不仅是美国经济的拐点，也是美国自我形象的转折点。“公司人”终于照了镜子，看到了别人早就看到的东西：墨守成规是有代价的，第二次世界大战结束后的繁荣岁月让他变得懒散臃肿。管理主义时代即将结束，取而代之的是所谓股东资本主义（投资资本主义）时代，揭下了温情的面纱，它更具侵略性。伴随而来的还有对精简公司的重视，于是，对麦肯锡主营业务（即组织咨询）的需求也应声而落。1969年，世界前50大工业企业中有40家位于美国。到了1974年，这个数字下降至不到30家。美国的职业经理人阶层也因未能做好应对全球经济剧变的准备而遭到声讨（而且确实应该被谴责）。这一时期美国的汽车行业跌得最惨、伤得最痛：1950年，全世界85%的汽车是美国制造的；到了1980年，日本超过美国，成为全球最大的汽车生产国。[6]这被美国人看作企业界的珍珠港事件。

业务收入仿佛一夜之间消失殆尽，麦肯锡突然发现自己要应付自身高管膨胀的问题了。“麦肯锡长久以来积累的自信甚至是建立在成功基础上的自满，顷刻间就变成了自我怀疑和自我批评。”哈佛商学院的一项案例研究这样解释。[7]1971年的一次公司目标委员会研究得出结论，麦肯锡在以往的业务中为追求增长，牺牲了质量。

“我们意识到，从合伙人团队的角度来看，我们并未做好该做的事情，比如，我们很多合伙人其实力不配位，又比如，

（麦肯锡）有可能做着蹩脚的工作，我们也没有永远获得成功的必然性，”未来的董事总经理罗恩·丹尼尔说道，“在那个时代，我们不得不面对现实：20 世纪 60 年代那种令人目眩的迅速增长已经结束了。”[8] 而对鲍尔来说，半退休的生活并不舒坦。公司的麻烦就是他的麻烦，1967—1972 年成为他的“黑暗岁月”，因为他苦心经营的这家公司，一直在挣扎着重新寻找平衡。

第二代

李·沃尔顿是位身高 1.70 米、喜欢金袖扣的得克萨斯人。[9] 空军退役，在石油行业短暂工作之后，他于 1955 年加入了麦肯锡。他在芝加哥分部工作，参加过委内瑞拉的壳牌项目，后来又到了伦敦、阿姆斯特丹，之后又回到了芝加哥。虽然他是鲍尔的爱将（尤其是因为他对欧洲市场扩张所做的贡献），但是在出任董事总经理之后，他不再对鲍尔亦步亦趋。事实上，在碰到重大决策的时候，沃尔顿会有意选择不去征询鲍尔的意见，后来他承认，此举或许会让鲍尔感到不快。他甚至做出了一两个与鲍尔所珍视的“专业主义”精神背道而驰的决定，例如，他决定允许与鲍尔同期的约翰·诺伊科姆一边在麦肯锡工作，一边同时在好几家公司的董事会任职。在鲍尔看来，这样的安排存在着明确的利益冲突。

沃尔顿是麦肯锡第二代领导人中的第一位。他当选时年仅

42 岁，首先感受到的是公司老一辈合伙人挫败感的冲击，那是一种将自己毕生为之努力奋斗的工作交给一帮并不领情的年轻人时会产生的感受。更糟糕的是，在他还有他的继任者艾尔·麦克唐纳（Al McDonald）担任董事总经理的那几年（沃尔顿是 1968—1973 年，麦克唐纳是 1973—1976 年），对公司来说是一段痛苦的时期。公司显然想要忽略从鲍尔 1967 年离任到罗恩·丹尼尔 1976 年当选之间的整整 9 年。这期间，麦肯锡不仅要应对乏力的增长，还要应付新出现的精明对手。

沃尔顿上任后，启动了一系列在此后成为该公司传统的方案。他成立了许多新的委员会，比如管理团队行政委员会，对晋升为董事的候选人、初级合伙人和董事的薪酬进行评估。他还成立了初级合伙人候选人评估委员会。这些人员安排实际上就是他新组建的“内阁”。

他还设计了公司自我考察的新方法，成立了公司目标委员会（麦肯锡钻起牛角尖来真没个止境）。一年后，该委员会的报告称，公司的年度目标增长率应为 7% ～ 8%，到 1975 年，咨询师与合伙人之比不应超过 5 ∶ 1 或 6 ∶ 1。这些都是合理的目标，也是公司其后 20 年一直坚守的目标。

与它从一开始模仿的律师事务所一样，麦肯锡从根本上是保守的。但它那种穿着深色西装的新教徒白人男士为其他穿着深色西装的新教徒白人男士提供管理咨询的模式却落后于时代。麦肯锡对民权运动的回应显得迟缓，直到 1968 年才雇用了第一批黑人咨询师——鲍勃·霍兰德（Bob Holland）和吉姆·劳里（Jim Lowry）。1974 年，霍兰德成为公司第一位黑人初级合伙人，他于 1981 年离职，出任美国冰激凌制造商本杰瑞公司（Ben & Jerry's）的 CEO。到 20 世纪 90 年代末期，麦肯锡仅有 5 名黑人初级合伙人，直到 2005 年才任命了一位黑人董事。

同样，由于内外部种种因素的影响，女性在麦肯锡的晋升缓慢。现麦肯锡董事南希·基利弗（Nancy Killefer）回忆说："我还记得有次为一位出色的 CEO 工作，我那时有孕在身，于是不得不向客户特别解释我并没有残疾，只是怀孕了。"[10] 聘用了第一位女性初级咨询师 4 年之后，该公司首次让一位女性主持项目工作：1968 年，玛丽·法尔维（Mary Falvey）负责了北美保险公司——信诺（CIGNA）的前身的一个项目。

沃尔顿上任后不久，《纽约时报》的一位记者就麦肯锡员工多样性不足的问题向他提出质疑。沃尔顿回应说，自己就是明显的反例：作为一位罗马天主教徒，他主持着这家当时仍以新教徒为主的机构，公司领导中甚至还有好几位犹太人。

电话不再响起

麦肯锡的对外战略以英国经验为蓝本。它先在新机构安插久经考验的美国管理者作为种子，随着时间的推移，尝试培养本土咨询师。到 1969 年，伦敦的 77 名咨询师中，有 56 人是英国人（还有 13 人是美国人，另外 8 人来自其他地方）。美国人的存在，有助于建立并维持“统一公司”的重要风气，而逐渐向本土人才转变，有助于确保公司在文化上跟客户建立联系，并提供缓冲，以免爆发反美情绪。

问题是，公司再也无法在伦敦这样庞大的关键市场上找到新客户了。麦肯锡是宏观经济萎靡的受害者，但也是它自身成功的受害者：它成功地重组了欧洲。[11]“1970 年左右，电话就不再响起了。”伦敦分部经理休·帕克说。

克里斯托弗·麦肯纳指出，英国的发展与美国的发展是平行的：去中心化的分权业务完成之后，公司需要政府项目来弥补空缺。但是政府项目也具有重大缺陷。私营企业的高管偶尔会当众将自己的问题归咎于咨询师，但这种情况并不常见，这是因为在很大程度上此举可能会让人怀疑高管自身的能力。相比之下，政客们就没有这样的顾虑。精明的英国内阁大臣们喜欢把责任推给咨询师，尤其是当他们不得不解雇政府员工的时候。

此外，麦肯锡还要面对一个事实：一些知名客户不再迷信麦肯锡所提供的服务了。1968 年，大众汽车 CEO 库尔特·洛茨（Kurt Lotz）找到麦肯锡，要咨询师在组织和营销事务上出谋划策，其中还包括协助洛茨寻找他的继任者。可当 1971 年恩斯特·莱丁（Ernst Leiding）接替洛茨之时，他随即终止了与麦肯锡的合作，并且对当时麦肯锡所做的一切项目置之不理。[12]一些德国制造企业也放弃了 M 形组织结构，恢复了先前的组织形式，事实证明，由于大量的本土因素（包括国有银行在公司事务中所扮演的角色，股东集中化，德国企业特有的双董事会系统——一支代表股东，另一支代表管理层），麦肯锡一刀切的分权模式带来了更多问题。[13,14] 麦肯锡在 20 世纪五六十年代的光环逐渐消失。等到 1973 年，帕克卸任伦敦分部经理的时候，竟然没有人想要接手这份工作。直到两年后，扬·范登伯格（Jan van den Berg）才填补了这个空缺。

到 1972 年，事实证明沃尔顿无法重启麦肯锡的引擎：1972 财年，公司收入出现了 10 年来的首次下降。工作量和利润都在下降。更重要的是，公司越来越难以让分散在各地的咨询师们聚焦于共同的组织目标。鲍尔时代的特点是权力集中，沃尔顿时代则相反，权力转移到了新的地方。20 世纪 60 年代中期，阿姆斯特丹、杜塞尔多夫、伦敦和巴黎分部的经理们成了“诸侯”——这些地方势力集团，在招聘、员工安排和集体投票方面的影响力越来越强。沃尔顿的任期被描述为“君王弱而诸侯强”。[15]

不过，值得注意的是，权力分散的麦肯锡依然在坚守着鲍尔从前的诫命，即对客户产生真正的影响，如果不能，它仍然能够鼓起勇气拒绝合作。20 世纪 60 年代末期，铁路快递公司（Railway Express Agency）是麦肯锡的客户，它是美国政府 1917 年成立的国家垄断机构，其运作方式类似于今天的 UPS，只是运送方式是通过铁路。铁路快递公司的前身之一是富国银行的铁路快递部门。麦肯锡咨询师们参观了其在纽约市的一些仓储设施，想看看铁路快递公司过去几十年花钱买了些什么，结果发现了30张活动盖板式办公桌和几辆驿站马车。负责该项目的董事罗德·卡耐基立刻放弃了合作。“我记得他说的话，”前咨询师洛根·奇克回忆说，“他说，‘我对客户的执行能力缺乏信心’。”[16]（卡耐基回答，仓库里发现的老古董并不是拒绝项目的原因，但它显然表明管理层可能无法“跟上现代世界的发展”。）[17]

别人抢走了午餐

如果说麦肯锡在20世纪70年代初期停滞不前，那么布鲁斯·亨德森的波士顿咨询公司则是蒸蒸日上。除了他的波士顿矩阵，亨德森还在自己的武器库里增加了第二种武器：经验曲线（the Experience Curve）。它可以帮助客户了解成本是如何随着经验和市场份额系统性地下降的。曲线显示，由于规模经济和创新，经验每次翻番，总成本就会下降20%～30%。这并不是什么高深莫测的尖端技术和前沿科学发现，亨利·福特早就证明了提高产量规模可以降低成本这一现象，关键在于，整整一代的美国经理人对波士顿咨询公司提出的“真知灼见”深信不疑。

一些客户显然是被图表、表格、清单和矩阵等“花样噱头”所吸引。尽管制定战略的概念并不新鲜（一些天才管理者已经制定战略几十年了），但事实证明，大多数经理人都说不清楚自己所管理的各个业务部门有什么样的客户群体，说不出每个客户群体的利润有多高，说不出公司哪个部门消耗的资本比创造的要多。专业的“组织人”简直就是开车时睡觉——玩忽职守。

此前，麦肯锡从未想过，可以把增长矩阵和经验曲线这样的“产品”卖给自己那些成熟的客户。在鲍尔的领导下，公司刻意避免那些“赶时髦”的概念和管理方式，麦肯锡认为客户想要的是聪明的人，而不是巧妙包装的想法。可是，这一判断，麦肯锡错得离谱。市场客户不做选择题，而是两者都想要。

沃尔特·基希勒在《战略简史》一书中写道，百得（Black & Decker）是那个时代波士顿咨询公司的典型客户。通过使用经验曲线工具（即分析成本—预测成本），这家消费品制造商将其圆锯产量从 5 万台增加到 60 万台，让零售价格从 35 美元降到 19.95 美元。虽然这个标志性品牌在最初建议降价时遇到了经销商层面的麻烦，但当它用曲线说明，一旦市场领导者依靠实力抢占市场份额，销量的快速增长能抵消利润率降低造成的损失时，它很快就打了翻身仗。[18]

波士顿咨询公司的吸引力来自它给出的咨询意见切实可行，它不是给出一个流程，或者一道智力习题。“麦肯锡兜售自己与生俱来的才华天赋和聪明才智，而波士顿咨询公司则是在卖产品，而且是大批量地卖。”[19]商业作家斯图尔特·克雷纳（Stuart Crainer）说。亨德森甚至直接攻击麦肯锡的模式，他对一位记者说：“良好的战略必须重点建立在逻辑上，而不是……建立在从直觉出发的经验上。”[20]

麦肯锡以前也经历过不景气的年份。但现在，它必须想清楚一个问题：不景气的原因是自己的错误吗？波士顿咨询公司看到了市场上那股组织变革咨询热潮的消退，于是做出了及时且相应的调整，并且发明了基于增长矩阵的战略咨询业务。相比之下麦肯锡什么也没有做，到 20 世纪 60 年代末期，公司在工业企业 50 强中的客户份额开始下降。1969 年，波士顿咨询公司从哈佛商学院招聘的人数超过了麦肯锡。“波士顿咨询公司招聘人数超过了我们，给了我们很大打击，有一段时间，我们甚至无法与它竞争。”一位知晓内幕的人士这样告诉《商业周刊》。[21]

石油危机之后，许多企业开始认为长期规划毫无意义，而波士顿咨询公司又有解药——冷静、认真地审视当前的事态。几乎所有咨询公司都放弃了麦肯锡的扩张方式，转而效仿波士顿咨询公司。波士顿咨询公司孵化出了贝恩咨询公司、布拉克斯顿公司（Braxton Associates）、战略规划公司（Strategic Planning Associates）、凯撒公司（Kaiser Associates）和马拉康公司（Marakon Associates）。公司高管一直依赖麦肯锡团队的“经验”，现在他们有了第二种选择：波士顿咨询公司幕僚们的“点子”。麦肯锡出版《麦肯锡季刊》(*Quarterly*)，波士顿咨询公司则派发《管理新视野》(*Perspectives*)，后者理论性不强，具有实践性，更令人信服，而且不像是老师布置的家庭作业。这时候的波士顿咨询公司和贝恩咨询公司之于麦肯锡，就如同苹果公司之于微软。

麦肯锡甚至觉得自己连总部所在地都可能选错了。20 世纪

70年代初期，纽约显出颓废之态，在全国的受欢迎程度跌至谷底。相比之下，波士顿作为硅谷的先行者，对正要开始职业生涯的年轻咨询师来说是个更干净、更安全、更有人情味的地方。为争夺哈佛最优秀、最聪明的毕业生而展开的竞争也开始升级，对于年轻一代的人才来说，就业所在城市的生活质量不再是个无关紧要的因素。纽约这个城市很适合刘易斯·拉涅利（Lewis Ranieri）这样的人，他是所罗门兄弟投资银行（Salomon Brothers）的骗子，像个二手车销售员那般花言巧语地兜售房地产债券。而如果你是个有教养、追求生活质量的人，波士顿才对你的胃口。

比尔·贝恩（Bill Bain）在1973年离开了波士顿咨询公司。他做了两个决定，让自己新创办的贝恩咨询公司有别于麦肯锡和波士顿咨询公司。首先，他只为同一个行业的一家公司工作，当然前提是，该公司愿意同自己建立长期合作关系。其次，他和同事们认为优质的咨询服务能提高客户的股价。这跟麦肯锡多年来的观点（咨询师工作的影响无法衡量）截然不同，贝恩咨询公司在咨询师没有影响力的事情上获得了赞誉。反过来说，贝恩咨询公司在这场商业博弈里投注了自己真正的利益。

1984年，贝恩咨询公司创办了贝恩资本（由米特·罗姆尼领导），其投资选择至少有一部分瞄准了贝恩咨询公司客户们的投资方向。对贝恩资本来说，股价是衡量成功的真正标准。贝恩咨询公司故意避开了咨询行业在客户及其竞争对手之间互传秘密（通过为所有参与者提供服务，获得“知识经济”）的惯例，所以，它的顾问必须要拿出针对特定公司的建议，它的财富也会跟着客户的财富涨落起伏。

在麦肯锡那里，公司内部并不是没有讨论过要采取类似行动，但最终被否决了。面对竞争对手的真正创新，公司再次选择坚持走自己的路线。一些批评家认为，麦肯锡自己变成了它建议客户要远离的模样——墨守成规，还陷入了《经济学人》编辑阿德里安·伍尔德里奇（Adrian Wooldridge）所说的“自满的麻木”状态。[22] 直到 1976 年，当时担任董事总经理的艾尔·麦克唐纳还把波士顿咨询公司称为“扰乱秩序但无足轻重的战略演员”。往好了想，这或许是他在故作镇定和虚张声势。

不过，很难说波士顿咨询公司的崛起是标志着一场真正的咨询革命，还是仅仅意味着销售策略的胜利。贝恩咨询公司咨询师们将自己的咨询成果称为“百万美元的幻灯片”——一幅简单的图表，讲述了许多有关公司本身的信息，服务费高达 100 万美元。[23] 面对所有“战略革命”的花言巧语，公司依然继续从前犯过的老错误，哪怕花了大把银子，也要绘制出通往未来的大胆路线。“靠战略赚钱的最可靠方法，”马修·斯图尔特评论说，“就是把它卖给别人。”[24]

他是对的。咨询公司所兜售的“战略”，在本质上就是一个脱离了实际的梦想。为什么？因为坐在会议室里，你可以随心所欲地畅想未来，但一旦把计划策略带入商业竞争的现实，就基本靠临场发挥和随机应变了。最杰出的公司之所以能够保持管理效果和组织效率，是因为它们的员工接受过本职工作的培训。而在任何大型组织里，最困难的事情就是保持执行纪律。提供流程改进这样的咨询是特别有用的，尤其是与“思维上的重大突破”等语焉不详的战略性承诺相比。高管们要聪明、勇敢，这个想法本身就是一项新发明。有效管理的本质，就是聘用、训练那些胆量平平的普通人，让他们可以按既定的组织规则行事。在你尝试创造英雄或领导者之前，必须要知道这点常识。

也就是说，寻找宏观洞见（也就是“战略”的重要任务之一）本身并没有错，它可以让你关注市场机会可能出现的地方。但这并不是麦肯锡及其同行推销的东西。麦吉尔大学教授亨利·明茨伯格（Henry Mintzberg）认为，咨询师兜售的是一种战略分析方法，但这样的方法绝不会让你获得战略洞见，知道什么样的产品或服务能让你再次赚钱。对客户需求、市场规模或竞争定位做再多的分析也无济于事。为了再次营利，你必须创新，但是演绎推理的分析式思维模式既不是归纳构建，也不是创造，反而会效率极高地把创新能力从企业管理者的大脑中挤出去。

“麦肯锡的人都是非常犀利的分析师，这点是毋庸置疑的，”明茨伯格说，“而这正是你雇用他们时应该寻求的东西——分析性建议。他们可以把它说成是管理或战略建议，但其实只是分析。你不会从他们那里听到战略，战略是一个自己要经历的学习过程，你无法从别人那里买到适合自己发展的战略。凡是聘请咨询师提供战略的CEO，都应该被解雇。”[25]说实话，麦肯锡跟其他人一样对这套花招负有责任——它承诺提供重大的突破性思考，但实际上给的是大量的精致分析。它帮助客户避免去做任何真正愚蠢的事情，但公司付给它大把的票子，难道只是图这样的精致分析工作吗？

随着时间的推移，麦肯锡收复了部分失地。哪怕亨德森和同行们争取到了一些客户，麦肯锡仍然是首选咨询公司，尤其是对规模最大的企业而言。1968 年，通用电气的 CEO 弗雷德·博尔奇（Fred Borch）请麦肯锡帮忙评估企业的战略规划。通用电气曾认为，波士顿矩阵很有意思，但在现实世界不适用。长达三个月的研究之后，“通用电气 / 麦肯锡九宫格矩阵”横空出世。虽说这个研究成果看起来有些像是对波士顿咨询公司微不足道的回应——你有四个象限？那我们有九宫格！——但客户仍然感到很满意。[26]

通用电气的问题，是那个时代企业集团的典型问题。在那之前，人们一直认为所有的业务部门生而平等，所有的总经理都应发展自己的业务。可结果是，通用电气虽然保持增长，但是没有盈利。收入上升，但利润持平。西屋电气公司也发生了同样的事情。战略实践者对此现象的深刻见解是，并非所有业务都应生而平等，CEO 的工作就是根据现实中不同业务对资本的利用效率来分配资源。这并不是什么新概念，只不过，原有的常识逐渐被其所造就的增长和成功遮盖。

有些解决复杂问题的方法是有针对性的，但到了最后，这些方法在现实应用中所起到的作用就如同骨折后贴上创可贴一样无济于事。比如，那个时代的很多CEO都是靠着内部控制的突出表现而晋升到高层。例如，通用电气的博尔奇每年阅读所有部门盈亏报表的时候都会告诉下属别再把钱浪费在回形针上。虽说预算和控制是领导工作的一部分，但纠结于细枝末节却有着明显的局限性。就像是如果戴着绿色遮光眼罩，你就看不真切战场上的血雨腥风，等到你突然抬起头来——哎呀！——拿破仑冲你杀过来了。

在麦肯锡的帮助下，通用电气创建了战略业务单元（Strategic Business Unit，SBU），此单元的目的不是拓展控制范围，而是围绕业务制定具有凝聚力的竞争战略。波士顿咨询公司谈的是市场份额和增长率，麦肯锡将行业吸引力和竞争优势纳入了矩阵。麦肯锡的咨询师们认为通用电气需要将焦点从内部控制转向外部市场因素。例如，通用电气卖了很多电视机产品，但突然发现自己在此市场不敌索尼公司，问题就在于通用电气总是向内看，没有以正确的方式思考业务部门——也就是没有向外看，进而分析生产成本之外的所有动态竞争因素。在麦肯锡的调研启动之前，庞大的通用电气拥有360个部门，而等调研结束之后，它只保留了50个战略业务单元。这种组织理念很快风靡全球，帮助麦肯锡遏制了竞争对手的汹涌攻势。

麦肯锡前咨询师麦克·艾伦认为，麦肯锡在通用电气的工作为杰克·韦尔奇（Jack Welch）广受赞誉的职业生涯奠定了基础。“没有麦肯锡，他就不会拥有一家运转良好的组织，”艾伦说，“他也不会有一个好的战略规划或组织结构来开展下一步工作。我们帮他创造了优质的土壤环境。从创新的角度看，这是我们与通用电气合作的高潮。”[27]

尽管波士顿咨询公司和贝恩咨询公司在市场上打击了麦肯锡，但它们并没有阻止麦肯锡在全球范围的扩张。1971 年，麦肯锡在东京和悉尼开设了分部。东京的早期客户包括日本航空公司和三和银行（Sanwa Bank）。公司于 1972 年在哥本哈根，1973 年在斯坦福，1974 年在加拉加斯和达拉斯，1975 年在圣保罗、慕尼黑和休斯敦相继开办了分部。（不过同一年，因为缺少业务，委内瑞拉的加拉加斯分部关门了。）麦肯锡还实质性地参与了一些项目，如 1973 年，为亨氏公司做了一个电子编码项目，创建了食品通用产品代码（即条码）。麦肯锡的研究正确地预测到条码将彻底改变零售行业，提高美国人的生活质量，而这正是条码日后发挥的作用，它极大地提高了商店物流的效率，大幅缩短了结账时间。

到 20 世纪 70 年代中期，波士顿咨询公司等对麦肯锡构成的生存威胁基本上成为过去时。其中部分原因是麦肯锡自身的努力，部分原因是外部风潮的消退。亨德森沉迷于构建畅销理论难以自拔，甚至到了不可理喻的地步。1976 年，他写了一篇题为《三四规则》（The Rules of Three and Four）的文章，声称在稳定的竞争市场里，主要竞争对手不会超过 3 家，最大的竞争对手所占市场份额不会超过规模最小者的 4 倍。[28] 他说自己发现的这一规则只是一个假设，“不需要严格证明”。这十年在市场上的顺风顺水让亨德森收获了成功，而他向客户提供见解的方式显得太过草率和漫不经心。有鉴于此，麦肯锡成功地将自己定义成了与之相反的角色。“在我看来，对公司来说最好的事情就是波士顿咨询公司的诞生，”1988年接替罗恩·丹尼尔担任麦肯锡董事总经理的弗雷德·格鲁克说，“我认为，公司在20世纪60年代的市场成功，已演变成一种不利于生产力提升的自鸣得意和自我满足感。”[29]

这并不是说麦肯锡不再借鉴亨德森的策略。作为对《管理新视野》的迟来回应，麦肯锡也开始向市场上的潜在客户发送2000字以内的信函。麦肯锡有一份名为“把咖啡洒在上面”（spill a cup of coffee on that）的简报，说明了此举的三重目标：第一，麦肯锡合伙人询问潜在客户对工作怎么看，这迎合了客户的虚荣心；第二，它强迫客户了解麦肯锡最新的想法；第三，它给了公司跟进的机会。一家竞争公司表示，相比于论述对冲基金或者资本主义制度未来发展等主题的专业论文（这些都是媒体热切关注的东西），麦肯锡通过这些非正式的知识性信函拉到了更多的业务。而这也是麦肯锡长期以来的竞争优势之一：公司有能力跟客户的CEO建立持久的关系，并利用这些关系拉到一个又一个的新项目。这是其他任何咨询公司都难以企及的。

前途未卜

如果说鲍尔给公司带来了什么，那毋庸置疑是确信感。但他离任几年后，公司里的咨询师们就开始怀疑与自己相关的和自己做的几乎每一件事情。1974 年发生了一起标志性事件：咨询师吉姆·贝内特（Jim Bennett）在芝加哥分部做了一次演讲，题为“错误管理的变化过程：最杰出的和最聪明的人在他们最天才和最糟糕的时候”。在演讲中，他指出了公司为加拿大航空公司所做工作的争议性，咨询项目所涉及的重组工作导致客户公司 135 名管理者被解雇，因此麦肯锡咨询师们被称为加拿大航空管理层的“打手”。偷偷跟鲍尔互通消息的沃伦·卡农很快制止了贝内特，禁止他再发表类似演讲，但此事引起了共鸣。麦肯锡需要应对人们对它存在的意义的质疑。

从鲍尔卸任一把手的那一刻起，麦肯锡就一直在以各种方式探索自己的未来。1968 年，时任董事总经理李·沃尔顿成立了一个特别工作小组，以重新思考公司应该如何发展业务。例如，它是否应该给自己的客户投资？或者更大胆一些，是否应该和华尔街的投资机构建立业务合作？

1969 年 10 月，在马德里年会上，麦肯锡董事们考虑了一项具体的提议，即与精品投资银行帝杰（Donaldson, Lufkin & Jenrette，DLJ）组建一家合资企业。这是麦肯锡首次在欧洲召开合伙人会议。从理论上讲这个设想很诱人：帝杰先收购业绩不佳的公司，然后用麦肯锡的管理经验让它们重焕生机，接着把它卖掉，最后的利润由两家公司共享。

鲍尔在这次年会上公开反对这种合作方式，在其半退休之后的 30 多年里，他只做过两次这样的举动。他说，成为所有者或运营者，这不仅违反了专业准则，还有损麦肯锡的名声。他认为，华尔街是个与麦肯锡完全不同的地方，华尔街强调的是“推销”而非“专业”。于是，该设想被投票否决了。“马文违背了自己不干涉公司决定的承诺，”沃伦·卡农后来说，“他为此道歉，但他觉得公司的名声已经岌岌可危……之后，他继续保持沉默。”[30]那次会议还有另一个值得被记录的细节：鲍尔飞往马德里搭乘的是经济舱，而许多合伙人坐的是头等舱。正是这样的例子，把一个人的节俭声誉深刻在了历史的石碑上。

尽管麦肯锡的合伙人拒绝跟华尔街联姻，但他们仍然渴望能够与对方达成某种交易。毕竟，其他人都在这么做。1970年，博思艾伦公开发行股票。同年，另一家咨询公司克麦佩把自己卖给了花旗银行。花旗银行收购的首选是麦肯锡，但麦肯锡拒绝了。不过，公司有考虑过把自己卖给系统开发公司（Systems Development Corporation，一家空军的下属企业）和公开交易系统分析机构规划研究公司（Planning Research Corporation），但两个设想都没能走多远。

鲍尔和他的合伙人们坚决拒绝出售资产，这很可能是麦肯锡长期领先于竞争对手的关键。鲍尔当然明白，以数倍的收益向公众出售股份（而非以账面价值回售给合伙人）是一条通向大富大贵的道路，但它也会造成贫富差异，并最终很可能导致公司的分崩离析。这或许是公司历史上最重要的一次抉择。1971—1983年在麦肯锡工作的约翰·福比斯（John Forbis）对此评论道："马文不让麦肯锡上市，就像乔治·华盛顿拒绝国王封号一样——那不符合公司的创办原则。"[31]

把自己卖掉的咨询公司的确出现了失误和动荡——克麦佩成了花旗银行的亏损大户；博思艾伦咨询师们在1976年公司股价大跌时再次将之私有化——这些都印证了鲍尔的远见。《咨询新闻》(*Consulting News*)曾问："马文·鲍尔是对的吗？"答案是肯定的。[32]

然而这并不是说麦肯锡的地位没有受到严重挑战，相反，发起挑战的不光是布鲁斯·亨德森这样的后起之秀，疲软的经济意味着麦肯锡最大的客户们现金短缺。华尔街的崛起和新CEO时代的到来也威胁着这群从前无比自信的咨询师们。麦肯锡人一贯以高智商标榜自己，银行家可为他们的高收入提供证明。但如今，事态开始失控了。

来自华尔街的公司对人才的争夺显得尤其激烈，这些公司开给员工的薪水比麦肯锡开给咨询师的高出数倍，麦肯锡的员工流动率不断上升，达到前所未有的水平，这给纽约分部拉响警报。长期以来，鲍尔一直推崇职业生涯在非财务方面的回报。但许多咨询师并不像他那样醉心于事业本身。年轻的合伙人想要在公司利润分享退休信托基金里有更多的选择。出于对人才流失的担心，麦肯锡让步了。1968年，麦肯锡在其信托投资方案中新增了第二选项。这是一支投资策略偏激进的基金选项，20世纪70年代它有所亏损，但到20世纪70年代末期便开始反弹，到1977年，它已经比起始点上涨了50%。

不光是华尔街在推高人才成本，此前对薪酬表现出“管理和节制意识”[33]的企业高管，也开始将公司利润里更大的部分往自己兜里揣。习惯于认为自己跟客户高管平起平坐（甚至更具优越感）的麦肯锡咨询师们突然成了董事会议桌上最寒酸的参与者。

尽管麦肯锡会辩解自己的员工并没有视金钱为主要动力——事实上他们也真的没有——但他们仍会为了每年收成的分配而苦苦斗争。按照公司的政策，薪酬是基于两项基本标准来确定的：一是员工当年实际工作的质量和项目数量；二是员工对公司的“持久性贡献”，这是个模糊概念。“高级董事之间最激烈的争吵就是关于利润分配，”彼得·冯·布劳恩（Peter von Braun）回忆道，[34]“人们似乎总是想说自己的持久比别人的持久更持久。”艾德·梅西（Ed Massey）说得更直白：“如果你没能带来新客户，那你就说自己在进行持久性贡献。”[35]

最后，麦肯锡开始给员工支付比过去更高的薪酬。但为了做到这一点，它需要发展，也由此开启了一个持续多年的扩张过程，这个过程带给公司的压力并不亚于萧条岁月。

卓越通才的终结

在不得不适应新时代的过程中，或许最令麦肯锡感到难受的就是它要眼睁睁地看着自己长期打磨出来的通才咨询模式一步步走向衰落。直到 1967 年，吉尔·克利还向《商业周刊》

夸口说："公司许多合伙人都是通才，他们可以应对任何行业领域的问题，并依靠逻辑和智慧找到答案。"[36] 但是扪心自问，许多合伙人都没那么有把握。阿奇·巴顿曾经对"心存疑虑"[37] 的马文·鲍尔说，一家公司有 600 名通才不太站得住脚，他主张咨询师应该更加精细化和专业化。鲍尔反驳说，从通才转到专才会导致员工频繁地为了各地的项目飞来飞去，这会破坏公司希望咨询师潜移默化地融入当地商业社会社群的初心。[38]

麦肯锡在这个问题上举棋不定，直到 20 世纪末期，一个偶然发现的极具特色的办法才最终帮助公司解决了这个问题。公司屈从于客户对咨询师专业化的要求，同时仍然维持了自身通才多面手的形象。随着时间的推移，麦肯锡向客户提供各行各业的专业人才（如供应链管理、企业金融），但同时也成功地维持住了董事会咨询师的"智者"形象。这样的结果是：与麦肯锡的许多事情一样，表面并不能代表全部。从通才到专才的这一转变过程不止几年时光，而是几十年。

1970 年，李·沃尔顿成立了一个专业发展委员会（Practice Development Committee），考察怎样开拓特定的执业领域。唯一的问题是：没什么咨询师愿意穿上这样束手束脚的紧身衣。"人人都希望身边有某领域的专家，可以随时询问其意见，但没人想要自己成为专家。"当时的一位合伙人说。[39] 作家哈尔·希格登这样形容咨询公司的专家：你可能需要一位前锋，但麦肯锡人接受的训练是要成为四分卫。[40]

麦肯锡并非没有精细的业务分工和对应的专业人员。比如，阿奇·巴顿是世界知名的薪酬研究专家，迪克·纽舍尔和彼得·沃克（Peter Walker）是保险业务相关的重量级人物，李·沃尔顿备受铁路高管的敬重，而安德拉尔·皮尔逊（Andrall Pearson）本来就是市场营销界的巨头。1975 年，公司从道富集团（State Street）挖来了洛厄尔·布莱恩（Lowell Bryan），帮忙建立银行业务——这也是公司针对特定行业的首次尝试。

但多年来的实践证明，通才在吸引和挽留客户方面是最为成功的，因此他们一直掌握着最大的话语权。公司的权力结构中有六大关键节点：负责个人客户项目的项目总监，合伙人（董事和初级合伙人），咨询师，分部经理，董事总经理，公司的治理机构——尤其是股东委员会（基本上是组织的法定董事会）、执行委员会和各种人事委员会。在具体的项目上，项目经理是一线负责人，他们是公司的核心，如果在这个职位上熄火了，那就意味着你永远不会晋升为总监，因为总监必备的一项基本技能是力挽狂澜，尤其是在项目经理陷入困境的时候。这背后是客户关系的社会实践技巧，而非高度专业化的知识概念技能。当然，初入行业工作的咨询师或初级合伙人可以选择专业化道路，但在职业发展过程中，要么成为通才型的客户关系总监，要么成为分部行政董事总经理，两条路上都没有专家的赛道。

沃尔顿的公司目标委员会尝试了另一种做法，它认可了 T 型咨询师的概念——咨询师既有广阔的视野，也有认知上的深度。有趣的是，公司委托进行的一项研究——请其他咨询师为麦肯锡咨询师们提供咨询建议——发现，公司只接受“无关紧要客户的常规项目”，[41] 却一直忽视了员工的专业和技能发展。换言之，初级合伙人和董事们所犯的错误是他们没能更加仔细审慎地选择自己要做的项目。直到 20 世纪 90 年代末期公司建立了项目内部市场后，这种现象才得到彻底解决。合伙人会把自己项目上传内部网络，咨询师们选择自己想要从事的工作。无聊的、无关紧要的项目吸引不到足够的人员参与，项目也自然会遭到淘汰。

从表面上看，最终的结论令人震惊：麦肯锡缺乏专业知识，在一定程度上应该归咎于客户方。

尽管这个过程很漫长，麦肯锡别无他选，只能放弃传统的通才模式，变得更加专业化。“从前咨询师们因自己是通才而感到骄傲，”合伙人弗兰克·马特恩（Frank Mattern）说，“你跑去对客户说‘我对你的业务一无所知’，这正是展现你的实力的时刻。可如果你今天再这么对客户说，它们会认为你跑错了片场。”[42]

当时的另一个发展趋势也同样遭到了老派咨询师们的抵制，那就是项目研究结论的展示变得更加直观可视化。在此之前，公司的展示标准直接受鲍尔的律师背景和风格影响，而鲍尔坚持使用信息密集、高度结构化的纯文字陈述模式。

放眼整个咨询行业，新的技术层出不穷。然而再回头看看当时麦肯锡咨询报告写作的入门教材——麦肯锡前咨询师芭芭拉·明托（Barbara Minto）的著作《金字塔原理：思考、表达和解决问题的逻辑》（*The Minto Pyramid Principle: Logic in Writing, Thinking, and Problem Solving*），它与那些漂亮的图片、精致的数据图没有关系。它传授的是如何用结构化的方式对项目报告的结论、支持数据和研究分析进行排版，以免让天资平庸的CEO们阅读和认知负担过重，耗光他们本来就捉襟见肘的脑力资源。CEO们只能用几分钟听咨询师们演讲，注意力和耐心有限。

《金字塔原理》就是一种咨询师进行艺术性精练表达的方式。曾长期担任麦肯锡视觉传达董事的传奇人物基恩·泽拉兹尼（Gene Zelazny）在1985年出版了《用图表说话》（*Say It with Charts*），这本书进一步阐述了这一观点。而如同通才和专家这两类人之间会本能地发生冲突一样，人们对图片和文字的偏好也同样并不兼容。在这两个例子中，老派都败给了新派，然而和麦肯锡的所有事情一样，公司要花数年时间在辩论中确定自己新的道路。

而且，并非所有的改变都是正向的。虽然《金字塔原理》提供了在PPT上表现个人想法的精彩方式，但它同时也是极为糟糕的简明英语写作结构指南。金字塔化带来的令人遗憾的副作用是一些年轻咨询师过于迷恋逻辑和理性的格式，以致他们实际的写作表达能力退化到写不出人话的地步。“我们经常收到投稿给《麦肯锡季刊》的文章，这些文章完全无法阅读，通篇都是咨询术语的堆砌，”麦肯锡前合伙人、《麦肯锡季刊》的

第三任主编帕萨·博斯（Partha Bose）说，“我们不得不承担起让这些年轻咨询师接受‘去金字塔化’的再教育工作。”[43]

投资资本主义的兴起

当麦肯锡与新的竞争对手在市场上展开较量并努力反思其过时的方法时，它还必须应对一个更大且更为根本的变化：现代资本主义中两种模式的更迭。

被称为新自由主义经济学家的迈克尔·C. 詹森（Michael C. Jensen）和威廉·J. 阿伯内西（William J. Abernathy）认为，倘若企业控制缺乏“活跃的市场”，就会导致管理问责缺失，因为企业高管的势力一经确立就很难清除。新自由主义的经济学家奉行一种新的“市场逻辑”，认为收购是评估公司价值的最佳方式。让管理者们担心自己的饭碗，就是让他们保持忠诚与专注的最佳途径。这就是投资资本主义时代的开始。

詹森和其他新自由主义经济学家的理念是对马文·鲍尔辛苦制定的戒律最直接的攻击。鲍尔的职业经理人对自己所在的社区负有责任和义务，“效力于比个人利益更高的目标”。[44]鲍尔和他同时代的人相信，管理咨询工作在很多方面为社会做出了贡献，包括在“冷战”期间充当着对抗意识形态的安全壁垒，但新自由主义的“代理”理论暗示的是如果公司仅仅是契约安排的总和，那么管理者就没有义务关注公共利益，他（她）尽可以放心地只为自己着想。经济学的假设和理论视角没什么问题，但肯定与鲍尔理想中的专业精神背道而驰。

“在美国历史上，极少出现如同20世纪八九十年代那样大规模重新阐释经济史的场面，甚至可以说，以前从未有过。”拉凯什·库拉纳在《从高目标到高技能》中写道：“随着叙事技巧的改变，管理资本主义不再被描述为美国经济成功的关键，而成了一种负担……企业收购成了恢复股东集团权力的手段。如今人们相信，唯一能够合法拥有企业所创造价值的就是股东。”[45]

现实中其实并不存在“股东”这样一个连贯的实体。“股东”是华尔街的代号，从20世纪70年代末期起，股东权力开始集中。企业董事会会议室不再是展开行动的地方。麦肯锡敏锐地意识到了这一转变，在顺势而为的过程中也赚了不少钱。但由于鲍尔坚持自己的原则，麦肯锡并未被淹没在这股潮流中——这不可不谓是一项惊人的成就。

尽管麦肯锡从未与投资银行合作获取经济利益，但公司的合伙人们花了不少时间来思考麦肯锡怎样才能够在金融重组中扮演更重要的角色。天下熙熙，皆为利来。麦肯锡1989年发布的一份内部报告正面指出了这一事实：20世纪80年代末期，像科尔伯格–克拉维斯–罗伯茨（Kohlberg Kravis Roberts，即著名的KKR）一类的收购公司，每名专业人士每年可带来的收入减少了约500万美元，而麦肯锡的人均收入不过区区25万美元左右。与此同时，麦肯锡还要向员工支付跟华尔街的公司同等水平的薪资，这样的成本压力有可能在未来15年里让公司疲惫不堪。

从20世纪20年代到70年代中期，美国巨头企业一直是商业世界里举足轻重的存在。之后，资本主义抡起斧头劈向了自己，永无止境的成本削减和成本合理化时代开始了。咨询师常常受命来协助此类计划的落地。但他们同样有可能沦为这个过程的受害者。

挥舞斧头的人

在麦肯锡的历任董事总经理中，没有谁比1973—1976年担任此职的艾尔·麦克唐纳跟前合伙人们的关系更复杂的了。在公司最为动荡的时期，他扮演了稳定器的角色，尽管公司对他掌权的那段时期并不太认可。

麦克唐纳是海军陆战队前队员，1960年加入公司纽约分部，之后前往欧洲，负责运营巴黎分部，并见证了分部的惊人增长：1968年，咨询师仅20人，短短五年后就增加到了64人。然而等到麦克唐纳当选董事总经理之后，他却做起了截然相反的事情：他动手砍掉了臃肿组织的预算。

1973年，沃尔顿离任时（他仍留在公司，并开设了达拉斯分部），合伙人们对这个最高职位的热情已经消减。鲍尔的爱将、负责运营纽约分部的罗恩·丹尼尔选择不参选，乔恩·卡岑巴赫也主动避让。没人想揽下这份吃力不讨好的工作：削减成本，对同事提出否定意见。就是在这样的背景下，麦克唐纳出现在人们的视野中。他并未立刻成为大家青睐的人选。他的竞争对手是芝加哥分部的杰克·卡德维尔（Jack Cardwell），而两人都未达到公司章程规定的高于60%的票数。于是，合伙人们决定将规则要求修改为取得票数多的人获胜，麦克唐纳在接下来的一轮投票中获胜。1973年的董事总经理选举在纽约市网球俱乐部举行。这也是公司合伙人们最后一次以现场投票的形式选举他们的董事总经理。

沃尔顿向来是个无为而治的领导，他这样的行事风格让公司员工们产生了一种一切都会好起来的错觉。但他离任那天，公司的状况比他接手时更加糟糕。1972年公司营业利润接近于零。1973年6月，公司从银行贷款给合伙人支付奖金，后来几乎用了整整一年才还清。自1971年以来，公司一直在努力改善资金状况，纽约分部不断向其他分部施压，要求加快资金回转总部的速度。如果情况进一步恶化，麦肯锡可能会倒闭。在这一轮动荡的转型期，伦敦分部的运营出现赤字。

咨询师们的流动率也异常高。1972年前的十年间，这一比例一直保持在每年14%，1972年和1973年却跃升至25%，直到1978年，这一比例都维持在20%上下。但此事还有另一个观察角度。麦肯锡通过收紧晋升标准，实行“非升即走”的规则缩减了规模：每当业务不景气，公司并不是简单地裁员了事，而是降低每一级别的晋升比例，这样过上一两年，问题就可自行解决。多么精明的一招！1971年公司的薪水簿上有627名员工，到1975年就只有532人了。更令人不安的是：一些合伙人开始担心公司股票的价值有可能低于合伙制度要求初级合伙人支付的入股费。考虑到大多数初级合伙人都是靠贷款入股合伙的，麦肯锡面临的风险是：新的合伙人有可能会完全拒绝花钱入股。

麦克唐纳尽其所能地尝试为公司尽快止血。他在美国信托公司谈妥了新的信用额度。他将从离职合伙人手里回购股票的时间改为了 5 年，每年回购 20%，而不是当年一次性回购，这大大降低了合伙人们另谋高就的冲动，同时也减轻了公司的资金压力。他还坚持要求公司提高业务收费。旧金山分部一开始拒绝了，但麦克唐纳告诉它，如果不这么做，分部员工的收入会比公司其他分部低不少。9 个月后，旧金山分部让步了。

麦克唐纳还进行了一连串的改革，确保管理者们仍在为公司利益尽心尽责，包括将“非升即走”政策扩大到董事级别。此前，董事实际上采用的是终身聘用制。改革后他们跟其他人一样要不断地在工作业绩中证明自己存在的价值。

“我还对基本上是独立王国的海外分部及其经理人们施加了财务控制，提高了绩效预期。”麦克唐纳回忆说，“我在担任巴黎分部和苏黎世分部经理时也属于这群人。”[46] 麦克唐纳表现得铁面无情：就任的最初 18 个月里，他更换了公司分部里半数的经理，而在他 36 个月的任期中，几乎每个月都有一名合伙人被他解雇。

鲍尔对麦克唐纳过分关注财务的做法感到气愤。虽然鲍尔本人很节俭，但是他始终认为如果公司专注于为客户服务，那么财务问题就会迎刃而解。经济气候改变了一切。美国退出金本位带来了通货膨胀和随后的经济衰退。从 1973 年 10 月到 1975 年年初，美国国内生产总值连续 16 个月下降，是第二次世界大战以来最久的一次。美国的新增投资下降了惊人的 39.8%。“艾尔让我们关注财务规划和预算，”洛杉矶分部负责人杰克·万斯表示，“起初我们需要这些控制。但等我们不需要的时候，合伙人也并不想真的做出改变。”[47]

当麦克唐纳启动了一个项目以设计出新的“公司介绍”并让外界更好地了解麦肯锡的时候，反对者向他亮出了真刀子。公司传统派的守门人阿奇·巴顿给麦克唐纳写了一份措辞严厉的备忘录，将这份“公司介绍”称为“街头推销用的传单”。但巴顿的备忘录不仅从某个视角展示出了麦克唐纳的付出，更揭示出麦肯锡的自我膨胀。他警告说，不要居高临下地对外人说话，这会让麦肯锡显得太过傲慢。“这样的介绍读起来让我觉得我们比其他人更优越，虽然的确如此，但我不愿意看到我们自吹自擂。”更重要的是，他还一脚把麦肯锡的信仰给踢翻在地：“我希望人们把我们视为一种专业人士（当然，我们并不是）。”他说，这完全是一种幻象，除非麦肯锡小心谨慎，否则人们一眼就会看穿。

麦克唐纳大刀阔斧地变革是因为他意识到了麦肯锡并非无懈可击。但许多合伙人更乐意相信公司战无不胜的神话，并把目前的问题归咎于麦克唐纳本人。他们嘲笑他过于关注成本。

他们看到他在拐角的办公室里用金边纸张撰写备忘录，认为这是专横。“艾尔以为自己是掌门人，这有点自我毁灭的意思。”他的一位同事说，“这是个很大的错误。身为麦肯锡的董事总经理，你可以很有影响力，促成很多事情，但你绝对不是掌门人。马文是掌门人，但他之后，没人能这么做。”只有少数人明白麦克唐纳在干什么，“指挥一场有序撤退非常困难，但艾尔做到了”，合伙人查尔斯·肖（Charles Shaw）说。[48] 但明白人太少了，更何况他们也不太有发言权。

简而言之，艾尔·麦克唐纳是那种在经济景气时不会被选中的人，连他自己都清楚这一点。等到下一届选举的时候，他就难以胜出了。“我猜，马文很高兴我没有再次当选，”麦克唐纳说，“还有些人也持同样的想法，他们认为，我强加的纪律和高绩效预期把他们置于不舒服的境地。但我之所以当选，不是因为我多么受欢迎，而是因为人们知道我能做公司迫切需要做的事情。我的确做到了，我让一些人感到满意和宽慰，也让另一些人忧心忡忡。”[49] 看到麦克唐纳离任，鲍尔欢欣鼓舞，罗恩·丹尼尔当选接班人之后，鲍尔甚至怂恿麦克唐纳立刻走人，而不是干完过渡期（这是麦克唐纳的权利）。麦克唐纳断然拒绝。

“有几次，事情有点失控，”麦肯锡前咨询师彼得·冯·布劳恩说，“其中一次艾尔·麦克唐纳临危受命清理局面。但他们第二次没有再选他，因为他们再也不想要那种专横强硬的管理模式了。”[50]

在连任失败的20多年后接受的一次采访中，麦克唐纳回首当年。“那三年，由于公司在进行业绩和未来前景方面的重大调整，人们的失望情绪很重。”他说，“即便如此，这也并不是什么太大的意外。合伙人们选择我来领导大家度过内外交困、不确定、最痛苦的时期，这是我莫大的荣幸。虽然还有许多事情没能完成，但在我离任时，公司变强了许多，并且迅速获得了动力，有了更自信、更光明的崭新前景，我深感自豪。”[51] 一度是公司最大股东的麦克唐纳，后来为卡特政府工作，再之后又做了企业高管和私人投资者。

在鲍尔看来，麦克唐纳还犯下了一桩不可原谅的罪过：他终止了向齐普·莱利支付剩余款项。20世纪30年代，莱利为公司注入了一笔急需的资金，在那之后，莱利便一直能收到麦肯锡的分期还款。但鲍尔生气还有很多原因。他受不了眼看着自己创造的辉煌面临内外交困。他选择把这一切归咎于麦克唐纳。这位长者后来说：“他无法提供推动公司前进的动力，也没有能力从战略的角度为公司筹划。”后来，他还把刀子捅得更深了些：“艾尔·麦克唐纳有一个致命缺陷，他拥护的只有他自己。”（公司的传记总结说：“这句判语有失公允。”）[52]

从事后的角度看，鲍尔对麦克唐纳的看法似乎有些短视，这是他在生命最后几年里失去远见的又一个证据。实际上，鲍尔是在进行一场所有伟大领导者最终都要应对的战斗，那就是自己影响力逐渐衰退所带来的困扰。更重要的是，尽管他给公司注入了强大的价值观，但他从不擅长预测商业世界的风云变幻。自从他从董事总经理的职位上退下来之后，麦肯锡对自己的未来业务变化完全没有做好准备，以致到了举步维艰的境地。但等到麦克唐纳唯一一届董事总经理任期结束之时，短短的五年时间，麦肯锡就站住了脚。在美国经济很快出现好转的同时，公司已经适应了动荡的世界，并拥有了新的可供开发利用的优势。

第五章

构建企业的知识生态圈

与其他公司的知识管理不同，麦肯锡构建的是知识生态圈。在这个环境中，员工既是知识的受益者，又是知识的生产者、传播者。有能力奉献且乐于对同事奉献的声誉是麦肯锡人在公司发展的个人资产。分享精神真正融入到公司的文化之中，带来的是一种前所未有的“共同大脑”优势。

万众瞩目的人

如果好莱坞想找人扮演一位麦肯锡咨询师，那么罗恩·丹尼尔将会轻而易举地拿下这个角色。他睿智、优雅、魁梧、风度翩翩，一位同事曾这样形容他：“这人圆滑得能在你脸上溜冰，而且不留痕迹。”1976 年，丹尼尔接替艾尔·麦克唐纳担任公司董事总经理，并在接下来的 12 年里执掌帅印。

丹尼尔当选时，麦肯锡仍然倚重直觉式管理。他相信，为了在下一个经济周期蓬勃发展，麦肯锡必须进行制度化管理。

为此，他做出了改变，他成立委员会，选举并评估初级合伙人，采用更正式的方式评估高级合伙人。他设定的人事流程让麦肯锡在发展过程中可以更有效地进行自我管理。同样重要的是，罗恩·丹尼尔把公司从传统通才模式的惯性和固有思维中拉了出来，并系统投入到专业领域知识的创建中。他还展示出迄今为止麦肯锡领导者最棒的识人眼光，在任期内他为公司培养了数位超级明星咨询师。

丹尼尔从卫斯理大学数学专业毕业后继续在哈佛商学院深造，之后在海军服役，并于 1957 年进入麦肯锡工作。截至 2012 年，他在公司里仍然拥有一间办公室，也就是说，他为麦肯锡工作了半个多世纪。他回忆起自己合作过的第一批客户中有一家是位于阿肯色州的公用事业公司，他要坐多趟班机才能到达客户所在地：从纽约飞到华盛顿，再飞到诺克斯维尔或孟菲斯，接着是小石城。1996 年他在接受麦肯锡内部期刊访谈的时候回忆说："等到了之后，我会在图德尔餐厅吃一顿周末大餐。你可以买一份培根包起来的牛排、炸薯条、巧克力奶油派和巧克力牛奶，一共只要 1.19 美元。"[1]

丹尼尔于 1963 年当选为公司的初级合伙人，两年后，他接手了公司在哈佛商学院的招聘工作。1970 年，李·沃尔顿请他管理纽约分部。1973 年，公司董事总经理职位空缺，丹尼尔很有先见之明地选择不参选，直到 1976 年公司重新站稳脚跟。这一次，丹尼尔的对手是艾尔·麦克唐纳和杰克·卡德维尔。由于担心丹尼尔和卡德维尔会相互抵消力量，反而让麦克唐纳再次当选，一群合伙人联合起来说服卡德维尔退出。卡德维尔顺从地答应了，并很快离开了公司。他后来先后担任莎莉集团（Sara Lee）和纽约贝斯蒙证券公司（Bessemer Securities）的总裁。

丹尼尔上任时麦肯锡的处境已经有所好转。紧缩政策止住了内部出血，1974年触底的客户工时费随着美国经济的恢复逐渐提升。到1976年，只有东京分部一家仍在亏损（而且亏损减半）。此时，公司的净营业利润是其1973年最低点时的20倍，是麦肯锡历史上资本储备最多的时期。当年的股价是1967年马文·鲍尔离任时的4倍多。

照理说，麦肯锡人应该十分擅长交流沟通——足够聪明，值得信赖，能在不丢失业务的情况下告诉客户坏消息。在这方面，丹尼尔超过了他之前的所有人，包括鲍尔。“马文脾气暴躁、锋芒毕露，”一位麦肯锡咨询师回忆说，“他就像一副苦口良药。但罗恩的感觉不是这样。他会提出鲜明的观点和强烈的改变意愿，但在传达的时候把内容包装得很好接受。”

在丹尼尔任职期间，媒体对麦肯锡的兴趣越发浓厚，但他一直保持着非常低调的公众形象。1986年，他拒绝了《商业周刊》的采访请求，理由是：“我们看不出这对公司的利益有什么好处。再说了，我们是一群沉闷、籍籍无名之人，我们不能谈论我们的客户。”[2] 放眼麦肯锡历史上长期任职的董事总经理，丹尼尔是离公众视线最远的人。

不过，除鲍尔之外，丹尼尔担任董事总经理的时间也超过了公司历史上的任何一位。在艾尔·麦克唐纳的任期内，股东委员会已经批准提高现任董事留任的投票要求：第一个任期需要 60%；第二个任期需要 70%，第三个任期需要 80%，所以，董事连任两个任期以上几乎已经变成不可能做到的事情。在丹尼尔的第一个任期内，这一变更遭到废除，不管是第几个任期，都只需要达到 60% 的支持率即可。故此，丹尼尔得以顺利当选四次。“但没关系，”一位前董事表示，“这是他应得的。他为这个地方奉献了自己的一生，就跟马文一样。”

跟麦克唐纳的强制止血比起来，丹尼尔更像是一剂舒缓药。“艾尔·麦克唐纳让罗恩·丹尼尔有了可能性与必要性。”公司的内部史写道。[3]为什么呢？因为麦肯锡人不喜欢受到束缚。更重要的是，他们不喜欢强硬的专制统治，即使时代提出了这样的要求。而且，他们需要在麦克唐纳之后来一位能够重新松开缰绳的领导者。

“罗恩·丹尼尔有一个很有意思的地方，他算不上是个咨询师，”他的一位长期合作伙伴说，“他只有一家大客户，那就是石油大公司美孚。但他有伯乐的眼光。”丹尼尔从一开始就着力培养麦肯锡未来的董事总经理弗雷德·格鲁克，同时为麦肯锡的超级明星汤姆·彼得斯和大前研一的崛起搭建起平台。

丹尼尔本人并不算是一位了不起的改革思想家。但他对合伙人制度充满了信心。他知道怎样把人吸引进来，又怎样领导他人。他甘愿承担风险，把尚未经过考验的咨询师们推上重要岗位。在他当选后的 5 年里，每一个委员会（除了经选举产生的股东委员会）都有 40% 的委员由丹尼尔任命。[4]但他并不过分依赖委员会。如此精明的人也自然不会这么做。他不会提出新一波关于经济价值的宏大理论，但他负责帮助麦肯锡从一家主要分析美国本土商业的咨询公司真正转变成为一家具有全球性智识和影响力的合伙人企业。丹尼尔在位的 12 年内从未遭到任何挑战。

麦肯锡历史上有几位领导者享受了时代的红利，他们的任期正好赶上经济增长的浪潮，比如马文·鲍尔，还有 20 世纪 90 年代末期的拉贾特·古普塔。罗恩·丹尼尔任期结束时，正碰上 20 世纪 80 年代的繁荣，但在他刚上任的 1976 年，不管是美国经济还是全球经济，都很难称得上健康。那是吉米·卡特（Jimmy Carter）和滞胀的年代。丹尼尔是怎样让麦肯锡在增长图表上昂扬向前的呢？其中一个最主要的方法是接受并鼓励咨询师们向客户推广“转型关系”理念。麦肯锡不再宣传自己是一家项目制的咨询公司，而是持久的变革推手，是睿智的 CEO 想要永远留在身边的军师谋臣。

这一新式营销成果斐然：一旦参与了全球最大企业的董事会决策，麦肯锡就很少离开，它能稳稳地锁定这个客户，未来几年甚至数十年里都有源源不断的进账。例如，2002 年，《商业周刊》指出，截至 2002 年麦肯锡已经为 400 多家客户服务了 15 年甚至更久。[5]不仅如此，哪怕面对激烈的同行竞争，公司的收费也能够持续上涨。

有些客户向麦肯锡咨询的管理问题可以一次解决，还有一些问题类似于钢琴调音（只要弹奏钢琴，就得常规性地对它调音和保养）。麦肯锡认为真正赚钱的业务来自后者。于是公司机智地创造了一个做法：任何咨询项目结束的时候，都要发布一份“进度回顾”——它的暗示是：虽然当下工作完成了，但是进一步工作的开展势在必行。按记者达纳·米尔班克（Dana Milbank）的说法，麦肯锡内部有个笑话：“与客户建立转型关系就是把它们的钱转成我们的钱。”[6]你绝不会从麦肯锡那里听到这种说法，但它的业务集中在长期客户上，所以，麦肯锡所花费的大部分精力是要把一家中等规模的客户公司转变为一棵年收入上千万美元的摇钱树。

批评麦肯锡的人通常会忽略一个事实：把一次性客户转变为长久关系客户不能仅靠运气。哪怕是对那些现阶段看起来没有机会合作的客户，麦肯锡的合伙人也会定期跟客户的CEO和高管团队会面，然后就一个高管团队正在纠结或行业内共同面临的难题向高管们提供有价值的信息与思路。“即使是对那些看起来毫无希望获得合作机会的客户，我也会毫不犹豫地跳上飞机从纽约或伦敦飞到圣保罗甚至新德里，参加那些潜在客户举办的会议。”前合伙人帕萨·博斯说。[7]

一位前咨询师回忆说，他唯一一次听人们实实在在地谈到客户项目的盈利数字，是在一位年轻的初级合伙人的经历中，后者想方设法跨过一位高级董事对接业务，但是又被对方基于公司的内部结算流程顶替了自己的位置。这个高级董事为客户做了一项大型提案，接着却把自己的工作量记到了初级合伙人的头上，后者这时才发现自己的内部损益指标已经彻底垮掉了。没过多久，这位初级合伙人就怨声载道地离开了麦肯锡。

但总的来说，公司已经度过了从马文·鲍尔时代至今这段艰难过渡期，业务营收的数字也越来越好看。1973 年，麦肯锡的收入是所有咨询公司里最高的。1978 年，它排名第五，落在理特、博思艾伦、安达信（Arthur Andersen）和永道（Coopers & Lybrand）之后。[8] 麦肯锡从不以自己是行业内最大赢家而感到骄傲，它只认为自己是行业中最重要的一个，而市场上的不利局面迫使公司合伙人们开始自我审视，并发现自己反而因公司传统而裹足不前。麦肯锡一直专注于自身形象打造和对客户关系的维护，相比之下，波士顿咨询公司、贝恩咨询公司和其他后起之秀已经将战场转移到了知识创造领域，而麦肯锡在这方面几乎没什么建树。“波士顿咨询公司和贝恩咨询公司让全世界相信，它们的创意比麦肯锡更好。”学者马蒂亚斯·基平（Matthias Kipping）说。[9] 在丹尼尔的领导下，麦肯锡建立了自己的知识创新机制。等到他任期结束的时候，公司已经重新回到了行业的核心位置。

超级团队

在鲍尔的领导下，麦肯锡拥有一个规模不大但气质独特的领导团队。他管理公司的时候“幕僚团”最多只有三四个人。李·沃尔顿扩大了这一群体，组建了约有 45 名成员的股东委员会。丹尼尔邀请100多名合伙人参与公司的管理决策，这种分权制度造就了麦肯锡真正的全球性影响力。丹尼尔通过努力证明了麦肯锡可以与时俱进。在鲍尔时代，麦肯锡顺应了商业世界对不断增长的基础性组织发展方面的咨询需求，这种需求先是出现在美国，接着出现在欧洲。此后的四位董事总经理则主要应对这一需求的趋平，以及随之而来的公司内部复杂纠纷。为了给麦肯锡寻找新的机会，丹尼尔将公司的注意力转移到了一个新的领域——“知识”。

这是一个至关重要的概念，麦肯锡的传统派花了不少时间才真正地理解这个领域的意义并精于其中。他们习惯的是与工业企业合作，这些企业从不需要向自己的顾客解释自己“知道”什么——它们只用提供产品，客户选择买还是不买。同样地，一些专业服务型组织比如律师事务所也不需要替自己解释，人人都知道自己何时需要律师。但相比而言，从本质上说，咨询行业必须不断地为自己的存在进行合理性论证，到了20世纪70年代中期，麦肯锡也开始对此感到困惑。它的专长到底是什么？怎样才能说服客户们继续购买更多的麦肯锡服务产品？

在当选董事总经理后，丹尼尔专门与公司的合伙人们展开对话，询问他们对于麦肯锡业务重点的看法。弗雷德·格鲁克在一份备忘录里详细记录了他对于麦肯锡为何落后的看法：不光在战略上落后，在运营和组织咨询方面也落后。诚然，波士顿咨询公司用一些精明的图表超越了麦肯锡，但还有一个更深层的问题：客户现在需要的是具有丰富知识的咨询师，而麦肯锡的原创知识库已经难以满足市场期待。

公司的合伙人们对此表示认同并做出了进一步判断：知识库的建设势在必行，而“战略”是最迫切需要得到发展的知识领域。丹尼尔询问格鲁克是否愿意来就此推动一项新的战略知识建设。格鲁克担心这个工作会遭受非议和偏见——公司里流行的依然是传统的通才观念——于是，他转而建议自己出任战略指导委员会的负责人。正如沃尔特·基希勒在《战略简史》中所指出的，这一行为让他在事实上成了麦肯锡战略转型实践的带头人，但在麦肯锡，恰当的语言表达是一门必要的管理艺术，这种通过话语进行的妥协也适用于公司的每一个人。[10]

1984—1991 年掌管麦肯锡伦敦分部的彼得·福伊（Peter Foy）说，1977 年 6 月的一天，麦肯锡战略专家在韦斯特切斯特乡村俱乐部开了一次会议，这次会议改变了麦肯锡未来的命运。麦肯锡二十三位顶级战略专家齐聚一堂，开展头脑风暴，相互交流切磋。在这么多杰出的头脑中，东京分部的咨询师大前研一脱颖而出。会议结束时，福伊给了小组一张记分卡：“狮子 10 分，基督徒 5 分，大前研一 37 分。”几年后，他送给格鲁克一只银托盘，上面印着的正是这个记录。虽然大前研一是麦肯锡战略实践的首批拥护者之一，但他广为人知的一个观点是否定正式的企业战略——套用普鲁士将军赫尔穆特·冯·毛奇（Helmuth von Moltke）的名言，即所有的战略计划在跟敌人第一次接触时便宣告失效。据此观点，将领要在战场上即兴发挥、随机应变，作战双方谁发挥得更好、应变得更得当，谁就会赢得胜利。

这次会议代表着麦肯锡面对波士顿咨询公司和贝恩咨询公司的竞争威胁所作出的回应，虽然来得有点迟，但它正式开始行动了。格鲁克很快组建了名为“超级团队”的小组，六名组员来自公司的不同分部，在接下来的十年里他们会孵化出麦肯锡的新战略。是时候有所突破了：1979 年的一项调查显示，《财富》500 强企业中有 45% 的公司正在应用波士顿矩阵进行战略分析。[11]

格鲁克绝不愿意单纯地模仿波士顿咨询公司。“人们说，‘弗雷德，我们需要的不是太复杂的东西。我们需要一个可以直接对打波士顿矩阵的概念产品，一种新的模型明星。’我拒绝了这个设想。我们并不需要这个。我们想要的是帮助客户解决它们碰到的问题，而不是解决我们已经知道答案的问题。我们不想带着答案去找问题，而波士顿矩阵就是这样，经验曲线也一样。它们有时候管用，有时候并不管用。”[12]

格鲁克接着解释：“我说过，别总想着拾人牙慧，做波士顿咨询公司做过的事情。我们应该对它的成就给予敬意，但我们更应该继续前进去做自己最擅长的事情，那就是了解客户战略层面的问题，并用我们丰富的知识和经验帮它们解决这些问题。”为达到这个目的，格鲁克推出了实践简报（Practice Bulletins），即用一张纸长度的总结来提炼出某一个或多个客户项目合作的经验，以便所有咨询师都可以进行知识共享并及时跟进。格鲁克打算通过这种一次一张纸的形式，在麦肯锡内部建立一个知识共享网络。

麦肯锡研究“战略”的真实方法要比在一张纸上画几张图表细腻得多。格鲁克 1978 年发表的论文《战略管理的演变》（*The Evolution of Strategic Management*）——这是麦肯锡的第一篇员工论文——吹响了战斗的号角，标志着公司剑指那个曾经失去的市场。论文围绕战略所建立的方法论内容已经远远超出了公司以前熟悉的《通用调查大纲》。《通用调查大纲》提供的方法论是建议管理者根据项目清单逐一对照，以便更好地了解自己的公司。但这个方法论是向内看的。战略革命则是向外看，为单纯的数据收集（这也是《通用调查大纲》的核心）增添了详尽的外部竞争分析。

格鲁克的论文列出了一家公司战略决策的四个演变阶段：第一个阶段是财务规划，本质上就是传统的预算；第二个阶段是基于预测的规划，考虑影响公司的诸多因素；第三个阶段是外向规划，要求深入分析公司的“经营环境、竞争态势和竞争战略”；第四个阶段是全面的战略管理。

《战略简史》的作者沃尔特·基希勒对这四个阶段做了生动详尽的解读，他认为麦肯锡让战略讨论回归组织结构。格鲁克和同事们认为，如果想要让一个企业变得高瞻远瞩、富有战略思维，那么这个组织需要围绕这样的愿望进行制度建设。没人比麦肯锡更了解企业组织了。到 1979 年年末，麦肯锡约有 50% 的收入来自战略咨询工作，公司在这个领域获得了比波士顿咨询公司和贝恩咨询公司更高的市场地位。“贝恩咨询公司和波士顿咨询公司把咨询师变成了一个摇滚明星般的职业，”麦肯锡前合伙人克莱·多伊奇（Clay Deutsch）说，“但我们从中获益比它们更多。一旦我们采取一致行动，我们就能把它们逼入绝境。”[13] 事实也的确如此：1980 年，波士顿咨询公司的规模超过了麦肯锡的 1/3，但是到了 1985 年，就只剩下不到 1/5 了。[14]

滚雪球的人

麦肯锡在收集和整合其咨询师经验方面掀起的革命比它推进战略的力度还要大。公司新增了两重组织架构来管理其全球分部——成立了 15 条专业线（Functional Group，如企业领导、金融、组织行为学），同时将行业线（Industry Specialty）从 3 条（银行、保险和消费品）增加到 8 条。咨询师们维持他们通才的形象，同时又开拓了一个或多个职能性或行业性的细分市场。格鲁克负责对此项工作的管理监督，他的职责也显示出了丹尼尔对他的信任。

在要求同事们发展出通才之外的新专业技能时，格鲁克说出了一句日后被人们奉为经典的话：“公司既需要‘滚雪球的人’（专家），也需要‘扔雪球的人’（通才型超级说客）。”在论证上述观点的时候他这么说：“麦肯锡的每一名咨询师都应成为一位通才，但这并不影响他们在某些领域专精。”他后来又补充道：“你想让全科医生帮你做脑外科的手术吗？”[15]

在丹尼尔的领导下公司首次建立了实践信息系统（客户业

务数据库）、实践发展网络（用于公司不同部门采集知识）和知识资源目录（基本上就是内部专家电话簿和关键文档标题列表）。这三者中的最后一个多年来都不曾电子化和网络化，成了麦肯锡人最珍贵的财产之一：这是一册用红色线圈装订，内容多达数百页的笔记本，所有者必须妥善保管。

随着这种知识生态圈的建立，在这个环境中的一员不仅可以了解麦肯锡知识库里有些什么，还可以了解麦肯锡里有谁精通这些专业领域。它显示出一种前所未有的“共同大脑”优势，一种未曾言明的组织共识也逐渐形成：如果你是精耕于零售行业的物流专家，而一位主要为制药公司工作的合伙人打电话询问你的建议，即使你们素未谋面，你也会乐于帮助对方。对同事乐于奉献和能够奉献的声誉，是麦肯锡人在公司发展的个人资产。同事们不断相互学习、相互借鉴、相互认可，在此过程中，这种分享精神也真正地融入到公司的组织文化之中。“其他地方也有广泛的知识管理系统，但丹尼尔和格鲁克建立的是一种彻底有利于公司的分享文化。”前合伙人帕萨·博斯说。[16] 不过如此重大的转变却回避了关键问题，那就是行业或职能的知识到底由什么构成，咨询师能否真正掌握这样的知识？但无论如何，客户们非常希望咨询师能够真正地做到知识的分享和管理。

尽管格鲁克不赞成，公司仍对波士顿矩阵做出了直接回应（也就是那个有 9 个象限的矩阵），但它也确立了系统性的视角框架，让咨询师可以用新颖且细致的方法来分析客户公司。针对每个框架的要求，麦肯锡咨询师都需要投入大量精力和时间进行数据收集与分析。到了 20 世纪 80 年代末期，公司要求新员工学习十多种“核心”分析框架，从“掠袭者视角”到权益回报树、业务系统、行业成本曲线、价值交付系统、股东（或顾客）经济价值，以及战略棋盘。

虽然内容和思维方式有很大差异，但大多数框架都想要达到相同的目标，即把业务分解为各种细分模块，并从全新的视角进行思考。例如，商业系统分为两种：传统的产品导向系统和价值交付系统。就前者而言，咨询师将客户服务分解为基本要素：创造产品（产品设计、流程设计）、制造产品（采购、制造和服务）和销售产品（调研、广告、促销、定价、销售和分销）。而后者则关涉“价值”——选择价值（理解欲望、选择目标受众、定义好处）、提供价值（产品流程设计、采购、制造、配送、服务和价格）和传播价值（销售信息、广告、促销和公关）。这一切听起来简单甚至老套乏味，但每一位被日常琐事所裹挟的高管都有可能忽视这类基本的问题，而麦肯锡（和其他咨询公司）就是帮助他们重新关注这些问题。

这些分析框架为未来的发展指明了方向。就其本身而言，战略棋盘为 CEO 提供了一种跟波士顿矩阵类似的思考方式，它分为四种潜在的战略“步骤”。不管你制造或者销售什么，麦肯锡咨询师都会建议客户做出持续的判断：是否要把同样的东西生产得更多更好，是否要重新细分市场以创造更加适宜的环境，是否要创造和追求独特优势和差异化，是否要在行业内发挥独特的优势。

战略分析框架大体上就是这样，可谓平淡无奇、人人可用。不过，真正的挑战性工作来自从资本成本到各种投资回报率等数字分析。光看已动用资本回报率树状图就会让人晕头转向，它充斥着会计专业术语，从存货和应付账款的周转天数到资产利用、折旧，以及每单位生产和销售成本。这属于战略分析里面的微观经济分析——直击问[illegible]数字——也正是麦肯锡的优势特长所在。例如，它 1984 年与花旗集团合作的“阿尔法项目”旨在进行所谓的“活动价值分析”，这一过程重度依赖数据库的分析，考察银行的总部怎样运转、能在什么地方节省成本。

专业化聚焦带来了回报：1975 年，银行客户的业务收入仅占公司收入的 3%，而到了 1983 年，在纽约和伦敦两地，银行客户的业务收入便占了 25% ～ 30%。这并非偶然。一旦涉及具体的课题，麦肯锡集体智慧的威力就显现出来了。1988 年，吉姆·罗森塔尔和胡安·奥坎波两位咨询师撰写了《信贷证券化》，该书如同地图一般指引着花旗银行和大通曼哈顿银行度过了南美债务危机。该书首次探讨了银行无法通过赚钱摆脱坏账，它很快便如同海啸一般席卷了整个金融界。书中给出的建议是，银行可以把账目上的贷款变成证券，把它们打包卖给二级债券市场，从而有效地摆脱贷款，尽管这样做仍然会给自己的资产负债表造成一定的影响。

所有这些知识发展的潜台词是，咨询师必须参与知识的编类构建和传播，让它们进入公司迅速壮大的知识库里。虽然鲍尔口头上说，除了咨询师承接项目带来的收入，公司也应该重视贡献，但是在他的时代，大家基本上只看重承接项目，向客户收费最高的咨询师能拿到公司最高的薪酬。但是随着丹尼尔开始强调知识发展，员工奖金中“软性”的一面变得更为重要。在格鲁克的支持下，丹尼尔慢慢地说服同事们，知识发展应该是一项持续不断的核心事业追求。

麦肯锡在这一领域的努力，将公司带入此前从未勘探过的领域：流行文化。咨询公司那闪闪发光的“圣杯”是吸引客户的创意理念，但是这个创意理念很模糊或复杂，客户们必须依靠咨询师的帮助才能理解和应用。这就是为什么咨询师们是一流的理论原创者，比如“科学管理”“精益生产”或“企业再造”等一系列广为人知的理念都是由他们提出的。既然有了理论名词和概念，那么是不是应该对应有一个新的领域和这方面的专家？在 20 世纪七八十年代，这个新领域一直蔓延到了太平洋对面的日本市场。从汽车到消费电子产品等行业，美国的企业管理者们在日本的竞争对手那里节节败退，于是心甘情愿地花钱想要获取日本管理技术的奥秘，比如“零库存”生产、“全面质量管理和持续改进”。正是日本带来的生存威胁，促成了麦肯锡历史上最独特的一项成就：它的咨询师们出版了一本连普通老百姓都想读的书。

卓越的秘密

尽管罗恩·丹尼尔在战略方面依赖格鲁克，但他同时还请来自克利夫兰的董事吉姆·贝内特来督导麦肯锡对于组织效率这一领域的研究和知识扩充工作。接着，贝内特又从旧金山分部邀请了一位精力充沛的咨询师——汤姆·彼得斯，请他帮忙为该项目奠定基础，研究当前所有的文献，并对麦肯锡的客户发起调查。后来，鲍勃·沃特曼（Bob Waterman）代替贝内特负责此项工作。但在当时，这并非麦肯锡的重要工作。那时候公司里的人们对组织工作重要性所知甚少，并不抱有期待。

结果，这项举措改变了麦肯锡，只不过用了好几年。

虽然彼得斯的任职时间相对较短，而且是在争议中离开的，但他无疑是麦肯锡有史以来最著名的咨询师。他对公司的影响极大，并且提升了麦肯锡的形象，提升幅度之高就连鲍尔做梦也想象不到。实际上它更像是鲍尔的噩梦。彼得斯把麦肯锡咨询师重塑成一群思想家，同时也暴露出麦肯锡一些不够伟大的品质，比如完全没有能力与组织中升起的咨询明星融洽相处。

彼得斯毕业于康奈尔大学土木工程专业，在海军服役了四年，后来到斯坦福大学获得了 MBA 和组织行为学博士学位。在美国行政管理和预算局（Office of Management and Budget）工作了一段时间后，1974 年，他入职麦肯锡的旧金山分部。“麦肯锡当时是个很酷的地方，”彼得斯回忆说，“如果你在生活中没有什么远大的愿望，就去那里吧。”[17]（今天麦肯锡的许多新员工仍然抱有到麦肯锡试试水、暂时搁置人生重大选择的想法。）

沃特曼毕业于科罗拉多矿业大学，拥有斯坦福大学的MBA学位，从1963年以来一直在麦肯锡工作。他先是在旧金山分部主要从事银行和森林项目，后于1970年前往海外，帮忙开设大阪分部，随即又接手管理墨尔本分部并在此岗位工作了三年。之后，他做了一件在麦肯锡里很少有人做过的事情：带着妻子和两个孩子休了一段时间的假，其间还去瑞士教了一阵书。但是教书不能满足生活所需：九个月后，沃特曼感到资金短缺，于是他回到旧金山为麦肯锡工作。[18]

1977年，贝内特让彼得斯负责一个项目，旨在找出除麦肯锡所擅长的战略和结构领域之外，还有什么因素让企业的组织管理和发展富有成效。在长达几年里，彼得斯和贝内特（后来换成了沃特曼）对此问题展开了研究。彼得斯更是奔波于世界各地，拜访了位于美国和欧洲的12家商学院和一些公司。[19]最终的调研结果被汇编进一份20页的小册子，他们命名为《卓越》（Excellence），其内容在1979年7月被展示给了壳牌公司，同时展示的内容还有弗雷德·格鲁克对于战略的论述，以及大前研一对于“生活”的表达。

尽管彼得斯和沃特曼在他们的调研过程中邀请了惠普公司总裁约翰·杨（John Young）等人，分享了对“你究竟做了什么推动公司达到了卓越的水平？”的见解，他们本以为这个话题会引起任何一位想要学习美国标志性成功企业经验的高管的共鸣，但演讲的反响平平。[20]问题在于壳牌公司是一家自信的企业。它知道自己知道什么，不需要用惠普公司高管们的趣闻逸事来告诉自己该怎么运营业务。

“我们收到的回应很糟糕，”彼得斯回忆说，“格鲁克说得太啰唆，大前研一大讲特讲征服世界的日本人。我们准备好了内容，但是只用了20分钟就说完了。壳牌公司不想听。”[21] 幸运的是，麦肯锡德国合伙人赫伯特·亨茨勒也坐在观众席。他喜欢这个内容。他把这个项目的新观念卖给了德国西门子集团。突然之间，这个理念就自行在市场上运转起来了。从1979年秋天到1980年春天，彼得斯和沃特曼继续研究以完善论文。但是1980年5月的一场在巴哈马莱福德礁岛（Lyford Cay）向百事公司100名高管所进行的演讲又是反响平平。彼得斯认为所展示的内容已经到位了，问题可能是自己表达方式缺乏吸引力。

尽管如此，这项工作还是在麦肯锡内外逐渐获得了更多的支持（大部分来自外部）。麦肯锡首席沟通官比尔·马塔索尼（Bill Matassoni）安排了一次与《商业周刊》编辑卢·杨（Lew Young）的会面，随后这项研究登上了1980年7月21日出版发行的《商业周刊》封面。接着哈珀–罗出版社（Harper & Row）打来电话邀请他们就此议题写一本书。两人抓住了这个机会，不久后，他们给这本书拟定了名字：《卓越的秘密》（*The Secrets of Excellence*）。

尽管拿下了出版合同，这个项目仍然未能获得公司内部的太多支持。在某种程度上，《卓越的秘密》的理念冒犯了麦肯锡的传统认知。因为彼得斯和沃特曼认为卓越的秘密不见得能够被量化，成功也不是通过严格分析就能弄明白的。他们谈到要关注客户和员工这些人的因素，而不仅仅是组织结构图和数据表格。

这项“卓越”研究在沃特曼聘请到安东尼·阿索斯（Anthony Athos）和理查德·帕斯卡（Richard Pascale）两位教授加入团队之后有了些许进展。阿索斯和帕斯卡建议彼得斯和沃特曼用一连串好记的押头韵单词来归纳原本有些模糊、不太容易记住的概念，这就是后来人们所熟知的“麦肯锡 7S 模型”。之前，彼得斯和沃特曼在探讨的一系列主题，如员工参与、信任、倾听和巡视，变成了可以脱口而出的一箩筐概念：技能、员工、风格、制度、结构、共同价值观和战略㊀。（而且，他们坚信一个咨询界普遍接受、麦肯锡内部不信的说法：每个新理念都应该被赋予奇数个子概念来进一步详细解释。）

从某种意义上说，这简直就像是在过家家。严肃的管理者竟然需要这样浅显的填鸭式教育吗？不过，在另一种意义上，这是对波士顿咨询公司的致敬：简单就是美德。在最后，“卓越”项目研究一共展示了 43 家“卓越”的美国公司。彼得斯和沃特曼对这些公司的品质做了总结提炼：行动主义者；贴近客户；自主创业；以人为本，激发人的生产力；注重实践；强调价值观驱动；专注持久；形式简单，人员精简。此外还有张弛有道——这是新时代的管理术语，意思是在保持全面控制的同时，允许顶级员工自由发挥。

㊀ 这些概念的英语表述依次为 Skills、Staff、Style、Systems、Structure、Shared Values 和 Strategy，均以字母“S”开头，所以是押头韵。——译者注

这本书距离出版还有最后一道关卡。听到拟定的书名之后，鲍尔下令必须修改，因为它听上去像是要泄露麦肯锡客户群体的秘密。经过折中，书名改成了《追求卓越》(*In Search of Excellence*)。“我们当时气得跳脚，”彼得斯说，“但后来我们发现及时修改书名真是正确的事情。总之，‘追求’比‘秘密’要好。”[22]

《追求卓越》于1982年10月正式出版。封底信息巧妙地提升了它的吸引力：“来自美国的好消息。这是一门美国式管理艺术——它富有成效！”这则信息表达的是，尽管被日本和德国这两个竞争对手压得喘不过气来，美国式管理依然掌握着取胜的法宝。

在许多重要方面，这本书也是对麦肯锡当时的思维方式的批评。麦肯锡认为成功的秘密可以通过分析框架或者从新的企业结构中找到。它还抨击了把企业当成可以精密调节的机器的理性主义观点。彼得斯和沃特曼的工作提醒管理界关注企业的首要原则：如果不倾听客户或者员工的想法，其余的一切都是白费功夫。如果说战略革命迫使企业比从前更多地向外看，那么《追求卓越》所做的就是迫使企业再次将目光投向内部。但它探讨的并不仅仅是财务管理，还有如何对待为你工作的人。简而言之，这是关于企业文化理念的第一个伟大宣言。

回首往事，彼得斯认为，《追求卓越》这本书被误解为是以一种乐观态度看待美国的企业管理。“咨询界以问题为生，”他后来说，“这是咨询师赖以获得报酬的东西。所以，我们总是在与出问题的东西打交道。《追求卓越》是第一本关于成功的书。它自然有其目的性。坦白来说，这本书真正想表达的是美国的管理现状不容乐观。它是对美国式管理和麦肯锡思维的一次无情的正面攻击。虽然书中有75%的内容在描写希望之岛的美好情景，但那都属于特例。我认为《追求卓越》是一本承载坏消息的书。”[23]不管消息是好是坏，这本书收获了一大批新粉丝：如果说，传统的管理著作告诉读者的是如何冲到前面去，那么，彼得斯和沃特曼说的是怎样不落后于别人。[24]

早在《追求卓越》问世之前，彼得斯就在《华尔街日报》上发表了一篇专栏文章，这是他在全国范围内就这一主题发表的第一篇文章。他在文中强调执行的重要性，同时摒弃了整个“战略”概念。“太多管理者忽视了最基本的东西——为客户服务、低成本制造、提高生产率、创新和冒险，”他写道，“在许多案例中，管理者被那些拿着MBA学位的人所迷惑，这些聪明人掌握着战略规划的‘最新’技术手段，但往往无法让自己的想法落地执行，这就导致公司丧失了行动能力。”这已经不是指桑骂槐了，而是正面硬怼麦肯锡。纽约分部当时的负责人麦克·布尔津（Mike Bulkin）要求丹尼尔开除这个公司里的异端。“我不能告诉你为什么出现了那么多的内部摩擦，”彼得斯回忆说，“但我显然惹恼了很多人。”[25]

包括彼得·德鲁克和哈佛商学院学者在内的管理精英们对该书大加批判，说它充斥着“未经验证的传闻”，是“惊人的平庸之作”。《管理迷思》一书作者马修·斯图尔特说书中满是“不可证伪的真理”。两位作者赞扬“行动主义者”（谁又会支持不作为呢？），建议人们“跟客户保持密切联系”（谁又会反对呢？）。斯图尔特写道：“从彼得斯开始，人们清楚地认识到，伪装成深刻见解的浅薄之言有着无限的市场，这是废话的胜利。野心勃勃的大师们貌似也懂了：通往财富的道路是用含混不清的陈词滥调和毫无根据的伪科学理论铺设的。再一目了然的平庸理念，只要使用一两句管理行话，句尾再加上一个感叹号，也能算作管理智慧！”[26]

不光只有斯图尔特一个人批评这本书里的“科学发现”实际上是老生常谈，只要有在集体环境中工作的经验都会意识到这一点。大多数观点也确实属于新瓶装旧酒。举个例子：如果组织中有人发表意见，你或许应该关注下他的诉求。再举一个例子：团队合作是一件好事。还有一个例子：帮助人们发现工作的意义会带来积极的结果。或许，在第二次世界大战结束后的繁荣时期，飞扬跋扈的公司高管们已经忘了怎样以常识来管理员工，但凡是停下来思考过这类事情的人都不会为这本书感到大惊小怪。尽管如此，人们还是爱它，在飞机商务舱的旅客中，你总能看到有人求知若渴地捧着它阅读。当时的经济正处在低谷，失业率高达 10%，人们渴望看到任何谈论未来出路的办法和建议。

1981 年 12 月，也就是《追求卓越》上市的 10 个月前，彼得斯离开了麦肯锡。他和沃特曼实际上都意识到自己不再适合麦肯锡的体制。大家在那个时候也都看出了这一点。“汤姆变得越来越不受公司约束，甚至穿着短裤上班，头上还戴着有螺旋桨的小帽子，”沃特曼回忆说，“这就像是个小孩子在说，‘只要你别管教我，我就会变得正常起来’。最后我说要是他继续这么干，他会害得我俩都被解雇。”[27] 沃特曼帮彼得斯跟麦肯锡协商了一份离职补偿，其中包括完成《追求卓越》前每月可领到一万美元的预付金（但他有偿还义务），以及麦肯锡可分享50% 的版税。事实证明这是一笔非常划算的交易。

没有人能够意识到《追求卓越》未来的影响力有多大。这本书不像杰克·韦尔奇成名后的自传（*Jack:Straight from the Gut*），后者还未正式出版就预售了 100 万册。彼得斯和沃特曼此时都是无名之辈，他们的书首印只印了 5000 册。3 年后，这本书卖出了整整 500 万册，成为第一本登上畅销书榜首的管理类图书，彼得斯的下一本书《渴望卓越》（*A Passion for Excellence*）是第二本。

有趣的是，除了麦肯锡的薪水，沃特曼没有从《追求卓越》这本书中拿到一分钱，而且在撰写书稿期间，公司还因为他的客户项目减少而砍了他的薪水。等到这本书开始大卖，沃特曼又眼睁睁地看着只有彼得斯与麦肯锡对分版税而气愤不已。麦肯锡试图通过加薪来安抚他（有一年，他赚得比罗恩·丹尼尔还多），但公司合伙人们又抱怨说沃特曼享受了特殊待遇。1984 年，班坦图书公司（Bantam Books）想与沃特曼签约，以数百万美元的酬金请其再写两本书。丹尼尔这时候又出面劝告沃特曼先别着急签约，等公司想清楚怎样分配利润之后再说。

在与吉姆·贝内特和丹尼尔开了一场会议之后，沃特曼却没有收到任何进一步的确定意见。丹尼尔对沃特曼说："如果你签了这些合同，你就必须离开。"于是沃特曼看到了自己的唯一出路："我对他说我知道了，然后我去签了合同。就这样吧。"[28]

两人的市场热度是如此之高，以至于他们在持续的巡回演讲中连回家的时间都没有。沃特曼说，在这本书出版后的第一年，他只在自家床上睡了 14 天。两人也都成了极为成功的演说家和作家，彼得斯更是成了全球最成功的管理学大师。

格鲁克的战略研究，彼得斯和沃特曼的组织研究，如果要判定究竟是谁对麦肯锡及其知识智囊的形象建立影响更大，你或许需要首先区分这二者的差异。麦肯锡本身显然更看重格鲁克（只需要看看他日后当选了麦肯锡董事总经理就知道了），很有可能他的工作比彼得斯和沃特曼带给公司的实际收入更多。反过来说，《追求卓越》是企业文化时代的开盘钟，麦肯锡也靠着它占据了极大的优势。"不管人们最终会怎么评价 7S 的真正价值，在 20 世纪 80 年代，它无疑是一项难以估价的收入来源。"一位前麦肯锡人说，"'严肃的'咨询师们或许认为这些概念表述太模糊，不像是严谨精炼、正儿八经的精英男性读物，但这并不妨碍他们利用自己近乎神奇的能力创收。"

虽然《追求卓越》的影响力在岁月中保持坚挺，但许多"卓越"公司却不再卓越。最开始帮助本书获得巨大反响的《商业周刊》，在两年后刊登题为《糟糕！》（Oops!）的封面文章（隐含的标题是《看看现在还有谁卓越？》（Who's Excellent

Now?)），对“卓越”理论展开了猛烈抨击。该杂志指出《追求卓越》一书里提到的43家公司，已经有2/3不再“卓越”。从雅达利（Atari）到IBM，不少公司都陷入了严重的困境。这是《商业周刊》新主编史蒂夫·谢泼德（Steve Shepard）上任后的第一篇封面文章，这足以说明当时麦肯锡在媒体世界的地位了。麦肯锡也由此正式成为公共媒体瞄准的靶子。

彼得斯跟公司的关系仍然紧张。“麦肯锡对自己有着高出天际的信心，”他说，“如果说之前没有恃才傲物这一概念，那它肯定会因这帮人而被发明出来。但我要告诉你：我如今67岁了，有幸得到了上帝的眷顾，可就算这样，我仍然会被麦肯锡人吓得不轻。”[29]公司甚至想办法把他的名字写进了私下出版的内部历史。“一张我的照片下的说明文字让我笑得前仰后合，”他说，“那上面说我缺乏纪律观念但才华横溢。我能接受‘才华横溢’这说法，但‘缺乏纪律’这个帽子让我气得脸色发青。如果我缺乏纪律，怎么可能写出16本书，做过3000场演讲，30年里每天工作18个小时？真不愧是麦肯锡。有必要这么说话吗？”[30]（麦肯锡的一位合伙人对此回复说：“他自己也坦白了。3000场演讲和16本书，恰恰证明了我们的意思。他缺乏纪律，他本应专注于两家客户，只写一本书。”）[31]

沃特曼的回忆要美好些。“马文·鲍尔一开始把我吓得够呛，”他回忆说，“在我当上董事之前，我根本入不了他的法眼。在那之后，我们成了亲密的朋友。他完全爱上了《追求卓越》。他90多岁时还打电话来：‘你介意我引用你的话吗？’我说：'天哪，马文，请随便引用我写的东西。'"[32]尽管如此，沃特曼也会像彼得斯一样看不惯麦肯锡。"从它的所作所为来看，麦肯锡有可能是世界上最优秀的咨询公司。但从宏观维度来看，它的作为恐怕并不像它自己想的那么重要……麦肯锡认为它销售的是宏大的战略和宏大的理念，但实际上它的作用只是防止管理层做太多蠢事。麦肯锡咨询师很擅长分析，但这并不能让你的公司登上顶峰。"[33]当然，同样有很多人认为《追求卓越》是一堆新颖的概念文字游戏。麦肯锡或许是在企业高管办公室和会议厅里传播管理世界的"假大空"，而管理大师们则是以畅销书的形式在传播同样的"假大空"。

偶然的大师

《追求卓越》的畅销让麦肯锡意识到或许不是所有的宣传都是不好的宣传。长期以来，公司都采用非营销式的方式来进行品牌影响力建设——在《哈佛商业评论》发表论文，给媒体记者提供背景资料，时不时地出版"信息性"手册指南——同时严格禁止直白的自我推销。但此刻咨询师们开始对自己说：或许应该更加主动一点了，是时候打造出我们作为管理思想家的公共形象了。于是 1979 年麦肯锡聘请了哈佛商学院毕业生比尔・马塔索尼（日后他成了营销专家）担任首席沟通官。麦肯锡一如既往地将这份工作描述为"构建声誉"（公司是真的反感"营销"这个词），但是马塔索尼是个不折不扣的营销好手。

彼得斯和沃特曼并不是第一批为外界所知的麦肯锡员工。比如上一代的咨询师阿奇·巴顿就以商业哲学家身份吸引了一批追随者。“但他为《哈佛商业评论》写过27次同一主题的文章。”推动麦肯锡全新公共形象建立的马塔索尼说。他帮助约翰·索尔（John Sawhill）在《华尔街日报》上发表了一篇关于拆分石油巨头的评论文章。“这跟管理大型石油公司无关，”马塔索尼回忆说，“但短短几个星期，约翰就应邀进入每一家大型石油公司的董事会。因为他们看重他。”[34] 一旦你进入了董事会，新的咨询项目就随之而来。

对于一家一贯以集体形式进行咨询服务销售的公司来说，挑选出个人作为对外形象并非自然之举。如果你聘用麦肯锡，你不应指定某个咨询师来跟你合作，你应该认为，不管分配给你什么样的团队，工作都会做到最好。但波士顿咨询公司的崛起挑战了这种正统观念。著书立说成了这个游戏里的重要部分。1960—1980年，麦肯锡只出版了2本书。而在那以后，它出版了近100本书，其中有的书名含糊，比如2002年的《知识不插电》（*Knowledge Unplugged*）；有的明确，比如1985年的《用图表说话》、2003年的《在零售银行实现卓越》(*Achieving Excellence in Retail Banking*)；有的听起来永远都有市场，比如2004年的《生产力的力量》(*The Power of Productivity*)。自《追求卓越》的如日中天之后，公司内部做了两大调整：第一，麦肯锡保留对员工所著任何书的控制权；第二，和大多数咨询公司不同，麦肯锡不允许合伙人休假写书，因为有好几次惨痛的经验——高级合伙人花了几个月功夫休假写书，但作品既销量不佳也没有对管理思想产生丁点影响。

与此同时，麦肯锡开始与媒体建立更加开放的关系。尽管麦肯锡仍然倾向于避免自己人在媒体上被指名道姓地提及，但它开始接受《财富》或《商业周刊》上偶尔（每隔两三年）刊登人物简介。后来，公司还开始与国际媒体（包括《金融时报》《经济学人》和海外版《华尔街日报》）合作，让麦肯锡的观点更具世界影响力。麦肯锡与顶级媒体平台之间展开了大量的对话，到 20 世纪 90 年代中期，一家重要出版社的总编甚至要求编辑了解麦肯锡对他们的文章有什么影响。有时，记者会拜访麦肯锡，写写它的运作方式（而非其观点）；公司时不时地（比如一位董事总经理快退休的时候）配合一下记者。即便此类报道并非总是正面的，麦肯锡的权力和影响力也从未遭受严重削弱。

咨询师们想要把自己的作品公之于众的愿望如此高涨，以至于麦肯锡最终不得不收紧与外部世界连接的窗口。在艾伦·坎特罗威（Alan Kantrow）和帕萨·博斯的把关下，《麦肯锡季刊》成为公司内部优秀作品的安全发表平台，这之后《哈佛商业评论》的一位主编忍不住抱怨说，麦肯锡把《哈佛商业评论》排除在外，只向外部出版社提供自己筛选后剩下的二流作品。一位作家的文章遭到《哈佛商业评论》拒稿，编辑建议他转投《麦肯锡季刊》试试。“你在开玩笑吧？”作者难以置信地问道，“他们几个月前就拒收了我的这篇文章。”

虽然麦肯锡能管理好自己内部那些自主性强、个性明显的员工，迫使桀骜不驯的他们服从于更大的集体利益，但其中仍有一些人脱颖而出，吸引了公司内外更多的目光。

国王赫伯特

1987 年，时任戴姆勒 – 奔驰 CEO 的埃查德·罗伊特（Edzard Reuter）说了一段引人注目的话："在德国要干一件事情，要先咨询下麦肯锡。"更确切地说，在德国干一件事需要先咨询赫伯特·亨茨勒。亨茨勒在德国杜塞尔多夫的工作把麦肯锡的德国分部发展成了同事们羡慕的对象，其对重要企业的渗透率远超麦肯锡其他的分部。麦肯锡德国分部曾一度为德国 30 强企业中的 27 家提供服务。德国杂志《经济周刊》（*Wirstschafts woche*）刊登过一篇关于亨茨勒的封面故事，标题醒目直白，叫作《国王赫伯特》(King Herb)。

道路不是自然出现的。麦肯锡前咨询师洛根·奇克曾于 1968—1971 年在麦肯锡工作。1969 年，他到杜塞尔多夫干了两年，当时，他发现德国似乎没人听说过管理咨询这个事情。"德国人不明白为什么有些掌权者会花钱让别人告诉自己该做些什么。"奇克回忆说，"我的许多德国朋友得出的结论是，麦肯锡貌似与金赛（Alfred Kinsey）这位著有《金赛报告》(*Kinsey Report*）的美国性学家有点关系，我们不过是打着幌子的性生活咨询师。"[35]

等到亨茨勒名声大噪之时，这样的困惑在德国基本消失了，而德国分部也成为麦肯锡引擎盖下的 V8 发动机。“我记得很清楚，麦肯锡有一个 20 周年纪念日活动，”罗恩・丹尼尔曾说，“是在德国分部举办的，亨利・基辛格（Henry Kissinger）受邀出席演讲。他很惊讶。他去了慕尼黑的聚会，发现我们的半公开式研讨会中出现了 60 位实业家，其中有不少声名显赫，虽然素未谋面，但他们全都是顶级的商业人物……而我们为客户所做的事情之一就是要挖掘出麦肯锡人际关系网的价值。”[36]

虽然麦肯锡尽量以群策群力的方式进行决策，但历年来，从鲍尔到丹尼尔、再到相对不知名的沃伦・卡农（他做过前两任的幕后参谋），总会出现一批具有独特影响力的咨询师。亨茨勒也是一个特立独行的人，同事们称他为最后的贵族。弗雷德・格鲁克（他自己就是德国后裔）甚至曾给亨茨勒和他的德国同事弗雷德里希・希弗（Friedrich Schiefer）和赫尔穆特・哈格曼（Helmut Hagemann）起了个外号：“U 型潜艇指挥官”㊀。

德国分部的咨询师在亨茨勒掌权的 14 年里从 100 名跃升到 800 名，于是他得到了另一个绰号——“发展式赫伯特”。[37] 截至 2011 年，麦肯锡德国分部共有 150 名合伙人，另外还有 80 名德国合伙人分布在麦肯锡的其他分部。“有这么一件关于赫伯特的趣事，他曾说，‘如果下了飞机搭乘出租车，你只要

㊀ U 型潜艇，特指在第一次和第二次世界大战中德国使用的潜艇，号称是大西洋上最令人恐惧的武器。“U 型潜艇指挥官”形容战场上神出鬼没、令敌军闻风丧胆的指挥者。——译者注

简单给司机说一声‘麦肯锡’，他就知道要把你送到哪儿’，我们的目标就达到了。”公司的一位前合伙人回忆说，“我们则开玩笑说，‘由于麦肯锡的工作，德国有 500 万人在公司组织改制中遭到解雇，但愿出租车司机不是其中之一。’”

亨茨勒备受推崇，缘于他在别人眼中的“德式的冷酷高效”，而他有幸参与了 20 世纪八九十年代德国发生的根本性变革。这一时期，德国当局朝着有史以来最为市场化的方向转变，迫使迟钝而顽固的德国企业采取行动，试图建立一个真正自由竞争和创新开放的行业环境。麦肯锡在其中扮演了重要角色，为民主德国耗资数万亿欧元的重建工作出谋划策。

亨茨勒帮助麦肯锡的欧洲团队在公司权力关系中获得了能与纽约总部的决策者抗衡的话语权。“公司的重心正在转移，赫伯特则成了这次转移的象征。”前董事总经理伊恩·戴维斯说。[38]

对一些人来说，亨茨勒还象征着不惜一切代价追求增长的观点，而日后担任公司董事总经理的拉贾特·古普塔也认同这种观点。“他专横傲慢且富有控制力”，一位前同事这么描述他。但亨茨勒同时也是公司薪酬变革的强力推动者。20 世纪 80 年代，当罗恩·丹尼尔成功地将组织发展贡献等非经济因素纳入薪资考量时，麦肯锡则成功地将经济方面的绩效评估重心从长期价值贡献，转变为“最近你为我做了些什么”这个短期性考核。

一群有着强烈进取心的年轻德国人因为看到年长的美国同事们躺在功劳簿上睡大觉而心存不满，于是他们成功地颠覆了公司的财务管理和绩效分配方式。此后，麦肯锡每年年底都要进行清算，把所有利润分给咨询师们，此举让人们把短期的工作看得比具有长期价值的组织建设更为重要。麦肯锡或许会鼓励客户公司要着眼于长期，但它自己的员工却看重今天甚过明天。"有好些年德国人都是公司业务发展的发动机。"一位欧洲的前同事说，"在一段时间里，麦肯锡更像是德国公司而非美国的。这就是为什么 20 世纪 80 年代时他们在要更多资金的时候如此理直气壮。"

实际上，亨茨勒甚至积聚了足够的权力，一度可以公然违抗罗恩·丹尼尔。1977 年，丹尼尔关闭了圣保罗分部，这时距离该分部开业仅仅两年。到了 20 世纪 80 年代中期，亨茨勒告诉丹尼尔，一家德国客户在巴西有重要的货运业务，所以麦肯锡最好重新在当地开设一个分部。丹尼尔叫他专注德国，把巴西市场留给美国同事们。亨茨勒没有这样做，而是派出莫林泽（Stefan Matzinger）秘密打点业务。接着，他把在当地已经开展的业务作为既成事实提交给股东委员会。一些合伙人很不高兴，但亨茨勒最终如愿以偿。[39] 23 年后，公司的巴西分部发展到了有 230 名员工。在亨茨勒的授意下，德国分部的年轻合伙人们还参与了在俄罗斯、土耳其和中国台湾地区开展的业务活动。他说："你们想证明自己吗？那就去做一些纯粹的创业工作，比如开设一家新的分部。"

亨茨勒始终坚持让自己跟客户平起平坐，而不仅仅是作为雇佣军。在这一点上他是成功的。他在德国的人脉相当深厚，甚至有人说他可能会当上总理。他曾告诉作家沃尔特·基希勒，到 2001 年的时候，他已经为西门子公司不间断地提供了 27 年的咨询服务，为戴姆勒和贝塔斯曼（Bertelsmann）也效力了近 20 年。[40]“我们的合伙人已成为广受尊敬的资深商界人物，”德国分部如今的负责人弗兰克·马特恩说，“我们将自己真正塑造成了跟德国工业领军者们并驾齐驱的角色。”[41]

由于亨茨勒对公司做出了惊人的经济贡献，麦肯锡最初容忍了他的野心，但最终还是疏远了他，认为他作为德国分部的管理者，似乎有点尾大不掉了。与此同时，麦肯锡内部崛起了另一个明星咨询师，这位亨茨勒强有力的竞争者来自日本。

大帝——大前研一

如果说赫伯特·亨茨勒是麦肯锡最后的贵族，那么，大前研一就是麦肯锡唯一的帝王。亨茨勒像一台销售机器，而大前研一更像是个蛊惑人心的煽动家。20 世纪 80 年代末期，大前研一是公司最著名、被人提得最多的咨询师。作为东京分部负责人，他著有数本全球畅销书，包括《战略家的思想》（*The Mind of the Strategist*）、《三强鼎立》（*Triad Power*）。[42]麦肯锡里不缺聪明人，但大前研一是真正的天才。他在麻省理工学院获得核工程博士学位。他在日本被称为“经营之圣”。

比尔·马塔索尼是大前研一的热切支持者。“记得有一次，我对罗恩·丹尼尔说，我想用 22 000 美元，在《华尔街日报》

上为大前研一的《三强鼎立》做一次整版广告。”马塔索尼回忆说，“丹尼尔说他不能把公司的钱花在一本书的宣传上。他是对的。《三强鼎立》不用宣传就卖得非常出色。大前研一为《华尔街日报》撰写了37篇社论，他不需要任何帮助。”[43]但这个说法也不完全正确，因为这次活动的幕后推手是艾伦·坎特罗威，他搬到东京并成为大前的“思想合伙人”。大前研一1990年出版的《全球新舞台》（*The Borderless World*）预见了新时代的到来：公司将超越政府，成为地球上最强大的实体。麦肯锡1993年的年报收录了这样一个玩笑：“我们去年出版了11本书，只有3本是大前研一写的。”

大前研一是管理东京分部的第一位日本人，他1979年成为分部经理，1981年分部开始盈利。[44]更重要的是，大前研一帮助公司在日本树立了咨询精英的声望。他的外号是“战略先生”，他与住友银行（Sumitomo Bank）等知名机构合作过几个让人交口称赞的项目，改变了日本人对管理咨询的态度。这是罗恩·丹尼尔慧眼识人的又一个明证。公司全球各分部的负责人曾经是清一色的美国人。等安排大前研一负责东京分部之后，丹尼尔在各地也采取了类似的举措：法国的杰拉德·图伊勒（Gerard Thuillez）、伦敦的彼得·福伊、德国的亨茨勒、西班牙的帕科·莫雷诺（Paco Moreno）、丹麦的克里斯蒂安·卡斯帕（Christian Caspar）和意大利的罗兰多·波利（Rolando Polli）。（请注意，图伊勒不是法国人，而是比利时人——这让公司的法国合伙人们大感惊慌。）

在一家人才济济，人人都身怀绝技的公司里，大前研一仍然可以脱颖而出。毕竟这是个准备要为全世界政府起草宣言的人。“我不认识大前研一，”一位曾在麦肯锡工作，与他有着重合时期的前咨询师说，“但人人都告诉我只要你遇到他，你就会意识到自己正在跟世界上最聪明的人对话。那是因为大前研一会告诉你事实本就如此。真搞笑。”还有一件让公司许多高级合伙人感到不安的事情是：大前研一的保镖整天坐在那里，办公桌上摆着一柄重重的手枪，故意让所有人都看到。

话虽如此，跟麦肯锡的其他咨询师不同，如果你因合适的问题与他接触，大前研一也非常慷慨、极富魅力。“在麦肯锡工作的第 6 个月，我回到了位于纽约州白原市的家，跟妻子和 9 个月大的女儿住在一起，”帕萨 · 博斯回忆说，“晚上 10 点，我接到东京打来的电话：‘大前研一想跟你聊聊。’我对妻子用手指做了个抹脖子的动作，示意她我一定是被解雇了。结果根本不是这么回事。我给大前研一发了一份我们克利夫兰分部撰写的报告，内容是关于日本汽车供应商在美国的未来，他跟我谈了半个小时，询问我对其中一些结论的看法。我一直在琢磨：‘他有没有意识到自己是在跟一个刚进公司 6 个月的人在说话？’大前研一就是这样。如果你有好主意，你就是他团队的一员。但他没法轻易容忍笨蛋。”[45]

麦肯锡的许多董事都曾开心地谈起他们去大前研一家中做客，主人的房产遍布世界各地，做客的地点也各不相同。大前研一是一位可以参加音乐会演出的专业级单簧管演奏家，也是一个懂得享受生活的人，还是全球精美藏品的鉴赏家。这里的精美藏品也包括他自己：2009 年，他感觉有必要写一篇名为《思考的原点：大前研一大脑内部分析》（The Inside of Ohmae's Brain）的论文。[46] 他在《三强鼎立》一书中提及跨国公司应该具有“安克雷奇视角”（Anchorage Perspective）（安克雷奇是美国阿拉斯加州的最大城市，距纽约、伦敦和东京的距离相等）。后来，安克雷奇市长送了他一把“城市钥匙”，感谢他把这座小城在地图上如此有力地标注了出来。

大前研一的高调对麦肯锡来说是把双刃剑。他的业务来自迷恋他的日本客户，但他的声誉也给麦肯锡一贯秉持的“公司高于个人”的理念带来了冲击。他成为公司东京业务的化身，到 1994 年他离开公司的时候，麦肯锡发现，许多日本客户不愿与除了他之外的其他麦肯锡咨询师们合作。他们想要大前研一，如果没有他，他们根本不想跟麦肯锡合作。一家日本报社在 20 世纪 90 年代进行的民意调查显示，大前研一是全日本最值得信赖的人。

大前研一还偏爱命令和控制式的管理方式，就连他的支持者也形容他的风格是“专横的”。事实上，在他的领导下，东京分部实际上并未创造太多利润。离开麦肯锡后，大前研一变得有些落魄，许多麦肯锡人也都碰到过类似情况：他们发现咨询行业那种曲高和寡的精英调在现实世界里并不总是那么受欢迎。1995 年，他竞选东京都知事，结果输给了艺人出身（偶尔还客串变装喜剧演员）的青岛幸男。（同年，另一位喜剧演员横山勇竞选上了大阪知事。）

尽管如此，大前研一仍与弗雷德·格鲁克一起成为麦肯锡真正理智化的象征，他也帮助公司应对了来自竞争对手的挑战，后者包括波士顿咨询公司的布鲁斯·亨德森和迈克尔·波特与同事组建的咨询公司摩立特（Monitor）。而在麦肯锡明星人物的背后，是罗恩·丹尼尔搭建的平台，帮助他们自由地成长。

麦肯锡的三位巨星——汤姆·彼得斯、赫伯特·亨茨勒和大前研一一度在公司里如鹤立鸡群。这三人也带给了麦肯锡无比宝贵的东西。但等他们离开之后，麦肯锡又回到了原先的轨道——默默地用高报酬激励着那些按部就班地工作的无名英雄们。

无处不在的麦肯锡

到 20 世纪 80 年代中期，麦肯锡和它的许多客户一样，成为一家庞大而复杂的机构。1972 年，公司的总收入为 4500 万美元；到 1987 年，总收入已经超过了 5 亿美元。（此后的 4 年里，麦肯锡的收入又翻了一番，到 1991 年超过了 10 亿美元。）1984 年，德国杂志《经理人》写道：麦肯锡无处不在！看起来的确如此：1970 年，公司雇用的专业人士为 537 人；到 1987 年，这个数字增长了一倍多，达到 1300 人。从 1976—1988 年，麦肯锡在全球开设了包括波士顿、马德里、里斯本和斯图加特在内的 15 家分部。

麦肯锡的合伙人一直过得很好；如今，高级董事们每年的收入高达 50 万美元。如果你的收入增长幅度远超员工人数的增长幅度，就会出现这样的情况。公司积累了大量的资金，到 1985 年，甚至成立了麦肯锡投资办公室（Mckinsey Investment Office），之后便以类似内部家族基金的形式开始运营。后来在博卡拉顿召开的一次公司合伙人会议上，马文·鲍尔问在场的合伙人："你们知道什么时候赚的钱最多吗？那就是你需要别人帮你管理钱的时候。"虽然在场的每个人都同意这位老人的看法，但他们更关心的仍然是自己当年能拿到多少分红。

每个人都想要与麦肯锡建立合作，其中部分原因在于麦肯锡庞大的业务范围确实让它对各行业企业的竞争对手（不管它们来自纽约、伦敦还是东京）的最佳做法都有所了解。美林证券和花旗集团都曾向麦肯锡寻求规划建议，以适应刚刚解除管制的金融世界。日本的金融机构，比如日本人寿保险（Nippon Life Insurance）和住友银行，也聘请麦肯锡帮忙规划如何在华尔街进行投资。麦肯锡还帮助日本人寿入股雷曼兄弟公司（Shearson Lehman），住友集团入股高盛。[47]

不出意料地，麦肯锡咨询师们的信心再次高涨，甚至是近乎傲慢。"全世界只剩三家了不起的机构：海军陆战队、天主教会和麦肯锡。"一位合伙人在 1986 年对《商业周刊》这样说。[48] 伦敦分部经理彼得·福伊说："地球上没有哪家机构比麦肯锡更完备了。"在《福布斯》刊登的一篇文章里，麦肯锡的一位合伙人简要地总结了公司的自我形象："我们不会向客户学习。

它们的标准不够高。我们向麦肯锡的其他合伙人学习。”[49]

“再没有什么比听我们的咨询师演讲更令人振奋了，他如此滔滔不绝地谈论这个经过他深入研究的话题，将其自信地展示给客户，应用到客户的实际场景中并产生影响力。”弗雷德·格鲁克在1982年写给同事的备忘录里说。旧金山分部前负责人泰德·霍尔（Ted Hall）素以自视过高而广为人知。“我看见霍尔跟两位诺贝尔奖得主在同一个房间，可他照样觉得自己是房间里最聪明的人。”一位同事回忆说。霍尔还有一个缺点，那就是他的表里不一：表面上积极参与，实际上毫无兴趣。他会建议同事们“来和我一起提升抽象思考的层次”，或者“邀请”他们重新考虑自己的立场。“在麦肯锡职业生涯结束的时候，他变得柔和了一些，”他以前的一位同事说，“他愿意承认房间里还有别人了。”

尽管如此，这人的确聪明。他帮助美联储（Federal Reserve）将清点钞票的方法从数票子转变为称重量。（拉斯维加斯的赌场也要因此对他表示感谢。）1986年，霍尔和前合伙人乔治·费格尔（George Feiger）还推动富国银行（Wells Fargo）收购了克罗克银行（Crocker Bank），帮忙发起了美国银行业的整合。“货币监理署聘请我们研究解除利率管制的后果，”费格尔回忆说，“我们给出的答案是银行整合。所以，我们接受了这项工作，并向私营公司解释它的意义。任何人都可以买下竞争对手，但我们向富国银行展示的是怎样从收购中赚钱。”[50]

“外部真正的竞争不是针对客户，而是针对员工的，”丹尼尔解释道，“我们希望聘用这样的员工：第一，要非常聪明；第二，要缺乏安全感，从而受这种不安全感驱动；第三，竞争意识强。把 3000 个这样以自我为中心、以任务为导向的人放到一起，就会产生一种傲慢的氛围。没错，这就是精英味儿。难道你不认为在这个追求政治正确的世界里应该保留一些这样的空间吗？”[51] 接下来，另一位合伙人说：“人们问，我们最大的竞争对手是谁……其实是我们的客户。它们的第一选择不是麦肯锡或者别的咨询公司，而是随便雇个人。”这么看起来似乎很快就有人要说麦肯锡最大的竞争对手就是它自己了。

1982 年，沃尔特·基希勒为《财富》杂志写了一篇题为《遭受打击的企业战略家们》（Corporate Strategists Under Fire）的封面文章，文中配了一幅漫画：一座擂台上挤满了体格不一的拳击手，麦肯锡是那个个头最大的。“每个人都很喜欢这幅漫画，”马塔索尼说，“罗恩·丹尼尔甚至买下了原作。但我认为它表达的观点是错误的。我对罗恩说，‘我们必须彻底离开擂台’。”[52] 这并不是什么新想法：麦肯锡一直在暗示人们，自己跟波士顿咨询公司、贝恩咨询公司或者其他任何咨询公司不存在“竞争”。鲍尔首先阐明了这一点：在他看来，麦肯锡没有任何竞争对手。

“咨询公司的合伙人有一种天然的倾向，就是以自身的经验和能力来审视你的问题。”《从咨询师身上萃取价值》（*Extract Value from Consultants*）的作者写道。[53] 麦肯锡把这种倾向发挥到了极致：从 20 世纪 80 年代末期开始，它向许多客户提出的建议就是要让它们变得更像咨询公司，也就是说，更像麦肯锡。为了将智慧传授给客户，公司发起了无数次的自我研究。而这也正是一些客户想要的。“每个人都问麦肯锡，你是怎么做到的，”私募股权公司 TPG 资本的联合创始人吉姆·库尔特（Jim Coulter）说，“麦肯锡是一家建立在知识基础上的全球矩阵式组织。运作的关键是你要清楚知道自己的知识来源，然后让你的员工在自己的岗位上保持稳定，这样你的员工流动率就不会太高。在我们进行产品多元化和全球化发展的过程中，我们研究它，也佩服它。”[54]1999 年，瑞生国际律师事务所（Latham & Watkins）聘用麦肯锡来帮助自己实现走向全球的计划。“跟麦肯锡合作的吸引力之一来自双方拥有相似的文化，这让麦肯锡更容易理解我们，”董事长罗伯特·戴尔（Robert Dell）表示，“跟其他咨询公司不一样，麦肯锡不仅提供已在别处使用过的标准化建议，而且真正倾听了我们的意见，理解我们，并根据我们的需求给出量体裁衣式的建议。”[55]

1987 年 5 月，《商业评论周刊》刊登了一篇封面报道，题为《麦肯锡的力量：为什么顶尖公司找它寻求治愈之道》（The Power of McKinsey:Why Top Companies Seek Its Cure）。文章发表时，格鲁克也恰好晋升为董事总经理。5 个月后，《福布斯》刊发了另一篇文章回应——《麦肯锡之谜：它值这个价吗？》（The McKinsey Mystique:Is It Worth the Price?）。麦肯锡自然不会自贬身价去回答这个问题。公司的官方立场是价值衡量很难做到，这就引发了一种海森堡量子力学式的观点，即咨询师本身的干预会破坏这种评估的基础。这一主张不乏可取之处：按马蒂亚斯·基平教授的说法，咨询产品的价值是很难事先评估的，因为它是无形的，同时咨询建议在产生和提出的过程中已经在对企业组织产生影响，也就是说，咨询产品是边生产边消耗的。所以说到底，印象管理有可能是最重要的。

麦肯锡面对挫折恢复元气的能力也让竞争对手相形见绌。1985 年，史蒂夫·乔布斯第一次遭到公司董事会驱逐，他的领导位置被约翰·斯卡利（John Sculley）取而代之，这之后苹果公司在学校的市场份额大幅下降。麦肯锡前咨询师弗雷德·斯特迪凡特（Fred Sturdivant）看到了合作机会，并为自己当时领导的咨询公司 MAC 集团锁定了这一绝佳的任务。“我们去苹果公司完成了一桩很棒的展示工作，”他回忆说，“我们收获了掌声。我确信我们抢到了跟苹果公司合作的先机。我们打上了本垒。但几个星期后，消息传来，说有人揽下了苹果公司的一项新的重大战略项目。猜猜是谁？麦肯锡。”怎么做到的呢？“麦肯锡咨询师从来就不曾走开，”斯特迪凡特回答，“我们在埋头研究苹果公司的渠道策略的时候，他们却能够自由进出苹果公司，跟那儿的高管觥筹交错拉关系。”

麦肯锡继续以类似方式在之后的超过 25 年里不断挫败竞争对手。“我失去了一个英国公司的项目，因为该公司的新董事长之前就是麦肯锡人，”一位如今为麦肯锡竞争对手效力的麦肯锡前合伙人说，“该公司的战略负责人想和我们合作。董事长告诉他，他可以雇用任何人，只要这个人来自麦肯锡。”

麦肯锡最终把高度的自我评价变成了公司的制度。马文·鲍尔在之前已经非常明确地定义了麦肯锡的使命——提供卓越的客户服务。1984 年，丹尼尔又加了第二句——建立一家伟大的公司。丹尼尔的意思是尽全力聘用、培训、挽留最优秀的人才。当时，麦肯锡坚信自己在这方面已经做得很成功了。丹尼尔还将年度评估的重点从员工对公司的直接经济贡献转变到了整体贡献上——包括培养人才、贡献知识。时至今日，在公司各个评估委员会担任职务的公司合伙人每年都要花 5 ～ 6 个星期来专门完成这项评估任务，为此不惜放下手头正在进行的工作。

万变不离其宗

虽然丹尼尔有“建立一家伟大公司”的梦想，但是关于咨询师的要求并没有什么变化。员工多元化的进程停滞不前，直到 20 世纪 80 年代，公司仍是白人男性的堡垒。到 20 世纪 90 年代初期，麦肯锡找到当时的美国总统比尔·克林顿的咨询师、华盛顿政治圈内有影响力的人物弗农·乔丹（Vernon Jordan），请他帮忙把业务拓展到南非。弗农问麦肯锡有多少黑人合伙人。答案是：一个也没有。弗农对麦肯锡的回复是：“我会尽量帮助你们，但看在上帝的份上，如果你们想在非洲做生意，那就多找几位黑人合伙人吧。”[56] 直到 2005 年，公司才选出第一位黑人董事——拜伦·阿古斯特（Byron Auguste）。

麦肯锡在聘用女性方面做得稍微好一点点。芭芭拉·明托是麦肯锡最著名的女性校友之一，她在 1987 年出版了《金字塔原理：思考、表达和解决问题的逻辑》一书。1963 年，明托加入新成立的克利夫兰分部，并在那里工作了 10 年，之后离开麦肯锡创办了自己的咨询公司。麦肯锡在 1979 年选出了第一位女性初级合伙人——琳达·莱文森（Linda Levinson）。整个 20 世纪 80 年代，麦肯锡一共选出了 19 位女性合伙人。然而，到 20 世纪 90 年代末期，女性合伙人依然只占合伙人总数的 5%。

麦肯锡后来将印度看作自己的人才基地。蒂诺·普利（Tino Puri）是第一批加入麦肯锡的印裔，他于 1970 年加入公司，后来一直把帮助公司在印度建立分部作为自己的使命。最终，麦肯锡于 1993 年在孟买开设分部，不过，在此之前麦肯锡已经为印度客户效力了整整 15 年。

"麦肯锡的问题在于，它的环境令人窒息，" 1986 年时麦肯锡前咨询师唐·卡尔森（Don Carlson）告诉《商业周刊》，"它想要特定的人、特定的外貌、特定的行事方式。" [57]

麦肯锡咨询师的类型确实会随着时间的推移而发生变化，到了 20 世纪 90 年代，公司开始偏爱有科学背景的人员。如果是在今天的麦肯锡，罗恩·丹尼尔能取得的成就恐怕比不上 20 世纪 80 年代。他的一位前同事指出，他（以及跟他同时代的许多人）可能都没有在这家全球性机构里生存下来所必需的智慧（哪怕这家全球性机构是他一手帮忙建设的）。在他加入麦肯锡的年代，只要上过哈佛商学院就足够了。可如今，这甚至不能保证你能获得面试的机会。今天的咨询师看起来更像是丹尼尔的继任者——以书呆气为傲的弗雷德·格鲁克在来到麦肯锡之前，曾在贝尔实验室负责反导弹项目，而不是一个仅仅只知道“正确的人从正确的地方来”的家伙。事实上，除了美国政府的国家实验室，麦肯锡是从麻省理工学院一类的地方招聘科学和工程博士最多的企业，也是从法学院和医学院招聘员工最多的企业。

合伙人乔恩·卡岑巴赫认为，公司在招聘时过于注重应聘者的分析能力，而非创新能力，这样做有点缺乏远见。“麦肯锡更看重学术背景偏‘硬’的人，”他对《财富》杂志说，“而对于组织和领导一类的问题，公司认为是‘软’的。遗憾的是，客户需求不断增长的地方恰好是这些领域。一些大企业请我们帮助它们改变企业文化，但我们首先需要对自己的文化做出重大改变……我们真正擅长的是对知识精英的能力进行量化评估，就像我们擅长通过量化模型对公司组织进行评估一样。但我们在寻找聪明人的过程中抛弃了许多富有创造力的人。我们在招聘时不能太千篇一律。”[58]结束了在麦肯锡的传奇职业生涯后，卡岑巴赫怀着这个目的创办了一家自己的公司。哪知天算不如人算，公司在经过 11 年的辛苦运营有了生机之时，却迎来了全球经济的巨大波动，他不得不在 2009 年将其出售给博思艾伦。换句话说，“软”的东西适合经济蓬勃发展的好年景。

自 20 世纪 80 年代初期以来，只有鲍尔认为公司发展得太快、跑得太远，被迫为本不应该效力的客户服务，经手一些对最高管理层并不重要的问题。大约在这一时期，在一次内部会议上，一位咨询师正在解释技术将怎样加速麦肯锡的增长，鲍尔在会议室的后面咆哮："公司压根就不该再增长。它已经太大了，绝不应该超过 700 人。"但事已至此，回头已晚。

丹尼尔接手时，麦肯锡跟博思艾伦及其他竞争对手的差距拉得并不大。等他离任时，公司已经在行业里独占鳌头。他完成了这一切，而且从未摒弃传统。

第六章 注重与离职员工保持紧密联系

麦肯锡注重保持与离职员工（校友）的紧密联系，到 21 世纪初期，麦肯锡已编织起一张遍布全球商界的校友网络：全球有超过 1.9 万在世的专业人员、《财富》500 强公司中超过 70 名 CEO，是麦肯锡校友。这个庞大的校友网络给麦肯锡带来了约占公司一半的业务。

虽然麦肯锡咨询师们到死都坚持不可能精确地衡量出咨询项目的效果——否则就没有正当的理由收取高昂的咨询费——但在麦肯锡的发展过程中，不断有人想要问：（客户）花的大价钱到底值不值？

答案是肯定的。没有任何一家公司在不提供客户价值的情况下可以延续近一个世纪。那么接下来的问题是：它的存在到底让哪些人受益了呢？长期以来多次购买麦肯锡咨询服务的公司高管们自然是觉得这笔钱花得值。那么，公司本身也受益了吗？权衡之后我们只能得出结论：是的，公司也受益了，因为市场竞争的力量只需要几年就能把劣质产品逐出市场，更不要说数十年了。

《汤姆·彼得斯现象》（*The Tom Peters Phenomenon*）的作者斯图尔特·克雷纳指出："管理学家擅长新瓶装旧酒。（比如，1982年出版的《追求卓越》就是对最古老的管理问题的重新讨论：公司怎样才能成功？）这件事情倒也没错，从根本上讲，管理活动就是要不断地为经典的困境寻找新的现代方法。那种盖棺定论的、普世皆准的方法也不大可能出现在管理世界。"[1] 换句话说，管理世界没有罗塞塔石碑（Rosetta Stone）[⊖]，没有"大一统"的理论。它需要人们在探索和实践过程中不断构建与修正。

但麦肯锡主义的传播，总体上能够给企业以及社会带来好处吗？麦肯锡为提高企业盈利能力而把裁员看作一种信仰进行传播的时候，当然对各个公司客户有所帮助，但在社会层面的整体效果是好的吗？

如果你是20世纪80年代的AT&T，麦肯锡为你提供的建议可能会很糟糕。但如果你是2009年的康泰纳仕出版集团，麦肯锡可以帮助你说服员工并让他们相信削减成本的时刻到了。如果你是在市场竞争中受到丰田打压的通用汽车，麦肯锡给你的建议则完全没抓住重点。但如果你是北卡罗来纳国家银行（North Carolina National Bank），它会让你走上巅峰。

所以很明显，你怎么看待麦肯锡的价值，很大程度上取决

⊖ 暗喻要解决一个谜题或困难事物的关键线索和工具。——译者注

于你所处的位置。

没错，就是值

当麦肯锡表现最佳的时候，它会为客户找出问题并透彻地分析，列举所有可行的选项，以易于理解的方式呈现出来，然后帮助客户选择行动路线。

即便被麦肯锡索要天价，大多数客户还是认为物超所值。梅隆银行（Mellon Bank）董事长弗兰克·卡霍特（Frank Cahouet）在6年里向麦肯锡支付了1600万美元，但据他估计，这笔费用的回报至少是它的20倍。[2]“1987年，我加入梅隆银行，”卡霍特回忆说，“那是一段紧张的时期，我们连能否生存下来都不确定。监管机构公开放话说希望有人收购我们。但我加入梅隆并不是为了卖掉它，而是为了建设它。”

卡霍特指派给麦肯锡团队（由合伙人克莱·多伊奇带队）的一个重要项目是把梅隆银行分成两部分——所谓的“好银行、坏银行”分类操作。他们将“坏银行”剥离给股东，让“好银行”获得更坚实的财务基础。“麦肯锡帮我们做了大量的分析，”卡霍特说，“而且，它的声望和信誉有助于我们在市场上筹措资金。”卡霍特随后还聘用了麦肯锡咨询师罗恩·奥汉利（Ron O’Hanley）跟自己一起管理梅隆银行，并让他担任副董事长。[3]2010年，奥汉利被任命为富达投资（Fidelity Investments）的联合总裁。

20 世纪 80 年代末期，麦肯锡为荷兰政府所做的工作，展示了它与客户的最佳互动模式。荷兰官员联系麦肯锡，就一项暂停向钢铁行业提供补贴的计划征求其看法。此举将对该国最大的钢铁生产商霍高文（Hoogovens）造成严重影响。他们请麦肯锡拿出一个数字，即能够支撑该公司自立的具体资助资金。麦肯锡对此案例进行 6 个月的研究后给出了一个惊人的数字：10 亿美元。

荷兰的经济事务部长随后向麦肯锡咨询，怎样让议会批准如此庞大的企业注资计划。麦肯锡给出的说法介绍了全球钢铁工业的状况、日本这个日益强大的竞争对手，以及霍高文对荷兰贸易平衡和经济基础设施建设的重大影响。在与政府和霍高文的合作过程中，咨询师们又花了 6 个月研究怎样投资这笔钱，执行方案精确到了每一元钱。最终，经济事务部长向议会提交了一份 22 页的法案，并在议会投票的第一轮获得通过。[4] 霍高文活了下来，并在 1999 年与英国钢铁公司合并，组建为康力斯集团（Corus Group），现为全世界最大的钢铁生产商之一。

大约在同一时期，麦肯锡接手了另一个举世瞩目的公共部门项目——伦敦分部为苏格兰发展署提供咨询服务。当时，格拉斯哥深陷失业和犯罪的泥潭。合伙人诺曼·桑森（Norman Sanson）和一支苏格兰咨询师组成的团队受到委托为该城市设计一套生存策略。咨询师们提出了一系列建议，包括鼓励旅游业发展，推动当地经济从制造业向服务业转型，还有聚焦市中心将其打造成发展的基础支柱等。咨询师们还提出了一个非常契合麦肯锡咨询史的设想：公私合营，也就是允许私营机构与政界人士联手，推动格拉斯哥城市核心的复兴。“毫无疑问，是我们拯救了格拉斯哥。”伦敦分部前负责人彼得·福伊用典型的麦肯锡式自我评价如此说道。[5]但这句话并非虚言：麦肯锡于1984年进入格拉斯哥，之后不到10年，格拉斯哥便在1990年获评“欧洲文化之都”，这在很大程度上归功于城市改造工作。麦肯锡曾帮助墨西哥前总统卡洛斯·萨利纳斯（Carlos Salinas）进行国有资产私有化改造，也曾协助撒切尔夫人在英国开展类似的变革，还继续帮助拉美、中美洲、东欧和亚洲等地新开放的国家实现政府资产私有化。

1981年，在当时规模实力还不强的北卡罗来纳国家银行，新上任的总裁休伊·麦科尔（Hugh McColl）请麦肯锡帮忙设计一种组织结构，并希望这种组织结构可以持续发挥作用，以成就北卡罗来纳国家银行成为全美最大银行的伟业。换句话说，即使它大肆收购，也不用每次都改变公司的这种组织结构。这真可谓是野心勃勃，因为那时候北卡罗来纳国家银行仅有60亿美元的资产，跟花旗集团和大通曼哈顿银行等行业领军机构比起来简直微不足道。但组织咨询正好是麦肯锡的拿手好戏。它给出的建议是把银行的客户关注点从地理位置的维度转移到客户类型的维度（比如，是零售客户还是商业银行客户）上来。这样的话，当北卡罗来纳国家银行进入新的版图，它就无须引入全新的组织单元，只需要把它们加入现有的客户组别即可。

17 年之后，北卡罗来纳国家银行已经改名为国民银行（Nations Bank），它收购了美国银行（Bank of America），成为全美最大的银行。这是麦科尔一直以来的目标，麦肯锡的建议显然配得上麦科尔支付的咨询费。

以上所有案例都证明了麦肯锡能够完成非常复杂的工作。

其中还有一个再简单不过的事实：公司 CEO 首要的工作是保住自己的饭碗。然而即使是最可靠的副手也可能在背后捅刀子。所以，聪明的 CEO 更愿意花大价钱聘请咨询师作为自己的副手（虽然不像组织内部的下属一样忠诚）[6]。哪怕咨询师们一直以来被人抨击，说他们是助长而非消除了不确定性，但现任 CEO 在其任期内对与咨询公司合作产生的副作用视而不见，双方很有默契，共同努力来延长领导人的任期。罗杰·史密斯（Roger Smith）依靠麦肯锡保住了自己在通用汽车的最高职位；美国电话电报公司的罗伯特·艾伦（Robert Allen）和摩根士丹利的裴熙亮（Phil Purcell）（曾就职于麦肯锡）也是如此。麦肯锡或许会宣称有向当权者说出真相的能力，但在现实中，它很少恩将仇报做出对金主有害的事情。

不，不值

现在来思考一个重要的问题：麦肯锡的到来对于任何一家客户来说都是好事吗？再进一步来说，它对商业本身是件好事吗？作为一位把人看得比数字重要的人文主义者，斯坦福大学教授哈罗德·莱维特（Harold Leavitt）对此问题的回答是否定的："这些新兴的、MBA学历背景的职业经理人看起来越来越像是一支雇佣军了——他们训练有素、随时准备着投入一场残酷冷血的战争，但他们从来不曾思考过根本性和信念层面的问题，比如：这场仗真的值得打吗？这是一场正义之战吗？它有正当的理由吗？我认可其中的理念吗？"[7]

前咨询师马丁·基恩在2005年写了一本书《谎言屋》（*House of Lies*，后来改编为情景喜剧），对咨询行业进行了抨击，他提到了麦肯锡在2000年的招聘会议结束时展示的一张幻灯片。"幻灯片看起来很简单，只不过是骗人的，"他写道，"那是一张显示年增长率为20%的曲线图。它展示的是在此前10年里，麦肯锡的收入和员工规模的年复合增长率都达到了20%……说白了，这张幻灯片暗示麦肯锡走上了一条必将统治全世界的道路……如果你没能受聘于麦肯锡，没关系，只要等着就好。等到2060年5月，你兴许很老了——可那真的没关系。它必然会聘用你，因为那时美国的每一个男人、女人和孩子，都将成为麦肯锡咨询师。到2075年，地球上的所有人都将成为麦肯锡咨询师。"[8]

咨询项目失败的故事，或者执行麦肯锡战略的失败尝试，通常不会上商业版的头版。麦肯锡不会谈论它的客户，企业高管们也不愿意谈论任何失败的项目，不管其中是否有咨询机构的参与。然而时不时地总会冒出一个太引人注目或败得太惨烈的项目，从而让麦肯锡进入公众视野。正是这些案例表明，麦肯锡与客户达成的重要协约——不邀功、不揽责——是行不通的。“医生职业也是如此，”哈尔·希格登写道，“一名医生或许做了数千次成功的手术，但人人只记得他失手的那一次。”[9]

麦肯锡在1980年与AT&T的合作就是一个这样的案例。AT&T发明了一种早期版本的无线通信技术，但有些担心公司对无线电发射塔建设的投资风险是否可控。一如既往地，麦肯锡仔细研究了这个问题，并给出了一个以今天的眼光来看可谓离谱得可笑的数字：经过推演计算，到2000年，整个无线通信市场只会有不到100万名付费用户。

诚然，当时市场上的手机产品又笨重又昂贵，带宽受限，仅有的客源来自富豪和企业高管。而且众所周知，预测未来真的很难。但是无论如何，麦肯锡的这份评估报告显然是一个极大的错误，一个代价高昂的错误。AT&T之后便放弃了该项目，使得公司在无线通信业务上的发展始终落后一步，最终在2005年，被迫把自己卖给了SBC通信公司。对于咨询师来说，这相当于医生的失职，让本可以逃过一劫的病人死得很惨。

有时，人们抨击麦肯锡不仅向客户兜售错误的研究结论，还贩卖过时的战略，比如20世纪70年代，它替当时全美最热门的银行之一伊利诺伊州大陆银行（Continental Illinois Bank）所做的工作就属此类。大陆银行认为自己跟大通曼哈顿银行和花旗银行（也是麦肯锡两家著名的客户）不相上下，希望建立一套新的组织结构。18个月后，咨询师们把自己曾对无数家其他银行说过的话又告诉了大陆银行：公司需要摆脱层级管理结构，转向所谓的“矩阵管理”。这一理念简单地说来就是：在矩阵式组织中，员工们既可以在同一个部门工作、向同一位管理者汇报工作，也可以在任何时间被分配到不同的项目和管理者手下。从理论上说，这么做可以提高组织的灵活性，责任和义务则相对分散。起初，这次重组似乎很成功。1976—1981年，大陆银行的资产增长速度在所有主要银行中名列第一，高达110%；贷款以前所未有的速度增长，增长率达到180%。在此期间，该银行的股权收益率是14.4%，仅次于摩根信用担保公司（Morgan Guaranty）。

但该银行的前员工、《大陆银行事件》（*The Continental Affair*）作者詹姆斯·麦克洛（James McCollom）却认为，麦肯锡的建议给大陆银行招致了厄运。1981年，该银行的贷款资产比率升至业内最高的69%，可以说，这使得大陆银行成为同业中风险最高者。麦克洛提及了彼得斯和沃特曼的发现——两人后来在《追求卓越》中写道，大陆银行高管们“和我们一样对（组织设计的）传统方法感到不安”。所有人都对常规结构解决方案——尤其是最新的、脱离常规的、复杂的矩阵形式存在的局限性感到不舒服。换句话说，麦肯锡在大陆银行推进落地了一种连麦肯锡自己的员工都认为行不通的组织结构。“麦肯锡把矩阵管理卖给了我们，而这是所有卓越企业都避之不及的药方。”麦克洛写道，“它卖给我们律师、诀窍……和时髦术语……麦肯锡把它自己淘汰掉的设备卖给大陆银行。”[10] 几年后，大陆银行沦为当时美国历史上规模最大的银行倒闭风波的主角。

麦肯锡伦敦分部为英国国家医疗服务体系（NHS）提供了咨询服务，但未能让这一老旧的官僚机构有任何改善。（咨询师们在2012年仍然为其提供服务，批评人士也仍然对他们的工作价值表示怀疑，而这个例子也揭示了麦肯锡所倡导的长期合作“变革型”关系的争议性。）麦肯锡咨询师们在BBC一度推行所谓“内部市场”的设想，让BBC内部工作人员互相服务，也造成了类似的争议。这是另一个“理论上很完美但实际上糟糕”的咨询主题，这样的内部市场迫使制片人只为了完成一些简单的事情而不得不在组织内部进行无休止的谈判，比如预约录音室、为节目安排播出时间等。换句话说，他们把一个极度复杂的管理系统推荐给了一个漫不经心的客户组织。据说在其一个项目中，咨询师们和BBC的工作人员坐在一起剪纸青蛙，然后假装卖给彼此。[11]1995年6月，一篇媒体发布的调查文章更是严厉斥责麦肯锡从事的是欺骗勾当，指出麦肯锡帮客户削减成本只是为了换取高昂的咨询费：“BBC如今的运营成本更高，雇用的员工却比以往任何时候都少。”调查给出结论，“与4年前相比，‘节约’反而增加了1.4亿英镑的员工成本。”[12]

但麦肯锡从未真正离开过BBC广播大楼。十年后，BBC总干事约翰·伯特（John Birt）离任，麦肯锡聘请他担任兼职咨询师。2005年，有批评意见指出，担任英国首相的战略咨询师和为麦肯锡效力之间存在利益冲突，伯特忙不迭地断绝了与麦肯锡的所有联系——这就像是在说：麦肯锡刚从 BBC 榨走数百万英镑就雇用他的事实没有发生过。之后接替伯特执掌 BBC 的格雷格·戴克（Greg Dyke）也立刻将聘请外部咨询师的开支大幅削减了 75%。

很少有客户在聘用麦肯锡之后说这项合作是不划算的。从某种意义上说，麦肯锡在灵魂层面和 20 世纪初期的巴黎交际花奥特洛有近亲血缘关系。奥特洛的全名是卡罗琳娜·奥特洛（Carolina Otero），在当时一度被视为全世界最受男人追捧的女性，据说置身显贵之中，她对自己的情人非常挑剔，且收取礼物价格高昂，最高的相当于 2012 年币值的 100 万美元。她的情人包括摩纳哥王子阿尔伯特一世和塞尔维亚国王。有个广为流传的说法：每个有钱、有路子的人都必须至少拥有她一次。而一旦心想事成，你会说些什么呢？哪怕是花 100 万法郎买了一捆干草，你也不会承认它不值那个价。

实际上很难去证明麦肯锡对企业管理方式产生了任何持久或根本性的影响，除了少数标志性成就，比如公司在 20 世纪 40 年代参与重组了美国的大型企业集团。相比之下，在过去 30 年里，硅谷对企业界的影响显然要比麦肯锡大得多。"他们修复了什么？"麦肯锡前咨询师迈克尔·兰宁（Michael Lanning）问，"他们改变了什么？他们对过去 30 年银行的演变发出过什么声音吗？他们在通用汽车搞了一项又一项研究，那里需要进行你能够想象出来的最彻底的改变。通用汽车已经死了，只不过，它的尸体要过上很长时间才会彻底凉透，除非他们改变运作方式。数十年来，麦肯锡在那里一直设有庞大的团队，收取巨额的费用。可看看通用汽车最终的结局吧。”[13]说到底，通用汽车所做的一切，只是为麦肯锡的一群合伙人（尤其是常驻汽车公司效力的那批人）提供了丰厚的收入。

上一次麦肯锡对苹果产生影响，还是在约翰·斯卡利任职的时候，而那是因为他从前公司百事可乐那里继承了品牌营销的传统。斯卡利对苹果而言是场灾难。麦肯锡可曾帮助今日伟大的企业成为它们现在的模样？比如亚马逊、微软、谷歌？简单来讲，并没有。

尽管如此，哪怕面对不利的证据，麦肯锡的高度自我评价依然坚挺。麦肯锡咨询师汤姆·斯坦纳（Tom Steiner）回忆了一位合伙人查克·法尔（Chuck Farr）为公司纽约分部所做的一项战略发展研究项目中的一个片段。“他有两张幻灯片。第一张是纽约分部按付费额排出来的顶级客户名单，比如 AT&T、美国运通和汉华实业（Manufacturers Hanover）。在场所有的合伙人纷纷讨论发言，提出他们认为的麦肯锡为这些客户做了哪些特别的事情，才让客户觉得麦肯锡如此的重要。距离原定两小时的会议就只剩下 15 分钟了，还没有找到确定的答案。这时候有人问：‘你第二张幻灯片上是什么？’答案是博思艾伦的顶级客户名单。而两家咨询公司的顶级客户名单上基本是同一批公司。”[14]麦肯锡当时的收入或许比博思艾伦高，但其客户群体显然愿意为所有人的建议付费。看来咨询产品在客户眼中并没什么不一样的。

通用汽车的灾难

20世纪80年代初期，麦肯锡为通用汽车所做的工作非常清楚地表明，咨询对企业的坏处远远大于好处，哪怕这家企业是咨询公司最重要的客户。在那一时期，美国企业界的巨轮——通用汽车正承受着来自丰田等日本汽车制造商的巨大冲击。1984年，董事长罗杰·史密斯决定实施美国历史上规模最大的公司重组。他聘请麦肯锡与他一起筹划设计。很快，这家车企所支付的咨询费用就超过了麦肯锡在全美制造业其余项目的收入。据一份报告指出，通用汽车曾经每月向麦肯锡支付高达200万美元的服务费。[15]

麦肯锡对公司的65名高管和800名员工进行了访谈，询问他们眼中有哪些组织方面的问题。基于调研结果，咨询师们提出了一种新的组织结构，即不再按照品牌来搭建公司组织部门（如雪佛兰、凯迪拉克、别克等），而是改为按照车的类型来划分部门（如大型车、小型车、卡车等）。这是麦肯锡的一招基本计策——不是围绕这个进行组织，就是围绕那个进行组织——这招计策在过去颇为管用。例如，咨询师们曾成功地帮助AT&T围绕市场进行重组（此前该公司是围绕技术进行组织的）。但这次给通用汽车开错了药方。

《猛然觉醒：通用汽车的崛起、沦落和挣扎复兴》（*Rude Awakening: The Rise, Fall and Struggle for Recovery of General Motors*）[16]的作者玛丽安·凯勒（Maryann Keller）说："当时，

不管是麦肯锡还是通用汽车，都没有理解日本竞争力的本质，直到后来，人们才逐渐意识到，日本人（跟美国竞争）靠的并不是一支每天早晨起床高唱丰田颂歌的低薪工人队伍，而是在他们生产汽车的过程中可以使用更少的部件、更少地出错，以及持续地流程改进。我十分肯定，麦肯锡当时对这些内幕一无所知。”

相反，麦肯锡只是把人员四处调派变换工作岗位，这反而破坏了人们对于制度的了解学习过程，以及员工在大公司内部做事所需要依仗的日常沟通网络。“通用汽车的状况急转直下。”凯勒说，“丰田成功的关键是把数千件小事做得很好，而不是通用汽车要改变的组织设计。”

这次重组是一个彻头彻尾的灾难——成本飙升，但在产量和效率上却看不到改善。凯勒认为此次失败给通用汽车在 2009 年的破产埋下了种子。“但是事情真如此出人意料吗？”她问道，“这些人从来没有真正的管理经验，他们一辈子都是在跟高层管理者夸夸其谈。而高层管理者对制造产品又了解多少？一般不会知道太多。你认为罗杰·史密斯懂怎么制造汽车吗？”

这是谁的错呢？麦肯锡说错不在它。尽管拒绝详细讨论这项工作，一位高级董事还是向《财富》的撰稿人约翰·休伊表示，责任完全在通用汽车的管理层。“我们把真实情况如实相告。我们完全没有消极应对。我们告诉他们要吃药，”他说，“这就跟当医生一样，你尽了最大努力，但如果病人不戒烟，健康状况还是会恶化。这是个全世界普遍存在的问题。企业高管们不想承担任何风险。他们在问题面前选择性失明，不到血本无归时看不到事情的紧迫性。”[17]

通用汽车提供了一条战略咨询的教训。马修·斯图尔特说得很简单，“战略的理念，就像密涅瓦（Minerva）的猫头鹰，往往是到了组织日落西山的时候它才出现㊀。有一句老话这样说：战略就是你弹药马上要用光了却仍然朝着敌人开足火力，这样敌人就不会知道你的处境。一般来说，当企业没有别的方式来证明自己存在的合理性时，它就会求助于战略；当它完全不知道自己该朝什么方向走时，就会开始规划。”[18]

一切取决于……

麦肯锡咨询师最宝贵的财富是与客户建立的长期关系。这跟其他生意相比并没有太大不同，但由于麦肯锡并没有什么具体的“产品”可言，所以关系更是意味着一切。在任何年份里麦肯锡都有大约 85% 的收入来自老客户。“我们善于渗透之术，总能讨取他人欢心，”罗恩·丹尼尔对《福布斯》杂志说，[19]“这种才能让我们的竞争对手深受挫败，就连离职的麦肯锡员工也为之惊讶。”“但愿我们都能让客户不断回到自己身边，”《麦肯锡季刊》的前编辑艾伦·坎特罗威说，“他们能拿下后续工

㊀ 来自“密涅瓦的猫头鹰在黄昏起飞”这句黑格尔名句。“密涅瓦”是罗马神话里的智慧女神，“密涅瓦的猫头鹰”是智慧的象征。“在黄昏起飞”才是整句话的核心，这涉及黑格尔一个重要的思想：“后思”或者“反思”，他认为认识只有通过大量反思才能获得。——译者注

作，不仅仅是因为他们擅长自己的工作，还因为他们接受过训练，知道怎样管理和维护这类客户关系。他们懂得，真正的关键是关系和对话，而任何具体的项目都只是过眼云烟。”[20]

聪明的客户说，利用麦肯锡的最好办法是要阻止它的渗透作用——禁止其咨询师在客户办公室和公司大楼里面四处流窜以寻找新的业务机会。例如，摩根大通的杰米·戴蒙只聘请麦肯锡参与了一次性项目，一旦项目结束，由此产生的全部知识都将转交摩根大通。任何咨询项目都需要经过运营委员会批准，摩根大通的高管们不能任意自主地与咨询公司签署合作协议，他们确定了自己需要的项目后才会挑选需要的特定人手开始工作。

“我们出售的并非劳动时间和问题答案，这是跟律师或会计师事务不一样的地方，”1987 年罗恩·丹尼尔接受《福布斯》杂志采访时说，“我们出售的是一种名为‘变革’的福利。变革就是价值所在。”[21] 丹尼尔还对《福布斯》杂志表示，客户必须“信任麦肯锡”会本着公平的原则来收费。但客户并不总是满意。杰米·戴蒙担任第一银行的 CEO 时，曾于 2002 年聘请麦肯锡研究银行的信贷规则。这是一个数年来无人触碰的问题。他告诉咨询师们，会先给他们一半的费用，另一半要看他们的表现。麦肯锡最终拿到了全部费用。一年后，在戴蒙的副手海蒂·米勒（Heidi Miller）负责的一个项目里，第一银行认为麦肯锡的绩效未达标，所以拒绝支付后续费用。项目中的咨询师们对此结果大吃一惊，虽然如此，麦肯锡合伙人克莱·多伊奇还是在这场争论里做出了让步，团队只领到了“合理”费用的一半。抛开丹尼尔那赋予咨询工作崇高意义的优美措辞，麦肯锡在现实中经常要面对一个简单的事实：对某些客户而言，咨询服务无非是桩标准化的商品交易。干了一天的活，耕了一天的地，总要给牛喂饱肚子。

此事再次把重点放到研究三者之间的差异性上：对宏大愿景难以捉摸的展望、天马行空的想象力以及咨询师能够真正为客户带来的价值。作家凯文·梅林（Kevin Mellyn）认为，真正的咨询跟变革、领导力或者愿景无关。相反，它是要帮助人们形成所谓的“工业普鲁士精神”（Industrial Prussianism）：通过高度理性的行政制度管理企业活动，以提高效力、效率和信息透明度。1871 年普鲁士人打败了法国人，不是因为他们极具领导力，而是因为普鲁士的制度建立在规章、命令和规范之上，这使得军队能够高效运行，而不需要依靠个人英雄随机应变来扭转乾坤。同样的道理，工业普鲁士主义忽略企业里的英雄，而是注重培训和问责，关注效率和节俭。战略规划的唯一目的就是预先考虑各种可能出现的情况，减少战术执行失误。谁的失误最少，谁拥有组织最优秀、最训练有素的军队，谁就能赢得胜利。商场如战场，和最出色的军队一样，那些在市场竞争中生存下来的公司，是那些能够从重大的意外挫折和对手打击中恢复元气的组织。

鲍尔和他的同代人理解这一点。他们懂得，随着企业的发展壮大，它需要效率专家来帮忙完善内部流程。麦肯锡就是这波咨询师浪潮中的一员。哪怕是在今天，最优秀的咨询师大多数也有工程师背景，而不是拥有哈佛 MBA 学位的社交高手。工程学教你界定解决方案的边界，让你能够确定自己可以拉动或推动的相关杠杆，然后再确定解决方案。战略计划会考虑方方面面，但是如果执行过程中出了问题，那你还是要完蛋。

聘用麦肯锡仅为表明态度

到 20 世纪 80 年代末期，麦肯锡品牌已经进入一个全新的领域。人们历来就喜欢将麦肯锡与 IBM 进行类比——“你不会因为购买了这两家公司中任一家的服务而被解雇”。但如今，越来越多的公司只是将聘用麦肯锡作为一种态度。光是向员工们宣布公司开始和麦肯锡进行合作这个事实就足以让公司上下意识到这件事情有多么重要。每一家咨询公司都能做规划，麦肯锡只是比其他公司做得更好。40 多年前，伦敦《星期日泰晤士报》曾写道：“事实证明，邀请麦肯锡加入是一种吹响变革行动号角的有效方式。”[22]

当你购买 IBM 的服务时，你是要咨询师来帮忙做一些切实具体的事情，比如改造整个技术基础设施，或者外包薪酬系统和人事处理流程。而聘请麦肯锡或许只是一种手段。身为 CEO，你感觉有必要削减 10% 的成本，但此举并未得到员工们的认可，那么，聘请麦肯锡就能非常清晰地在组织上下表明你的态度。时至今日，许多公司聘请麦肯锡仍然只是为了传递这一信息。

2009 年，著名的出版商康泰纳仕集团聘请麦肯锡向习惯大手大脚花钱的员工传递了一个信息：公司要砍掉 30% 的成本。同样，1984 年华纳运通有线通信公司（Warner Amex Cable Communications）聘请麦肯锡是因为公司的内部冲突导致组织转型受到影响。“我们必须借助外部的无偏见视角，”时任 CEO 德鲁·刘易斯（Drew Lewis）说，“这方面麦肯锡做得很好。”[23]

1993 年，达美航空公司（Delta Air Lines）由于新近收购的一些欧洲业务而损失惨重。股东们抗议的声音不绝于耳。管理层是怎么做的呢？他们聘请了麦肯锡，并昭告天下。“这样的声明传递出了几条信息，”当时，约翰·休伊在《财富》杂志上写道，“‘我们知道自己有问题，我们正在采取措施。我们聘请了能找到的费用最贵的帮手。给我们点时间，好吗？’”[24] 虽然麦肯锡并不愿意承认，但这让它变得更像是债券评级机构的模型——有了麦肯锡的参与，就必然能被评为 AAA 级。但 AAA 级的债券也可能会违约（而且也真的会违约）。麦肯锡的一些建议也是如此。

麦肯锡声称它已经尽量避免这种情况，甚至在合同中明文禁止客户提及聘请麦肯锡的情况：“麦肯锡为客户所做的工作是保密的，仅供客户内部使用。未经客户事先书面许可，麦肯锡不得公开客户名称、客户资料或为客户准备的报告。同样地，客户也应同意，未经麦肯锡事先书面许可，不得公开麦肯锡的名字，不得提及麦肯锡的工作，不得对外公开交付的工作，或本协议的存在及条款。”

“我们这样做是有明确理由的，”高级合伙人拉里·卡纳里克（Larry Kanarek）解释说，“这样做，客户就算聘请了我们，也没法把我们当成‘好管家’认证。我最近碰到一桩交易，后来直截了当地拒绝了，因为客户（想在）首次公开募股说明书中提到我们。我们不希望别人聘请我们是为了说‘麦肯锡说这是个好战略’。我们是咨询师，是否接受建议、做出自己的决策，那是管理层的工作，他们不能说‘这是麦肯锡叫我这么做的’。”[25]

这种将自己与最终结果的责任撇清关系的做法又出现了。麦肯锡不邀功，但也并不承担责任。卡纳里克认为这种安排没什么不妥。“我们承担的责任不同，”他说，“但我们也跟奖励毫无关系呀。如果我们的建议一直没有用，客户就不再找我们了。但有很多次，我们的建议很奏效，客户和股东都发了财，我们却没有。我们的收益并未水涨船高，无边界的利益捆绑也不是专业性的表现。它们的收入起起伏伏，是因为它们是动态市场上的玩家。每当麦肯锡里有咨询师对我说，自己知道怎样经营一家公司了，我就告诉他，那你出去经营公司吧，那不是我们在这里要做的事情。”

尽管麦肯锡不乐意客户公开提及自己的名字，但并不介意客户的高管拿麦肯锡为重大决策做背书。1986 年，第一洲际银行（First Interstate Bancorp）竞标收购美国银行的时候，麦肯锡被邀请来帮助说明两家组织合并后将如何节约 7 亿美元，这是第一洲际银行为了说服董事会和股东接受收购一家规模近乎自己两倍的银行所需要的巨大数字。[26]“有时候，你会碰到一些想要把已有的答案强加进去的局面，”一位如今供职于竞争机构的麦肯锡前咨询师说，“这种情况下，麦肯锡往往是更适合的选择，那地方有一种心想事成的、很管用的傲慢。”

另外，如果高管难以说服同事支持自己提出的一项特定行动，也会请麦肯锡来提供火力支援。麦肯锡对于这样的做法也不觉得有问题。1987 年，通用电气收购了 NBC 电视台，该公司安排的 NBC 总裁鲍勃·怀特（Bob Wright）提议“调整预算”，以求将新闻部门 3 亿美元的总预算降低 5%。NBC 的新闻总裁拉里·格罗斯曼（Larry Grossman）公开反对这一提议，怀特便请来了麦肯锡。[27]“如果被利用了，那咨询师自己能意识到吗？”哈尔·希格登在《商业治疗师》里这样问道，“如果他意识到了，他会在意吗？或者无所谓，只把这看作自己能够住在郊区豪宅所要付出的代价？”[28]

当企业的高管需要有人可以“不偏不倚地”支持一个清除掉公司内部竞争对手的安排时，也会请来麦肯锡。李·艾柯卡（Lee Iacocca）在自传里写过，亨利·福特想把他赶出公司的时候，就聘用麦肯锡来推荐一种新的组织结构。艾柯卡最终跳槽去了克莱斯勒公司，在那里艾柯卡在咨询业务上只聘请贝恩咨询公司，绝不找麦肯锡。[29]

最后，麦肯锡会做自己所有竞争对手都做的事情，也就是充当事实上的行业间谍。麦肯锡肯定会对这种说法感到不悦，但所谓的“竞争标杆分析”概念，无非是个掩饰性的花哨说辞，其实质就是告诉客户其他的客户正在做什么、打算做什么，同时暗中承诺绝不暴露客户最敏感的机密（尽管这样的承诺颇令人怀疑）。“战略分析催生出一些更无情也更高效的手段来完成行业间谍活动。”《魔鬼咨询》（*Consulting Demons*）一书的作者刘易斯·皮诺（Lewis Pinault）这样说。[30]

长胜永存的帮派

基于麦肯锡有 85% 的业务来自回头客的事实，可以明确的是，偶尔的失败案例并不能否定麦肯锡在客户眼中的价值。其中的理由也很充分。对公司管理者而言，外部视角和建议总是有价值的，更何况来自麦肯锡所代表的最聪明的头脑，虽然这些专业咨询师也会犯错。

麦肯锡的高收费同样历久弥坚。“它因比市场价高出 2% 而感到自豪，”来自竞争机构的咨询师弗雷德里克·斯特迪凡特说，“这可真是令人感到恼火。麦肯锡是怎么做到的呢？这曾经令竞争对手感到非常沮丧。靠着价格战抢了你的生意是一回事；可要价高的还打败了你，这就完全是另一回事了。”[31]

即便如此，批评家们长久以来总是惊叹于麦肯锡能够和失败撇清关系的能力，比如，麦肯锡在通用汽车的项目上很失败，却依然与它一路前行；不管是花旗银行这样的大型银行，还是 AT&T 这样的著名公司，都与麦肯锡有过合作失败的经历，麦肯锡却依然能够从这些老客户那里不断获得新的合同。

如此成功的原因之一是麦肯锡的自信。麦肯锡的一切都扎根于信心。麦肯锡的推销理念简单明了：“无论问题是什么，我们这些聪明人都能帮你搞定。”这是在骗人吗？也许是的。公司把自己雇用的年轻 MBA 毕业生派驻到客户那里，靠着客户给的费用，让他们在项目中跟着团队边干边学，而且，很难说麦肯锡年轻咨询师们的加班加点真的可以转换为客户真实的价值。

马文·鲍尔告诉自己的门徒们：成功的秘诀就是要扮演好成功的样子。他说的不是特指麦肯锡，而是一种特殊的美式信心，正是这样的信心，让美国征服了全球的经济，直到 50 多年以后，才有人对它表示出怀疑。美国有这样的信心（或者说曾经有过），而麦肯锡则以公司的身份，将这样的信心充分而彻底地展现给了全世界。所以，它会犯错，但是它也能够补救，而且它的确做到了。

麦肯锡如此的成功还有一个原因，那就是它在全球商界中安插了大量的麦肯锡校友和麦肯锡朋友——它对待所有这些人都非常友好。几乎没有企业能和麦肯锡一样让公司成为员工自我形象的一部分。哪怕已经离开公司多年，前咨询师们提到麦肯锡时仍然会用“我们”，甚至还会用现在时态。

麦肯锡有别于竞争对手（实际上，是有别于大多数机构）的一个主要因素，是它了不起的前员工人际网络——麦肯锡帮派。虽然截至此时，公司依靠前员工拓展业务已有很长时间，但直到21世纪初期，前员工的数量才真正变得有意义起来。到2000年，在全球有超过1.9万名在世的麦肯锡前员工。

《财富》500强公司往届和现任CEO里，有70名以上的麦肯锡前员工。《今日美国》2008年的一项研究计算出，麦肯锡员工成为上市公司CEO的概率为全球之最，达到了1/690。水平最接近的竞争对手是德勤（Deloitte & Touche），为1/2150。毫无疑问，麦肯锡是有史以来最高效的CEO生产机构。在2011年，150多名有麦肯锡背景的CEO在运营着各自的企业，这些企业年销售总额超过10亿美元。

或许唯一一个更具渗透力、终生联系更紧密的校友网络就是哈佛大学校友会了，而两个群体之间重叠的部分也相当可观。

07 第七章

创业者文化

麦肯锡鼓励员工内部创业，为员工的创业提供了丰富的资源，并允许失败，员工创业时唯一需要考虑的是“为拓展业务，正确的做法是什么”。员工可以一边拿着稳定的薪酬，一边大胆地尝试开拓新业务，由此极大地激发了员工的创业热情。

弗雷德这样的人

弗雷德·格鲁克并非天生的麦肯锡人。他出生于 1935 年，在纽约布鲁克林区的一个罗马天主教社区长大，跟父母、祖母和 5 个兄弟姐妹住在只有一间卧室的公寓里。[1] 他的邻居里几乎没人上过大学。而格鲁克不仅上了大学，还获得了更多的成就。从一所教会高中毕业后，他在曼哈顿学院获得了电气工程学位，后来在哥伦比亚大学拿到了运筹学博士学位。他的第一份工作是在传奇的贝尔实验室从事反导弹系统的研究。他是个真正搞高精尖科学的人，这也是为什么他能够在麦肯锡故事里扮演如此关键的角色——引领公司进入了技术时代。在此过程中，他让麦肯锡成为一家真正的全球性企业。

格鲁克热爱他的火箭科技研发工作，直到有一天，他突然对该工作失去了兴趣。“快要 30 岁的时候，我做了一个梦，”格鲁克回忆说，“当时，我在贝尔实验室作为斯巴达导弹项目的项目经理。斯巴达导弹是我们对抗洲际弹道导弹的远程拦截装置。在梦里，我看到了自己的墓碑，上面写着：‘弗雷德 · 格鲁克之墓，他从事了 45 年反导弹系统设计工作。’”[2] 于是，他开始四处寻找新工作，最终跟纽约市的一名猎头取得了联系。他接受了化工巨头联合碳化物公司（Union Carbide）的一连串面试，可惜最终无果，于是决定等到第一枚拦截导弹发射之后再说。你瞧，它成功了。于是，他再次给猎头打电话，说自己已经准备好有所改变了。猎头告诉他，自己为他找到了完美的工作：在麦肯锡做咨询师。和最终入职麦肯锡的许多人一样，格鲁克此前从未听说过这个公司。但不管怎么说，他还是参加了面试，并在 1967 年得到了这份工作。这一年，他 31 岁。

格鲁克的新工作一开始并不顺利。尽管曾监督过一个 3 亿美元的导弹项目，但在麦肯锡看来这算不上商业经验。他的外表看起来也与同事们格格不入：一个戴眼镜的小矮个儿，跟罗德 · 卡耐基那种牛津大学赛艇队的运动员没一点儿相似之处。他在麦肯锡是个异类，早前高管们在考虑聘用他时，典型的反应是：“不，不行，他说的是另一种语言。而且，他是个矮子！”

不过，这些错过了跟格鲁克搞好关系的机会的人在之后的岁月里都感到后悔了。

格鲁克在麦肯锡的第一项任务就是为专业玻璃厂商康宁（Corning）做研究，而负责此次项目的合伙人恰巧是卡耐基本人。“他的肩膀有这么宽，”格鲁克笑着回忆说，“他对我说的第一句话是：‘哦，格鲁克，你就是那个我们从贝尔实验室挖来的人。公司真不该招聘一个在研发实验室度过了10年的书呆子。’”[3]卡耐基甚至还禁止格鲁克跟康宁的高管有任何接触，唯恐损害麦肯锡的形象。不过，格鲁克是个行动胜于口才的人，没过多久，他凭借优秀的工作习惯和对研究的严谨与投入成了项目经理们竞相争抢的对象。很快他开始独立负责项目，主要关注电子和电信领域。（卡耐基虽然记不得当天对格鲁克具体说了什么，但他记得，他提醒格鲁克，对康宁这样骄傲的客户要慢慢来，一位新手咨询师要是在自己经手的头一个大项目上就出了岔子，康宁恐怕不会就此罢休。“我告诉弗雷德，你要保持沉默和低调，在这个过程中要充分理解对方的文化以及我们如何在其文化标准中产生价值。”卡耐基回忆说，“这跟贝尔实验室科学家的工作方式肯定不一样，他必须先弄清楚客户做的是什么以及是如何做的，才能进一步为整个过程增加价值。”）[4]

格鲁克与北方电力公司[Northern Electric，北方电信（Northern Telecom）的前身]以及之后的北电网络（Nortel Networks）的合作向麦肯锡展示了该怎样将新颖的思维引入常规问题。在与北方电力公司的董事长弗农·马奎斯（Vernon Marquez）的初次会面中，咨询师们被告知他们不必关注北方电力公司的研发项目，它已经是完美的了。

这反而让格鲁克和同事们想先去看一看客户的研发工作。结果他们发现了一套事实上亟须改革的系统——北方电力公司对于研发提案的评估方式是要求经理们评估每一个项目的投资回报情况（而不是此时此地的现状），并据此决定是否继续推进。然而，经理们的预测往往过于乐观，在这种评估方式推行后的好几年内，没有一个项目遭到否决。“想想看，”格鲁克说，“计算一个仍在研发中的项目的投资回报，就意味着你在预测未来的销售情况，你想怎么预测都可以。也就是说，这种评估方式在筛选项目方面一点儿用都没有。真正应该评估的是，这一研发项目能否对你的竞争地位产生影响，或者能否为你开辟新的市场。”[5]

格鲁克和他的团队为马奎斯提供的另一条简单有力的提议是关于公司的国际扩张计划。当时的北方电力公司只是一家心怀远大梦想的纯粹的加拿大本土企业。马奎斯的国际扩张计划里有个关键人物，叫厄尼·科瓦茨（Ernie Kovats）。此人是匈牙利人，曾跟匈牙利和捷克斯洛伐克谈判合同，分到了零星的市场份额，为农村电话系统制造交换设备。然而，科瓦茨和他的团队忽视了一点：世界上其他国家使用的是 CCITT 标准，而美国和加拿大使用的是贝尔协议（Bell Protocol）。格鲁克和团队给马奎斯出示了一张简单的饼状图，表明全世界有 53%

的电话在美国。这张图传达出的信息一目了然：北方电力公司所追逐的只是一个非常小的市场，而且其通信协议还要求北方电力公司对自家的产品进行大规模的更改。马奎斯可不是傻瓜：北方电力公司立刻将业务重心和工程转移到了美国，并在此后的几十年里成为全世界电话硬件的主要制造商。

有一个人从一开始就对格鲁克青睐有加，他就是罗恩·丹尼尔。在某种程度上，这不免让人感到意外：这两个人乍看起来并不搭。丹尼尔毕业于卫斯理大学——常春藤大学里的小字辈，他给人的感觉就像一艘乘风破浪的巨型远洋客轮，刀枪不入，散发着庄严的光芒。他也像一幅完美的画作，有着故意为之却又恰到好处的不协调（这人留着大鬓角），暗示他对权力的运用自如。与此相反，格鲁克看起来（在行为上也是）有点像个街头斗士，带着玩世不恭的幽默感，时不时露出不屑的微笑。两人的共同之处在于他们都深刻地认识到技术将彻底革新商业世界。在海军服役期间，丹尼尔管理过美国最早的大型计算机设备，1957 年他加入麦肯锡的时候，是公司里的第一位计算机专家。[6] 他和格鲁克恰好是一对书呆子。

像格鲁克这样有着特殊背景和技能的人是否具备领导公司的能力？对此，麦肯锡内部许多人都心存怀疑，但丹尼尔对格鲁克信心满满，而且他也清楚地向所有人表明了自己的态度。佩服丹尼尔的人说，丹尼尔的目光能够超越麦肯锡审视挑选员工个性的传统教条，找出不同于既有模式的高素质人才，这是他的强项之一。“罗恩·丹尼尔是第一批意识到必须要在与客户的合作中呈现专业知识导向的人之一，”麦肯锡校友詹姆斯·戈尔曼说，“麦肯锡咨询师从一般意义上的咨询师进化成了作为‘知识载体’的咨询师。弗雷德·格鲁克正位于这股演变浪潮的前沿，为公司加速变革提供了智慧的火花。”[7]

不久之后，丹尼尔就安排格鲁克来负责一个战略计划，其目的是回应波士顿咨询公司和贝恩咨询公司崛起带给麦肯锡的竞争威胁，同时也借此巩固格鲁克在麦肯锡内部的地位。1972年格鲁克入选初级合伙人，1976年入选董事，此时距离他加入公司只有九年。

尽管丹尼尔对格鲁克全力支持，但他也热衷于调侃这位年轻人，总是忍不住要提醒格鲁克他不那么“符合”麦肯锡传统标准的事实。“罗恩过去经常对弗雷德做这种可怕的事情，这俩人长得完全相反，”一位同事回忆说，“每次罗恩在活动上介绍弗雷德，弗雷德刚站起身准备开口，罗恩就会说，‘快站起来，弗雷德’。”

到1988年的董事总经理选举时，格鲁克成为最后的两名候选人之一。他的对手是极受欢迎的乔恩·卡岑巴赫，许多人视之为后鲍尔时代公司的灵魂人物。但格鲁克在战略方面的工作让麦肯锡重获新生。卡岑巴赫以微弱差距败给了格鲁克，但事后并没有一气之下而辞职。他太受大家爱戴了，在规定的退休年龄（60岁）到了之后又干了六年，同事们也并未对此提出任何异议。

在外界看来，格鲁克升至公司最高层主要靠的是他在新战略推进方面的工作，而这项工作成就足以抵消他从未负责过公司分部或主持过行业实践。但格鲁克曾经参与过 AT&T 和贝尔实验室的 100 多个项目，也是那个时代呼风唤雨的高手。1989—1994 年，AT&T 向麦肯锡支付了 9600 万美元的咨询费，仅 1992 年一年就支付了 3000 万美元。[8]

后来有消息称，摩立特公司（由哈佛教授迈克尔·波特和其他 5 位同样与哈佛商学院有关联的人创办）从 AT&T 那里赚得更多，1991—1994 年收取了 1.27 亿美元的咨询费。“格鲁克之所以能当选管理合伙人，是因为他在 AT&T 的客户关系深厚，”一名麦肯锡前咨询师表示，“可后来，我们从《商业周刊》的封面故事里发现，原来摩立特的联合创始人乔·富勒（Joe Fuller）比格鲁克更能拉业务。人们当面对他说，‘嘿，我们还以为你是 AT&T 的人呢！’”

《商业周刊》的一篇封面故事标志着格鲁克的崛起，文章名为《这个麦肯锡掌舵者正在做什么？》（What’s a Guy Like This Doing at McKinsey’s Helm?）。[9] 毫无疑问，他正在做的事情就是制定扩张计划。他在担任董事总经理之后的第一次讲演中预测，到 2000 年，麦肯锡将拥有 5000 名咨询师，共计 8000 名员工，分布在全球 30 个经济体的 75 个分部。“我想这家伙是疯了，”此时已为麦肯锡效力九年的南希·基利弗回忆说，“他描述的是一家我根本无法想象的公司。”[10] 持有这种想法的人可不只她一个。1988 年，公司仅有 1671 名咨询师，共计 3034 名员工，在全球 21 个经济体设有 40 个分部。而格鲁克想要在 12 年里让它的规模翻一番。

事实上，他低估了公司的潜力。12 年后，麦肯锡在全球 47 个经济体的 86 个分部雇用了 6210 名咨询师，共计 11 264 名员工。基利弗回忆起在 2011 年公司退休董事会上偶遇了格鲁克。“我说，‘弗雷德，我不知道你是否重读了当年的那篇讲演稿，但你是对的。我们的公司已成为你那时所展望的样子。’”

第三次浪潮

根据历史学家马蒂亚斯·基平的说法，咨询业的发展历史中出现过三次浪潮。第一次浪潮带来了这个行业的诞生，即专注于提高效率的泰勒主义。第二次浪潮是为企业高管提供组织和战略方面的咨询。第三次浪潮是提供有关网络信息技术的咨询。到 20 世纪 80 年代末期，人人都明白了一个新的事实：信息技术战略对一家公司来说生死攸关。金融机构的信息技术预算变得比自身利润还要高，电信和医疗卫生公司这方面的投入也同样巨大。

尽管麦肯锡对布鲁斯·亨德森和比尔·贝恩等行业竞争对手们是英雄惜英雄，但到了 20 世纪 80 年代，它竟然遭到了自己长久以来看不上眼的会计师的围攻。五大会计师事务所（安达信、德勤、安永、毕马威和普华）更快地察觉到了商业世界正在发生深刻变化，同时它们有大量低价咨询师所组成的野战军团，可以在“系统咨询”这一新的咨询领域为客户们提供支持，帮助它们进入 IT 时代。

来自会计师的攻击全面展开：安达信成立了安达信咨询公司，后更名为埃森哲（Accenture）；德勤成立了德勤咨询；安永和毕马威也各有举动。这些公司的新商业模式与以前的很不一样——需要快速发展和规模更大以弥补其较低的价格结构，但这些新出现的竞争力量让麦肯锡的未来蒙上了一层不确定的阴云。

事情远不止如此。技术背景出身的竞争对手们，比如凯捷（Cap Gemini）、计算机科学公司（Computer Sciences Corporation）、电子数据系统公司（Electronic Data Systems）和 IBM，也在信息技术咨询业务的群雄逐鹿中击败了麦肯锡。客户们认为有关信息技术的咨询建议对自己的生存愈发关键了。

为淡化竞争色彩，麦肯锡传播了这样一种理念：安达信之于麦肯锡，就如同陆军之于海军陆战队。但这并未改变事实：安达信派出了一支规模更大、竞争力也极强的咨询师队伍。1998 年，安达信的收入是 83 亿美元，普华永道是 60 亿美元，安永是 40 亿美元。而麦肯锡呢？仅为相形见绌的 25 亿美元。

不幸中的万幸，麦肯锡正好出现了一个能够应对这一市场战局的合适统帅：弗雷德·格鲁克。但一如他刚进入麦肯锡时的磕磕碰碰，格鲁克第一次尝试应对信息技术挑战时也有些许波折。

弗雷德栽的跟头

倒不是说丹尼尔和格鲁克没有意识到技术战略成了客户最

关心的事情，他们从自己的业务中看到了这一点：1982 年，麦肯锡就对 IBM 第一批生产的个人电脑中的一台进行了测试，随后又对康柏公司（Compaq）生产的第 4 台个人电脑做了 beta 测试。公司还试用了电子表格软件 Lotus 1-2-3（它既是早期可视表格软件 VisiCalc 的升级，又是日后办公软件 Excel 的原型）的首批版本之一。但说到就这一主题为客户提供咨询服务，麦肯锡就显得后知后觉，被一大批新涌现的竞争对手打了个措手不及。另外，它对此逆境的反应也不那么符合自己个性：惊慌失措，以至于在 1990 年犯下一个重大的战略失误，收购了一家技术咨询公司——信息咨询集团（Information Consulting Group，ICG）。

格雷沙姆·布雷巴赫（Gresham Brebach）曾是会计巨头安达信的咨询主管，1988 年，在广告巨头萨奇公司（Saatchi & Saatchi）的贷款支持下创立了 ICG。ICG 以向客户提供信息技术咨询为使命。布雷巴赫找到了一个更好的合作对象：弗雷德·格鲁克。“弗雷德和布雷巴赫去滑雪，回来以后就‘情投意合’。”一位麦肯锡前技术专家回忆说。在卡特·贝尔斯的支持下（贝尔斯凭借在所有技术事务上都领先一步的优势，跻身麦肯锡的领导层），格鲁克做出了以看似微不足道的 1000 万美元收购 ICG 的鲁莽决定，绕过了心存疑虑的合伙人。

在内心深处，麦肯锡咨询师们担心自己的客户并不相信他们能就重大技术问题提供答案。他们是对的，这也是格鲁克和高管们促成 ICG 交易的主要原因。但考虑到麦肯锡长期强调有机增长，此收购案与公司的特质性格相去甚远，所以需要进行额外的解释。麦肯锡所做的合理化解释是称之为外聘，而非收购。“这是一场大规模的外聘活动，”交易消息泄露后，麦肯锡的公关负责人比尔·马塔索尼对《纽约时报》这样说，“大约一年半以前，我们感觉自己真的需要在这一领域积累能力。ICG 是加速这一进程的难得机遇。”[11]

移植手术未能成功。尽管接受技术专长对麦肯锡来说合乎情理，但公司的精英通才们还是克制不住地鄙视 ICG 的“水管工人”。合并带来了一些重要的信息技术业务，但这场联姻从一开始就注定要失败，因为顽固的麦肯锡项目经理拒绝让新加入的电脑极客同事们进入到重要的项目中。不到 3 年，ICG 一半以上的合伙人级咨询师就离开了。[12] 1993 年，布雷巴赫本人也跳槽到数字设备公司（Digital Equipment Corporation）。“这不是一桩特别重要的收购，”德国分部负责人弗兰克·马特恩回忆说，“但它进展不利，是失败的。”[13] ICG 最终在麦肯锡的温室里完全蒸发消失。

虽然这次尝试失败了，但是考虑到当时的形势，这个事情也可以被人理解。20 世纪 80 年代末期，联合技术公司（United Technology）在一桩信息技术项目上放弃麦肯锡而选择了安永，德国家电制造商博西电器（BSHG）聘请理特咨询公司帮自己实现办公自动化。麦肯锡 1991 年 9 月在罗马召开了技术和系统咨询会并提交了一份《全球竞争机构综述》（Worldwide Competitor Review），从中咨询师们对公司丢掉 IT 业务的原因进行了探究，得出了一个带有麦肯锡自信气质的结论：是客户做出了糟糕的选择。“无论对错，”《全球竞争机构综述》指出，“外部人士有时会认为其他咨询机构能够提供与我们相同的咨询产品附加值。”《全球竞争机构综述》还表现出了一种对眼下正在发生的技术变革的否认态度。“坦率地讲，信息技术系统在我所服务的公司高管眼中并非一项重要议题。”一位麦肯锡咨询师这样说道。

20 世纪 90 年代末期，麦肯锡又一次对技术咨询业务进行了尝试，只不过这次是从零开始，成立了一个企业技术咨询团队（Business Technology Office）。麦肯锡的目标并不是跟会计师事务所正面竞争——麦肯锡较低的“咨询师 / 合伙人比例”支撑不起这样的商业模式——而是为首席信息官提供信息技术管理方面的建议，帮其解答类似以下的问题：怎样经营你的信息技术部门？怎样区分项目优先等级？怎样维持低廉的成本？“因为我们不像大多数信息技术咨询公司那样是真正的技术供应商，所以，我们不是坐在首席信息官的对面，而是跟他们坐同一边，”马特恩说，“这是个非常有力和有价值的切入点。”[14]

这次尝试奏效了。麦肯锡又一次成功地占据了优势。麦肯锡咨询师们不仅仅是做系统集成，更是告诉客户为什么需要这样的系统。在打翻身仗的同时，公司又回到了自己熟稔的奚落贬低竞争对手的老路上。1969 年，哈尔·希格登在描写会计师事务所正在入侵咨询业时，提及了会计师在这方面的天然优势：会计师事务所本来就在为麦肯锡接洽的几乎所有客户提供审计服务。“我们不需要到处寻找洗手间。”希格登援引一位会计师的话说。麦肯锡反驳：会计师虽然对洗手间的位置了然于胸，可他们没办法理解的是洗手间为什么设置在了那里。[15] 的确如此：麦肯锡从篡位者们手里夺回了信息技术咨询的制高点。到 2011 年，企业技术咨询团队已经成了整个公司里的第三大分部，仅次于美国和德国分部。

不能少于 100 万美元

到 20 世纪 80 年代末期，麦肯锡在马文·鲍尔时代后期的痛苦挣扎早已被人淡忘。公司收入几乎翻了一番，从 1985 年的 3.5 亿美元增至 1989 年的 6.35 亿美元。接下来的 3 年里，这个数字差不多又翻了一番，在 1992 年达到了 12 亿美元。格鲁克时代对于专业知识的重视正在产生丰厚的回报。

还有一个明显的事实，就是麦肯锡在当时也会收取且能够拿到相当高额的溢价，即使是市场上仅次于它的竞争对手，对这样的收费标准也难以望其项背。一份 1989 年 6 月发布的《竞争评估综述》（Competitive Assessment Review）显示了麦肯锡品牌影响力已经变得有多么的强大。在一项为某大型金融机构所做的提案和报价中，博思艾伦提出可以在 4 个月到 4 个半月内完成工作，除去项目支出成本，要价为每月 12.5 万美元，总价接近 67.5 万美元。麦肯锡要求的时间是 5 ～ 6 个月，除项目支出成本，要价为每月 17.5 万美元，总价在 100 万～ 121 万美元。尽管总价接近前者的两倍，麦肯锡还是拿下了这项业务。

1982 年，麦肯锡每名专业人员的收入为 18 万美元；到 1988 年，这个数字达到了 32 万美元；1992 年，又进一步达到了 38.7 万美元。博思艾伦仅为 20 万美元。哪怕安达信咨询公司这时的规模超过了麦肯锡，但其每名专业人士的收入还不到麦肯锡的 1/3。[16] 马文 · 鲍尔的观点在现实中始终没有变：麦肯锡是无敌的。而且随着时间的推移，鲍尔的观点显得越来越正确：如果你的直接竞争对手只能按你 60% 的水平收费，它们是真的在跟你竞争吗？但是，麦肯锡人的内心深处觉得有些公司已经构成了威胁。"摩立特，尽管 1983 年才创办，但已经成为本公司的强大竞争对手。"一份麦肯锡的内部报告里说。至于博思艾伦，麦肯锡声称："并未对麦肯锡在管理咨询领域的整体领先地位构成太大威胁。"

麦肯锡咨询师偶尔也会犯嘀咕，自己在收费方面是不是做得有点过头了。一些客户也曾这样说过。1990 年，咨询师汤姆 · 斯坦纳在写给纽约分部同事的一封信件中，提到自己与大通曼哈顿银行高管麦克 · 乌尔科维茨（Mike Urkowitz）的谈话。"（在一次讨论中）……几个星期前，（他）站起身来关上门，说在会议和其他聚会上，自己的银行业同行会把麦肯锡的价格作为谈话主题，"斯坦纳写道，"他说，'我们都认为，少于 100 万美元的事情，你们才不会干，除非你们遇到问题了。'"

不过，直到 20 世纪 80 年代末期，麦肯锡对客户的费用安排仍是极度不正式。对联合百货公司（Federated Department

Stores）这样的客户，麦肯锡甚至都懒得屈尊费心给对方解释每个月 20 万美元的咨询费到底是怎样算出来的——没得商量，爱要不要。阿姆斯特丹分部经理米奇·休布雷格森（Mickey Huibregtsen）在接受《财富》杂志采访时说，高额费用既符合麦肯锡的利益，也是为了客户好，因为“(费用高）客户就必须严肃对待我们，我们也不会让客户拿到有错误的调研报告。它保障了工作的质量：要价这么高，工作质量也必须同样高。”[17]

尽管麦肯锡向客户鼓吹高昂收费必不可少，公司却在内部的年度评估中淡化合伙人的个人业绩在年终考核中的重要性。1990 年，评估制度中正式加入了这条：客户影响、人员领导力和知识发展比被评估者获得的客户收费更为重要。休布雷格森是这一制度发展的引领者。“米奇是第一个清晰阐明这个概念的人：有些人经济状况差，有些人经济状况非常好，”弗雷德·格鲁克回忆说，“但多数人处在中间的某个位置。所以，我们最好把它忘掉，因为没人能搞清楚总收入里面这部分是谁赚来的，那部分又是谁赚来的。”[18]

坏苹果和傲慢的回归

到弗雷德·格鲁克担任董事总经理的中期，麦肯锡的品牌已经非常强大，竞争对手只能争夺第二。不可避免地，公司开始以一种令人费解的方式来展现自己的优越感。1989 年的新《客户服务手册》强调，务必要以“客户能理解的”方式给予建议。换句话说，“用简单的方法表达，不是人人都像我们一样是上过哈佛商学院的”。

麦肯锡同样笃信自己比竞争对手更优秀。一位前合伙人回忆说，面对刚开始服务的一家客户公司，吉姆·巴隆（Jim Balloun，曾担任麦肯锡亚特兰大分部的负责人）便告诉对方的CEO：“假设有客户问咨询师现在几点了。如果你问博思艾伦的，他们的回答会是‘你希望现在是几点？’；如果你问理特咨询公司的，他们更专业一些，会说‘现在是格林尼治标准时间9点45分又20秒’；如果你问麦肯锡的，我们会反问，‘你为什么想知道呢？知道时间会对你正在做的决定有所帮助吗？’。”

而客户们显然对麦肯锡这样的形象很满意。汤姆·斯坦纳和同事离开麦肯锡之后，最初跳槽到科尔尼咨询公司，接着又创办了自己的公司米切尔–麦迪逊集团（Mitchell Madison Group）。他们发现，跟麦肯锡竞争时，简历上写有麦肯锡的工作经历已经变得无足轻重。“如果我们不是直接跟麦肯锡竞争，那么推销服务就会容易得多。”马修·斯图尔特在《管理迷思》中写道。[19] 你也许接受过麦肯锡的训练，但如果你不能让麦肯锡本尊出面解决问题，客户们就没那么感兴趣了。这是麦肯锡的一个小秘密和行业潜规则：去问问外面的猎头，他们会告诉你，一旦离开了麦肯锡，麦肯锡的大多数合伙人业务就没有那么多了。汤姆·斯坦纳是个特别的例外：他靠一己之力建立并卖出了一家著名的咨询公司。

到20世纪90年代中期，麦肯锡的自信已经成长到开始违背了它长久以来的自我约束政策——公司开始在媒体面前谈论自己，协助《财富》杂志的作者约翰·休伊写了一篇特稿。这件事情是一个严重的错误。“笔锋犀利的约翰·休伊走进了麦肯锡，”一位前咨询师回忆说，“你会情不自禁地喜欢上他。弗雷德·格鲁克坚持要约翰见见股东委员会的18名成员。除了爱玩弄权谋的拉贾特·古普塔，他见到了每一个人。”

在这篇7500字的专题文章中，休伊揭露了麦肯锡日渐增长的傲慢。他在文中引用了合伙人米奇·休布雷格森的那个臭名远扬的主张：麦肯锡的费用高，因为它能强迫客户认真对待咨询师。合伙人彼得·沃克的补充更是“锦上添花”：“如果有合作项目失败，那几乎从来不是因为我们给出了错误的答案。失败是因为我们没能恰当地带动客户公司的管理层。如果一家公司里根本没有千里马，我们的作用自然就很有限了。”[20]

这篇由格鲁克精心安排并公之于众的文章，被公司内部视为麦肯锡傲慢的缩影，由此引发了巨大的争论。后来麦肯锡决定暂时断绝与《财富》杂志的所有往来关系。它这样做了一段时间，但后来又开始反思这样做是否妥当。这对麦肯锡来说是一项全新的挑战——不光要管理自己的声誉，也要管理好整个品牌。

《财富》杂志的这篇文章展示出来的是麦肯锡的傲慢已经达到不可一世的地步：有时候，它甚至对重要客户都心怀鄙夷。在美国市场，麦肯锡从美国运通公司获取的是长期合作的收入，后者同时与麦肯锡的多支团队开展与自己的合作项目，换句话说，这实际上成了一个由客户资助的麦肯锡的咨询师培训项目。“老天，我们很长时间内是靠这些客户养活的。”公司纽约分部的一位员工说。“麦肯锡应该为此感到羞愧。”另一些与美国运通公司关系更密切的人则更为直接。“优秀的商业领袖不会聘请咨询师，”公司一位前合伙人表示，“那些缺乏安全感，连自己的组织都害怕的自大狂养活了咨询师们。要是（美国运通公司 CEO）肯·切诺特（Ken Chenault）不给自己的咨询师打电话，那么他就什么也做不了。咨询师在那里根底太深了，他们甚至被收进了客户公司内部的员工通讯录。”戴姆勒–奔驰在麦肯锡那里也被贴上了类似的“容易上当的傻瓜”的标签。麦肯锡在戴姆勒–奔驰和其他地方多次进行所谓的“活动价值分析”，以至于年轻的德国咨询师忍不住唉声叹气：自己怎么又一次被安排到“活动价值分析”项目里了。

有时候，制度性的傲慢也会在麦肯锡显现，从而招致公然抗议。1993 年，公司达拉斯分部的咨询师苏珊·波特（Suzanne Porter）向美国平等就业机会协会提交了性别歧视的投诉，这一下子让公司尴尬地暴露在公众的聚光灯下。苏珊·波特声称，她就职期间曾受到公司几位合伙人的骚扰。麦肯锡回应说，波特对公司不满是因为她没有被升任初级合伙人。她丈夫（同为麦肯锡员工）支持她的申诉，但在出庭作证两周后遭到解雇。麦肯锡表示，此举合乎情理，因为他在妻子的案件中偷偷记录下了与“各种潜在证人”的通话内容。[21] 不久后，苏珊·波特与公司达成了和解。

1993 年的一项估算称麦肯锡董事的年薪加上奖金有 200

万美元，[22] 还有人估计格鲁克的实际收入是 350 万美元。[23] 就连年轻人挣得也不少：普通咨询师年薪超过 10 万美元，初级合伙人年薪为 25 万美元。马文·鲍尔在退休前几年（1995 年）对乔恩·卡岑巴赫说，他担心咨询行业贪欲泛滥。他说，如果一切都是为了赚钱，那就很难有所成就。“我们的年轻咨询师真的需要很多钱吗？如果我们让金钱成为员工的主要动力，贪婪就会改变我们的价值观。一家伟大的公司不能允许贪婪占上风。”鲍尔这样告诫年青一代的咨询师们。[24]

麦肯锡在市场上赚得盆满钵满，于是在团建活动的时候就大搞创意。1995 年，前高级合伙人乔治·费格尔受命负责在葡萄牙召开的合伙人大会上进行工作经验的展示与分享活动，他把与会的合伙人（及其家属）分成三组，每组表演一出歌剧。他不仅请到了前歌剧歌手大卫·珀尔（David Pearl）帮忙写剧本，还请了美国歌手巴里·马尼洛（Barry Manilow）的制作人出马，此外，这三组要负责从组装舞台到制作服装、学习音乐和舞台表演的所有工作。麦肯锡仅仅是把所有必需的表演器材通过英吉利海峡送到葡萄牙就花费了 150 万英镑。

不过，在无意义的铺张浪费式团建活动之外，公司里的职业发展工作并没有变得容易轻松：只有 1/5 的普通咨询师可以晋升为初级合伙人，而初级合伙人里又只有一半能当上董事。麦肯锡曾经建立的是一套无情但高效的任人唯贤的英才管理体制。但是这套体制依然健在吗？在罗恩·丹尼尔时代，董事总经理的实得工资大约是普通咨询师的 8 ～ 10 倍。理智的麦肯锡董事们会扪心自问：自己的薪酬是不是太高了？弗雷德·格鲁克真的比普通咨询师要值钱35倍吗？一名董事的收入会比普通咨询师高出20～25倍吗？大多数失望的麦肯锡前员工确定，公司里那种贪得无厌的堕落出现在格鲁克的继任者拉贾特·古普塔任期内，但也有人认为它在此前就已经出现。“弗雷德必须证明自己的实力，”一位前员工称，“为了这么做，他在公司里播下了贪婪的种子。”

安全网

尽管麦肯锡大多数咨询师们并不愿意承认，但公司大肆宣扬的锐意进取的冒险文化其实是一种并不需要承担太多风险就能获得丰厚回报的文化。你想去一个新的国家开设分部吗？失败了也没关系，麦肯锡欢迎你回家。你想花6个月去争取一家新的大客户吗？就算不成功，回过头靠着老客户们也未尝不可。为一家对员工实施冷酷无情筛选制度的公司效力当然也算是一种冒险，但是只要你能够证明自己对组织的价值，就自然比出去创业单干要安全多了。

一位咨询师在公司的内部杂志上对自己调动到香港工作的决定表达了想法。他意识到这个决定几乎没有风险。“安全网已经全部到位。”他说。[25]麦肯锡认为自己的文化是创业者文化，但它其实是一种准备好了安全网可以缓解一切冲击的创业文化。尽管如此，公司还是以其独特的、令人羡慕的方式允许程度不一的各种冒险尝试。

20 世纪 80 年代中期，斯特凡·马特辛格接受赫伯特·亨茨勒的调动前往巴西，他说，在麦肯锡工作有一个最大的好处，就是能拿着稳定的薪水，同时感受创业精神。“我们会对你谨慎使用公司资源的情况进行评估，”他解释说，“我们不是一家以预算为导向的组织。你需要回答的唯一一个问题是：‘为了拓展业务，正确的做法是什么？’”[26]

那么关键因素是什么？你必须善用麦肯锡的人际关系网络。麦肯锡的影响力在于能够把咨询师带入任何特殊客户关系中。只要你愿意，你可以去巴西，但你需要有麦肯锡其他全球合伙人的电话号码，以便让此分部成功运作起来。这也是公司难以招聘到正处在职业生涯发展中期的员工的原因之一。这不仅仅是企业文化不好灌输的问题，关键在于，如果你是初级合伙人或董事级别的新人，就很难做到把合适的人加入自己的客户关系网中。2001 年，麦肯锡从博斯公司（Booz & Lompany）挖走了著名媒体咨询师迈克尔·沃尔夫（Michael Wolf），让他担任公司的全球媒体及娱乐业务负责人，这是公司有史以来最高调的横向招聘之一。沃尔夫带来了客户关系，却未能在麦肯锡内部整合起一张有效的人际关系网。沃尔夫遭遇了个人职业生涯的滑铁卢：最成功的麦肯锡咨询师都是精于建立高级人际关系网的好手。可沃尔夫呢，嗯，是一头独狼㊀。仅仅三年，沃尔夫就离开了麦肯锡。

㊀ 双关语，在英语里，沃尔夫的名字 wolf，就是“狼”的意思。——译者注

非典型性英雄

20 世纪 90 年代初期，最风靡企业界的概念叫“再造”（Reengineering）——把一家公司拆分成若干组成部分，接着将它重新改造成一台更高效的机器。詹姆斯·钱皮（James Champy）和迈克尔·哈默（Michael Hammer）所著的《企业再造》（*Reengineering the Corporation*）卖出了接近 200 万册，成为继《追求卓越》之后最畅销的商业书之一。两人都不是麦肯锡人，但这并不妨碍麦肯锡故技重施——借助别人的创意为自己谋利，只不过它需要花些时间来弄清该怎么做才好。

在 20 世纪 90 年代初期，再造运动其实给麦肯锡造成了一阵子麻烦，尤其是在欧洲，法国的凯捷顾问公司因刚收购了一连串的“变革管理”公司而士气大振，成了整个欧洲大陆组织变革工作的实际推动者。面对这样的竞争，麦肯锡的一些合伙人，尤其是来自北欧和荷兰的合伙人，提出要打造麦肯锡自己的再造方案，并建立自己差异化的概念品牌。格鲁克不同意他们的建议，并认为公司不是要打造任何新的时髦品牌，而应该继续推动麦肯锡围绕长期关系和变革工作而建立的品牌。他的直觉显然是正确的：再造运动如同萤火虫般渐渐没了踪影，而麦肯锡的长期客户却不断增加。

美国成功故事的一个标志是它能够让人们重新思考从事商业的方式。尽管对个人的影响是残酷的，但美国公司与外国竞争对手之间的一项主要区别，便是前者可以相对自由且免予惩罚地进行裁员。例如，从文化的角度来看，大规模裁员带着达尔文主义的意味，这让日本和德国公司陷入程度远大于美国同行的纠结。麦肯锡又一次站在了帮助客户高管应对裁员问题的位置上，不仅给裁员提供以事实为基础的合理性解释，还为之寻找哲学意蕴。

1991 年，麦肯锡为菲多利食品公司（Frito-Lay）提供的建议导致其总部近 1/3 的员工遭解雇。咨询师们仅收取了 300 万美元，为 ITT 集团节省了 9000 万美元，其中很大一部分是通过裁员实现的。[27] 陷入困境的公司有各种理由来进行裁员。但是正如麦肯锡把咨询业的法宝从困境企业带到了健康企业，它也帮忙把再造的法宝从困境企业带到了健康企业。1994 年，宝洁公司裁掉了 10.6 万名员工中的 1.3 万名，同时声称此举并不意味着公司遇到了麻烦。“我们的情况绝对不是那样。”公司当时的 CEO 说道。[28]

至少在咨询师看来，再造热潮有一个巨大的副作用。身为公司的 CEO，如果你要重新思考公司开展业务的方式，那么你就必须将公司的大量人力投入到咨询项目中。“到 20 世纪 80 年代末期，几乎所有主要的咨询公司都开始围绕客户公司的经理们做文章，让后者从事那些本来属于咨询师的工作。”《魔鬼咨询》的作者刘易斯 · 皮诺写道。如果你的目标是对自己的工作方式做持续性、累积式的修复——消除信息交流瓶颈，确定持续的高支出领域，或者仅仅是重新思考行政工作安排、信息传递路线等最简单的工作——你都离不开咨询师，需要让他们嵌入自己业务运营管理的方方面面。

麦肯锡式社会

虽然偶尔会出现几本书——《巫医》(*The Witch Doctors*)、《危险公司》(*Dangerous Company*)和《魔鬼咨询》——批评整个咨询行业，并且全都出版于20世纪和21世纪之交那短短几年，在美国(它既是全世界最大的咨询市场，又是最大的出版市场)，麦肯锡从未遭到过有针对性的直接抨击。但是在德国却出版了几本书，专门针对麦肯锡进行批评。这并非空穴来风，按沃尔特·基希勒的说法，虽然赫伯特·亨茨勒的统治早已结束，但是德国仍然是“不折不扣，全世界最好的高级咨询市场”。[29]

他可能是对的，但德国是一个非常特殊的市场。正是在德国，麦肯锡被贴上了“破坏就业岗位”“裁员斧头帮”的标签。麦肯锡在德国无处不在，两德统一之后，它立刻接下了出售民主德国所有农业和工业资产的业务。(公司后来披露说，麦肯锡有两位董事从中进行虚假交易，立刻遭到解雇。)德国企业——不包括德国的工人——对麦肯锡式干预的兴趣异常浓厚。

不过，麦肯锡在德国的成功是一把双刃剑。世界上再没有其他哪个地方——包括美国——的社会文化对“顾问政体”(Consultocracy)反应如此激烈而持久。遭遇经济困难时期的裁员浪潮，美国人可能会大发牢骚，但他们的记忆就像经济周期一样短暂。对比而言，过去30年的大部分时间里，德国人一直在对所谓的“麦肯锡式社会”理念发动持续不断的哲思型抨击。对独特的麦肯锡式资本主义的批评在过去的10年里也变得愈发激烈。

2003年，德克·科布维特（Dirk Kurjuweit）在《我们的高效生活：经济的独裁及其后果》（*Our Efficient Life: The Dictatorship of the Economy and Its Consequences*）一书中，描述了人们冷酷无情地追求企业利润的现象。他谴责了把效率作为社会终极目标的观念，认为这种观念过于简单化，从根本上缺乏人性。“在中世纪，教会影响人们的思想和行为，”他写道，“启蒙时代以来，理性被视为一切行为的准则。今天，扮演这一角色的是经济，它是我们衡量幸福、爱情和人生意义的重要标准。”

科布维特的书问世后不久，罗尔夫·霍赫胡特（Rolf Hochhuth）编写了一部剧作——《麦肯锡来了》（*McKinsey Is Coming*）。霍赫胡特触及的领域与科布维特类似，包括失业、社会正义和“工作权利”。他让观众关注一个问题：德意志银行在达到130年来最佳业绩水平、赚了94亿欧元的那一年里，是否有权裁掉1.1万名员工？霍赫胡特因倡导对企业高管实施暴力行动而受到批评，但他对此予以否认。

麦肯锡合伙人们并没有对这两本书的核心前提提出异议，因为麦肯锡代表效率和理性。然而，让他们感到烦恼的是，尽管霍赫胡特的作品实质上跟麦肯锡没有关系，但公司的名字却出现在了剧作的标题里。“我们代表理性，我们代表客观，”德国分部负责人弗兰克·马特恩坦言，“如果你读德国报纸的戏剧版面，你会看到一些人讨论‘麦肯锡社会’。这太荒谬了，并没有这种东西。无论好坏，我们代表着独创性和客观性，我们代表做正确的事情。这些给我们带来了大量的客户、追随者和朋友。但你知道，如果你代表了什么，你就会受到批评。”[30] 甚至比批评更为严重：1989 年，德国恐怖主义左翼组织红军派（Red Army Faction）在上班路上用汽车炸弹暗杀了德意志银行行长阿尔弗雷德·赫尔豪森（Alfred Herrhausen），自此以后，赫伯特·亨茨勒就非常担心自己的安全问题。有传言说，20 世纪 90 年代初期到中期德国工业大规模裁员期间，亨茨勒还收到过数次死亡威胁。

2006 年，记者托马斯·雷夫（Thomas Leif）撰写了《建议与出售：麦肯锡公司——管理顾问的虚张声势》（*Advised & Sold: McKinsey & Co–The Big Bluff of the Management Consultant*）一书，它引发了一时的争议，但很快淡出了人们的视野。不过，对麦肯锡所带来的真实效果与持续影响的辩论仍然很少能够进入公众话语层面。即使德国在 2011—2012 年面对欧洲大陆的挥霍无度时仍可以坚守自己的经济纪律和原则，但是它也没法很好地调和因企业界接受麦肯锡理念所带来的更广泛的社会问题。

资本主义的教徒

麦肯锡在弗雷德·格鲁克领导期间以对知识的执着而著称——积累知识、组织知识、把知识提供给咨询师，并最终提供给客户。“我刚加入公司时，对这里相对缺乏知识的状况感到些许惊讶，”格鲁克回忆说，“当然不是所有的工作都是如此，但项目分析比起根据知识，更像是根据诊断指南——‘看看库存、看看这儿、看看那儿。’这是一种照着菜谱做菜的方法。”[31]

“20 世纪 80 年代初期，麦肯锡仍然是一家通才型公司，”前合伙人克莱·多伊奇说，“根据具体情况灵活解决问题的能力受到偏爱，专业技能和知识让人觉得没那么重要。到了世纪之交，没有某方面的专业技能，已经很难在这个地方获得成功了。不过，还是有传言说麦肯锡咨询师都是通才。今天的公司已经高度专业化了。”[32] 换句话说，经过 50 多年的尝试（经历了非合伙人技术咨询师、T 型咨询师，以及 20 世纪 90 年代“精尖整合者”等多个阶段的发展），麦肯锡最终认可了专业知识的优势。曾经痴迷于通才模式的也不只有麦肯锡一家企业。直到 2012 年，麦肯锡的客户通用电气公司才最终放弃了这个概念，调整了在不同部门轮换高管的长期政策，让他们一直待在同一业务部门，深化对这一领域知识的理解把握。[33]

“今天的麦肯锡将自己定位为掌握所有值得了解的商业信息和理论的智囊团。”约翰·休伊在《财富》杂志那篇著名的文章中这样写道。[34] 公司声称自己对商业问题所做过的研究比哈佛、斯坦福和沃顿等的商学院加起来的还要多。它每年要承担近 2000 个咨询项目，认为自己“是一家宝贵的实验室，观察并参与实施各种管理实验。”[35] 这是弗雷德·格鲁克留下的事业传统，当然，他也播下了贪婪的种子，这些种子在麦肯锡下一任董事总经理拉贾特·古普塔任期时将绽放出邪恶之花。

格鲁克说："在贝尔实验室有个说法：只要打三通电话，我们就能联系到任何地方、任何技术领域的专家。大多数时候，这个专家是贝尔实验室的。我对麦肯锡也有类似这样的期待。这就是我的动力。"[36]麦肯锡里有一小批合伙人全身心地投入到这项事业里，以帮助公司实现这一目标。有三人全职从事这项工作：汉斯·迪特－布鲁姆（Hans Dieter-Bluhm）、罗杰·弗格森（Roger Ferguson）和布鲁克·曼维尔（Brook Manville）。另外还有三个人在此项工作中倾注了大量时间：帕萨·博斯、艾伦·坎特罗威和比尔·马塔索尼。另一些人负责在各自的行业和职能实践中推动知识发展，包括从事大规模组织设计工作的纳撒尼尔·富迪（Nathaniel Foote），以及麦肯锡的知名企业财务大师汤姆·科普兰（Tom Copeland）。但在很长一段时间里，咨询师们并未发现这些新的概念，直到格鲁克让马塔索尼为公司建立起分享知识的有效途径。"在我们这样做之前，如果你想了解同事们在某一问题上积累的最佳经验，你会打电话找相关负责人，他当时可能在克利夫兰，于是你找到他的秘书，让她再看看他保存的文件，"马塔索尼解释说，"弗雷德想要的是用一套真正的组织系统来传递文档。但他并不希望取代对话和沟通。"[37]

格鲁克宁肯牺牲公司的收入也要完成这项工作。其他的咨询公司都在大谈"知识建设"，但麦肯锡恐怕是唯一一家放弃实际经济利益来做此事的公司。"其他公司都是在工作之外的闲暇时间来编撰自己所掌握的知识经验,”跟马塔索尼共事过的艾伦·坎特罗威说,“而麦肯锡是真正地‘浪费’钱来做。咨询师们本可以最大限度地利用咨询团队来赚更多钱,相反,在一个项目结束后,他们会坐下来,把自己学到的所有东西整理分类和提炼总结,供同事们以后借鉴使用。”[38]

“这件事你必须归功于格鲁克,基本上,他是这么说的,‘看,你们应该理性地、深入地了解你的行业并反哺这个行业,’”麦肯锡前咨询师汤姆·斯坦纳说,“有了它们,你就能很好地为客户效劳。”[39]另一位前合伙人回忆:“多年来,我帮忙创建了一个耗资3000万美元的知识建设项目,这远远超过了波士顿咨询公司或者贝恩咨询公司在这方面能够做到的。”

“在格鲁克这样的领导者看来,最重要的就是在替客户效力的同时追求新知识,建立一家与众不同的公司,”帕萨·博斯宣称,“有一回,我搭乘飞机从伦敦前往丹佛,接上斯坦福大学的经济学家布莱恩·亚瑟(Brian Arthur),一起开车前往比弗溪,与格鲁克进行了两个小时的会面。布莱恩是‘回报递增经济学’方面的领军人物,曾在《科学美国人》(*Scientific American*)上发表了一篇在经济学界和科技界引起热议的论文。会面过程中,格鲁克询问了布莱恩两个小时,反复问他‘那Lou会怎么做?’”他说的是曾在麦肯锡任职、时任IBM CEO的郭士纳。“这就像近距离观看拳王阿里和弗雷泽[㊀]的拳击比

㊀ 指的是美国职业拳击手乔·弗雷泽(Joe Frazier)是他首次击倒了阿里。——译者注

赛。”博斯接着说，“两人都不愿意退让一步。会面结束时，亚瑟开玩笑地说，他需要喝点烈酒；格鲁克说，他是想找到跟亚瑟共事的方法。”接下来的几年，一支由迪克·福斯特（Dick Foster）领导的麦肯锡团队跟亚瑟和圣塔菲研究所（Santa Fe Institute）就复杂性问题研究方面展开合作。

搜寻新知识的工作不仅仅局限于学术领域。第一次海湾战争期间，麦肯锡运营方面负责人格雷厄姆·沙尔曼（Graham Sharman）与博斯一同前往沙特阿拉伯，在那里与领导多国部队打击萨达姆·侯赛因的美国将军们一起度过了一个星期。五角大楼为咨询师们开放了访问权限，麦肯锡被准许观察在战争前线进行重大战略和行动决策的过程细节。“我们在沙特阿拉伯的沙漠里直接把知识经验与实际局势联系起来，以帮助我们的客户做得更好，”博斯解释说，“而且，你知道吗？我知道将军们也从沙尔曼那里学到了很多，这是他们亲口说的。”[40] 后来，一位三星上将为哈佛商业出版社写了一本讲述从海湾战争中总结的管理经验教训的书，《商业周刊》的书评则建议读者们可以略过此书，直接去读《麦肯锡季刊》上博斯和沙尔曼写的文章就可以了。

这场始于丹尼尔，由格鲁克提速的朝着知识型组织迈进的文化转型，在公司合伙人会议的内容和组织形式上也有所展现。1980 年，在麦肯锡咨询师们还没有真正理解必须彻底转变组织视角之前，麦肯锡合伙人大会在维也纳召开。合伙人及其家眷下榻在维也纳最昂贵的酒店，乘坐马车参加维也纳少年合唱团的私人演唱会。等到下一轮大会召开时，丹尼尔就让合伙人们把注意力放到了手头的工作上。那年的合伙人大会在华盛顿召开，开幕鸡尾酒会在国家航空航天博物馆举办。“我们包下了整个地方，”一位合伙人回忆说，“所以，很明显，我们做得还不赖。但它还传达了一种不同的信息，麦肯锡不再是之前的‘今朝有酒今朝醉’。”

尽管存在一些失误，格鲁克仍然坚信麦肯锡必须要更好地宣传自己的成绩。在他的指导下，麦肯锡于1990年成立了麦肯锡全球研究院（McKinsey Global Institute，MGI），这是一家独立研究机构，旨在为麦肯锡客户所面临的“关键问题提供实质性观点”。[41] 即使在一个充斥着经济学智库的世界里，麦肯锡也可以带来独特的视角：麦肯锡凭借对客户公司经济状况和多种行业结构的切身理解，使其工作具有特殊性。2001—2008年担任MGI负责人的戴安娜·法雷尔（Diana Farrell）说：“MGI的不同之处在于它能够获得真实的一手信息，这是统计时不会显示出来的信息，而我们可以利用这些信息更加负责任地开展研究。”[42] 法雷尔在离开MGI之后加入奥巴马总统的行政班底。

MGI成功地为公司带来了一种准学术的光环，这是麦肯锡甩开竞争对手的又一种方式。[43] 20世纪80年代初期，MGI对生产力的研究被公认为经济学界的开创性工作。后来，它在全球资本市场发展、美国医疗保健系统和能源生产率方面的研究进一步为麦肯锡带来了很大的发言权，而它的竞争对手们甚至没资格参与对话。MGI 承载了麦肯锡不断膨胀的傲慢情绪。研究所曾斥巨资招揽诺贝尔奖得主罗伯特·索洛（Robert Solow）和其他顶尖经济学家加入自己的理事会，据说时任主席泰德·霍尔当时声称，研究所本身就在从事有资格拿诺贝尔奖的工作，而不光是在花钱聘请诺贝尔奖得主来粉饰门面。

马文·鲍尔为麦肯锡树立起组织价值观；罗恩·丹尼尔完善了它的人事流程，并将之制度化；弗雷德·格鲁克是麦肯锡知识文化的建筑师。或许格鲁克的工作是三人中最为困难的。毕竟，他要说服全世界最自信的一群人重新审视他们开展业务的方式。更重要的是，他帮助公司稳步上行：在他掌舵的 6 年里，公司的收入翻了一番，达到 15 亿美元。1993 年，公司发布了招聘 550 名咨询师的信息，却收到了 5 万份简历。

在职业生涯中，格鲁克彻底重塑了自己。他穿起了意大利布里奥尼的高档西装，开始出入 54 俱乐部（Studio 54）㊀等场合。[当时他还单身，甚至有传言说看到他跟好莱坞女演员凯伦·布莱克（Karen Black）在一起。] 尽管他让公司聚焦于专业化转型，让咨询师“懂得自己在做的事”的做法完全正确，但他也要对公司的另一个转型担负责任，在这个转型中，麦肯锡变得更加商业化，也更加贪婪。

如今，他和第三任妻子琳达住在加利福尼亚州蒙特西托（Montecito）的一座豪宅里，跟谷歌 CEO 埃里克·施密特

㊀ 54 俱乐部是 20 世纪 70 年代在美国纽约市的传奇俱乐部，也是美国俱乐部文化、夜生活文化等的经典代表。——译者注

（Eric Schmidt）、美国前副总统阿尔·戈尔（Al Gore）和演员卡洛尔·伯纳特（Carol Burnett）等人比邻而居。他称这栋豪宅为“里奥琳达之家”（Casa Leo Linda），一走进巨大的前门，便有两尊狮子雕塑如同仪仗卫士般对你左右相迎。经过几间主要用大理石搭建的房间，你便来到了格鲁克舒适的图书室，那里会有侍者为你端来咖啡和羊角面包。2006 年，格鲁克与演员罗伯·劳（Rob Lowe）展开了一场针锋相对的较量。后者以 850 万美元的价格买下了隔壁的一块地，希望在那里建一座 1 万平方英尺[⊖]的豪宅。[44] 格鲁克抱怨说，劳打算用 7 米多高的栅栏保护自己的隐私，而这将挡住自己的视野，遮住海景，还说后者的房子大得太过夸张，尽管格鲁克本人的房子也超过了城镇规定。最后，城市规划委员会站在了劳那一边[45]，麦肯锡的影响力还没有扩展到所有地方。

离开麦肯锡后，格鲁克去了美国最大的工程公司柏克德集团（Bechtel Group）担任副董事长。他偶尔还会承接一些麦肯锡的咨询项目，但他同样喜欢和西海岸的科学家老朋友们闲聊，讨论宇宙飞船和激光。他还担任美国安进制药公司（Amgen）的董事，帮助自己在麦肯锡的朋友凯文·沙雷尔（Kevin Sharer）审视新分子的未来——沙雷尔是全球生物科技巨头安进的 CEO。从这个角度看，他跟许多麦肯锡人不一样：对后者而言，在麦肯锡的工作经历超过了他们以往做过的所有事情，这份工作成了他们最重要的身份象征；格鲁克并非如此，

⊖ 1 平方英尺≈ 0.0929 平方米。

麦肯锡没能定义他。他首先是弗雷德·格鲁克，其次才是个麦肯锡人。这两重身份一度交叉，但弗雷德·格鲁克能够彰显自我的价值。有太多的人从来没能实现个人名誉与公司分离。这就是为什么哪怕好些麦肯锡人已经退休十年之久，公司所发生的丑闻仍然能给他们带来致命的痛苦。接下来的十年，这样的丑闻发生了好几件。

第八章

团队精神

麦肯锡非常重视员工团队精神的培养，强调团队协同作战能力。虽然公司里有很多恃才傲物的聪明人，但只要五分钟，公司就能把这些聪明人从全球不同的城市组织到一起去满足任何客户项目的需求。这也是麦肯锡具有强大竞争力的原因之一。

量子式迁移

尽管麦肯锡在20世纪80年代时已经是一家真正的全球企业，但是它的权力核心毫无疑问地依旧在纽约，被正统的美国人牢牢掌控着。而这种局面在1994年发生了部分改变，当时公司选出了第一任非西方人的董事总经理：印度出生的拉贾特·古普塔。他是一名归化的美国公民，负责芝加哥分部的工作长达四年，但他的大部分麦肯锡工作经历来自海外市场，包括长驻斯堪的纳维亚的九年经历。古普塔象征着新麦肯锡精神是如何发挥到极致的——不再基于种族、性别或国籍来衡量员工，而是根据其智力、成就和抱负。(这种变化只是一定程度上的，因为纽约分部仍然掌握最高权力。古普塔并不想搬离芝加哥，但最后还是带着家人来到了东部，开始在纽约市东 52 街 55 号工作。)

古普塔还代表着另一件事情：持续扩张。弗雷德・格鲁克移交领导权的时候，公司已经在 24 个经济体开展了业务。此后的九年里，古普塔又为 20 多个经济体插上了麦肯锡的旗帜，其中包括印度和中国这两个至关重要的新兴经济体。1993 年，公司拥有 58 家分部。到 2001 年古普塔的第三个任期即将结束时，分部数增加到了 81 家；公司员工增加了一倍多，从 1994 年的 3300 名咨询师和 425 名合伙人增加到 2001 年的 7700 名咨询师和 891 名合伙人；营收几乎是 1994 年的三倍，从 12 亿美元增至 34 亿美元。麦肯锡校友名单上的数字也增加到 8000 人。“这里不再像过去那么亲密了，”2002 年，华盛顿的高级合伙人南希・基利弗说，“从前，你认识所有人。现在这不可能了。”[1]

麦肯锡的发展战略在一定程度上是由企业权力分散化决定的。1974 年，美国百强工业企业占其国内生产总值的 35.8%，到 1998 年，这一数字下降到 17.3%。[2] 麦肯锡很难同时替上千家董事会效力，除非它有数千名咨询师。因此，麦肯锡必须要有所改变。

古普塔还代表了另一样东西：公司对追逐金钱那模棱两可

态度的终结。这种转变让麦肯锡的市场地位不再稳固，即便是在经济形势良好的年份。倒不是说他接手的时候公司财务状况不佳，在一些合伙人看来，问题在于麦肯锡的发展已经趋于平缓。麦肯锡1988—1992年收入近乎翻番（从6.2亿美元增长到12亿美元）之后，1993年这一数字就陷入了停滞，而成本却持续上涨。有十多年，麦肯锡的成本增长速度超过了收入，但只要收入还在继续上涨，这就可以忍受；一旦收入增长停滞，就必须有所行动了。

“由于业务收入增长的乏力，让一些人觉得需要对‘知识建设’上的所有支出进行控制。”公司的一位前合伙人说。越来越多的人开始怀疑，公司庞大的数据库是否对所有人（除了数据库公司）都有价值。而古普塔则直接叫停了在他看来纯属浪费钱的研究。在麦肯锡的21年里，他为公司知识管理体系贡献的文章总数是零。“他或许说过要尊重我们的知识建设，”这名前合伙人继续说，“但行动胜于语言。”其他人的行动也一样：古普塔当选后没多久，艾伦·坎特罗威就离开了公司，加入竞争对手摩立特公司并担任首席知识官。随着古普塔管理的麦肯锡全面脱离以知识为重心的路线，参与格鲁克知识管理计划的其他人接连选择离开：帕萨·博斯、汤姆·科普兰、罗杰·弗格森、纳撒尼尔·富迪、布鲁克·曼维尔和比尔·马塔索尼。凭借自己所取得的成就，以及麦肯锡现在公认的“知识”声誉，他们在竞争对手、学术界甚至政府机构那里受到了欢迎。罗杰·弗格森成为艾伦·格林斯潘（Alan Greenspan）领导下的美联储副主席。

“通常情况下，要想当选公司领导人，你必须撰写一些文章，构建一套知识资本组合，为客户服务，”另一位前合伙人表示，“古普塔没有这样做。他是个善于计算的人。格鲁克在知识领域投资了一亿美元，公司为让这笔投资有所回报，古普塔是个必然之选。”1993 年，《商业周刊》的撰稿人约翰·伯恩（John Byrne）写了一篇文章，名为《神秘的麦肯锡》（The McKinsey Mystique），预测麦肯锡将选出第一位非美国籍董事，并提名了他眼里的 4 位合格候选人：斯堪的纳维亚的克里斯蒂安·卡斯帕、瑞士的卢卡斯·穆赫莱曼（Lukas Muhlemann）、伦敦的诺曼·桑森和德国的赫伯特·亨茨勒。[3] 公司在美国金融机构领域的教父唐·韦特（Don Waite）也参加了竞选。可他们无一打入决赛。“所有人都留了下来，除了桑森，他是麦肯锡最‘重视价值观’的一位合伙人，”公司的一位前合伙人说，“桑森遭到了古普塔的排挤。光凭他那次要的招数，公司就应该看得出古普塔到底坐在价值观区间的哪一头了。”（桑森周末兼职为 BBC 电视台担任国际英式橄榄球比赛的裁判。他因帮忙终止了橄榄球赛场上的恶劣行为而赢得声誉。）

“对唐来说很遗憾，”麦肯锡的另一位合伙人说，“人人都知道这一回要选一位非美国人了。而古普塔的优势就在于他既是外国人，又是美国人。他当然是个印度人，但他一直在管理芝加哥分部的业务。从某种意义而言，他很像贝拉克·奥巴马。他过去有过许多‘在场’选票——他的确在场，但又不总是在场，于是也就没有得罪过太多人。我们投票给古普塔是支持他吗？我们投票更像是支持古普塔所代表的理念。他还有一点优势，那就是他不是赫伯特·亨茨勒。”

拉贾特·古普塔于 1948 年 12 月 2 日出生在加尔各答。在全家的四个孩子里，他排行老二，1953 年随家人搬到德里。他的父亲是一名记者，曾为印度独立而战，在英国人统治期间入狱。他的母亲是一所蒙特梭利式[㊀]学校的校长。在古普塔 19 岁时，他的父母双双去世。

他先是在德里负有盛名的印度理工学院学习机械工程，后被哈佛商学院录取，1973 年毕业。像许多哈佛商学院的毕业生一样，他接受了麦肯锡的面试，但被草草拒绝。不过，资源丰富的古普塔说服了一位与麦肯锡有关系的哈佛大学教授为自己说好话。经过一整天的第二次面试之后，古普塔受邀加入麦肯锡纽约分部并担任咨询师。1981 年，罗恩·丹尼尔任命他为斯堪的纳维亚分部负责人。九年后，格鲁克任命他为芝加哥分部负责人。在同行眼中，古普塔是谦逊品质的典范，他在公司工作的大部分时间里都是麦肯锡理想的化身——安心在幕后为卡夫食品（Kraft）、莎莉和宝洁等大客户服务。尽管他是美国最著名的印度裔高管之一，但基本上远离公众与媒体视野。

在一路走向麦肯锡最高职位的过程中，古普塔成功地塑造

㊀ 蒙特梭利教育主张以儿童为中心，结合“有准备的环境”和教师三者互动来开发幼儿的心理和生理的潜能。——译者注

了自己的形象：一位在幕后领导的安静智者，更像罗恩·丹尼尔，而非弗雷德·格鲁克。他曾告诉《芝加哥论坛报》的记者，他最崇拜的两个人是19世纪的印度教改革家斯瓦米·维韦卡南达（Swami Vivekenanda）和特蕾莎修女（Mother Teresa）。[4] 他在演讲中不时引用古印度经文《薄伽梵歌》（*The Bhagavad Gita*）中的著名诗句。这三个人的区别真是太大了：罗恩·丹尼尔是一个博览群书的知识分子；弗雷德·格鲁克是一台大马力的发动机；拉贾特·古普塔却奉行一种受过教育的反智主义，既不像丹尼尔，也不像格鲁克。

提起拉贾特，合伙人的介绍满满都是老套的文化特色论调。“拉贾特很有东方气质，”已故的芝加哥董事乔尔·布里克（Joel Bleeke）对《芝加哥论坛报》说，“他非常强调智慧，而不是单纯的智力。他懂得智慧包含智力，也包含生活的其他方面。由于来自亚洲，他比西方领导者更理解人们柔软、情绪化的一面。”

接替古普塔担任芝加哥分部负责人的股东委员会成员理查德·阿什利（Richard Ashley）甚至直接把古普塔比作马文·鲍尔，至少有一部分原因在于，人们普遍认为古普塔的个人领导风格就是这样：不跟人发生冲突，但是信念坚定。“不管是从声望还是从行为上看，拉贾特·古普塔都是跟马文·鲍尔最接近的，”阿什利说，“鲍尔实施的坚定方针，促使人们相信詹姆斯·麦肯锡的价值观。拉贾特践行了马文·鲍尔的理念。”[5]

然而，故事的发展并非如此。

立方体式咨询

在马文·鲍尔的全盛时期，他喜欢谈及美国百强企业中有多少家是麦肯锡的客户。到20世纪末期和21世纪初期，公司的关注点已转向世界百强企业。2003年，麦肯锡宣称，全球最大的150家企业中，有100家是自己的客户。[6]

继1995年麦肯锡推出战略举措后，拉贾特·古普塔提出了新噱头："100%立方体"。此刻开始，麦肯锡将努力把100%的公司、100%的时间，带给100%的世界。这听起来像是空泛的营销说辞，但在当时，它成了公司有效的差异化竞争手段。竞争对手——无论是波士顿咨询公司、贝恩咨询公司还是摩立特——都没法正式地发出这样的声明。客户们对此给予了麦肯锡热烈的肯定。

"事实上，没有哪家公司拥有像麦肯锡这么多的聪明人，"1968—1970年在麦肯锡多伦多分部工作的吉姆·费希尔（Jim Fisher）表示，"就算它们有，也没法把这些聪明人一字儿摆开，再组织他们一起去解决同一个问题。就算它们能做到，也绝对没法把组织里的政治跟他们所完成的工作分离开来。客户永远不可能觉得它们拥有完全公正、不带感情的视角。这就够值得了。哪怕麦肯锡并非总是正确的，咨询师也坚信自己是正确的。有时候，就连这种自负也很有用。"[7]

经过断断续续的发展，麦肯锡终于找到了一条独树一帜的国际化道路。1997年，《星期日泰晤士报》写道："它的神经中枢位于纽约，它的管理合伙人在芝加哥工作，它的全球研究院位于华盛顿，但它最真切的地址是在那些全球资本与工业中心。它是咨询界的联合国，而且和联合国相比，它还能发挥作用。”[8]

“麦肯锡一直有着很好的用于分析问题的概念框架，”费希尔接着说，“但更好的地方是，你可以去像阿根廷这样的地方，让熟悉当地市场的人——阿根廷人来完成市场分析，而且他们都是接受过美国人培训的。但让我吃惊的是，他们居然能以这样的方式运营一家全球性公司。所有的管理咨询师都是恃才傲物的人，在解决问题的时候，他们都希望用自己的方式得出自己的结论。但在这一方面，麦肯锡在全球各地都有一套严格的纪律，方法运用极为严谨。”[9]

许多咨询师对近些年来形成的传统都有着同样的情绪：严格的训练和教化有了成果，麦肯锡可以从全球八个不同的城市召集八名不同的咨询师，然后只用五分钟就可以把他们组织起来以应对任何客户项目的需求。“这就相当于制造机器的标准零件，甚至不需要进一步调试加工。这真是一个奇迹，我们花了数十年才有了今天这样的成果。”[10]前合伙人乔治·费格尔解释说，他后来在瑞银华宝（SBC Warburg）负责全球投行业务，为瑞银集团（UBS）管理在岸私人银行业务。

麦肯锡并不是全世界最大的咨询公司。1995 年，安达信咨询公司实现了近 50 亿美元的收入，是麦肯锡的三倍，但是麦肯锡仍然占据着行业制高点。

与巨龙共舞

没有哪个国家的市场可以比中国更好地展示出麦肯锡当时的野心抱负。也没有哪一位咨询师能够比欧高敦（Gordon Orr）更能作为这一野心抱负的具体承载人。身材瘦削、打扮时髦的英国人欧高敦在1986年加入麦肯锡，1993年当选为合伙人。为了寻找新的挑战，他主动请缨把自己派到中国香港地区。"我跟妻子在那里待了不到一年，我们就说，'这里的确令人兴奋。但如果要搞一番大事业，机会在北边。'我们为什么不考虑搬到北京，在那里开设分部呢？"[11]

此刻，麦肯锡令人钦佩的高效治理方式发挥起作用来。欧高敦只需要向公司的股东委员会做一份简报："这就是我们想做的事情，这就是我们眼里的机会，这就是我们实现它的方法。"麦肯锡的决策者们批准了这一构想，欧高敦与同事托尼·帕金斯（Tony Perkins）和陈嘉树（Josh Cheng）开始了麦肯锡在中国大陆设立的第二个分部的地基建设工作。（此前的1994年，咨询师华强森（Jonathan Woetzel）、乌尔里希·罗德（Ulrich Roeder）和奥利维尔·凯泽（Olivier Kayser）在上海开设了分部。）

跟大多数在新市场"开疆拓土"的项目一样，麦肯锡对着手寻找当地客户的欧高敦很有耐心。麦肯锡有意不为新成立的分部设定财务目标，优先考虑做事的原因，而非强调短期金钱支出。这个原则也同样适用于中国新市场。1993年，公司在孟买、科隆、新德里、布拉格、圣彼得堡和华沙开设了分部；1994 年，它攻下了布达佩斯、都柏林和上海；1995 年，它来到雅加达、约翰内斯堡和莫斯科。在莫斯科，公司利用其惯常的做法获得了俄罗斯政府的青睐，为莫斯科大剧院和圣彼得堡冬宫博物馆提供无偿服务。

到 1996 年，麦肯锡已经准备好在北京招聘中国人。公司在清华大学安排了一场招聘会。欧高敦预计到场会有二三十人，结果来了足足八百人。按照惯例，麦肯锡只雇用了其中几人。

在中国找到新的客户不像在伦敦开设分部时那么容易。欧高敦和同事们不仅要弄清楚哪些公司有麦肯锡可以解决的问题，还要弄清楚哪些公司愿意获得帮助。中国的商业文化中不习惯为任何不明确的东西买单。

麦肯锡还必须在中国做出其他调整。在一个看重年龄和经验甚于年轻和潜力的社会，把年轻的、受聘没多久的哈佛 MBA 扔到前线，让他们去见 CEO，这个做法显然不明智。这不是公司遇到的新问题：20 世纪 80 年代，罗恩·丹尼尔担任董事总经理的时候，见到了一位日本应聘者的父母，他费了好大工夫说服两位长者：他们的儿子没有被卖给白人当某种现代奴隶。“亚洲人敬重年长的人，”他解释说，“我们没这个倾向。”[12]

“有一天，欧高敦打电话给我，说他想出版中文版《麦肯锡季刊》，”当时担任该刊物主编的帕萨·博斯回忆说，“我们从来没出版过任何外文版，我很好奇，他能不能找到合适的渠道获得足够的新文章。他对我说，他想用从前发表过的、解释管理基础的文章，这样他就能在坚实的基础上开展业务。这个基础，就是翻译、发表最优秀的中文管理思想。”[13]这次的谈话促成了中文版《麦肯锡季刊》的诞生。

北京分部首批成功业务之一是帮助决定进入瓶装水行业一试身手的四个种稻米的农民。“他们刚买了一堆机器。”欧高敦说。在麦肯锡的指导下，农民组建的这个公司最终成为中国第二大瓶装水供应商，市值2亿美元。麦肯锡还为平安保险和联想集团提供咨询服务，两者日后均参与到了全球市场竞争当中。

麦肯锡在中国的成功来得并非一帆风顺。公司不得不跟那些以100美元的低价提供“麦肯锡报告”的山寨企业斗智斗勇。而且，北京分部早期经营得十分拮据。欧高敦回忆说，1997年时一度是靠着一家客户养活分部的50多名员工。一些竞争对手在形势严峻时甚至撤出了中国市场（博思艾伦就离开了，直到几年后才回来），但麦肯锡坚持了下来，并最终取得了回报。10年过后，麦肯锡在中国拥有了300名专业人士，到2011年，规模发展到了800名。麦肯锡还在中国建立了一个“消费者洞察中心”，研究六万名中国消费者的消费模式，以此为麦肯锡研究中国这一日益重要的经济体提供一手信息。2012年，麦肯锡在北京成立了麦肯锡中国领导力学院。

漫步华尔街

在美国市场，麦肯锡密切关注迅速发展的金融业，公司的影响力也大到让它可以履行自己的诺言，对客户说出令它们感到不舒服的真实情况。作为麦肯锡在金融服务领域的关键人物，麦克莱恩·斯图尔特的一个特殊本领就是向华尔街最自负的CEO们直率地提出建议，绝不曲意奉承。迪克·富尔德（Dick Fuld）刚担任雷曼兄弟CEO的时候，斯图尔特到场听了他发表的一场蹩脚演讲。演讲完毕之后，斯图尔特直视着富尔德的眼睛对他说，如果想要成功，最好去请位演讲教练。

还有一次，斯图尔特把花旗集团的CEO桑迪·威尔（Sandy Weill）搞得很是尴尬。桑迪·威尔开会的风格是自说自话，想到哪里说哪里，而且等别人发言回应的时候，他会克制不住地看自己面前电脑上花旗集团股价的走势。威尔在跟斯图尔特开会时也这样做了，接着，他临时离开了办公室一会儿。趁他不在，斯图尔特在威尔的电脑屏幕前挡了一本书。威尔回来看到书勃然大怒，问这是谁干的。“你在浪费我的时间，”斯图尔特对他说，“这是在传递错误信息。”威尔一时语塞，接着说：“之前没人跟我说过。”双方的项目合作继续推进。

美联储前主席保罗·沃尔克（Paul Volcker）曾在晚宴上告诉一位支持麦肯锡的同伴，即将倒闭的银行会出现四个迹象：第一，重新塑造品牌；第二，修建了一个新的总部；第三，买了一架商务飞机；第四，让麦肯锡入驻了。这对涉事的银行来说大概不是个好消息，但对麦肯锡来说却是非常好的消息。麦肯锡成了银行求生的最后一棵稻草。

麦肯锡曾被拉扯进一场银行内部的争斗。瑞士的精品投资银行拉扎德（Lazard Frères）的董事长米歇尔·戴维–威尔（Michel David-Weill）和副董事长史蒂文·拉特纳（Steven Rattner）围绕公司该怎样自我治理，尤其对纽约、伦敦和巴黎这三家主要分部之间怎样分配权力资源等问题发生了冲突和内斗。麦肯锡受邀前去调停。据记者威廉·科汉（William Cohan）说，1998 年，麦肯锡与拉扎德的 46 位合伙人面谈，并帮助他们在并购部门确立了分权安排。[14] 这一事件凸显了当时麦肯锡颇受华尔街客户们的尊重——争夺拉扎德的控制权是投资界最激烈的一场权谋大戏，客户们认为麦肯锡能帮忙找到办法，让华尔街两个最高傲的巨头握手言和——这个看法对麦肯锡来说的确是很高的恭维。在麦肯锡的调停下，拉扎德进一步巩固了自己作为精品并购顾问的地位。

当时业内对这项工作有一些批评的声音，比如认为麦肯锡所做的工作驴唇不对马嘴，并未真正解决拉扎德的权力分配问题。“我们最终有了这摊大杂烩式的结构，其实真的没有比之前的结构好多少。”拉扎德的一名员工告诉科汉。然而，麦肯锡还是帮助拉扎德免于分裂，对于一家差点就分崩离析的精品投资银行来说，这就是一项真正的成就。

麦肯锡在金融领域的影响力很大程度上要归功于其校友关系网。1996 年，公司在诸多大公司的管理层中都有显赫的校友，比如：瑞银华宝的乔治·费格尔、雷曼兄弟的约翰·塞西尔（John Cecil）、汇丰资本（HSBC Capital）的史蒂芬·格林（Steven Green）、瑞士再保险（Swiss Re）的卢卡斯·穆赫莱曼、瑞银的彼得·伍夫利（Peter Wuffli）、摩根士丹利的裴熙亮和高盛的拉里·林登（Larry Linden）。[15]2001年，哈米德·比格拉里（Hamid Biglari）离开麦肯锡，加入花旗集团。杰·曼德尔鲍姆（Jay Mandelbaum）也是麦肯锡校友，2012年之前一直是杰米·戴蒙最亲密的咨询师之一。并非所有人的职业生涯都很成功——去了摩根士丹利的裴熙亮在公司政变中被踢出局，穆赫莱曼离开麦肯锡后的职业生涯显然也好坏参半。但这并没有阻止金融业的董事们一次次地到麦肯锡拉拢人才。

麦肯锡也渗透到了私募股权领域。唐·戈吉尔离开麦肯锡后担任了私募股权巨头克杜瑞公司（Clayton Dubilier）的CEO。同为麦肯锡校友的查克·埃姆斯（Chuck Ames）曾与他共事。麦肯锡校友罗纳德·科恩（Ronald Cohen）爵士是英格兰最大私募股权公司之一安佰深集团（Apax Partners）的早期成员。

麦肯锡在金融领域取得重大进展的一个主要原因在于，金融完全和数字有关；不需要太多联想力就可得出结论，金融领域的问题可以靠麦肯锡以事实为基础的分析风格来解决。更重要的是，咨询和金融往往会吸引相似的人——想一想有MBA背景的米特·罗姆尼，再对比一下自由放养的“知识分子”纽特·金里奇（Newt Gingrich）——也就是说，这两个群体在思考解决问题方面有共同语言。政府管制放松之后，金融领域的每一位CEO都在寻找收购对象或想要被人收购，他们排着队等待麦肯锡来帮助自己理解全新的竞争格局。古普塔并不是麦肯锡纽约总部的一员，但跟之前的几任 CEO 一样，他深知放权和给足下属独立性的意义——比如，放任洛厄尔·布莱恩对银行业务、彼得·沃克对保险业务的牢牢控制。

麦肯锡的触手不仅深入金融领域，它无处不在。到 20 世纪 90 年代末期，美国西部航空公司、美国运通公司、达美航空公司、邓白氏公司（Dun & Bradstreet）、IBM、李维斯（Levi Strauss）、摩根士丹利、宝丽来（Polaroid）和 USG 集团的 CEO 都是麦肯锡校友。[16] 1999 年，《财富》杂志刊登了一则标题为《CEO 超级碗》的故事，表明正如北卡罗来纳大学“制造”篮球明星、密歇根大学“制造”橄榄球明星一样，麦肯锡是一家“制造”CEO 的工厂。麦肯锡的人脉网络毋庸置疑是全世界有史以来最强大的。“你要离开之后才能意识到这一点。”IBM 时任 CEO 郭士纳日后对另一位麦肯锡合伙人说。

把价值观变现

起初，古普塔似乎理解了公司文化和价值观的重要性。在执掌权杖的第一年，他就委托了一支内部工作组，命其找出公司初级合伙人日常中的错误以及能改变的地方。此举产生了冲击力。前几年，公司的利润是按照董事的意愿进行分配的——所有董事可获得 2/3 的利润，而初级合伙人只得到 1/3——工作组说服股东委员会要完全按照人头比例分配利润。古普塔还负责监督实施 EAGLE（这是 Exciting Associates for Greater

Long-Term Enrichment 的缩写，意思是“用更大的长期利益激励咨询师”）项目，这很好地证明了一家着迷于缩写词的公司总能找到愚蠢的新缩写。

另一项努力，即 1997 年的公司战略倡议，相当清楚地显示出麦肯锡咨询师们可以把事情做得多么严谨缜密。公司战略倡议的目的（他们称之为“一切工作投入的根基”）无非是对麦肯锡存在意义这一最基本的问题的重新思考：我们应该向谁提供咨询服务？我们的服务范围是什么？我们应该采用什么样的交付模式和费用安排？超过 600 人的管理团队出席了两次会议；60 名合伙人加入了工作小组；50 名咨询师和分析师参与了这一项目；产生了 1000 多个调查问题；合伙人团队撰写了 40 篇愿景相关的论文；其间编写了 6 份进度报告，总计超过 1500 页；制作了 100 多段视频；准备了 150 多块展示板；发表了 200 多次演讲。

公司战略倡议的主要结论之一是，麦肯锡必须只服务于管理的最高层。咨询师们的理由是，如果让自己的工作下滑到管理中层，那就要付出来之不易的声誉（即不再是“CEO 的身边人”）。这公开强化了鲍尔式价值观。公司战略倡议还重申，尽管公司规模不断扩大，但仍致力于采用宽松的治理模式。这也符合公司的传统，即赋予咨询师们施展创业才能的自由空间。

麦肯锡的盈利模式也在悄悄发生变化。通常，盈利必须与金钱联系在一起。公司战略倡议确立了新的“收费机制”，让咨询师能够和规模小但发展迅速的公司进行合作。麦肯锡开始接受客户的股权（当年，马文·鲍尔曾认为这不是明智之举），以此代替传统的高费用。当时互联网泡沫正值高峰，麦肯锡也想从中分一杯羹。公司战略倡议还认为，咨询师们应该正式进军并购咨询业务，与投资银行展开竞争。

拉贾特·古普塔并不是孤军奋战地改变公司——他需要合伙人的同意，他也做到了。在他的执掌下，麦肯锡开始以一种前所未有的方式来追求最高收费。超过半数的合伙人在战略倡议工作组面前表达了这样的想法：大约有 20% 的工作不那么有趣。既然你感到工作乏味，那还不如趁机多赚些钱。所有人都这样。“他在第一个任期做得非常好，”公司的一位前合伙人表示，“但我认为他接受了来自错误人士的建议。到 1997 年，如果客户不能给你开出 100 万美元的支票，你会被鼓励放弃这个客户。这个金额几乎是底线了。”

20 世纪 90 年代，麦肯锡的收入增长了近 4 倍，而合伙人规模仅增长了 2.5 倍。咨询师与合伙人之比从 2 ∶ 1 增加到 20 世纪 90 年代末期的 4 ∶ 1。麦肯锡的合伙人从勤奋工作的咨询师身上榨取了比以往更多的利润。而且，咨询师们同样感受到了痛苦。麦肯锡前咨询师、知名博主伊夫·史密斯称，在该轮经济繁荣的高峰期，麦肯锡每年的人员流动率达到 30%。它不仅仅是破坏性的，还可能会让培训新人所消耗的高额成本打水漂。如果人们不再留下来分享，共享价值不就成了一纸空谈？

20 世纪 60 年代，麦肯锡曾对喧嚣年代的诱惑充耳不闻，如今却无法抵挡互联网狂潮的魅力。至少在一定程度上，这一转变带来了初级合伙人级别的人员流动率上升。由于硅谷和华尔街能快速地赚大钱，“比学赶超”的麦肯锡不仅要提高工资，还要缩短成为合伙人的时间。哈佛商学院的一项研究提出了这样一个问题：“有些合伙人想要知道，麦肯锡是否正在放弃‘客户第一，公司第二，专业人士第三’的价值观。”简单地回答：是的。

“只为最有声望的公司效力”的传统也被抛之脑后。例如，2003 年，垂死的运动品牌斯伯丁（Spalding）的母公司斯伦贝谢（SHC, Inc.）向麦肯锡支付了 56.9 万美元的咨询服务费，一年之后便宣告破产。看上去麦肯锡可以为任何拿着支票准备付费的客户工作。另外，它引入了新的收费机制。2001 年，麦肯锡用自己的建议换取了昂万斯公司（OnVance）12.5% 的股份，该公司的业务是做针对便利商店行业的卫星广告。没过多久，昂万斯公司破产，破产受托人联合起诉麦肯锡，要求其赔偿 160 万美元，理由是，麦肯锡不是债权人，而是内部人士。麦肯锡的服务费用也降低了，2001 年，一名行业研究员称：“一年前只能雇得起科尔尼咨询公司的费用，现在够拿去雇用麦肯锡了。”[17]

尽管马文·鲍尔不希望这种情况发生，但在 20 世纪 90 年代末期互联网繁荣鼎盛之时，CEO 们薪酬飞涨，对企业（以及华尔街）的金钱崇拜压倒了麦肯锡的咨询师们。为 CEO 提供服务的人员——咨询师、律师和银行家——也不甘于再像专业人士那样领取报酬。对医生来说，一年挣到 100 万美元以上极其困难。但由于一般只瞄准规模最大的企业，咨询师们找到了快速发家致富的方法。对一家资产为 2 万亿美元的企业而言，1000 万美元的咨询费用算得了什么？花旗集团的办公室里一度同时活跃着 8 个麦肯锡团队。

麦肯锡的职业理想主义对 MBA 毕业生充满了吸引力，而它变得更加激进的商业定位丝毫不影响求职者的热情。“永远不要低估‘顶尖’商学院和大学里的‘羊群效应’，”作家沃尔特·基希勒警告说，“你竞争进入最著名的大学，接着你要竞争进入顶尖商学院。在你学会并且展示出自己那么多的思想独立性之后，除了挤破脑袋加入你所有同伴们都拼了命想要加入的机构，你还剩下什么别的出路呢？”[18]

第九章

守住底线

麦肯锡在拉贾特·古普塔任职董事总经理期间，一味追求经济的增长，迷失了原有的方向，致使公司向客户提供了一些不好的建议，给个别客户带来了灭顶之灾，也让自己的员工在文化和价值观方面付出了不少代价。遵纪守法、担负起应有的社会责任，是所有公司长远发展必须守住的底线。

拉贾特·古普塔在担任麦肯锡第八任董事总经理期间取得了不少的成绩。他成功地让公司的招聘变得多元化，为麦肯锡提供人才的精英学院数量翻了一倍多，从 7 所增加到 20 所；同时，他放宽了招聘员工的类型，除了传统的 MBA 毕业生，他继续加大引进博士的力度。他帮助麦肯锡在业务外包热潮中抢得先机，不仅为客户提供利用网络世界的建议，而且身体力行。公司在新德里负责数据处理的知识中心降低了劳动力成本，同时也为客户树立了一种外包模式的典范。[1]古普塔的门徒阿尼尔·库马尔负责主管这项工作。

尽管为了寻求增长，麦肯锡在某些方面降低了自己的标准，但并没有迈出最后的一步——向公众出售公司股票来捞钱。这个决定使它不至于在公开上市后被愤怒的股东们扼制自由决策权，它可以永远把控自己的航向。“咨询业是个知识密集型行业，”古普塔在 2005 年说，“而非资本密集型行业。”[2]

不过，到 2002 年年底，公司的自我感觉就没那么良好了。咨询师们怀疑，在文化和价值观方面，古普塔领导的扩张是否让员工们付出了太多代价。《商业周刊》的作家约翰·伯恩敏锐地看到这份疑虑，并在其 2002 年对麦肯锡全方位报道的特稿中将麦肯锡描绘得士气萎靡。为此，古普塔担任董事总经理的最后阶段，竟然是把公司营销和公关负责人哈维尔·佩雷斯（Javier Perez）扫地出门。

罗恩·丹尼尔曾在一次合伙人会议上表示，公司能有效吸纳整合员工资源的最大年增长率是 10%。古普塔对这一观点置若罔闻，他追求的扩张速度要快得多——接近 20%。不过，许多合伙人指出，他这样做得到了众人默许。“拉贾特让我们所有人都更有钱了。”一个人这样说道。

这对能从中赚到钱的人来说没什么大问题，但对那些已经离职可是仍觉得自己的个人声誉部分依赖于麦肯锡的人们来说，就不怎么美好了。“这个地方从一家非常出类拔萃的专业服务型公司发展成了一家生产咨询项目的大型流水线工厂。”一位在古普塔任期内离职的高级合伙人说。

麦肯锡不是一个指挥控制型的组织。董事总经理所进行的管理不能靠下达命令的方式，他必须说服别人，也就是说，他要拉拢委员会的领导、办事处的经理等。此外，在边缘地带，拉贾特·古普塔还会去拉拢那些对金钱更为渴望的人。要让麦肯锡这样一家公司动起来，你就得这么做。如果你像古普塔一样担任了九年之久的董事总经理，这期间每一个初级合伙人以及超过 50% 的高级合伙人都是在你的监督下当选的，那么你就可以改变整个组织的个性。而拉贾特·古普塔恰恰也是这样做的。麦肯锡的这种新个性似乎让它在某些方面做出了许多很有问题的决定，比如去接近哪些客户，建议这些客户做什么事。

在安然公司酣睡

在古普塔时代，麦肯锡最声名狼藉的客户是天然气巨头安然。2001 年，该公司宣告破产，它不光毁了自己，也毁了六大会计师事务所之一的安达信。奇迹的是，巅峰时期麦肯锡每年从安然公司赚取约 1000 万美元的费用，但它却完好无损地抽身了。当然，这场磨难仍旧暴露了咨询生意里一些不那么光彩的地方。

作为安然丑闻的罪魁祸首之一，杰夫·斯基林曾在麦肯锡任职。他在 1979 年加入公司，很快就被认为自负。“斯基林曾为我间接工作过很短一段时间，”汤姆·彼得斯回忆道，“老天呀，他自以为聪明的傲慢程度超出了人们的想象。”[3] 如果你信不过彼得斯，你可以去问问斯基林本人。他曾告诉《商业周刊》，自己“在工作或生意上从未有过败绩，从未有过”。

很显然，他是一个不同凡响的人。在达拉斯开始职业生涯的六个月后，他就搬往休斯敦分部并成为当地的第三名员工。五年后，他升为初级合伙人，又过了五年当选为董事。他绝对找到了自己的智慧源泉。“对杰夫提出异议很难，因为他会把双方的分歧升级为智力上的分歧，同时你又很难超过他。”一位麦肯锡前合伙人说。[4]

约翰·索希尔（John Sawhill）是当时麦肯锡能源领域业务的负责人，他令斯基林前往客户安然那里给予帮助。安然那时候正在思考是否要将总部从奥马哈迁往休斯敦（安然是由休斯敦天然气公司和总部位于奥马哈的北方内陆天然气公司合并而来）。斯基林拒绝参与这一项目，因为他明白无论做出什么样的提议，自己都会成为安然内部某一派系的敌人。“你怎么会拿下这样的业务，约翰？你怎么决定的？我不想跟这件事扯上关系。”他说。[5]

一般来说，麦肯锡的年轻人永远不可能拒接业务还不受到惩罚。但是斯基林不一样，他已经是公司里的明星人物了，索希尔也没有为此计较，而是改让公司的华盛顿分部帮安然解决问题（并最终拍板决定安然的总部迁往休斯敦）。至于斯基林，他最终接替了索希尔的位置，担任公司的全球能源业务负责人，并继续为安然提供咨询服务，其中包括20世纪80年代末期研究如何利用衍生品合约来“缓和”能源公司收入压力的项目。[6]

斯基林在麦肯锡职业生涯中的独到见解将安然推上了巅峰。随着政府放松管制，天然气行业努力应对随之而来的不确定性，最大的几家企业从以长期合同为主，转而利用所谓的“现货市场”交易 75% 的天然气。这一变化使得买卖双方都更容易受到天然气价格快速波动的影响。斯基林建议安然填补空缺，建立一家“天然气银行”，从天然气生产商手里买入再卖给客户，从两者间赚取价差。在斯基林提出这个建议之前，安然是一家单纯的天然气管道运营商。可凭借天然气银行，他帮助安然成为金融寡头。[7]

“这纯粹是个智力概念。”后来，斯基林用非常具有麦肯锡特色的口吻说。1987 年，他向安然的 25 位高管提出这个设想时也只用了一张幻灯片——这非常具有麦肯锡特色。[8] 1989 年夏天，斯基林当选为麦肯锡董事，这在很大程度上要归功于他在安然取得的成绩。同年 12 月，安然总裁里奇·金德（Rich Kinder）邀请他加入安然。他一开始是拒绝的，但随后重新做出了考虑。这是他一显身手证明自己不是纸上谈兵的机会。他上了安然的船，很快取代金德担任了安然的总裁。

安然首席财务官安迪·法斯托（Andy Fastow）为此举大感震惊。“你离开了麦肯锡？”他问斯基林。“是啊。”斯基林回答。“为什么啊？”“嘿，”斯基林回答道，“你多久才能碰到一个改变世界的机会？”[9]

斯基林让安然变成了新经济的宠儿，以惊人的速度在不同的市场间跳跃。它成为美国最知名的企业，在 2000 年的收入突破了 600 亿美元。正如贝瑟尼·麦克莱恩（Bethany McLean）和彼得·埃尔金德（Peter Elkind）在《房间里最精明的人》(*The Smartest Guys in the Room*）一书中写道，那时的安然被所有人喜爱："《财富》杂志连续六年将其评为'美国最具创新力的公司'。亨利·基辛格和詹姆斯·贝克（James Baker）等政界名人都在它的游说名单上。诺贝尔奖得主纳尔逊·曼德拉（Nelson Mandela）来到休斯敦接受安然奖。美国总统叫安然主席肯尼思·莱（Kenneth Lay）'肯尼小伙儿'。"[10]

斯基林把麦肯锡风格带到了安然。他的言行具有典型麦肯锡人的特色。麦克莱恩和埃尔金德说道："他能以让人眼花缭乱的速度处理信息，并将新观点提炼为概念。他能立刻把极为复杂的事情简化为充满亮点且令人信服的样子。他以一种近乎傲慢的态度，斩钉截铁地提出自己的观点。他不光用自己的脑力去说服，也加以恫吓……但他还有一些对经营大公司来说可谓灾难的品质。斯基林表现得才华横溢，但是他有危险的盲点。他的管理技巧令人震惊，这是因为在很大程度上他并不能真正理解他人。他期待人们按照纯粹知识逻辑的指令行事，当然没人这样做……一旦现实情况与他的理论不符，他往往反应缓慢，甚至根本不愿意承认自己的误判。随着时间的推移，他越来越傲慢，确信自己就是'房间里最精明的人'，任何与自己意见相左的人都会被他草率地认为不够聪明，'搞不清状况'。"[11]

斯基林再三向前东家表达敬意，包括有一次他向《商业周刊》谴责华尔街的价值体系。他说："考虑到许多投资银行造成的金融动荡，晚上回家的时候，我很难说自己真的感觉良好。(麦肯锡的）价值观是对的。在那里工作的时候，你感觉这份工作是自己的天职。"[12] 他提到安然的时候也会使用虔诚的语气。"如果你走过这里的大厅，你会发现人们都有自己的使命。"他说，"这使命就是跟天使站在同一侧。我们正在挑战根深蒂固的垄断。在我们开展的每一项业务里，我们都是好人。"[13]2000 年 5 月到 2001 年 12 月，他从极其繁忙的日程中抽出时间，跟麦肯锡合伙人罗恩・休姆（Ron Hulme）和苏珊・尼莫克斯（Suzanne Nimocks）开了 20 多次会，同时他还为各种出版物拍摄了近 20 张照片，包括《行业标准》(*Industry Standard*) 和《建筑文摘》(*Architectural Digest*)。[14]

斯基林在麦肯锡工作了 21 年。像许多在他之前离开的人一样，他跟公司保持着紧密的联系。他曾试图招揽麦肯锡咨询师罗恩・休姆担任安然的首席财务官，但是没成功，不过这几乎不影响他跟老东家的关系。安然仍然是休斯敦分部最重要(也是利润最丰厚）的客户。休姆接替斯基林领导麦肯锡的能源业务，凭借自己的能力成了业务明星。"尽管年轻，休姆却有着非常高的地位和权力，这得益于他与安然的关系。"2002 年，麦肯锡一名前员工对《商业周刊》说。[15] 在传言中，休姆一度是古普塔的潜在接班人。

麦肯锡不仅领着安然的支票，而且它完全认同安然的理念并帮忙传播，赞美该公司的"石油企业家精神"。约翰・伯恩在《商业周刊》上指出，麦肯锡与安然建立了千丝万缕的合作关系，安然从中变得独特而出众，“麦肯锡对安然的许多策略和实践都给予认可，助力把这家能源巨头塑造成值得效法的创新企业。”[16]

短短六年，《麦肯锡季刊》提到安然 127 次。让我们来看看麦肯锡对安然爱得有多深。

第一，麦肯锡支持安然的“轻资产”战略。在 1997 年的《麦肯锡季刊》中，咨询师们写道：“安然在修建和运营发电站方面并不出众，但这不重要，这些业务可以外包出去。与此相反的是，它擅长谈判合同、融资和获得政府担保——这些才是让成功玩家出类拔萃的技能。”

第二，麦肯锡支持安然的“宽松”文化。更准确地说，麦肯锡支持安然照搬《追求卓越》中的术语。在 1998 年的《麦肯锡季刊》中，咨询师们兜着圈子赞扬了安然“允许高管无须寻求上级批准就能做出决定；日常活动和业务结果之间有清晰的联系（虽然这并不是在宝洁公司）；尽量多做新事情”的文化。

第三，麦肯锡支持安然使用账外融资。还是在 1997 年的《麦肯锡季刊》中，咨询师们写道：“利用机构投资部署账外资金，提高了（安然的）证券化技能，保证它可以用低于大型石油公司门槛费率的水平获得资金。”麦肯锡的重量级人物洛厄尔·布莱恩（麦肯锡的金融机构业务教父）换了一种说法：“证券化的潜力很大，因为它消除了资本和资产负债表对增长的制约。”

第四，麦肯锡支持安然的“原子化”方法。在 2001 年的《麦肯锡季刊》中，咨询师们写道：“安然攻击传统行业结构并将之原子化，先是在天然气领域，随后又进入了电力、互联网带宽、造纸等多样化的业务领域，获得了全世界最具创新力公司之一的美誉。在每一个案例中，安然都专注于商业中介业务，避免庞大的资产基础和垂直整合带来的责任问题。”

随着批评安然的声音出现并开始对该公司的会计方法表示怀疑，麦肯锡搬出了更有力的理论。在麦肯锡看来，“（成交的）技能已变得比规模或范围更重要，战略洞察力和远见比结构定位更重要。”[17] 这句话的言外之意令人困惑——你是什么无关紧要，重要的在于你想要成为什么。在安然，概念最终战胜了现实，这简直是麦肯锡咨询师们的美梦成真。

几乎所有所谓的创新方法最终都在促使安然倒闭中发挥了重要作用：“轻资产”让安然背上了无法承受的债务；“宽松”充当了放任文化的借口，纵容高管们肆意妄为；账外融资成了一种欺骗投资者和国税局的手段。

安然是天然气行业的变革者。它之所以成功，是因为能源交易领域刚刚解除管制，而它充当了领头羊。当它试图在其他市场复制这一成功（宽带、气象服务，甚至广告行业），它遭遇了彻底的失败——哪怕有麦肯锡的鼓动和吹捧。（咨询师们曾经一度预测安然将控制 50% 的视频点播市场。[18]）

安然采用了和麦肯锡“非升即走”类似的人事策略，只不过斯基林给它起了一个新名字——“排名与解雇”（Rank and

Yank)。持续受到影响的管理团队无心思考事业责任感，更谈不上持续性工作。斯基林和麦肯锡相似的地方是，他对真正的组织管理并不感兴趣，这意味着他和他的高管团队都不会以长期发展的使命愿景为工作动力，而是在新想法和新商业领域之间左右逢源、快速切换。此外，一份人力资源专家调研报告显示，“强制地排名”会促发“低生产力，怀疑主义，员工士气遭到破坏，以及合作意愿和次数降低”。“非升即走”制度或许对麦肯锡奏效，但是这样的制度中蕴含的优胜劣汰的丛林法则和“社会达尔文主义”为安然和其他公司组织的混乱埋下了祸根。[19]

“毫无疑问，斯基林当然很聪明，他能比任何人都更快地领悟事情的实质，”麦克莱恩和埃尔金德在《房间里最精明的人》中写道，“可一旦感到自己理解了战略，他就丧失了兴趣。他对执行感到厌烦。‘去做就是了！’他会不屑一顾地挥挥手，吩咐下属，‘把它做完！’在他看来细节无关紧要。”

在斯基林的掌控下，安然甚至背离了麦肯锡之前从其他客户那里吸取的教训，比如基于利润预测而非现金流来发放奖金的不明智做法，这其实非常像格鲁克和同事们早在北方电力时期就已经解决的研发领域问题。简单来说就是，你可以预测任何事，但实际的交付结果完全是另一回事。对预测的强调，还让安然所谓的风险管理小组无法正常运转，面对越来越离谱的估计，它变得缩手缩脚。安然风险管理的彻底失败，在后来近十年里都是情况最严重的，直到华尔街自己的风险管理部门在房地产繁荣时暴露出了同样的缺点。（值得一提的是，后一场危机的出现，主要是因为账外融资和证券化挖出来的坑。）

麦肯锡的一位前合伙人回忆了2000年10月11日在巴塞罗那参加过的一场合伙人会议。他对两件事念念不忘。其一是时任瑞士信贷CEO的前麦肯锡人卢卡斯·穆赫莱曼只留下来喝了杯鸡尾酒，就又搭乘喷气式飞机走了。他成了个重要得都没空跟前同事们共进晚餐的大人物。大家对此感到十分气愤。其二是杰夫·斯基林讲述了自己怎样把一家能源公司变成了金融公司。“所有人都在谈论斯基林是多么耀眼，”这位前合伙人说，“他的分析是多么棒啊！人人都在电梯里兴奋得直打哆嗦！”

安然的成功就是麦肯锡的成功。更准确地说，斯基林的成功就是麦肯锡的成功。到最后，安然每年在咨询和其他专业服务上的开销超过7.5亿美元。[20]咨询师们好像已经在这个地方挖了个洞，把它的肠肠肚肚都掏了出来。等到末日降临时，人们才惊讶地发现它早就没有了内脏。安然一度是天然气行业强大而有实力的企业，如今却只剩下表面的风光。

归根结底，正是斯基林放弃实体资产而选择交易导致了这家公司的倾覆。“所有这些交易和营销都很好，”一位安然前高管表示，“但是既然你要进入能源行业，迟早你需要打开发电机，开采天然气或石油。”斯基林创造的是一家贸易公司。也因为他在市场营销方面做得一级棒，随之产生的压力就变得巨大。长期以来深受金融服务业青睐的高盛，其市盈率通常为16～17倍。可在鼎盛时期，安然的股价是其收益的60倍——

哪怕安然的业务与高盛几乎相同。等天然气交易的机会消失，并且安然在宽带和气象服务方面的努力也乏善可陈时，它的面前只剩下了两条出路：降低市场预期，或者继续编造故事。斯基林和安然首席财务官安迪·法斯托选择了后者，公然进行财会欺诈。

结局来得快且残酷。2001 年年初，做空者吉姆·查诺斯（Jim Chanos）拉响了警报，称安然的财务存在问题。《华尔街日报》很快跟进报道此事。《财富》在对该公司赞美多年之后，也跳出来表达了质疑。当年 8 月，斯基林突然退休了。紧接着，房顶塌了，真相大白于天下——公司的财务成功原来无非是最基本的财会欺诈。借助所谓的“特殊目的机构”（Special Purpose Vehicles），安然让负债看起来比实际情况少得多。按照资产负债表上的数值，安然的负债是 130 亿美元。可加上表外负债，这个数字多了近乎两倍，达到 380 亿美元。安然的倒闭，成为当时美国历史上规模最大的破产案。麦肯锡休斯敦分部的收入也随之狂跌。

• • •

这起事故暴露出了三个非常重要的问题。第一，在安然虚报增长期间，麦肯锡依然对其大肆宣传，这是否背离了自己的核心价值观？第二，麦肯锡是否对安然的错误行为负有责任？第三，麦肯锡的其他客户关心这件事吗？简要地回答：第一个问题，是；后两个问题，不是。

“我们做得到位吗？”一位前合伙人问道，“来自麦肯锡合伙人的证据表明，‘情况发展不对劲。’麦肯锡制止了吗？没有。仅仅写进备忘录是不够的。所以，它确实对我们有损害。但反过来说，安然的清算价值仍然高达120亿美元。这是一桩了不起的生意，只是它失去了控制。”

《商业周刊》则更直白一些，认为麦肯锡故意“对危险的征兆视而不见”，以求维持这段利润丰厚的关系。[21] 这也延续了麦肯锡作为企业高管办公室里前沿知识分子的自我形象。麦肯锡合伙人理查德·福斯特（Richard Foster）2001年出版的《创造性破坏》（*Creative Destruction*）一书，无异于对安然经营方式的深情马屁。这本书的主要内容无非是对经济学家约瑟夫·熊彼特（Joseph Schumpeter）半个世纪前对资本主义制度优势论述的重新包装，但有一个关键的不同点：它颂扬的是放任自由资本主义制度中那些最恶劣的本能，而非最优秀的。

相比之下，麦肯锡咨询师埃德·迈克尔斯（Ed Michaels）、海伦·汉德菲尔德–琼斯（Helen Handfield-Jones）和贝丝·阿克塞尔罗德（Beth Axelrod，现任eBay人力资源负责人）在2001年合著的《人才争夺战》（*The War for Talent*）所展现出的对安然的赞美，甚至比《创造性破坏》的深情马屁更为炽热。这本书在世界范围内掀起了一股对大量浅薄概念的狂热追捧，这类概念有不少来自对斯基林管理风格和实践的简单观察总结，而他的管理风格又有一大部分出自麦肯锡。（这就像是一条吃掉自己尾巴的贪吃蛇。）

《人才争夺战》所传达的人才理念中的一个重要部分就是

把麦肯锡那残酷的人事政策传播开来，告诉那些一心想着赢的公司，它的建议是：找出排名靠后的 10%、25% 甚至 33% 的员工，并尽快裁掉他们。这其实就是升级版的“非升即走”政策，它把一套在麦肯锡运转良好的哲学观念延伸到其他公司，只可惜，这样的方式在其他公司很可能不是什么好主意。它甚至为公司裁员提供了方便的借口，成为解释员工流动率哪怕在经济最佳期也居高不下的现成托词。同时，它提供了一套为那 1% 最富有的人辩护的理论基础。财富顶端这一小撮人虽然一直在做着同样的事情，可因此基础可以给自己开出高到荒唐的薪资。

《人才争夺战》大概是来自麦肯锡的除了《竞夺世界》(*Race for the World*) 之外最危险的书了。《竞夺世界》由洛厄尔·布莱恩、简·弗雷泽（Jane Fraser)、杰里米·奥本海姆（Jeremy Oppenheim）和威尔海姆·罗尔（Wilheim Rall）合著，它如同去行政管制化的宣言，也是对花旗集团等这些直接促成大规模金融危机的罪魁祸首的赞歌。它还回顾并再次鼓吹了麦肯锡一直以来所宣扬的事情，即为适应未来的商业模式提出的企业内部结构重构计划。这就不禁让人们得出这样的结论：模仿麦肯锡，你会大受称赞，就跟安然一样。

在麦肯锡与安然长达 18 年的关系中，咨询师们参与了 20 多个不同的项目，包括制定新产品的价格和战略，为并购提供咨询，为进入新市场（包括安然大肆吹嘘的宽带交易平台）做准备。[22] 一位安然前高管后来评论说，麦肯锡咨询师“无处不在”。在任何时候，总有 5 ～ 20 名麦肯锡咨询师在安然的办公室工作，麦肯锡董事理查德・福斯特在安然倒闭的前一年参加了该公司六次董事会议。[23] 正是在这些会议上，安迪・法斯托提出了最终导致安然破产的资产负债表外融资计划。这位前高管还说，在一笔对天然气输送业务的投资中，他受命要跟麦肯锡一同核实，但麦肯锡否认在实际决策中扮演过任何角色，也不承认承担过任何类型的审查职能。[24]

“在我们为安然所做的所有工作中，我们没有做任何与财务结构或信息披露相关的事情，也没有做任何让安然陷入麻烦的事情。”丑闻曝光后，拉贾特・古普塔这样告诉《商业周刊》。这并不全是真的。不管麦肯锡是否真正参与过安然公司的资产负债表外融资，它都曾在文章中大肆赞美过这种行径。“我们对自己所做的所有工作负责，”古普塔说，“除此之外，对安然陷入麻烦我们只能深表同情。发生这样的事很令人难过。”[25] 接着，他又搬出了那一套老的说辞：“麦肯锡只向客户们提供战略建议，它们要为自己采取的行动负责。”[26]

法院（以及官司里的原告）对此似乎也没有异议。麦肯锡从未进入民事或刑事被告的行列，也没有任何员工被勒令到国会听证会上作证。[27] 这让许多业内观察人士大为震惊。“我很惊讶，居然都不传唤他们作证，”肯尼迪信息研究出版公司（Kennedy Information）CEO 韦恩・E. 库珀（Wayne E. Cooper）告诉记者约翰・伯恩，“从安达信这个大烟囱里冒出来的烟实在太多了，吸引了所有消防员的视线。麦肯锡是幸运的。它躲过了一颗子弹。”[28]不过，这可能跟运气没什么关系：一家像麦肯锡一样庞大的机构，拥有牵连甚广的全球业务，它卷入官司的次数却屈指可数。原因似乎也很明显：起诉麦肯锡，就失去了与它的一切联系。一些前员工和破产律师起诉过麦肯锡，但麦肯锡很少败诉。

罗恩·休姆虽然是安然业务的负责人，拉贾特·古普塔却保护了他。“罗恩是他手下的红人。”一位麦肯锡前合伙人说。与之相反，迪克·福斯特在经历了30年极为成功、激励人心的职业生涯后，却栽进了坑里，被赶出麦肯锡。福斯特为麦肯锡开拓了化学和制药行业的业务，帮助麦肯锡维系了跟强生公司20多年的业务关系。他在1986年出版的《创新：进攻者的优势》(*Innovation: The Attacker's Advantage*)，被视为这一主题下最有影响力的作品之一。但是最后麦肯锡纽约总部的决策者们决定让他当替罪羊。

“我们坚信，我们与任何犯罪行为都毫无关系，”一名前合伙人说，“(安然的）商业模式曾经很成功，但是后来不行了。话虽如此，麦肯锡也确实受到了很多批评，这也是可以理解的。我们或许会公开说，不会为自己的工作邀功，但如果客户表现出色，我们的确也会抢占功劳。”

安然事件对麦肯锡来说一度是一场可怕经历。公司技术部门和休斯敦分部都损失惨重，大部分被涉及的合伙人都离开了。(注意是大部分，而不是全部。安然2001年破产，苏珊·尼莫克斯却继续在麦肯锡待了近十年，尽管她在维系麦肯锡与安然的关系里扮演了关键角色，甚至可能比休姆还重要。）

然而，麦肯锡试图辩解安然只是一个个别的案例，这么说倒也没错。安达信的确因为其部分合伙人的犯罪行为而立即倒闭，但没有理由用安然项目的失败否定麦肯锡的所有事业——除非麦肯锡与这些犯罪行为有关，而它并没有。咨询师们仅仅是提供建议，跟他们一直以来做的事情一样。

2002 年 7 月，《商业周刊》刊登了一篇约翰 · 伯恩执笔的封面文章，其中谈到麦肯锡和安然的关系。但除此之外，最大的公关问题居然是，商业媒体短暂地冷落了麦肯锡一段时间。在安然倒闭的前两年，商业媒体引用了麦肯锡 86 次，其中 25 次来自麦肯锡的专家。在丑闻曝光后的两年里，引用次数下降到 56 次，只有 17 次来自麦肯锡的专家。但哪怕是这样的苦恼也没有困扰麦肯锡很久，到 2005 年，《商业周刊》提到麦肯锡的次数已经恢复到安然事件之前的水平。[29]

麦肯锡咨询师们甚至对所有的批评表现出了一种不屑一顾的姿态。他们完全可以从公司网站上删除所有支持安然的言论，但没有一名咨询师这么做。[30] 麦肯锡文化中最显而易见的变化，大概也是唯一的变化，就是关于有效企业治理的论文和研究数量有了大幅增加。[31]

“安然丑闻对咨询行业无法造成很大损害，其中重要的保护屏障是，在客户看来，对咨询师的选择和管理是自己的责任。”2002 年，分析师菲奥娜 · 切尔尼亚夫斯卡（Fiona Czerniawska）在报告《濒危的咨询业》(Consulting on the Brink)[32]

中这样写道。这又是那种所谓的“完美生意”的看法：你做对的时候你自然是对的，可如果你出错了，那就是别人的错。就外部世界来看，麦肯锡是不会错的。“就和对待孩子一样，人们不觉得孩子该为自己的行为承担最终责任。”刘易斯·皮诺在《魔鬼咨询》里写道。[33]

麦肯锡对此事的官方解释可以总结为：它的咨询师们和其他所有人一样，都被蒙蔽了双眼。他们不知道自己最大的一家客户内部到底发生了什么。他们并不是“房间里”最聪明的人。

瑞典学者拉尔斯·恩格沃尔（Lars Engwall）进行的一项研究显示，在安然倒闭前的十年里，麦肯锡曾向瑞典的银行提出过类似的建议。[34] 1983—1990 年，瑞典部分银行参考咨询师们的建议指导，将组织内从事审计和审查的人数减少了 12%，而将专注于营销和销售的人数提高了 65%。很明显，重点是市场份额的增长，而不是对资产负债表的谨慎控制。到 1992 年，一轮疯狂的投机性投资（有很大一部分投资到了房地产上）过后，瑞典银行业崩溃，引发了一场全面的金融危机。幸运的是，对全世界来说，瑞典是个小国家，此次危机并没有蔓延开来，麦肯锡也安然无恙。实际上，那些困境中的银行还请求麦肯锡出面帮它们摆脱困境。那会儿是谁在管理麦肯锡的斯堪的纳维亚业务呢？是拉贾特·古普塔。

安然的崩溃，给麦肯锡带来了出乎意料的结果。似乎是麦肯锡帮忙推动了《萨班斯 – 奥克斯利法案》（*Sarbanes-Oxley Act*）的出台，将高管和董事会更直接地置于检察官的监督之下。这些董事会聘请了谁来帮助自己免于承担责任呢？当然还是咨询师们。麦肯锡在安然的失败，竟然间接促成了它的持续成功。

更多的失策

安然事件并不是拉贾特·古普塔时代唯一的暴雷事件。在追求增长和利润的过程中，麦肯锡不仅接下了过去几十年都不曾考虑过的客户，还因为提供了在根本上存在缺陷的建议而陷入不得不为自己开脱的尴尬境地。

例如，麦肯锡是瑞士银行收购美国金融机构（如瑞士信贷收购纽约第一波士顿投资银行和帝杰证券）的主要倡导者之一。“这是一个特别糟糕的战略，”一位瑞士银行专家承认，“瑞士的银行在这些收购上损失了很多钱。同样有意思的是，麦肯锡咨询师开始尝试让所有银行看起来都一样。麦肯锡对银行业务的处理只有一种模式，所以，它们全都开始趋同了。”

公司的金融机构大师洛厄尔·布莱恩曾预测，20 世纪 90 年代中期，投资银行业务将出现长期下滑，银行纷纷以高价并购的方式进行整合，为应对经济低迷期做准备。可实际情况却是，投资银行业务持续兴旺，瑞士的公司发现自己陷入了不利的竞争地位，因为它们花大价钱收购了自己并不需要的新资产。瑞士信贷收购纽约第一波士顿投资银行时，是麦肯锡瑞士分部前负责人卢卡斯·穆赫莱曼在该公司执政。而瑞银集团在同时期的掌门人也是一位麦肯锡校友——彼得·伍夫利。

麦肯锡的一些建议甚至变得近乎荒谬。1995 年，麦肯锡建议 J.P. 摩根以退出贷款业务的方式来解决竞争方面的问题。咨询师们竟然把这种建议也提供给了另一家银行。“这就像是建议麦当劳不再生产汉堡包一样。”该客户机构的一位前高管表示。然而，当时的 J.P. 摩根由桑迪·沃纳（Sandy Warner）领导，而他至少部分地采纳了咨询师们的建议，进而收缩了贷款。市场上的竞争对手大通曼哈顿银行的吉米·李（Jimmy Lee）嗅到了机会，于是启动了自己银行的企业贷款业务。等到 J.P. 摩根陷入困境，大通曼哈顿银行便在 2000 年发动突然袭击，收购了它。

2000 年，麦肯锡也参与到了时代华纳（Time Warner）与美国在线（AOL）那场声名狼藉的企业合并案。“他们用时代华纳的一半股份换了一箱子空气。”一家竞争机构的咨询师吃惊地说道。仅仅一年多后，时任惠普 CEO 卡莉·菲奥莉娜（Carly Fiorina）在咨询师的建议下，异想天开地收购了康柏电脑。该交易让麦肯锡赚到了 900 万美元，但最后菲奥莉娜砸了饭碗，惠普陷入了困境。以上不仅是麦肯锡的错误判断，而且是那个时代最具灾难性的两桩交易。

麦肯锡在 1994—2000 年为凯马特超市提供咨询服务，而在此期间，这家一度为行业标杆的零售商的市场地位被沃尔玛彻底颠覆。咨询师们当时的宏大设想是卖杂货，这个想法本身不错（沃尔玛最终就进入了杂货行业，并且表现极好），但凯马特超市根本不具备实现这一目标的专业技能。1995年离任的凯马特前CEO约瑟夫·安东尼尼（Joseph Antonini）为麦肯锡守住了缄默法则，他甚至不愿谈论咨询师们的建议。安东尼尼的继任者查尔斯·康威（Charles Conway）跟咨询师们共事了一段时间：麦肯锡在BlueLight.com（这是凯马特超市成功抢占互联网市场的探路石）中发挥了很大作用，只可惜，计划中的首次公开募股音讯全无。[35]最终，康威在战略上的想法跟咨询师们无法达成一致，2000年，双方分道扬镳，没过多久，凯马特超市就破产了。

麦肯锡还在一桩最终被视为导致了2008年金融危机的标志性失误并购案当中扮演了重要角色。2006年，作风相对保守、运营状况良好的美联银行（Wachovia Corporation）以255亿美元的天价收购了开展次级贷款业务的金色西部金融公司（Golden West Financial）。“麦肯锡是美联银行房地产咨询师，”一位竞争对手说，他估计麦肯锡从这段关系中至少赚了5000万美元，“没有麦肯锡，（美联银行CEO）肯·汤普森（Ken Thompson）不会有大动作。”不出所料，麦肯锡夏洛特分部前负责人彼得·赛德伯顿（Peter Sidebottom）此时恰好担任美联银行（当时全美第四大银行）的规划和战略主管。

汤普森在美联银行的前任爱德华·科兰奇菲尔德（Edward Crutchfield）曾将抵押贷款业务比作为了捡一分硬币而横穿五条快车道。而汤普森不这么想。四年后，金色西部金融公司在抵押贷款账簿上动了手脚，连累了美联银行，致其倒闭并被迫出售给富国银行。麦肯锡对此负有责任吗？不，是汤普森扣动的扳机，但麦肯锡也没有说服他放弃这笔交易。

盲眼飞行，冒险驾驶

1993 年，北欧航空公司（SAS）、荷兰皇家航空公司和奥地利航空公司（Austrian Airlines）有意成立合资企业，计划失败后，瑞士航空发现自己陷入了困境，便找麦肯锡帮忙构思一套新方案。咨询师们提出了双管齐下的建议。首先，他们建议这家瑞士公司纵向扩张，收购小型欧洲航空公司的少数股份。其次，他们认为应该横向扩张到食品、维修等航空服务领域。

麦肯锡曾预测，在未来，航空公司将分为三大类：网络管理商、运力提供商、服务提供商。三者的最佳组合是航空网络管理机构，也就是控制了枢纽的航空公司，利用市场营销和成本管理，它不仅可以从运营中获利，还可以吸引运力提供商来到枢纽，进而获得更多商机和利润。[36]

因此，1995 年，瑞士航空重组为四个新的部门——空中航线、空中物流、空中服务和空中关系。到 1997 年，非客运业务占到集团总收入（76 亿美元）的 60%，而 1990 年仅为 24%。那一年，麦肯锡向瑞士航空提出了一项被称为“猎人”战略的多方合作策略——由瑞士航空主导成立股权联盟，以在欧洲占有 20% 的市场份额为最终目标。瑞士航空 CEO 菲利普 · 布拉格瑟（Philippe Bruggisser）在情况并不明朗的情况下开始着急忙慌地收购其他航空公司的股权，其中包括奥地利航空公司、法国航空公司、自由航空公司（Air Liberté)、沿海航空公司（Air Littoral)、德国 LTU 航空公司、波兰航空公司（LOT Polish Airlines）以及南非航空公司（South African Airlines)。

从理论上看，一切十分完美。只是有一个问题：这是个现实世界。1999—2000 年的油价飙升对整个航空业来说是致命打击。麦肯锡受邀对瑞士航空少数股权投资的财务承诺成本进行估算，估值介于 32.5 亿到 44.5 亿瑞士法郎之间。董事会放弃了“猎人”战略，解雇了布拉格瑟。2001 年 3 月，10 名董事会成员中有 9 名宣布辞职。到年中，该公司的资产负债表上有 5% 的股权和 95% 的债务，总额达到令人震惊的 170 亿瑞士法郎。到了 10 月，这家航空公司就宣布破产了。

麦肯锡做了令人信服的论证，暗示这场失败不是战略原因，而是执行原因。除了波兰航空公司，瑞士航空在目标市场所购入的股权无一获得麦肯锡的认可。[37] 而且，哪怕咨询师建议控股 10% ～ 30%，布拉格瑟的每一笔投资都超过了 30%，甚至有些高达 49%，只有一笔例外。麦肯锡建议对联盟合伙人的投资总额仅为 1.94 亿美元，布拉格瑟的大手笔收购却高达 34 亿美元。由于未能对业绩较差的航空公司进行妥善的运营控制，瑞士航空没有能力扭转局势。麦肯锡在 2000 年做了一次代号为“盾牌”的演讲，旨在提醒瑞士航空的董事会和管理层，告诉他们危机迫在眉睫，但无人理会。

经过数十年努力才建立起来的极具价值的瑞士航空品牌毁

于一旦，其责任无疑要由布拉格瑟及其管理团队来承担。但和安然事件一样，如此大规模的商业市场价值的消亡，卷入其中的人都难辞其咎。布拉格瑟肆意收购固然有问题，但收购策略本身就有问题，瑞士媒体当然不愿放过麦肯锡。麦肯锡遭到了媒体的嘲笑，公司在瑞士的其他业务大幅下滑。2005 年，瑞士航空的资产被汉莎航空（Lufthansa）收购，一个国家标志性企业随之灰飞烟灭。

谴责排山倒海地出现，麦肯锡却几乎未替自己公开辩解。“瑞士航空的经历对麦肯锡不公平，”麦肯锡前董事总经理伊恩·戴维斯说，“我们从这件事了解到，有时候，如果你不能开口提及自己的客户和自己所做的工作，你就会成为所有人的替罪羊。这是我们需要讨论的事情。”[38]

麦肯锡的历史学家对瑞士航空做了如下评价：“幸运的是，尽管这次失败对麦肯锡造成了冲击，但它对瑞士以外的客户的影响几乎可以忽略不计。欧洲其他航空公司继续与麦肯锡合作。和早些年发生过的类似危机一样，声誉损害仅限于国境线之内。”[39]

尽管如此，整个事件仍然显露出麦肯锡人某些冷酷无情的地方。即使是深陷困境之时，瑞士航空依然保持着与麦肯锡的业务合作，而当麦肯锡前咨询师卢卡斯·穆赫莱曼执掌瑞士信贷时，他基本上切断了这家陷入困境的航空公司与银行之间的生命线，哪怕他当初也参与过瑞士航空的战略咨询。

• • •

如果你从事的是预测未来的工作，犯错也算不上是罪过。麦肯锡或许引导瑞士航空闯入了一场风暴，但这样的建议并不可耻，仅仅算得上糟糕。而麦肯锡在 20 世纪 90 年代中期为保险业巨头好事达保险公司（Allstate）所做的大概要算它为客户做过的最有问题的工作了。

好事达保险的管理层最初聘请麦肯锡来帮忙提高“效率”，意图减少索赔兑付的金额。这家以“包揽一切，稳操胜券”的宣传口号出名的保险公司，从 1996 年就开始逐步收紧对投保人的兑付。效果非常显著：1987 年，该保险公司的保费收入中有 71% 支付给了索赔人，到 2006 年，这一比例下降为 48%。公司的运营收入一举增长了 30 倍，股价上涨 3 倍还多，公司高管在付给自己薪酬方面异常慷慨。爱德华·利迪（Edward Liddy）原本是好事达的首席运营官，后来当上了 CEO，因好事达股价飙升而赚了大钱，光是 2001—2005 年，他就斩获了高达 5400 万美元的奖金。[难怪他在 2008 年担任美国国际集团 AIG 的 CEO 时，首先做的事情之一就是聘用麦肯锡。也正如凯马特超市所发生的事情一样，他的继任者罗伯特·本默切（Robert Benmosche）接着将咨询师们扫地出门。]

新墨西哥州律师戴维·贝拉迪内利（David Berardinelli）代表一名投保人起诉了好事达，好事达随后卷入了一场持续多年的诉讼。这场官司逼得好事达公布了日后被称为“麦肯锡文件”的内部资料。麦肯锡的一张幻灯片中建议好事达对索赔人采取更强硬的姿态，并使用了《从善意之手到拳击手套》(From

Good Hands to Boxing Gloves）的标题，后来，贝拉迪内利把它用作了书名。一个一度以帮助有需要的人而自豪的行业，在那些高级咨询师们的帮助和唆使下，沦为了一个高管用来抢钱的地方。

法庭上曝光的另一张不利于好事达的幻灯片名为“鳄鱼一号”，标题是《静坐等待》（Sit and Wait），它建议尽量长时间地拖延对索赔人的付款，逼后者接受低价和解。还有一张幻灯片的标题是《麦肯锡对索赔的视角》（McKinsey Perspective on Claims），指出“经济收入方面的改善潜力巨大，一般而言，严重程度降低 5% ～ 15%，能够让公司的费用减少 10% ～ 20%。”这里的基本理念是：完全不对好事达的投保人支付任何费用。

“如果你发现‘母亲豌豆厂’㊀有一套秘密建设计划，证明该公司设计的机器能让每罐豌豆少装填 30%，你会怎么想？”贝拉迪内利问道，“如果你还有证据证明，‘母亲豌豆厂’这样做是为了给股东带来暴利，向高管提供巨额奖金，你又会怎么想？你大概会认为自己是一场骗局的受害者。”[40]

其他一些州以及保险机构也起诉了好事达。“（保险机构）系统性地少向投保人支付费用，并未充分检查每一项索赔的真实有效性。”2007 年，得克萨斯州前保险专员罗伯特·亨特（Robert Hunter）告诉来自美国参议院的调查小组。“如果你不接受它们很低的报价，你就得上法庭。而这是麦肯锡的建议。”[41]

㊀ 虚构的工厂名。——译者注

麦肯锡对接二连三地卷入灾难性项目做出了怎样的回应呢？答案是彻底否认责任。“在这个动荡的年代，”古普塔对《商业周刊》说，“我们为半数以上的《财富》500强公司提供咨询服务，那么就不可避免地会碰到一些陷入麻烦的客户。”麦肯锡再一次坚守了自己长期以来秉持的信条，即对客户发生的任何事情都不承担最终责任，它只关心事情是否会对公司形象造成负面影响。据它所知，不会。“能够撇清自己的错误，隐藏尴尬，向外界展示出金光闪闪的门脸——麦肯锡就得益于这样的事实。”1997年，《星期日泰晤士报》这样写道。[42]

会议室里的小孩

拉贾特·古普塔执掌的麦肯锡看起来与过去古板的样子大不相同了。它不分性别、种族和国籍地从世界各地招募最优秀、最聪明的人才——这台机器转动得比以往任何时候都要高效。这就是古普塔了不起的成就。他将麦肯锡的实践加以制度化，随着公司的发展，它借由自己的外界声誉和内部文化不仅攫取了利润，还获得了权力。智慧声望和个人财富的双重吸引力让它在全球最聪明的毕业生心目中占据了有利地位。2003年，麦肯锡甚至吸引到了比尔·克林顿的女儿切尔西加入。

但同时它也开始引起了大部分对自己不怎么有利的严肃审视。像《巫医》《危险公司》和《魔鬼咨询》一类的书都对咨询行业以及这个行业里无可争议的领导者持非常悲观负面的看法。尽管克里斯托弗·麦肯纳2006年出版的《世界上的最新职业》(*The World's Newest Profession*)是学术著作，但也聚焦到同一问题：鲍尔的专业主义目标在20世纪末期经济繁荣时期已经为商业主义所淘汰。事实上，随着20世纪90年代接近尾声，批评家怀疑，咨询行业已经发展得太过庞大和强势，与其说它在帮助客户，不如说它只是在帮助自己，当然，这样的控诉同样针对金融业。跟银行家一样，咨询师的所作所为都不再像表明自己是产业的仆从，他们摇身一变，成了发号施令的人。

《商业周刊》的约翰·伯恩抨击了《危险公司》。他指责作家詹姆斯·奥谢(James O'Shea)和查尔斯·马迪根(Charles Madigan)——两人都是《芝加哥论坛报》的获奖记者——写了“一本不了解情况、反咨询师的冗长作品，充斥着数十年来针对咨询师的牢骚怨言。两位作者谴责了该行业的高昂收费、重复使用陈旧建议、只说一些客户们想听的话，以及喜欢让刚毕业的MBA扮演解决问题的关键角色。但对任何人来说，不管他从咨询项目中受益还是受害，这些都算不上什么新闻。与此同时，他们未能说明这一行业到底是怎样运作的，以及它为什么如此成功……两位作者抓住咨询业一些众所周知的小缺点不放，甚至无法解释为什么企业每年要向咨询业交纳500亿美元服务费。”[43]

但伯恩没有抓住关键。警报之所以响起，并不是因为人们突然意识到了上述情况，而是因为咨询业(还有投资银行业)

到 20 世纪末期的爆炸式发展显示出美国精英 MBA 毕业生有相当大的比例分流到了麦肯锡这样的地方。这本书提出的问题并不是咨询本身有没有价值，而是咨询业崛起带来的机会成本是不是变得越来越高。

针对本国特有的资本主义品牌，美国人也开始提出比过去更为深刻的问题。在一个日益以服务业为中心的经济体里，美式资本主义到底是什么？美国仍然生产制造什么吗？世界上最强大的经济体真的能躲开满手泥泞的生产制造业务，仅仅提供融资或向他人提供做事情的建议吗？安然便是资本主义与真实世界分离的极端案例。这家企业的倒闭引发了一场持续至今的广泛意识形态讨论：企业在社会中应该扮演什么样的角色？

例如，华尔街的起源在理论上看起来很好：帮忙为持有资金的人和使用资金的人建立联系。但是到了 2011 年，国际金融的扭曲结构已经被普遍视为资本主义体系的负担，而非催化剂。金融部门将实体经济劫持为人质，令全球经济陷入了混乱。相比之下，咨询行业的起源在理论上也没问题：帮助高管解答棘手的问题，唤起迫切需要的变革。然而，一旦提供建议的人数开始超过接受建议的人数，系统就会倾斜到错误的方向。以上几本书的作者想知道的是，咨询业作为一个整体（以及作为这一整体旗舰的麦肯锡）是否变成了拖累，而不再是改变游戏规则和带来真实价值的人。

1999 年，《纽约客》（*New Yorker*）刊登了一篇令人难忘的报道，题为《会议室里的小孩》（The Kids in the Conference

Room)，作者尼古拉斯·莱曼（Nicholas Lemann）提出了这样一个问题：考虑到麦肯锡在招聘方面取得的巨大成功，美国是否决定“把学校培养的最顶尖的人才投入到大企业的精简化咨询项目上？”不论何时，这都是个尖锐的问题。既然在商业领域（虽说麦肯锡声称自己属于专业行业，但它显然是在商业领域开展业务）的工作不再有不光彩之处，那为什么更多的MBA毕业生没有进入生产制造型企业，反而去了诸如银行或咨询等支持行业呢？把这套逻辑推演到极端情况下，如果人人都去做咨询师，谁来接受咨询服务呢？

莱曼还探究了他眼里麦肯锡方法最核心的虚假之处。“麦肯锡方法不仅仅是关于商业的，”他写道，“麦肯锡要让混乱的世界屈从于聪明和有纪律的头脑之下。在你的一生中，你被一遍遍地进行训练和挑选，而现在是时候收取回报了：你终于能够有所作为了。你掌握了一种普遍适用的力量，能把事情弄清楚，向人们做解释。实际上，与其说它是提升人的智力掌控能力，倒不如说它是对智力进行掌控的模拟，更重要的是，它带给人一种感觉——就像是给了你一把能打开一切的钥匙。”[44]

2002年7月，《纽约客》发表了另一篇文章，进一步批评了新近兴起的对MBA的狂热崇拜（再说白点就是对麦肯锡的狂热崇拜）。文章由文化评论员马尔科姆·格拉德威尔（Malcolm Gladwell）执笔，题目是《人才神话》（The Talent Myth），其结论是：麦肯锡内部自欺欺人地接受了自己制造的一套废话。格拉德威尔写道：“麦肯锡咨询师们在安然宣扬的是他们信以为真的那一套东西。”[45]

聚焦于安然的同时，格拉德威尔还担心，企业对人才的痴迷已经远远超出了麦肯锡—安然的议题范围。麦肯锡 1997 年的研究《人才争夺战》引发了一轮新的热潮，传统人力资源职能上随之新增了一个维度：人才管理。它的理念简单来说就是：迅速提拔“有才华”的员工（不管“有才华”到底意味着什么），鼓励他跳出固有思维方式，并给予他高于他本人价值的薪酬。麦肯锡咨询师理查德·福斯特在《创造性破坏》中引用了安然一名员工荒谬的言论：“我们聘用非常聪明的人，并付给他们高于其自身价值的薪水。”这无异于一种让现实行为走向疯狂的理论。格拉德威尔在提到安然时语带讽刺地说，“管理者们从来没有想过，如果人人都必须跳出固有的思维方式，那或许是因为这样的思维方式需要加以纠正。”[46]

“如果是聪明人遭到高估了呢？”格拉德威尔问道。反过来，咨询师兼作家凯文·梅林在 2012 年《破碎的市场》(*Broken Markets*）一书中认为，对学历（如 MBA）而非对实际能力的过分崇拜，肯定会带来一种无意识的后果——让经济（以及麦肯锡）损失真正顶尖的人才。

如果说客户们并未向麦肯锡提出上述质疑，那么，有越来越多的记者正在这样做。一开始麦肯锡并不在乎，局外人从一开始就在质疑它的价值，可客户还是络绎不绝。但随后发生了一件事：自己人（特别是公司的年轻人，那些麦肯锡发动机的燃料）也加入了质疑者大军。

给古普塔打分

如果安然所导致的外部公关余波，外加其他搞砸的项目分散了古普塔的注意力，那么，他很快还将面临一轮来自内部的同等规模的甚至更大的挑战。一路走来，麦肯锡曾见识过许多轮极具竞争力的招聘威胁，从波士顿咨询公司、贝恩咨询公司到华尔街，但它从来没见过像“网络泡沫潮”这样的景象，没有任何人见过。

波士顿咨询公司曾向应聘者承诺，为自己效力要比在麦肯锡工作更能带来智力上的满足感，但在格鲁克时代，麦肯锡从根本上消除了这一威胁。华尔街一贯承诺，干自己这一行比做咨询能赚到更多的钱，但这也伴随着更长、更煎熬的工作时间以及更大的风险，而且（实事求是地讲），华尔街的工作中更有可能碰到人渣一般的上司。就算微软能制造百万富翁，但那又怎样呢？微软里每诞生一个百万富翁，就有一个被这家软件巨头压垮的破产的软件创业者。在硅谷工作也不是完全没有风险，更何况，你还要对付一大堆研究开发的技术问题。

但几乎在一眨眼之间，任何一个 MBA，只要他能写出一份网络初创公司的商业计划，并且敢于信口开河地兜售自己的想法，那就能一夜暴富，甚至完全不用承担任何风险。麦肯锡怎么能与这种新事物的吸引力竞争呢？同样，在互联网暴利时代，律师事务所甚至是华尔街又怎么与这种情况竞争呢？美国的每一家老牌企业都突然面临着同一个问题：它们看起来全都像是过时的货色了。

到 2001 年，硅谷雇用了 135 万人，是 25 年前的三倍。[47] 技术方面过去的守护神（微软、英特尔和戴尔），被新一代互联网相关企业［从网络设备制造商思科（Cisco），到纯粹的互联网公司 ebay，以及包括亚马逊和谷歌在内的终极霸主］挤到了一边。到 2000 年，美国家庭的财富大约有 25% 投资于股票（尤其是科技股），而 20 世纪 90 年代这一比例仅为 10%。[48]

麦肯锡咨询师们也情不自禁地加入了这支人员流动的大军，从看似古老的行业向新行业迈进。在互联网泡沫时期，麦肯锡的整体员工流失率从 16% 上升到 22%。这对于麦肯锡来说并不是太过巨大的挑战，但它的确吃了几记重拳：麦肯锡损失了自己在保险和技术领域的负责人，[49] 1999 年，公司在旧金山分部的员工有 1/3 辞职寻找新机会。[50] 由于离开的人太多，该分部很快在麦肯锡内部获得了一个外号："发射台"。麦肯锡的资深员工加入了 CarsDirect.com、Cyber Dialogue 和 Pet Quarters 等初创公司。

诱人的机会不仅仅来自网络初创公司，一种全新类型的咨询公司也突然出现，它们有着更为时髦的名字——Razorfish、Scient、Viant、Sapiant㊀——开展更富魅力的项目。它们所做的工作似乎也比重新绘制组织结构图更为重要。它们帮助企业利用互联网来改变做生意的一切方式——从采购到分销，再到怎样对待客户、为客户服务。

㊀ 均为数字营销企业。——译者注

对于麦肯锡来说，失去某个咨询师并不是什么致命的打击。那么致命的打击可能是什么呢？那就是麦肯锡为应对这一挑战而在自身运营上所做出的改变。从互联网热潮中破茧重生的麦肯锡，跟当初进入咨询行业的麦肯锡有了显著的不同：在拉贾特·古普塔的领导下，咨询师们系统性地放弃了鲍尔神圣原则。

麦肯锡运营上的第一个变化：改变过去拒绝客户用股权代替现金购买自己服务的做法。鲍尔曾说，接受股权，就种下了冲突的种子，咨询师因此有可能提出有望带来短期股权收益的建议，从而牺牲客户的长期目标。古普塔时代抛弃了这项政策。截至 2002 年，麦肯锡在此前的三年里已经拿到了 150 多家公司的股份，其中包括一些可疑的企业，比如一家名为"应用数码解决方式"（Applied Digital Solutions）的互联网企业，它标榜自己是"增强生活保障的个人安全技术"开发商。[51] 麦肯锡指出，股权投资只占自己总收入的 2%，而其他咨询公司这方面的比例高达 40% 以上。不过，按麦肯锡 2001 年 34 亿美元的营业额计算，股权收入相当于 7000 万美元，这绝非小数目。

第二个变化：古普塔还批准了薪酬与客户业绩挂钩的做法。鲍尔及其同时代人一直坚信：麦肯锡给出的建议只是建议，仅此而已，执行建议的是客户。和拒绝股权一样，鲍尔认为，成功酬金制度㊀会导致咨询师所提供的建议偏离正确的道路，因为该制度会让咨询师的注意力从尽量最佳的结果转向有可能带来最丰厚回报的结果。麦肯锡建议西班牙电信（Telefónica）朝

㊀ 类似于法律行业的"胜诉酬金制度"。——译者注

着互联网领域延伸发展，获得了 680 万美元的奖金。[52] 这一切很好，但此举引出了一种观念：可以根据客户的成功来评判麦肯锡，而这恰恰是鲍尔一直以来反对的事情。

第三个变化：尽管麦肯锡从不承认，在古普塔的领导下，公司开始为几乎所有花得起大价钱的客户效力。从詹姆斯·麦肯锡的创业时代开始，公司秉持的整个理念是，麦肯锡只为站在金字塔顶尖上的企业效劳，借此牢牢锁定自己在咨询行业金字塔顶尖上的地位。可等到 Pets.com 和 eB2B 等企业（它们远低于麦肯锡长期奉行的质量标准）抛出橄榄枝时，这一政策便被麦肯锡抛之脑后。在最疯狂的时期，麦肯锡承揽了多达一千项的电子商务合作协议。

第四个变化：麦肯锡一贯珍视的异见文化，被巨额利润带来的“一切都很好”的态度所扼杀。在此种环境下，提出不同见解或特立独行的难度突破天际。1994 年召开的一场全体合伙人大会上，受古普塔和亨茨勒在内的几名高管敦促，所有与会合伙人都站起身，手牵手，伴随着“四海皆一家”这样腻歪的歌词一起摇摆。在场的很多人内心十分惊恐错愕，但又深感无力抗拒。古普塔（以及许多与他关系亲密的同事）的风格是：“要么你支持我，要么你就是在跟我作对。”内部可以展开激烈辩论和争执的原有价值观，已让位给了沉默不语随大流，外加事后私下喝酒时发上几句牢骚。公开辩论和自由表达观点的文化（这些争论只针对事，不针对人），被“跟屁虫”（这曾是麦肯锡内部骂人最厉害的话）文化取代。

第五个变化：高级董事的薪酬高到让他们无视自愿退休的历史传统。二次置业和乡村俱乐部会员资格，升级成了买下私人农场和收藏艺术品，董事们的住宅追赶着《建筑文摘》的时尚标准不断翻新。董事们会邀请那些背负着沉重的大学学费债务的年轻新员工到家里吃饭，这带着不言而喻的点拨："总有一天，你们也能过上像我这样的生活。"可让人更加难过的是：第二天，在纽约分部大楼的走廊里，同一批董事从这些年轻新员工的身边走过时，却带着一脸什么也不记得的冷漠表情。

作为一家私人合伙企业，麦肯锡无须透露自己的财务状况，但据估计，古普塔担任董事总经理的年收入超过 500 万美元。至此，高管薪酬与初级员工薪酬的差距已接近 40 倍。当上董事总经理后，古普塔和家人搬进了位于康涅狄格州韦斯特波特的一座豪宅，这里和长岛湾咫尺之遥，房价高达 800 万美元，并曾是彭尼（J.C.Penney，美国过去规模最大的一家连锁百货商店的创始人）的家族产业。古普塔的冬季度假地是位于佛罗里达州海湾沿岸私人度假胜地棕榈岛的一栋价值 400 万美元的海滨别墅。2012 年，有人估计他的财富为 1.3 亿美元。

• • •

2001 年 4 月，互联网泡沫破裂。麦肯锡的收入泡沫也随之破灭：公司近些年来首次出现了收入下滑，2001 年的收入是 34 亿美元，2002 年缩水 12%，跌至 30 亿美元。公司用了 3 年缓慢攀升回 2001 年的水平（2005 年其收入为 38 亿美元），但在当时，收入的下跌引起了极大恐慌。2002 年，《纽约时报》

甚至刊发了一篇文章，题为《受经济衰退所伤，咨询巨头向内看》(Hurt by Slump, a Consulting Giant Looks Inward)。

它看的是什么？首先是拉贾特·古普塔在任期间的功绩。这些功绩使得古普塔在2000年不同寻常地通过了三场不记名投票，第三次当选董事总经理。虽然他引领公司达到了前所未有的繁荣水平，但过快的发展也让公司在经济衰退时显得格外脆弱。

2001年6月，古普塔要求公司全体891名合伙人为麦肯锡的资本金捐款。一些高级合伙人给出多达20万美元的资金。合伙人的薪酬也下降了1/3。在这件事情上，不是麦肯锡向他们支付薪酬，而是他们在付钱给麦肯锡。

麦肯锡的资产负债表问题并不是毫无征兆的。咨询公司在每年年底向合伙人兑现所有利润，故此，它通常只为接下来的三个月提供项目运转资金，仅此而已。他们的信贷额度能抹平业务上的波动，但仍然需要采取一种制衡措施，哪怕麦肯锡声称自己并不关注利润。“很明显，这些地方离倒闭就只有90天的距离。”金融服务咨询师查克·纽尔（Chuck Neul）说。[53]

古普塔使麦肯锡的重点更多地放在客户发展上，更加远离了“知识建设”。“钟摆确实偏离了一些，”2002年，古普塔对《商业周刊》说，“我要说，过去一两年，开发客户的优先级更高，这纯粹是因为它是目前最大的需求。”[54]这也正如沃尔特·基希勒在《战略简史》中所指出的，“每当业务下滑，合伙人对开创新知识领域的兴趣就会大为衰减；战斗口号转而变为了开发新客户，维持现有关系，寻找新目标”。

另外，麦肯锡突然发现公司变得臃肿了：因为其他领域的就业机会增加，麦肯锡发给MBA毕业生的聘书的接受率持续下跌，但是到了2000年，这一趋势发生了逆转。当年，麦肯锡发出3100份聘书，预计有2000人接受。可实际情况是2700多人接受了聘书。由于网络创业的风险性变得明显起来，麦肯锡发现自己再次受到了大批渴望获得稳定工作岗位的MBA们的青睐。同期的跳槽率猛跌至仅仅5%，再加上业务需求量的下降，最终结果便是麦肯锡招到了过多的新员工——按照公司计算，自己一度拥有2000人的冗员——咨询师的利用率跌至32年来的最低水平，仅为52%，几年前这个数字是64%。[55] 换句话说，有一半的咨询师拿着钱却什么事情也没做。

“我们兑现每一份工作邀约，也不会把人推出去。”古普塔对《商业周刊》表示，“除了传统的‘非升即走’的惯例，我们没有专门去裁员。”可是事实并非如此：2001年，麦肯锡“建议”9%的咨询师和分析师离职，而2000年，这个数字仅为3%。[56] 接下来的几年，麦肯锡的员工规模大幅缩减，咨询师人数从2001年的7631人减少到2004年的5638人。公司在北美的员工人数减少了40%，而欧洲和亚洲的员工人数都减少了15%。

“聘用优秀人才，放手让他们做事”是麦肯锡历来珍视的信条，可这次的事情却暴露了这一信条的弊端。如果你在世界各地雇用了10 000名员工，当地分部又没有任何集中监督（同样重要的还有一点，没有任何集中的财务规划），那么，整个机构就可能会因为外界的突然变化而面临真正的经济风险。实际情况就是这样。麦肯锡急于求成，发展过快，且追逐了一些不应该去获取的客户。有一段时间，咨询师在研究项目进行到一半的时候，只提前一周通知公司就离职走人。合伙人对他们不履行职业义务火冒三丈。可当经济下滑到来时，咨询师们也很生气：他们既拿不到奖金，又没能像公司承诺的那样接触到客户的 CEO。如果说，合伙人和咨询师之间的心理契约还算不上破裂，至少也是出现了罅隙。

即便古普塔执政时期麦肯锡的行为令人错愕，但公司的低迷仅是暂时的。古普塔还没把控制权移交给伊恩·戴维斯，业务就已经出现转机，并开始加速发展，麦肯锡的收入从 2002 年 30 亿美元的低谷，一路攀升到 2008 年的 60 亿美元，翻了一倍。哪怕在安然丑闻曝光后，客户们还是排着队等候咨询。2002 年 5 月，英国国防部聘请麦肯锡为自己那规模高达 60 亿美元的国防后勤组织进行“绩效”优化。[57]

最后的仪式

2003 年 1 月 22 日，马文·鲍尔去世，享年 99 岁半。“我告诉他，他已经活到了自己的第一百年，可以放手了。”他的儿子迪克说。[58] 鲍尔比他的第二任妻子克洛西德·德·维斯·斯图尔特（Clothilde de Veze Stewart）多活了四年，两人是在鲍尔第一任妻子海伦去世三年后结婚的。

拉贾特·古普塔在纽约布朗克斯维尔的归正教堂发表了五

篇悼词的最后一篇。“马文预见到了一种尚不存在的职业，”他说，“他察觉到了我们职业中的机遇，定义了我们的抱负，构建了我们的价值观，领导了我们的公司……从很多方面来说，尤其是在精神上和灵魂上，马文在退休后继续引领着它，而且现在仍然引领着它。”

这句话虽然说得情真意切，但是不乏讽刺意味——因为2003年的麦肯锡早就不是马文·鲍尔的麦肯锡了，而是拉贾特·古普塔的麦肯锡。“鲍尔赋予了公司原则，”麦肯锡的一位资深老兵说，“罗恩·丹尼尔给了它格调，弗雷德·格鲁克赋予它知性主义。拉贾特呢？别问我，因为除了克里姆林宫式的政治内斗，我根本想不到别的。”

鲍尔把咨询从一门生意变成了一种职业，麦肯锡成了这种职业的旗手。他最后得到了什么奖励？他眼睁睁地看着拉贾特·古普塔和他的同辈将它重新变成一门生意。机构本身延续下来，但曾经珍视的价值观被抛诸脑后。拉贾特·古普塔的麦肯锡是一门生意，不再是一种职业——这就是全部。诚然，这是一门非常成功的生意。以仁慈的眼光来看待古普塔的任期，你可以看到公司不断地发展，在全球各地影响力的持续深化，以及合伙人财富的指数级膨胀。

当然，五年后——那时候他已经悄悄从侧门离开了——拉贾特·古普塔对麦肯锡造成了比他在位时更大的损害。2012年，他因内幕交易而被定罪，而其中部分不法行为是他还在麦肯锡工作的时候就已经开始了的。

第十章 价值观的力量

公司的核心价值观是公司文化的灵魂，是公司解决内外矛盾的一系列行为准则，是引导公司未来发展方向的明灯，是公司坚持不懈想让全体员工都信奉的信条。公司对核心价值观的坚持，不但对内可以提升公司员工的士气，增强其工作时的使命感，而且对外也能彰显良好的公司文化和品牌形象。

180° 转向

在 2000 年麦肯锡管理合伙人选举中，拉贾特·古普塔抵挡住了时任伦敦分部负责人的伊恩·戴维斯和时任纽约分部负责人的迈克尔·帕索洛斯－福克斯（Michael Patsolos-Fox）发起的激烈进攻，赢下自己的第三个也是最后一个的任期。戴维斯是一个性格和善的英国人，1979 年就在麦肯锡工作，他立场坚定地呼吁公司应该回归鲍尔所树立的价值观，并希望扭转前 10 年的过度商业化倾向。但古普塔赢下了这次挑战。毕竟那还是在2000年，人们还没有完全认识到互联网经济的繁荣如同海市蜃楼。

三年后，古普塔已经不可能参加第四次竞选，于是戴维斯和帕索洛斯－福克斯再次交手。2003年2月27日，《经济学人》刊登了一篇报道以记录星期日即将开展的选举。“不要被这种礼貌、低调的预期所迷惑，”文章这样写道，“下周公告的发布会成为麦肯锡历史上的一个关键时刻。”

该杂志写道，戴维斯“没有太强烈的雄心壮志，但对麦肯锡的传统价值观有着坚定的信念，尤其是对客户长期关系的投入，向代表公司未来的咨询师们给予培养与关怀。”[1]这份包装精美的背书显然是麦肯锡内部透露出来的风声。杂志并没有批评帕索洛斯－福克斯，只不过把他定位成更像是古普塔时代的延续者。当时公司的280名高级合伙人已经不再能够像之前那样认识自己的每一位同事，这篇文章无疑让选举朝着有利于戴维斯的方向倾斜。

帕索洛斯－福克斯的结局并不糟：为了安慰他，戴维斯让他担任公司在美国业务的总负责人。类似的，唐·韦特输给古普塔之后被任命为公司的首席财务官。大部分在麦肯锡选举中失利的人并不会愤愤不平地离开。“再说了，他们能去哪儿呢？”一位前合伙人问道，“如果你在麦肯锡工作了25年，一年能挣到300万～500万美元。你并没有太多别的地方可以去，除非有人让你担任某家大公司的CEO。”

戴维斯被标榜为“价值观合伙人”。他是个文雅有教养的英国人，为人正直，并能够在大多数有关麦肯锡的谈话中表达公司的核心价值观（客户第一，必须直接应对敏感话题，人才是麦肯锡最宝贵的资产，按最高的标准恪守真实、正直和信任），因此在同僚中颇受好评。他更关注提升公司内部的士气，而不是挑战公司的公众形象，他在当选一年半之后才接受了媒体的第一次采访。

通过选出戴维斯，麦肯锡合伙人们释放出一个信号：他们希望恢复罗恩·丹尼尔的领导风格——坚定的领导，而不是贪婪的领导。只不过，戴维斯并不是丹尼尔的复刻品：丹尼尔显得冷漠，而且有点专横，戴维斯却平易近人。他能让人们感到自在轻松，并对身边的每个人都表现出真正感兴趣的样子。戴维斯比丹尼尔更为敏锐，但也具备强大的同理心和换位思考能力。他就是自己那一套理念的鲜活例证：光有智商（IQ）还不够，还必须培养能力商（Capability Quotient, CQ）和关系商（Relationship Quotient, RQ）。能证明戴维具有关系商的一个例子是，他坦率地承认麦肯锡在自己当选之前就出现了转机，是古普塔带公司度过了最糟糕的时期。他不光对古普塔这样说，也对自己这样说。即便如此，在 2004 年，他刚一上任就重新发行了马文·鲍尔的书《麦肯锡视角》（*Perspective on McKinsey*），以明确地否定批判此前十年的激进扩张。

戴维斯在担任董事总经理的六年里所做的事情是重建麦肯锡的信心。这家合伙企业十分喜欢自我批评，麦肯锡咨询师又不喜欢把事情搞砸。“我花时间跟合伙人一起讨论价值观，”戴维斯解释说，“只是想重申我们的基本使命和宗旨。我告诉他们，客户又逐渐多了起来，但别为此感到太过兴奋，这是我们必须从过去四年的经历里吸取的教训。”[2]他所言的要旨是：麦肯锡应该把客户的利益放在首位，不得将自身的需求跟客户需求放在同等地位。自马文·鲍尔时代以来，这种微妙的区别一直难以界定，但在古普塔时代，这一基本优先顺序显然颠倒了，这让麦肯锡在文化方面付出了巨大的代价（哪怕它的钱包似乎并未吃亏）。

“伊恩在一个非常困难的时期担任董事总经理，”1997—2003 年担任公司西班牙分部负责人的胡安·霍约斯（Juan Hoyos）表示，“他让我们专注于价值观、创新和独特性，并且不断强调。这些慢慢渗透，并帮助我们重新夺回了一度失去的高地。”[3]在公司内部，戴维斯再次要求咨询师们要相互认识，十分鼓励合伙人向助理和员工重做自我介绍（下属们几乎分不清自己的上司）。他称这是要让麦肯锡“人性化”。

施加控制

在专业服务型企业，尤其是像麦肯锡这样充满主动创业者的企业，组织总是在集中控制与自我管理之间摇摆。经济景气时，缰绳会放松，咨询师们可以在麦肯锡的庇护下自由地发展各自的业务。到了困难时期，缰绳会收紧些。伊恩·戴维斯当选时，他的首要任务之一就是勒紧缰绳。

问题显而易见。公司需要把资产负债表控制、成本控制、沟通、公关、招聘和风险管理集中起来。麦肯锡在20世纪90年代末期为追赶更激进的同行（尤其是互联网和一般技术领域的咨询公司）基本上放弃了所有集中控制的计划。“作为一家机构，麦肯锡实际上并不做决策。”前合伙人卡特·贝尔斯承认，“它有点像是‘爬行钉住汇率制度（Crawling Peg）’[㊀]，随着时间的推移而调整，无须做出突然的改变。”[4]

麦肯锡采取这一制度的原因根植于公司所珍视的合伙人自治的组织理念。麦肯锡一直是一家去中心化的组织，维系它靠的是公司上下统一的认知：对咨询师的同化、职业的规范、如何选举、怎样获得薪酬、实际工作应该如何完成。但现实中的咨询业务往往由咨询师自己来负责。分部也具有本土化的决策权力，比如人才招聘。而出岔子的地方也正来自这里：对招聘持有的普遍乐观情绪，随着地方层面的强力推进而加剧，让招聘活动热情过度，而又缺乏内部控制手段对其进行提醒抑制。

于是问题来了：如果需要实施新的控制，谁来负责执行呢？“最初的几个月，我们努力想弄清楚谁拥有决策权，”戴维斯长期以来的得力助手米歇尔·杰拉德（Michelle Jarrard）说，“我们通过优秀的麦肯锡方式来学习和了解——跟我们自己的一支项目团队共同审视回顾。”[5]此反思带来的结果之一是：麦

㊀ 爬行钉住汇率制度是视通货膨胀情况，允许货币逐渐升值或贬值的一种汇率制度。在此制度下，平时汇率是固定不变的，但视通货膨胀的程度而定，必要时可每隔一段时间做微小的调整。——译者注

肯锡的增长率从古普塔时代的近 20%，收缩到了戴维斯时代的 6% ～ 8%。

虽然以合伙人民主方式议事决策，但并不是说麦肯锡没有自己的决策控制机构。鲍尔有“执行小组”，罗恩·丹尼尔有“执行委员会”，拉贾特·古普塔创办了“总经理办公室”。麦肯锡也存在官僚政治，在它的权力中心也存在一定程度的宫廷斗争。沃伦·卡农在幕后为鲍尔和丹尼尔行使权力，杰罗姆·瓦萨拉罗（Jerome Vascellaro）为格鲁克和古普塔行使权力，戴维斯则有米歇尔·杰拉德。

从这时起，杰拉德就是戴维斯政权下行使职权的关键人物。她用一套古老的麦肯锡信条来形容自己的目标。“我们有自己的语言，”她说，“包括公司的价值观、使命和指导原则。这些不是宗教信条，无关道德上的好坏是非。它们是决策的路标，仅仅反映了我们的意图。”杰拉德帮麦肯锡进一步拓宽了招聘范围，到 21 世纪最初的几年，麦肯锡大约有 40% ～ 45% 的人拥有 MBA 学位，40% ～ 45% 的人有最高级的学科学位，10% ～ 20% 是有经验的外聘人员。2011 年，麦肯锡还雇了两名牧师。

戴维斯并未完全赢下他跟地方利益集团争夺控制权的战役。长久以来，纽约的金融机构集团（Financial Institutions Group, FIG）都是麦肯锡董事总经理的眼中钉。这个小团体赚的钱太多，以至于这些人对公司里其他部门的担忧常常视而不见、置之不理。一位咨询师说，戴维斯安插了一位高级合伙人，负责“暗中打破”纽约 FIG 帮。年轻的咨询师们还认为，包括洛厄尔·布莱恩和彼得·沃克在内的一批年长合伙人的继续留任违背了麦肯锡的一项关键原则：年长合伙人应在正常退休年龄前后主动离职，以为年轻合伙人腾出位置。“在古普塔手下，这些人耀武扬威，”一位合伙人说，“但他们一直把麦肯锡的品牌视为自己的养老保险。从这方面来说，他们违背了鲍尔的意愿。”但这一尝试失败了：戴维斯安排的人四个月后就离开了麦肯锡，2012 年，布莱恩和沃克反倒继续待在公司。

和古普塔一样，戴维斯并未因麦肯锡突出的分析能力所带来荣耀（它吸引了许多麦肯锡的咨询师）自满。但他的确比自己的前任更重视“知识”。古普塔为了追求利润，取消了格鲁克珍视的“实践简报”。戴维斯又恢复了这一制度。到 2008 年，麦肯锡主张“有效创造、分享、保留和转移知识资产的能力，是 21 世纪企业可持续发展的唯一竞争优势”。在某种意义上，这是麦肯锡在兜售自己的“万金油”，公司只是在销售知识。但从另一个角度来看，这代表麦肯锡对古普塔时代的事情进行了拨乱反正，重新重视起格鲁克时代的要求。

雇佣军，而非传教士

到 2004 年左右，麦肯锡已经完成了它长久以来想要达成的目标（尽管它从未承认）：成为一支高端雇佣军，参与具有高影响力的合作项目。“麦肯锡咨询师非常擅长战术一类的东西，”一家大型私募股权公司的合伙人解释说，“战略方面我们不需要他们。但他们可以做任何你想要他们做的事，包括填写电子表格。我每赚一美元，就花 0.2 美元去找他们，这样我就不必雇用太多助理了。他们一般每个星期花费我 10 万美元。”

到 21 世纪头十年中期，这些电子表格有不少都用于一件事情上——帮助高管为企业裁员找理由，这是麦肯锡最畅销的产品之一。

2003 年，咨询师们建议麦迪逊广场花园（Madison Square Garden，为 Cablevision 所有）减少 3.5% 的员工。[6]

2005 年，麦肯锡建议金融赞助商德克萨斯太平洋集团（Texas Pacific Group）和瑞士信贷第一波士顿公司将德国高级浴室设备商高仪集团（Grohe）的员工从 4300 名砍到 1300 名，建议者认为既然该集团 80% 的产品都来自德国以外的地区，那么也就不应该在成本高企的母国制造 80% 的产品。麦肯锡跟德国工会的合作素来困难重重，这一建议让它陷入了更深的困境。[7]

2007 年，麦肯锡向沃尔玛提出一个理论：聘用一名有七年工作经验的中级职员的成本比聘用一名只有一年工作经验的初级职员要高出近 55%，但两者的生产率并无差别。[8] 除了明显地冒犯了中级职员（要沃尔玛解雇经验丰富、忠心耿耿的老员工，改聘用廉价的新员工），它无非是“非升即走”的再次复刻。连沃尔玛这样的地方，麦肯锡都能推行自己的体系（不过，反过来说，在沃尔玛这位零售巨头身上，麦肯锡似乎看到了能跟自己一较高下的偏执。据沃尔玛的一名前员工说，这家零售巨头一度怀疑咨询师泄露了本公司的机密备忘录，于是开始监视起咨询师在项目中的上网活动。）[9]

2009 年，大型杂志公司康泰纳仕聘请麦肯锡帮《纽约客》《名利场》（*Vanity Fair*）《服饰与美容》（*Vogue*）的出版商调整规模，以适应房地产泡沫破灭后的全新广告环境。媒体擅长的就是书写宣传自己的经历，所以有了下面这个有趣的故事：麦肯锡的那些 MBA 让《服饰与美容》的安娜·温特（Anna Wintour）和《名利场》的格雷登·卡特（Graydon Carter）等人缩减 250 美元的天价午餐费用，作为回馈，媒体人们（包括本书的作者）给了麦肯锡自安然事件以后前所未有的曝光量。

《纽约观察家》（*New York Observer*）刊登的一篇题为《康泰纳仕的镀金时代已终结》（The Gilded Age of Condé Nast Is Over）的文章，收录了康泰纳仕 CEO 查尔斯·汤森（Charles Townsend）的一段话："我请他们……从上往下看看我们做生意的方式：我们的流程，我们的生意之道，技术的运用，我们为盈利而配置资源的方式，我们沟通的方式，我们向消费者宣传的方式。"[10] 尽管麦肯锡声称讨厌这样的报道，但这段话在麦肯锡耳朵里听来只可能像是在唱赞歌。

它听上去就像是麦肯锡说的话。"目的是传递影响力，"合伙人多米尼克·卡斯利（Dominic Casserley）解释说，"这是个笼统的说法，但涵盖了成本削减、收入增长、战略以及更多方面。我们改变公司里人们的决策或行为方式。这就是这个职业的意义所在——帮助别人用不同的方式去做事。”[11]

当然，康泰纳仕的主要目标无非是削减成本。在麦肯锡的建议下，该公司停发了四本刊物：《曲奇饼》（*Cookie*）、《优雅新娘》（*Elegant Bride*）、《美食家》（*Gourmet*）和《摩登新娘》（*Modern Bride*）。大约 180 名员工遭到辞退。“在我们着手解决……财务控制和支出控制的时候，麦肯锡在背后看着我们，”日后，汤森对《广告时代》（*Ad Age*）这样说，“它在这个过程给予的支持无比宝贵。”[12]

康泰纳仕的一些高管对此过程并不认可。“他们在这里显得有点突兀，”公司最为成功的杂志之一的发行人说，“一群穿着考究、提着笔记本电脑的人，我不知道他们对我们的业务能有多了解。尽管出版业的事情很简单——你要么写文案，要么卖广告，但是，这个团队里没有一个人写过文案或者卖过广告。”

“如果你从来没踢过足球，你凭什么能去一支足球队当教练呢？”他继续说，“我说的不是专业人士的工作领域，我说的是任何领域。他们什么都不知道。我才不在乎他们在时代公司或者梅雷迪斯集团（Meredith Corporation）花了多长时间解雇员工。他们使用一套愚蠢的红黄绿颜色系统，向我解释的时候还把我当成个五岁小孩儿。我真想把手伸到桌子对面，抓住其中一个并把他扔出房间。媒体报道他们的项目越来越多的时候，你真该看看他们的样子。他们双眼圆瞪，就像上流社会戴着白手套的傲娇女人，只希望在自己结婚或者死掉的时候上两次报纸㊀。”

麦肯锡在当时的出版业风靡一时。《华尔街日报》《巴伦周刊》(*Barron's*) 和《智富》(*Smart Money*) 杂志的持有机构道琼斯（Dow Jones）也找来了咨询师们（虽然道琼斯的高管们坚持说，自己寻求的是发展，而非裁员[13]），时代华纳也曾聘用麦肯锡帮助旗下的出版单位时代公司削减据称一亿美元的成本。新上任的 CEO 劳拉・朗（Laura Lang）后来雇用了麦肯锡的竞争对手贝恩咨询公司帮自己为这家举步维艰的杂志社谋求出路。[14,15] 然而，到 2012 年年底，麦肯锡又想办法回到了这座大厦。[16]

满意的客户们通常不会大声宣扬，他们喜欢自己揽下功劳。但有些客户不这样。在伊恩・戴维斯任职期间，麦肯锡有好几十家这样的客户。2008 年，会计和咨询公司毕马威的英国和德国子公司决定合并后，总公司的董事长兼 CEO 蒂姆・弗林（Tim Flynn）聘用麦肯锡长达 18 个月，以协助该品牌的伞形公司㊁“毕马威国际”制定全球战略。一直以来，会计师事务所都局限于各国国界，而此举为毕马威提供了一些内部动力，让它能够以更全球化的视角看待自身业务。这项任务开始时规

㊀ 这话的言外之意是，别的时候上报纸就意味着卷入了丑闻。——译者注

㊁ 伞形公司是指以投资与被投资关系建立的具有独立法人地位的公司组成相互关联的公司群体。这种公司群体形象就像一把打开的伞，因此也称其为伞形公司。通俗地说，它是在一把伞下，网罗了众多参股公司。例如，纯投资性公司不直接投资工厂生产，作为跨国公司在当地的法人代表总部直接参股或控股当地企业，由面对面管理代替总部远程指挥。——译者注

模较小，但很快扩大了范围，因为毕马威的高管们发现，麦肯锡可以帮助自己理解在专业服务领域怎样利用全球化的趋势。

客户们是如此喜爱麦肯锡，以至于咨询师们跳槽并流向各行业公司 CEO 岗位的潮流持续而迅猛。2008 年，《今日美国》发表的一篇文章指出，麦肯锡员工日后运营一家市值超过 20 亿美元企业的概率，在所有企业中最高——超过了通用电气、IBM 这些老牌的高管“黄埔军校”。[17]

重返公共领域

尽管公司早期在华盛顿取得了成功，但当 20 世纪 60 年代面临利润压力时，麦肯锡迅速撤出了该地区。此后的 40 多年里，麦肯锡基本上避开了政府业务。21 世纪，情况又发生了重大变化，主要体现在两个方面。一方面，在合伙人南希 · 基利弗的指导下，公司重新开展了与公共部门的合作业务；另一方面，麦肯锡渗透进入了奥巴马政府。

1997—2000 年，基利弗在克林顿政府担任了三年的财政助理部长。2000 年，她回到麦肯锡，并表达了帮助公司继续为公共部门工作的意愿。

尽管伊恩 · 戴维斯日后成了这项业务的支持者，但他在当时并没有立即表态赞同基利弗重建美国公共业务的提议。“他对我说，他认为这不是个好主意。”基利弗回忆说。基利弗是瓦萨学院经济学荣誉毕业生，还拥有麻省理工学院斯隆管理学院的 MBA 学位。“我有大把消费日用品领域的客户，他建议我最好多花时间关注这些客户。我对他说：‘我想你没弄明白，伊恩。我不是在请求你允许。我打电话告诉你我要做些什么，只是出于礼貌罢了。’”

戴维斯不仅认为基利弗最好把个人能力用在其他地方，他还在琢磨，麦肯锡真的能像对企业客户那样（即通过对最佳实践提供建议）为世界各国政府的提供咨询服务吗？“伊恩认为，所有的政治都是地方性的，”基利弗接着说，“我则主张我们可以通过与政府合作来增加价值。”基利弗是对的，戴维斯也逐渐接受了公共部门的业务。到 2010 年，它已成为麦肯锡发展最快的业务之一，项目遍及美国、欧洲、亚洲和非洲。

基利弗及其团队在“9·11”事件后帮助联邦调查局提升其国内情报能力，包括反思该机构应怎样运作，怎样招募人员。为了在中国站稳脚跟，麦肯锡降低了自己一贯的高收费标准。但替美国政府工作时它坚守了自己的价格底线。根据公开披露的麦肯锡与政府部门签订的合同，聘用 1 名项目经理和 3 名咨询师，每星期要花费纳税人 164 165 美元。[18]

本着麦肯锡的典型风格，公司辩称，这符合政府客户的最佳利益。“我不希望提供给政府的服务比我们提供给企业客户的差，”基利弗说，“我希望麦肯锡做出同等的承诺，咨询师拿出同等的才干。我不希望我们成为公司庶出的儿子。”[19] 值得一提的是，世界各地的吝啬政府都认为麦肯锡值这个价。

在市政一级也是如此。纽约市长布隆伯格（Bloomberg）任职期间多次聘用麦肯锡。麦肯锡的工作有时是免费的（比如为警察和消防部门分析“9·11”事件中暴露出的问题），有时是有偿的（比如撰写一份关于纽约怎样在高级金融领域与伦敦抗衡的报告）。教育部也聘请了麦肯锡的咨询师，而纽约市的“规划纽约”（PlaNYC）项目（这是一项雄心勃勃、涉及面很广的活动，针对人口问题、基础设施老化、气候变化和经济演变等）就建立在麦肯锡的数据分析基础上。[20]

2008年，贝拉克·奥巴马当选总统，提名基利弗为自己的“首席绩效官”，试图让她加入己方阵营，只可惜，她因为没帮家政工纳税，落进了典型的华盛顿陷阱！2009年，她放弃了提名，决定继续待在麦肯锡。但基利弗并非总统团队里唯一的麦肯锡人。奥巴马的过渡团队里有两人都是麦肯锡的前员工——财政部团队的联席负责人迈克尔·沃伦（Michael Warren）和经济团队里的罗杰·弗格森（曾担任过美联储理事）。他任命麦肯锡全球研究院前负责人戴安娜·法雷尔担任国家经济委员会副主任，麦肯锡资深咨询师、风险投资家卡伦·米尔斯（Karen Mills）担任美国小企业管理局负责人。

《经济学人》注意到奥巴马偏好雇用麦肯锡类的幕僚，指出这明显有别于小布什执政时期对高盛前员工的喜爱。“民众的心态发生了变化，”该杂志的编辑说，“在布什执政时期，曾为当时华尔街风头最盛的投资银行高盛效过力，似乎本身就成了担任要职的资格。毕竟，在这个时代，重要的是理解金融市场和全球化，在世界各地拥有广泛的人脉……新时代或许更重视寻找切实可行的方法改善庞大官僚机构的运转。”[21] 至于克林顿夫妇，则一直喜欢拿过罗德奖学金的优等生㊀。

该杂志说得有道理。如果说，此前的十年是为了增长而增长，那么，后房地产泡沫时代则是关于怎样修复一切遭到破坏的东西。华尔街类的人更适合做啦啦队，麦肯锡类的人是修补匠。就连总统候选人米特·罗姆尼也说，如果当选，他会考虑让麦肯锡来“修补”政府。[22]

麦肯锡与奥巴马政府的密切合作再次展现出了麦肯锡强大的可塑性。麦肯锡全球研究院是劳动力市场和资本市场不受约束理念的强力支持者。贝拉克·奥巴马不一定有同样的认识——他不仅支持对华尔街的援助，还支持随后大范围的监管改革，不让全国房地产市场自由落底。从某种程度上说，麦肯锡与这位总统如此亲近，在理性上提议有失真诚。但这也不意外，因为不管麦肯锡嘴上怎么说，在公司里面，权力和影响力总是胜过观念。再说了，哈佛大学毕业的书呆子们总是惺惺相惜——而奥巴马也拥有哈佛大学的法律学位。“如果咨询师们不能机灵地跟上车队，那他们就什么也不是了。”《经济学人》后来写道，“奥巴马入主华盛顿……那是希望和炒作浪潮的完美象征。”[23]

2009 年 7 月，麦肯锡全球研究院发布了一份研究报告，论述联邦政府在 10 年里可以通过生产力的提高节省多少开

㊀ 罗德奖学金设立于 1902 年，是一个国际性研究生奖学金项目，每年挑选各国已完成本科的精英生前往牛津大学进修。——译者注

支。咨询师们认为，这个数字介于 450 亿～ 1340 亿美元。“不要把它想成是降低成本，要想成是增加价值……这是一大笔钱，很值得追求。”基利弗当时这样说。[24] 麦肯锡全力以赴地对它展开了追求，而且不仅限于在美国：公司为至少 6 个西方国家的国防部工作，给客户带来的累计经济影响超过 150 亿美元。[25]

如果说麦肯锡成功地拿下了世界各地利润丰厚的政府业务，那么在一个地方，它更是真正渗透到了政府当中：这个地方就是伦敦。几十年来，它频频进入伦敦唐宁街 10 号，几乎从无间断。英国金融服务管理局的负责人，自 2008 年以来就一直是麦肯锡校友阿代尔·特纳（Adair Turner）。诺曼·布莱克威尔（Norman Blackwell）男爵于 1995 年开始负责托尼·布莱尔的政策部门，他曾是麦肯锡校友里最接近政治权力核心的人，到 2010 年才由另一位校友威廉·黑格取而代之。这一年，黑格出任了英国外交大臣。

2012 年年初，伦敦《每日邮报》刊登了长篇文章，揭示了麦肯锡在 NHS 中的影响力。文章内容包括指控麦肯锡存在严重的利益冲突，比如它建议政府修订处理医疗服务合同的方式，使其有利于麦肯锡自己的企业客户，而后又提前与私企客户分享了这些提案的信息。

文章还突出强调了麦肯锡获得影响力的方式，其中包括咨询师花费巨资为一位国家医疗服务的监管者提供飞往纽约的商务舱机票、五星级酒店住宿和奢华的宴会。这位监管者是谁？

大卫·贝内特（David Bennett），他自己之前就当过麦肯锡的咨询师。好几位咨询师在麦肯锡和 NHS 之间来来回回地更换身份，比如汤姆·基巴斯（Tom Kibasi），他离开麦肯锡后做了 NHS 的政策咨询师，后来又重返麦肯锡；还有大卫·考克斯（David Cox），他离开麦肯锡成为伦敦 NHS 的战略经理。[26]

助力新泡沫

如果说在 20 世纪与 21 世纪之交麦肯锡被互联网泡沫潮打了个措手不及，那么，在同期发生的金融服务浪潮中，它绝不是落后者。2002 年，该公司为全球 120 家知名金融服务公司中的 80 家提供服务。[27] 长期以来，不管是来自纽约的老客户美林证券和花旗集团，还是采用近乎专属垄断的方式合作的瑞士的银行巨头客户，麦肯锡从这些银行和银行家手里赚到了巨额利润。麦肯锡校友进驻了几乎每一家重要金融公司的高管办公室。

麦肯锡对自己的金融专业知识甚感满意，参与了一场公开的“远见宏图”展示活动——1997 年，咨询师莱尼·门东卡（Lenny Mendonca）和格雷格·威尔逊（Greg Wilson）在《华尔街日报》上发表了一篇社论，宣称：“金融巨鳄的时代已经到来。”

两位麦肯锡合伙人预测：“五年后，金融服务业将与今天完全不同……金融服务业务将……由若干全国和全球性巨头主导，它们的规模会让今天最大的玩家也相形见绌。”他们的预测完全正确。在这方面，最合适的例子要数2009年的摩根大通，它是过去20多年里整合了多家银行的产物（包括第一银行、大通曼哈顿银行、化学银行、第一芝加哥银行、JP摩根银行、汉华实业银行和底特律国民银行）。

但是他们所得出的结论完全错误。他们说："一如其他整合行业，这些巨头将精密运营，获得高生产力、高创新性、娴熟的兼并和收购技能……股东、客户和整个社会都将变得更美好。"[28]杰米·戴蒙执掌摩根大通时，这家银行的确有精密运营，擅长兼并和收购——2008年，摩根大通对贝尔斯登（Bear Stearns）和华盛顿互惠银行（Washington Mutual）的紧急捞底收购就是明证。但它只是个例外。在另一件事情上，它同样是个例外：它是各大银行里唯一一家以"观察备用"的态度对待麦肯锡的机构。其他的几乎所有的主要金融机构，不管是雷曼兄弟银行，还是美林证券、花旗集团，全都是麦肯锡的大客户，它们在繁荣顶峰时期都明显丧失了有效的管理和风险控制能力。最终，股东、客户和整个社会都并未受益。

对房地产泡沫的事后剖析已经颇多，涉事的各方也都承受了指责：肆无忌惮的银行家、阴暗的抵押贷款经纪人、误入歧途的政策制定者、无能的监管和中央银行机构，以及贪心的房主。虽然麦肯锡偶尔也会向抵押贷款经纪和政策制定者提供建议，但是它的大客户是银行。那么，它的咨询师们当时是怎么对客户说的呢？

"对（一个行业）监管机构的影响能力"的概念得到了他

们的支持与背书。换个更合适的说法，也就是“监管俘获”（Regulatory Capture）。[29] 在有关监管的讨论中，麦肯锡肯定不是站在“加强管理”的那一边。事实证明，政府监管机构对银行的高昂收费视而不见，这不仅对行业，还对整个社会产生了危害。

还有一点也不可忽视：咨询师们对银行的说辞还是他们赞美安然的那一套——通过证券化或其他方式把资产从资产负债表里转移出去，是实现持续且不受阻碍增长最可靠的途径。此类建议大部分是基于历史分析的（历史分析表明证券化效果非常好），但债券大范围失效导致美国房地产市场跌入谷底，证明这种回溯式分析视角存在缺陷。这种对模型的依赖，直接脱胎于麦肯锡及哈佛商学院认为“过去是未来可靠指标”的核心信仰。

“你从哈佛商学院得到的是一张了不起的人脉网络，以及一套可以靠它哄骗别人度过余生的工具，”2009 年，第四电台商业记者彼得·戴（Peter Day）对伦敦《星期日泰晤士报》这样说，“它是一种思考习惯——对常规情况做出常规反应。哈佛商学院的教学基于案例分析，它讲的始终是人们怎样应对过去发生的事情。所以面对信贷紧缩时，这么多象牙塔里的精英都没有能力对它做出反应也就不足为奇了。”[30]

而且，麦肯锡和其他机构完全支持银行家为了寻求更高回报而在“风险曲线”上走得更远的做法。具体而言，它们推出了“风险调整资本回报率”（Risk-Adjusted Return on Capita,

RAROC）以及“股东增值”（Shareholder Value Added，SVA）的概念。这两个设想都建立在一个简单的前提下。“从理论上说，如果一家银行把资本从风险调整资本回报率低的业务中抽出来放到回报率较高的业务里，那么，股东资金的总体回报率会更高，而银行在行业食物链里的地位也会更高。”凯文·梅林在《金融市场崩溃》(*Financial Market Meltdown*) 中解释说，“这在当时似乎是个好主意。”[31] 只可惜，它并不是。当然，推动风险调整资本回报率的不只有麦肯锡。许多规模较小、专注于金融服务的咨询公司也在兜售类似的想法。但考虑到麦肯锡有能力利用自身品牌和组织效率，并通过一种基本上是工业流水线高效生产的方式来为一个概念加大杠杆，麦肯锡咨询师们便成了最有效的理念传播者。

实际上，麦肯锡在很多年前就开始了引导银行家们步入歧途的长期工作。梅林在《金融市场崩溃》的续集《破碎的市场》中指出，20 世纪 80 年代，麦肯锡的银行业务巨头洛厄尔·布莱恩是银行家们的首选咨询师。梅林认为，当时，麦肯锡针对管制宽松的公共事业，加速构建一套产业竞争战略模型。[32] 这个成果在一段时间内颇为有效，但最终演变成一种复杂而又昂贵的银行模型。在此种模型下，银行家不能仅仅是提供信贷，还要切实地创造出信贷需求。而随着时间的推移，他们走得越来越远，掉入了可疑信贷的深渊。“在信誉良好的借款人中，很难再生成更多的需求，”梅林说，“所以，正如我们在银行业过山车一般的历史中反复见到的，贷款方开始在风险曲线上渐行渐远。”这个过程持续多年，直到集体性风险在银行的眼皮子底下彻底地爆发。

麦肯锡就是因为过度关注分析细节，丧失了对现实的全局把握——它制定的银行产业战略跟拖垮安然的战略惊人类似。只不过这一回咨询师们帮忙吹起的不是一家公司的股票泡沫，而是整个全球经济的泡沫。“安全放贷之法很简单，变数也不大。”梅林写道。[33]可麦肯锡正在帮忙让自己所有的银行大客户背离这一原则——让它们关注销售和市场营销甚过其余的一切——而这，带来了可预见的灾难性后果。

麦肯锡还宣传过一个类似“人才战争”的伪概念来散播恐惧，以催促自己的大客户们行动起来。这个新概念叫作“极端竞争”。2005 年《麦肯锡季刊》上发表的一篇文章称，任何行业的顶尖公司在 5 年内都有 20% ～ 30% 的概率将会丧失领导地位。这一风险在仅仅一代人的时间里就翻了两倍。[34]而文章中暗示的解决方法是：找一名咨询师来为你指明出路。

文章中给出的一个出路是：发放尽可能多的贷款，把它们尽快打包，从后门把它们卖给那些容易上当的机构投资者们。与此同时，为你的资产负债表加上前所未有的高杠杆，以求实现丰厚的回报。以美国的投资银行为例，它们把杠杆倍数从 2003 年的超过 25 倍提高到了 2008 年的近 35 倍。

有趣的是，麦肯锡全球研究院也对繁荣时期全球金融市场的发展进行了大量研究，却得出了与公司的最大金融客户所施行的战略相悖的结论。“和世界其他地方一样，我们未能完全掌握金融危机爆发之前发生了什么，”戴安娜·法雷尔说，“但我们开始对经济中的杠杆水平提出警告。”[35]麦肯锡全球研究院建立了一套独特的全球数据库，并领悟了一个名为“金融深化”的概念，认为光是着眼于单个机构还不够，真正的理解只能来自整个系统范围的分析。麦肯锡全球研究院指出，1980 年时金融资产与全球国民生产总值相当，1990 年增至两倍，2000 年增至三倍。“我们一直在调查，我们知道这很重要并且需要敲响警钟，”法雷尔解释说，“但我们并未完全理解这种情况的不可持续性。”

但麦肯锡（以及当时为诸多金融机构服务的咨询公司）很乐于看到金融服务部门的利润飙升——从 1980 年占美国企业总利润的 15% 涨到了 2007 年的 41%。麦肯锡咨询师告诉客户的跟法雷尔所说的麦肯锡全球研究院得出的结论不一定相同。按照《纽约时报》的说法，2007 年，麦肯锡在评估通用电气金融部门风险的项目中告诉客户，来自贸易顺差国家的钱（不管是中国，还是中东的石油生产国）在可预见的未来能为通用电气增加的贷款和杠杆提供缓冲。[36]这是个彻头彻尾的错误建议。

或许是因果报应，麦肯锡自己的投资在泡沫破裂后也出现了亏损。2008 年，麦肯锡补充退休金方案的价值下降了 21%，年初的总额是 38 亿美元，金融危机发生后减少了 7.8 亿美元。说到投资，麦肯锡在经济景气时代的投资成绩跟它的建议一样好坏参半。而且，麦肯锡跟其他投资者一样容易上当受骗：公司在彼得斯集团（Petters Group）的庞氏骗局中损失了 1.935 亿美元。但是，麦肯锡又从投资银行和对冲基金操纵担保债务凭证的游戏里赚到了钱，因为它投资了磁星对冲基金（Magnetar），也就是如今臭名昭著“磁星交易”（Magnetar Trade）的始作俑者。

2002 年，瑞银集团聘请麦肯锡帮忙判断自己是否应该进入中型企业的杠杆收购市场。但麦肯锡和瑞银集团自己的董事会对此事一直犹豫不决，直到 2006 年，那时候的最优做法是：退出中间市场杠杆收购。“我看着一位同事并问他，‘我们该怎么停下来呢？’”瑞银集团的一位前高管说，“他对我说，这需要花三年。当时，人们认为瑞银集团是厌恶风险的。要我说，他们是厌恶做决策。除非麦肯锡已经花了一年或者更久的时间研究某件事，否则他们才不会扣动扳机。”

“让我抓狂的是，麦肯锡知道瑞银集团有多糟，”这名高管接着说，“它明明知道。我问它，为什么不告诉苏黎世的 CEO 或者董事会。问的时候我其实是知道答案的：告诉了这些人，麦肯锡自己的饭碗可能就保不住了。这会砍掉他们在这个项目上从我们手里赚到的 800 万～ 1000 万美元。”这个抱怨引出了一个重要问题：华尔街公司雇用咨询师研究六个月，来告诉自己怎样制定战略，这到底是不是明智之举？如果你的公司是生产汽车的或者卖汤料等快消品的，你可能有较长的项目交付期，但是证券交易可不能耗上半年进行分析。可以说这就是多年以来高盛从竞争中脱颖而出的原因。高盛有自己负责做决策的人。而他们所做的定夺，瑞银集团要用两年来考虑。

因为几乎每家重要的银行都聘请了麦肯锡，到20世纪90年代中期，有50家公司在同一时期专注于同一件事——全球战略。[37] 10年后，又出现了同样的情况，这就带来了“系统性风险”这个耐人寻味的问题。尽管在房地产泡沫破裂之后的废墟里，仍然遍寻不着麦肯锡的作案痕迹，但它的咨询师的的确确曾为许多吹起了泡沫并因此倒闭的公司提供了咨询建议。不管麦肯锡为具体的客户提供了怎样具体的建议，它都没有把整体而言最好的建议告诉客户——应该朝着减少（而非增加）杠杆的方向努力。故此，麦肯锡建议的本质，往好了说具有偶然性的价值，往坏了说则具有毁灭性的效果。

麦肯锡是怎样应对这场危机的呢？2008年10月，它开办了“不确定性管理中心”，负责人是洛厄尔·布莱恩。没错，就是通过向一家又一家美国银行推荐相同的做法从而建立起强大银行业务的那个洛厄尔·布莱恩。纽约分部银行业务部门流传着这样一个笑话：“我们会先对银行的分行网络进行合理优化，不断优化一家又一家的银行，直到它们觉得削减力度太大，于是钟摆摆向另一侧。等到时机到了，我们就开始做银行分行网络扩张研究，寻找有机扩张、收购等的途径，直到钟摆再度往回摆。复原。重复。”重复同类研究是咨询界的摇钱树。你不需要创建销售文档或工作文档，只需将客户的数据填充到既有框架中，然后做之前做过的事，靠着一个最简单的等式来收获利润：低成本 = 高利润率。

2009年，咨询师们开始敦促政府采取“全政府转型”

（Whole-Government Transformation）的措施[38]应对信贷危机，而他们自己则在此过程中充当向导。2009年8月，曾在零售银行业过剩最严重的时期负责麦肯锡此项业务的奥利弗·詹金（Oliver Jenkyn）被Visa公司聘请，负责战略和公司发展。事实再一次证明，哪怕没能给出恰当的建议，也不妨碍进一步的合作。

2009年，处境艰难的保险业巨头美国国际集团CEO爱德华·利迪聘请麦肯锡帮忙厘清该组织价值数十亿美元的混乱局面——这或许反映出他在好事达工作期间对麦肯锡颇有好感。美国国际集团将这一项目称为“命运计划”。但考虑到美国国际集团当时正面临着倾覆的危机，咨询师们竟然未能像通常一样拿下这桩业务，可谓是一次重大失败。“美国国际集团同时找到了训导专家艾睿铂（AlixPartners）和麦肯锡，”当时为保险公司效力的一位咨询师回忆说，“艾睿铂的员工不停地告诉美国国际集团管理层，麦肯锡只会谈理论，而艾睿铂则是战地医院。而在战地医院里，麦肯锡就像是脑外科医生，没有机会一展所长。”这样一来，当美国国际集团的境况愈发紧急的时候，麦肯锡就成了牺牲品：2009年中期接任利迪担任CEO的罗伯特·本默切当机立断地让咨询师们卷铺盖走人。

反受成功之害

值得注意的是，全球经济衰退并未对麦肯锡的业务造成太大影响。公司收入在2003年时处于低谷，仅为30亿美元，但它在金融危机期间也保持增长状态，到 2008 年就达到了 60 亿美元，此时，麦肯锡已在全球拥有 82 个分部、15 000 多名员工。

2007 年，在新加坡举行的公司合伙人会议上，伊恩·戴维斯和米歇尔·杰拉德展示了他们的一项内部研究成果，其内容是麦肯锡在互联网泡沫中遭受了怎样的重创。互联网行业的兴衰只影响了 5% 左右的世界经济，却对麦肯锡造成了沉重打击。考虑到互联网泡沫破裂在硅谷、纽约、伦敦和斯堪的纳维亚（这些都是麦肯锡的要塞）引发的金融风暴，此种结果实在不足为奇。然而，在让全球经济遭受了巨大冲击的金融危机中，麦肯锡几乎毫发未损。这是因为除了传统的客户开发，戴维斯和杰拉德还至少在一定程度上将公司的重点放在了内部控制上。

不过，麦肯锡发现自己正面临一个新的问题。这个问题显得特别严重，而且它总变着花样反复出现：公司现在太成功了（规模也很庞大），有可能会变成一家丧失青春活力、墨守成规的官僚机构——而这种情况，正是麦肯锡多年以来提醒自己的客户们要竭力规避的。

2007 年，在优兴咨询（Universum）评选的 MBA 心目中最佳雇主排行榜上，谷歌把麦肯锡从第一的位置挤了下来。此前，麦肯锡已稳坐这把交椅 12 年之久。此变化的部分原因当然要归功于谷歌的惊人成功，但在过去的 10 年里，麦肯锡已经比任何觊觎这一宝座的企业占据更久。

2009年,《财富》将麦肯锡评为美国最佳领导者培养公司的第四名，排在IBM、宝洁和通用磨坊（General Mills）之后。这虽是个不小的荣誉，却也宣告了一个时代的终结：麦肯锡已经不再被视为全世界领导者的一流孵化机了。同年，在优兴咨询的问卷调查中，谷歌继续领先于麦肯锡，这一排名一直持续到2012年。雪上加霜的是，在求职网站Glassdoor发布的2012年最佳职场排行榜（这份榜单完全根据员工的评价打分）上，贝恩咨询公司（排名第一）连续四年超过麦肯锡（排名第二）。被谷歌战胜是一回事，而被一家直接竞争机构超越则完全是另一回事。据Poets & Quants称，2011年，麦肯锡是从顶尖商学院招聘MBA最多的企业。[39]质量是否跟得上数量，这是一个说不清道不明的问题。

按照一些人的看法，到2009年，麦肯锡吸引了一个完全不同的群体。“感觉很沉闷，和世界产生了隔离感，”一位公司里从事辅助性工作的员工表示，“当然，那些全神贯注于图表和团队的MBA大概不会产生这样的感觉。他们上的是好学校，可并不聪明。他们是非常成功的苦力。”

“我认为，麦肯锡最根本的问题是，它没有真正的产品，”她继续说，“如果什么都没有，你会怎么做？你会把别人认为是生活一部分的东西变成商品，比如个性和智力。你把它们变成‘单位’。麦肯锡把基本的人类思想物化，逼得咨询师变成‘工作流’‘二分法’和‘框架’。他们不是知识分子，他们是制度化的个人。他们花了很多时间在图书馆里死记硬背。他们或许会提到自己的新‘框架’，但这并不像是电动汽车或者别的什么东西。”

麦肯锡尝试继续制造愈加明显的精英错觉。摩根大通赞助的年度企业慈善活动要求参与者在 T 恤上印制公司标识。2009 年，麦肯锡内部展开了一场激烈（并且荒唐）的辩论，议题是关于是否应该因为这个要求而拒绝参加此项活动。

更重要的是，麦肯锡如今的规模已经太大了，于是在职员工或者校友的问题行为的发生概率也开始上升。2007 年，中国警方在一项涉及设备订单（这些订单流入了麦肯锡自己的采购部门）的贿赂调查中拘留了 22 人。经过调查，2 名麦肯锡员工接受了 4 家设备供应商共计 25 万美元的贿赂。[40] 2008 年，德国邮政（Deustche Post）CEO、麦肯锡校友克劳斯·楚姆温克（Klaus Zumwinkel）引咎辞职，后因逃税近 150 万美元被捕，他戴着手铐出现在电视上。

麦肯锡历来的传统是假装无视自身的财务状况，而以客户的需求为重。俗话说，做好工作，年底自然有进账。但等到规模太大，损益表上的每一项都涉及上亿美元甚至更多的时候，再这样就行不通了。2008 年，尽管表面上业绩强劲，但麦肯锡削减了合伙人 1/3 的奖金。[41] 另外，公司还砍掉了 4.4 亿美元的支持服务，包括营销、“声誉”、风险和网络技术支持。

伊恩·戴维斯做了他当选之后该做的事情，也就是在动荡的古普塔时代后稳住了麦肯锡，实施一些严格的内部控制。他不仅做到了，还见证了公司持续的有力发展。2009 年 7 月 1

日，相对低调的加拿大人鲍达民（Dominic Barton）接替了他的职位。鲍达民在麦肯锡工作的大部分时间都待在亚洲，跟人合著过《危险的市场：金融危机中的管理》（*Dangerous Markets: Managing in Financial Crises*）一书。这在当时是个很合适的书名。可是鲍达民很快发现，自己要管理的完全是另一种危机。

第十一章

合格领导者的必备能力

麦肯锡在公司发展的重要转折点总能选出合格的领导者，带领公司渡过难关。这些合格的领导者大多数具有这些能力：长远的眼光、扎实的根基、优秀的人格魅力、强大的组织能力、恰到好处的平衡能力及对全局的掌控能力。

态度温和的加拿大人

2009年，鲍达民继詹姆斯·麦肯锡、克罗克特、鲍尔、克利、沃尔顿、麦克唐纳、丹尼尔、格鲁克、古普塔和戴维斯之后，当选麦肯锡第十一任董事总经理。他无疑是麦肯锡历史上最低调的人。尽管在全球事务中拥有巨大的影响力，他仍然带着些许萨迪斯（萨迪斯是加拿大不列颠哥伦比亚省温哥华市郊外的一个农业社区）小镇男孩的气质。如果逼他表态，他也会为自己的当选表现出相当的意外。

他的当选的确实属必然，因为麦肯锡似乎又一次找到了与时代相契合的领导者。从表面上看，鲍达民代表着延续伊恩·戴维斯较为克制的领导风格。毕竟，戴维斯曾是他的导师。而且，他显然是普通大众想要的那种领导者：在一项行业调查中，排名前50的公司中仅有6位CEO得到了员工100%的支持，而鲍达民就是其中之一。[1]但他的成绩不止于此。如果说艾尔·麦克唐纳是20世纪70年代的苦口良药，弗雷德·格鲁克是80年代专业知识重要性的代表，拉贾特·古普塔是90年代全球增长的名人，鲍达民的当选表明，和世界上其他地方一样，麦肯锡把注意力转向了远东，不仅把它视为客户和咨询师的源头，还把它视为业务理念的源头。麦肯锡又一次获得了长远眼光。

他来自上海

鲍达民于1986年加入麦肯锡，在当时他属于一个相对少见的群体——没有MBA学位的新员工。但他并没有和麦肯锡的标准差太多——他毕业于英属哥伦比亚大学，并获得过罗德奖学金，在牛津大学拿到了经济学研究型硕士学位。此外，除了学位和良好的修养，他还拥有一系列麦肯锡所看重的品质：永不满足的好奇心，与同事互动时真诚和富有成效的互动关系。当选董事总经理两年前，作为董事的鲍达民被大多数咨询师视为自己的导师。高级合伙人拉里·卡纳里克当时就注意到了这一点，但是他说，自己没有意识到他提前 24 个月就看到了 2009 年的选举结果。

与以往的董事总经理截然不同的是，上任仅两周后，鲍达民就接受了加拿大《环球邮报》（*Globe and Mail*）的一次深入采访。这就是全新的麦肯锡，在对媒体采取了几年较为防御的姿态之后，它再次主动地与记者们建立并维持起密切的联系。鲍达民在采访中告诉记者，他在乌干达出生并度过了童年，他的父母（一位英国国教的传教士和一名护士）因为纵容儿子未经允许偷偷溜上了军队的路虎越野车，遭到了一名军官的训斥。而那名军官正是乌干达未来的暴君：伊迪·阿明（Idi Amin）。[2]

乌干达的经历令鲍达民爱上了旅行，全家人回到加拿大之后（鲍达民在麦肯锡工作的前 11 年都待在多伦多分部），每当公司开拓新的分部找不到合伙人时，鲍达民就抓住机会挺身而出。就这样，他先是搬到了澳大利亚的悉尼，而后又去了韩国的首尔。他刚到韩国，亚洲金融危机就拉开序幕并严重冲击了韩国的银行体系。不过对鲍达民来说，这场危机却像是天赐良机：韩国有 34 家银行无力偿还债务，所以，他的第一个大项目就是帮助韩国重组整个银行体系。“公共部门的工作令人兴奋，”他回忆道，“而且，当时整个地区都处在动荡当中，这更是惊心动魄。”[3] 鲍达民后来在麦肯锡的上海分部负责亚洲业务，当选董事总经理后才搬到伦敦。（和麦肯锡的所有合伙人一样，他的经济状况相当不错，他在上海、伦敦和新加坡都拥有房产，在加拿大旅游胜地马斯克卡地区还拥有一处避暑别墅。）

鲍达民在学术产出方面与拉贾特·古普塔截然相反。光是有关亚洲问题他就写出了80多篇文章，当选两年后，他为西方经济造成的混乱所开出的处方——《着眼于长期的资本主义》（Capitalism for the Long-Term）——在《哈佛商业评论》（没错，当然就是这本杂志，除了它，还能有什么地方？）上发表。事实上，他的学者气质实在是太浓了，在公司工作的最初几年，多伦多分部合伙人甚至提醒他，虽然在象牙塔里穿肘部有衬布的花呢西装显得很得体，但是在麦肯锡这里绝对不行。

鲍达民的文章强烈呼吁商界领袖掌控自己的命运，抢在政府施加控制之前改革"体制"。它还重申了麦肯锡的基本信条之一：企业应该是一股向善的力量，管理者有责任纠正"治理、决策和领导"方面的失误。鲍达民在文中主张从所谓的"着眼于季度（短视）的资本主义"转向"着眼于长期的资本主义"。

"在我看来，东西方最显著的不同在于，领导人在做重大决策时所着眼的时间期限，"他分析了自己在亚洲度过的超过12年后如此写道，"2008年，李明博当选韩国总统后不久，我们就进行了讨论，他请我们帮忙对韩国的未来60年做一番思考与展望……而在美国和欧洲，短视则是常态。"[4]

鲍达民引用麦肯锡的研究称，一家公司70%～90%的市值与未来三年或更久预期的现金流有关。"如果绝大多数公司的价值取决于此后至少三年的业绩，管理层却专注于三个月的财务报表数据，那么资本主义世界就出问题了。"他写道。他甚至敢触及公司治理辩论的第三个话题：CBA 的薪酬。他建议对当前的方法做一些改变，包括对高管进行为期 3 ～ 5 年的评估。

根据他部分的长期规划，鲍达民推动麦肯锡向所谓的专属知识信息库（Proprietary Knowledge）方向进行投资，哪怕三年、五年甚至七年内看不到回报也在所不惜。专属知识信息库的一个成果是：麦肯锡推出了“组织健康指数”（Organizational Health Index）的概念，客户可选取任意数量的组织表现维度（比如，员工满意度、创新力或公司方向），然后在一套专用数据库（收录了超过 600 家客户和超过 28 万名员工的情况）中进行对比。对那些寻求持续改进企业运作方式的高管来说，此类信息可谓是一座金矿；组织健康指数也迅速成为麦肯锡客户服务武器库中的一款强大新兵器。

另一个专属知识信息库的成果是：麦肯锡现在能够追踪整个银行业的“全球利润池”。例如，如果客户想知道自己在韩国的分期贷款业务盈利能力是否达到标准，麦肯锡可以告诉他们，与全行业相比该业务处于什么水平。“我们将始终是一家客户服务型企业，这是我们最重要也最主要的角色，”德国分部的负责人弗兰克·马特恩说，“依靠鲍达民对专属知识信息库的投资建设，我们朝着这个方向前进得更快了。”[5]

大移居的双刃剑

随着麦肯锡校友人数持续增长（截至 2011 年，公司的校友名录共收录了 23 000 人)，校友网络中忠心耿耿的麦肯锡人让老东家的潜在客户数量与日俱增。

校友不仅是未来项目的稳定来源——麦肯锡校友斯蒂芬·考夫曼（Stephen Kaufman）后来当上了艾睿电子公司（Arrow Electronics）的 CEO，他在十年间委托麦肯锡开展了八项研究[6]——还喜欢招聘校友。安德拉尔·皮尔逊为百事可乐聘用了十多名麦肯锡校友，其中包括日后执掌西屋电气的迈克尔·乔丹（Michael Jordan)。郭士纳为美国运通雇用了超过十五名麦肯锡校友。[7]“从很多方面看，美国运通就是麦肯锡的子公司，”一名麦肯锡前合伙人说，“它没有自己培养的管理人才，所以才不断地从我们这里掠夺。”

1993 年，麦肯锡校友、后来成为亚什兰石油公司（Ashland Oil）总裁的保罗·切尔格伦（Paul Chellgren）向《商业周刊》解释了这种偏好：“(在麦肯锡工作）就是上了商业经验速成班，”他说，“这是一次浓缩式体验，在短期内看到大量的公司、行业和问题。你拿到了学士学位、MBA 学位，还有麦肯锡学位。”[8]

日后，郭士纳将自己的名字刻在了 IBM 的荣誉门上，在那里，他引导了现代商界最震撼人心的一次组织转型，之后他成为凯雷集团的董事长。不过郭士纳在 IBM 也证明了校友们不总是能帮到“母校”。执掌 IBM 之后，郭士纳创建了一支咨询团队，这支队伍在短短四年里快速成长，每年能获得 110 亿美元的收入，这明显对麦肯锡的技术咨询业务展开了直接攻击。这是从麦肯锡的口袋里掏钱，而不是往里塞钱。

那些离开麦肯锡之后到外面被委以重任的校友无一例外地发现，自己在新的工作岗位上必须要有所调整。首先，他们必须学习如何真正地管理人。在麦肯锡，除了 4 ～ 6 人的项目团队，他们很少有机会这样做。“这恐怕是最艰难的转变了，”一位校友承认，“你会发现，你的敏感度需要比在麦肯锡的时候强得多才行。”其次，他们必须接受一个关于企业环境的事实：大多数企业的等级制度比麦肯锡森严得多。“刚到美国运通时我惊讶地发现，在一家大型的等级制组织，开放交流观点没那么奏效。而我在麦肯锡学到的是，在没有等级制的时候，开放交流可以解决一切问题。”郭士纳在他畅销一时的自传《谁说大象不能跳舞？》中这样写道。[9]郭士纳成功地把麦肯锡的部分魔力带到了美国运通，而且更多地带到了 IBM，他因此名扬天下：这家计算机制造商曾经因为自满经历了一段漫长而缓慢的衰退期，是郭士纳让它恢复了活力。

比尔·马塔索尼解释了为什么人脉网络是让麦肯锡出类拔萃的一个因素，因为它的存在就证明了麦肯锡是一家“领导者制造工厂”。马塔索尼离开麦肯锡之后到波士顿咨询公司工作了五年，但他认为，自己最主要的身份仍然是麦肯锡人。“波士顿咨询公司问我，为什么它的校友不如麦肯锡的幸福。”他说，“我对他们说，很简单，一个人离开波士顿咨询公司的时候，别人会对他嗤之以鼻，认为他是个失败者；要是有人离开麦肯锡，他会获得建议，并为自己在公司度过的时光感到自豪。”[10] 换言之，麦肯锡没有庸人，那些离开麦肯锡的咨询师，他们依然带着老东家所赋予的耀眼光环。

就连那些因在地盘之争中失利而被迫离开的人最终对麦肯锡的印象仍然很好。汤姆·斯坦纳曾与洛厄尔·布莱恩一起担任麦肯锡银行业务负责人，也曾与卡特·贝尔斯一起监管麦肯锡内部的技术工作。1992 年，他带着 16 名咨询师离开麦肯锡，前往科尔尼咨询公司负责金融服务。在互联网繁荣时期，他创办并出售了自己的咨询公司米切尔－麦迪逊集团，赚到了比在麦肯锡工作时候多得多的钱，可当他提起在老东家的时光时却显示出一股宗教般的狂热感。

麦肯锡校友获得真正有影响力职位的能力有增无减。2009 年 6 月，C. 罗伯特·基德［C. Robert Kidder，麦肯锡校友，波顿化学（Borden Chemical）和金顶（Duracell）两家公司的前董事长］就任克莱斯勒汽车集团的董事长。2010 年 5 月，罗恩·奥汉利离开麦肯锡，加入梅隆金融，与阿比盖尔·詹森（Abigail Johnson，詹森是富达的直系后人）一同承担共同基金巨头富达投资的管理职责（等詹森的父亲离任后，奥汉利有可能成为该公司的下一任负责人）。2010 年，伊恩·戴维斯在短短四个月里，不仅被任命为石油巨头英国石油公司的董事会成员，在强生集团和安佰深（这是一家极为成功的私募股权基金，由麦肯锡校友罗纳德·科恩爵士与他人共同创办）也是如此。

并非所有的麦肯锡校友都会立即拿起电话挖走从前的同

事，尤其是那些新近离开公司的人，他们非常清楚麦肯锡初级合伙人和董事们对创造新业务方面贪婪无度的需求。即使麦肯锡在商界和政界有着越来越深厚的人脉，在谈判桌上，麦肯锡也有了越来越多的对手，它们不仅知道麦肯锡擅长些什么，还清楚它的努力和相关费用会浪费到什么地方。换句话说，这种良性循环也可能弄巧成拙。

一位目前担任某大型金融机构负责人的麦肯锡校友解释说，他如果碰到高度分析性的重点项目工作，就会找麦肯锡帮忙，但他没有时间参加典型的麦肯锡闲谈。“在麦肯锡工作过，现在又变成它的客户的人，”他说，“分成两种类型。有像我这样的人，并不太聪明，但理解它胡说八道的一面。我们不会沉溺于脑力游戏的自娱自乐。还有些人，他们更喜欢脑力高潮，他们雇用麦肯锡是因为他们就是喜欢和其他麦肯锡人在一起。他们去了其他公司之后会想：‘天啦！这里的所有人都是笨蛋。我想跟某人一起用白板讨论互联网对甲乙丙丁的影响。’这些人并未真正和麦肯锡告别，在别人眼中，他们依然是麦肯锡所挑选和培育出的精英人士，也因为这样他们的组织讨厌他们。”换句话说，麦肯锡最好的客户是迫切需要来上一剂麦肯锡良药的瘾君子。

“我有两位高级合伙人，他们每隔三个月就会来探望我，”这位校友继续说道，“我告诉他们，我只想要一张纸长度的解决方案。但等他们来了，坐在椅子里往后一靠就开始说，‘怎么样？你对现在的进展感觉如何？’我回答说，‘我们为什么要进行这样的对话？’我现在不需要治疗。这就像有人告诉他们要倾听 CEO 的需求，并提些开放式的问题。真是业余的外行人。我想让他们告诉我们五种能让关键业务的基础成本降低 5% 的方法。在此类情况下，一点细微的变动都涉及真金白银。我对花上 500 万～ 1000 万美元做咨询这事情没有异议，但我需要的是精准的步枪点射，不是猎枪散射。”

麦肯锡会雇用自己吗？当然，它每天都这样做，米歇尔·杰拉德说。“尽管有些人会说，麦肯锡作为客户来说是个大难题，因为它根本没做好改变的准备——这是胡说八道。我们动作很快。任何时候都有许多支麦肯锡的团队为麦肯锡工作，由麦肯锡的项目经理负责，按麦肯锡的标准计费。”[11]

随着投资者和媒体对任人唯亲现象越发警觉，这些分布各处的麦肯锡校友也遭到了越来越多的审查。2010 年 6 月，金融服务机构保诚集团（Prudential）高调的 CEO 谭天忠（Tidjane Thiam，麦肯锡校友）以 355 亿美元收购友邦保险（美国国际集团的亚洲业务）的项目宣告失败，却向麦肯锡咨询师们支付了 300 万英镑。[12] 投资人们做出了愤怒的回应。

犯罪心理

这里有一个惊人的统计数据：就在几年前，麦肯锡还坚称在其 80 多年的历史里没有任何合伙人或其他员工被控违反证券法。（不是说没有任何违法行为发生，只是说没有人因此受到指控。）这是一个值得注意的说法，尤其是考虑到麦肯锡与犯罪活动季节性高发的华尔街在理念上的接近。麦肯锡坚称的事情在2009年10月16日发生了改变：联邦特工逮捕了麦肯锡董事阿尼尔·库马尔，指控他加入了历史上最大的内幕交易团伙。

由于库马尔在被捕时晕倒，不得不短暂送医就诊，麦肯锡有好几个小时都对此指控一无所知。混乱的状况一度让人搞不清指控到底是跟恐怖主义一类的"安全"问题有关，还是跟内幕交易这样的"证券"[㊀]问题有关。无论如何，这总归不是件好事情。

鲍达民立即开启了"损失控制"模式，他在麦肯锡召集了一支詹姆斯·邦德（James Bond）式的间谍特工小组，即特别运营风险委员会（Special Operating Risk Committee，SORC），包括各地区领导、公司的法律总顾问让·莫利诺（Jean Molino）、负责媒体关系的迈克尔·斯图尔特（Michael Stewart）。逮捕库马尔那天是星期四，星期六时鲍达民向员工发出了一则通告，告诉了大家库马尔被捕的消息。星期日，麦肯锡校友们也收到了类似的消息。在那个周末剩下的时间里，鲍达民一直在跟一位高度关注麦肯锡舆情风险的客户通电话。到星期一早晨，鲍达民收到了心烦意乱的现任合伙人和前合伙人们发来的近900封电子邮件，他们要求获得更多信息。

㊀ 在英语里，Security指的是安全，但其复数形式Securities指的是证券。——译者注

听说这个消息后，著名的麦肯锡校友汤姆·彼得斯表达了麦肯锡校友们的普遍心声，哪怕是那些已经离开公司几十年的人也免不了这样想："我离开麦肯锡是因为我感到了疏远，以及我与公司在'追求卓越'项目上存在的巨大分歧。但为这家机构工作的经历，仍然让我感到无比自豪。我一听说这件事，立刻打电话给鲍勃·沃特曼，'这是怎么回事？这肯定不是我知道的那个麦肯锡。我觉得事有蹊跷。'鲍勃并未表达不同的意见。"[13]

这对鲍达民来说是一段煎熬的经历，他上任才三个月，甚至来不及组建自己的团队。这对伊恩·戴维斯来说是一种耻辱。"逮捕和所有事情都是在我离开后才发生的，但罪行本身发生在我督管之下。"戴维斯说，"这是我担任董事总经理期间发生的最糟糕的事情了。"[14]

尘埃落定，库马尔被指控的罪行是涉嫌向其沃顿商学院的同学、对冲基金亿万富翁拉杰·拉贾拉特南贩卖客户机密，后者利用这些机密为自己市值30亿美元的帆船基金（Galleon Fund）创造利润，事态的严重性也一目了然了。麦肯锡和任何客户关系的基础都来自信任。企业与麦肯锡分享其最具竞争力的秘密，双方都理解保密的至关重要。麦肯锡咨询师甚至不应该将客户的工作事宜告诉自己的伴侣——可这一回，却出现了一个暗地里出卖客户机密以谋求私利的内鬼。

如果库马尔加入的是麦肯锡机构内的某种内幕交易团伙，那么，麦肯锡很可能像安达信那样破产。就算他是单独行动，紧张的客户也可能集体叛变。至少，被库马尔出售了信息的客户——AMD、Business Objects、三星和飞索（Spansion）这几家技术公司——恐怕会与麦肯锡断绝关系。

阿尼尔·库马尔是麦肯锡的硅谷专家之一，在众人眼里，他是个安静、谨慎，甚至有些害羞的人。他是拉贾特·古普塔的门生（有人说，他是古普塔的“拎包仔”），虽然在麦肯锡的资历平平，但是仍然当上了高级合伙人。了解他的人认为，这至少部分是因为他跟古普塔的关系。“他是拉贾特的追随者，”一位麦肯锡前合伙人说，“但没什么啦，老大总是要养着一些忠实的老部下。”

但库马尔确实有一份令人印象深刻的履历。1986 年加入麦肯锡之后，他于 1993 年前往印度帮助公司开展当地业务，还创办了新德里麦肯锡知识中心，这家研究和分析的分支机构充当起即将席卷印度的外包浪潮的早期先头部队。[15] 1996 年，他和拉贾特·古普塔共同协助印度政府创办了位于海得拉巴的印度商学院。1999 年在为学院铺下奠基石后他回到美国，在麦肯锡的帕洛阿尔托分部跟技术客户合作。回归之后，印度工业联合会（这是一家游说组织）请他担任印裔美国人理事会的联合主席。[16]

库马尔很快通过著名的资深辩护律师罗伯特·莫维罗（Robert Morvillo）否认了这些指控，只不过，这种否认只是形式上的，且近乎滑稽。政府的录音证据清楚地显示，在 2008 年 8 月的一通电话中他建议拉贾拉特南购买 AMD 的股票，而此时AMD公司尚未宣布劳动节[㊀]之后阿布扎比政府有意向自己投资60亿～80亿美元。

麦肯锡在司法程序开启之前就采取了措施。公司令库马尔无限期休假，并要求凯威以及卡拉瓦斯（Cravath, Swain & Moore）两家律师事务所进行内部调查，查明腐败的程度。2008年12月，麦肯锡与库马尔完全断绝了关系。2010年1月，库马尔对一项证券欺诈指控和一项证券欺诈共谋指控认罪。拉贾拉特南自2003年起支付给他的260万美元（其中包括库马尔以其管家的名义存在瑞士银行账户里的钱，以及库马尔存在拉贾拉特南帆船对冲基金账户下的部分资金）被悉数没收。2012年年中，在拉贾拉特南和古普塔各自的联邦立案案件中，库马尔为逃避牢狱之灾提供了对两人不利的证词，他之后仅被判处两年缓刑。另外，他遭到了麦肯锡的永久驱逐。

但这里有一件值得注意的事情：哪怕麦肯锡的名字卷入了拉贾拉特南调查和随后的审判这趟浑水，但其收费并未因此下降——至少没有下降太多。按《福布斯》估计，麦肯锡2011年的收入为70亿美元。[17]

撇开有韧性的收费能力，这仍然是一场公关噩梦，而且持续恶化。2010年3月，《华尔街日报》报道称，拉贾特·古普塔本人也卷入了调查。这个消息引发了两个几乎无法想象的问题：麦肯锡竟然有一位董事总经理参与了内幕交易？他在麦肯锡执政期间干过这样的事吗？

㊀ 美国的劳动节是九月的第一个星期一。——译者注

别了，古普塔

放眼公司历史上所有的董事总经理，拉贾特·古普塔在离开麦肯锡后给自己塑造起了最高调的公众形象。实际上，在2007年他从公司离任时就已经走上了全球公民和慈善家这条第二职业道路。2001年，印度古吉拉特邦地震发生后，他帮忙筹集了10亿美元的救灾资金。他与比尔·克林顿共同创办了美国印度基金会（American India Foundation）。古普塔还与他人共同创立了全球抗击艾滋病、结核病和疟疾基金（Global Fund to Fight AIDS, Tuberculosis and Malaria）。他在联合国任职，并加入了世界经济论坛的理事会。他为比尔和梅林达·盖茨基金会（Bill & Melinda Gates Foundation）发起了印度艾滋病活动倡议。他是印度公司[⊖]国际分部实际上的董事长。

他还跟企业界保持着联系，长期以来，他一直是一位人脉广泛的企业参谋，是备受青睐的董事人选。2006—2009年，古普塔在美国航空的母公司AMR、全球外包公司简柏特（Genpact，他还是该公司的董事长）、高盛集团、音响设备巨头哈曼国际（Harman International）、宝洁公司这5家上市公司的董事会中任职，他还加入了俄罗斯和东欧资产规模最大的银行——俄罗斯联邦储蓄银行（Sberbank）的监督委员会，以及卡塔尔金融中心（Qatar Financial Centre）的董事会。2009年，这些职位带给他的薪酬总计超过320万美元。

⊖ 原文为“India, Inc.”，指代印度这个国家。——译者注

2008 年，俄罗斯联邦储蓄银行支付给他 52.5 万美元的薪酬，而董事会中仅次于他的董事只挣到了 11 万美元。古普塔领着 52.5 万美元的高薪还能否真正保持“独立”，这是个值得严肃思考的问题。2009 年，总部位于华盛顿的公司治理监察机构 RiskMetrics 甚至建议小股东们投票反对他的提名，但他还是再次当选。

2006 年 11 月，古普塔似乎是一个加入高盛集团董事会的完美人选——来自神秘精英公司的前高管，加入了另一家神秘精英公司。据报道，不到两年，古普塔就向高盛的 CEO 劳尔德·贝兰克梵（Lloyd Blankfein）表达了自己的去意（他说自己兼职众多，分身乏术），但贝兰克梵说服他留下，以避免在金融危机这个当口上一名董事辞职可能带来的不良影响。

2009 年 11 月，美国总统贝拉克·奥巴马为印度总理曼莫汉·辛格（Manmohan Singh）首次举办国宴，而身为全世界最著名的印度裔商业人士，古普塔广泛的人脉和较高的地位让他自然成为奥巴马的宾客首选。如果说，他在权力的殿堂里摆出了一副好人面孔，在内心里他很可能已经焦灼不安。库马尔和拉贾拉特南几个星期前相继被捕。联邦调查局逮捕库马尔，是因为他在 2008 年夏秋两季给拉贾拉特南打了几通足以定罪的电话。同一时期，古普塔自己也给拉贾拉特南打过几通说不清道不明的电话。

• • •

古普塔于 1999 年与拉贾拉特南相识，当时这位斯里兰卡出生的对冲基金经理刚向印度商学院捐了一大笔钱。这两位同为南亚后裔的商人之前曾多次擦肩而过，尤其是在 20 世纪 90 年代末期，当时两人都投资了风投公司 Telesoft Partners（古普塔仍然是该公司的咨询师，但拉贾拉特南却不再是投资人）。不过，拉贾拉特南捐款之后，两人很快就成了朋友。

不久，他们开始联手做生意。2006 年，在从麦肯锡正式退休前不久，古普塔和拉贾拉特南，与私募股权行业资深人士帕拉格·萨克塞纳（Parag Saxena）及高盛前高管马克·施瓦茨（Mark Schwartz）共同创办了专注于南亚的投资公司泰姬资本（Taj Capital）。一支计划中的对冲基金始终未能问世，故此，拉贾拉特南最后并未参与日后名为“新丝绸之路”项目的运营。（不过他仍是投资人）施瓦茨最终退出。2007—2008 年，古普塔和萨克塞纳共筹集了 14 亿美元。古普塔还向帆船基金的投资工具“GB 远航人”多策略基金投资了数百万美元。据《华尔街日报》报道，古普塔是帆船基金办公室的常客。

如果说，古普塔可以为没有卷入 2009 年 10 月的内幕交易丑闻而松一口气的话，他喘息的时间也只有五个月。2010 年 4 月 15 日，《华尔街日报》在头版报道称，政府正在调查古普塔是否向拉贾拉特南泄露机密信息。该报的另一篇头版报道还援引一位匿名人士的话，称在市场动荡最激烈的时候，古普塔向拉贾拉特南透露过，2008 年 9 月，巴菲特将斥资 50 亿美元投资高盛以提升市场信心的消息。

古普塔的律师发表了一份措辞激烈的声明，称自己的当事人是无辜的。“不管是在职业生涯还是在个人生活中，拉贾特·古普塔的道德操守和正直都无可非议。”律师加里·纳夫塔利斯（Gary Naftalis）说，“他在世界各地包括印度与美国在内的许多慈善和公民事业中做出了杰出而无私的贡献。拉贾特没有违反任何法律或法规，也没有做任何不恰当之事。”

不管怎么说，到了5月，古普塔还是在任期届满时离开了高盛董事会，他没有竞选连任［另一位企业巨头，沃尔玛前CEO李斯阁（H. Lee Scott Jr.）接替了他的位置］。6月，高盛董事、美敦力（Medtronic）前CEO比尔·乔治（Bill George）向《财富》杂志表示，董事会将怀念古普塔。“在董事会，你会发现在危机时刻谁真正重要，”乔治说，“2008年秋天，拉贾特成为董事会里极有价值的一员。听说他决定离任，我很失望。至于拉贾拉特南先生的事情，董事会里没人知道，没人因此事收到外界联络。”[18]

尽管存在不确定性，古普塔并没有表现出从公众视野中消失的迹象。他保留了四家上市公司（包括宝洁）的董事会席位。宝洁公司的前CEO艾伦·雷富礼（A.G. Lafley）——古普塔曾替他做过吉列（Gillette）的收购工作——甚至伸出脖子为古普塔挡刀。“拉贾特从目标和价值观出发，以战略和原则结束。”雷富礼对《财富》杂志说，“他为手头的问题带去了客观分析的方法。我认为他就像托马斯·阿奎那㊀（Thomas Aquinas）。他不仅仅问我们应该做什么，还帮助我们找出应该做的正确的事。”[19]

㊀ 中世纪神学家。

2010年6月，国际商会（International Chamber of Commerce）任命他为主席。他仍然是“成功印度人”俱乐部的一员。“我认为他性格极好，”印度亿万富翁、实业家阿迪·高德瑞吉（Adi Godrej）对《财富》杂志说，“他致力于帮助印度发展与进步，他在这些事情上花了大量的时间和精力。”2012年，支持古普塔的人采取了更为现代的方式——建立了一个网站，网址是www.friendsofrajat.com，并以德斯蒙德·图图大主教（Desmond Tutu）、圣雄甘地和犹太作家埃利·威塞尔（Elie Wiesel）论不公正、苦难和忍耐的励志语录作结。网站上有一封由诸多印度名人联名签署的公开信，签署人包括穆克什·安巴尼（Mukesh Ambani）、沙比尔·巴蒂亚（Sabeer Bhatia，Hotmail的联合创始人）、迪帕克·乔普拉（Deepak Chopra），以及麦肯锡退休董事安雅·查特里（Anjan Chatterjee）、阿图尔·卡纳吉（Atul Kanagat）、迈克尔·奥比米尔（Michael Obermeyer）和阿里·哈纳（Ali Hanna）。[20]

并非所有人都如此满怀信心。回到麦肯锡，人们正拼命调查公司是否曾投资过帆船基金——麦肯锡通过投资办事处，管理着咨询师们退休账户里的数十亿美元。等弄清楚公司并未投资该对冲基金的时候，咨询师们的心中升起了一股躲开子弹的劫后余生感。

即便如此，麦肯锡还是迫切希望证明对古普塔的指控是毫无根据的。整个2010年，古普塔跟许多从前的同事都谈过话，向他们保证这些指控皆是空穴来风。金融危机过去一年多，不管是美国司法部还是美国证券交易委员会，都没有对古普塔提起过哪怕是一项指控，人们有理由对这项指控感到乐观。“我感觉他是受了‘惩治高盛’这股愤怒情绪的牵连。”2010 年 12 月，麦肯锡的一位高级合伙人表示，“媒体和证券交易委员会是想把高盛拉下马，而他刚好在董事会里，所以成了一个容易瞄准的靶子。我跟拉贾特谈过，我想应该没什么问题。”三个月之后，事实证明这位合伙人毫无疑问判断错误。

• • •

2011 年 3 月 1 日，美国证券交易委员会对古普塔提起民事行政诉讼，指控他向拉贾拉特南泄露了来自高盛董事会与宝洁董事会的机密信息。美国证券交易委员会指控说，仅凭古普塔提供的情报，拉贾拉特南就在交易里赚到了 1820 万美元的利润。

这些指控虽说不像拉贾拉特南和库马尔的内幕电话那样证据确凿，但依然是可以定罪的。举个例子，2008 年 9 月 21 日，高盛 CEO 劳埃德 · 布兰克芬在电话会议中通知董事会，公司正在探索“战略替代方案”，包括一笔有可能来自沃伦 · 巴菲特的投资。第二天早上，古普塔和拉贾拉特南“很有可能”通了电话，之后拉贾拉特南购买了 8 万股高盛股票，而他之前并未持有该股。在次日的上午，拉贾拉特南打电话给古普塔，交谈长达 14 分钟。通话 1 分钟后，帆船基金又买入了 4 万股高盛股票。当天下午 3 点 15 分，高盛董事会通过电话会议批准了巴菲特 50 亿美元的优先股投资。该电话会议进行到下午 3

点 53 分。电话会议结束 3 分钟后，古普塔给拉贾拉特南打了电话。在该交易日仅剩的时间里，拉贾拉特南又买入了 17.5 万股高盛股票。

这只是一个例子。美国证券交易委员会还指控古普塔向拉贾拉特南泄露了高盛 2008 年第二季度和第四季度业绩，以及宝洁公司第四季度业绩等机密信息。2012 年 4 月，检方在对古普塔的指控中新增了一项罪名。检方称，在得知宝洁公司将下调其销售预期后，古普塔与拉贾拉特南共进了午餐。午餐过后，拉贾拉特南立即命令自己的交易员做空宝洁公司的股票。[21]

从一开始，古普塔的律师加里·纳夫塔利斯便称这些指控“毫无根据”（从间接证据来看，这个说法很荒唐），在 2011 年的大部分时间，他都明确表示，古普塔没有因打给拉贾拉特南的电话赚钱（不管是直接收了钱，还是变成了在帆船基金的投资），故此，指控他参与内幕交易并不合适。而在整个 2012 年，面对检察官提出的新指控，纳夫塔利斯每一次都坚持套用这一简单的辩护模板。

古普塔的律师和公关团队一直坚称，自丑闻曝光以来古普塔对拉贾拉特南的初始投资到 2008 年便已大幅缩水，他损失了整整 1000 万美元。但是 2011 年拉贾拉特南案审判期间呈交的证据表明事实并非如此。2008 年 6 月，古普塔在 GB 远航人基金中的份额为 1640 万美元。[22] 根据证词和窃听记录，古普塔还在与拉贾拉特南谈判，以求获得帆船国际基金 10% ～ 15% 的股份，并可能担任该基金的主席，以此作为他引荐新投资者的交换条件。

在美国证券交易委员会提起诉讼的两个星期后，麦肯锡的1200名合伙人聚首华盛顿开年会，这一回的聚会地点是盖洛德国家酒店和会议中心。当天，拉贾拉特南一案中的检方播放了古普塔与拉贾拉特南之间的一段电话录音。在录音中，古普塔告诉拉贾拉特南，高盛正在考虑收购美联银行或者美国国际集团。不管这则窃听录音是否具有法律效力，它都清楚地表明古普塔泄露了机密信息。

更重要的是，录音似乎表明古普塔知道拉贾拉特南向库马尔付钱购买信息。在录音中，拉贾拉特南告诉库马尔，他认为古普塔已经厌倦了做一个穷困的咨询师（证词显示他拥有3000万美元的财富），渴望加入"亿万富翁圈子"（拉贾拉特南本人就是其中一员）。麦肯锡咨询师们对这些录音透露的信息怒不可遏。"只要他敢到这周围50英里的范围内，一定会被处以私刑。"一位合伙人说。"往低了说，这种不专业已经到了荒诞的程度，"伊恩·戴维斯说，"往高了说，这就是违法乱纪。"[23]

公司的职业道德委员会召开了一次极为简短的会议，裁决是：先别管司法系统，麦肯锡合伙人能够判断出那些行为是否违背自己价值观。接下来的那个星期，鲍达民给拉贾特·古普塔打电话，通知他从此刻起，他就是公司里不受欢迎的人。

一位前董事认为，麦肯锡对整场危机的反应暴露出公司自身缺乏远见。"这就是这个地方的怪异之处，"他说，"他们实际上认为那个电话代表的是鲍达民做的重大决定。要是换了我，在窃听录音放出来的那天早晨9点05分，我就会快刀斩乱麻了。在公司之外处理问题你应该更强硬、更尖锐。‘可他曾经是我们的董事总经理呀！’他们会说。好吧，让他见鬼去吧。”

被逼得走投无路的古普塔对美国证券交易委员会的指控发起了猛烈还击。2011年3月18日，他在纽约南区对美国证券交易委员会提起诉讼，挑战诉讼程序。5个月后，也就是2011年8月4日，美国证券交易委员会放弃了对古普塔的指控，这一度表明古普塔在民事法庭占了上风。（虽然在麦肯锡合伙人的法庭上以及在公众舆论的法庭上，他都已经败诉。）但事实证明，这是一种短暂的错觉。

2011年10月13日，拉杰·拉贾拉特南被判内幕交易罪，入狱11年。不到两个星期，在2011年10月26日，美国证券交易委员会再次提起民事指控。更重要的是，司法部做了很多人觉得它早就该做的事情：它对拉贾特·古普塔提起了刑事指控。

被定罪两个星期之后，拉贾拉特南在《新闻周刊》一次涉及面很广的采访中称，联邦调查局的特工曾要求他佩戴窃听器，希望逮到古普塔从事内幕交易的行为。拉贾拉特南是身价过亿的对冲基金富翁，但古普塔却是美国最受尊敬的一位印裔商业领袖。拉贾拉特南拒绝合作。在同一篇文章中，他把库马尔称作“烂货”，并说“这个词很适合他”。

他接着解释了为什么尽管承受了巨大的压力，他自己也不愿意做个告密的小人。“他们想让我认罪求情，”他对《新闻周刊》说，“他们想要逮到拉贾特。我不会因为别人告发了我就倒打一耙。拉贾特有四个女儿。”[24] 库马尔似乎也没有向当局提供任何有关古普塔的内幕。但这也没什么好奇怪的，拉贾拉特南是斯里兰卡人。库马尔既然已经在窃听录音中暴露无遗，他别无选择，只能告发昔日的老友。但告发古普塔会让他遭到整个印裔社群的排斥，但到了最后，他还是这样做了：为避免自己坐牢，他作证指控了从前的导师。

拉贾拉特南被判刑的七个月之后，部分地依靠库马尔提供的有力证词，古普塔也被判犯有内幕交易罪。经过一个月的审判，陪审团仅用两天就宣布古普塔有罪：他在2008年里曾经三次向拉贾拉特南泄露机密信息，此外还有一项共谋指控也是有罪。“从受人尊敬的内部人士跌落至被判有罪的内幕交易者，古普塔先生从豪华会议室的座上客沦为阶下囚。”曼哈顿的联邦检察官普列特·巴拉拉（Preet Bharara）说。[25]

尽管古普塔的律师加里·纳夫塔利斯继续一口咬定自己的当事人没有做错任何事，由于证据太过确凿，陪审团甚至接受了对古普塔而言似乎是最有力的辩护：他似乎并未因为泄密获得明显的个人经济利益。但拉贾拉特南的的确确赚了大钱，这就够了。整个丑闻里散发着一股浓郁的麦肯锡气质：作为幕后参与者，古普塔放弃了直接的经济利益，用这些非法好处为自己赢得对拉贾拉特南的影响力。但在联邦检察制度的严厉审视下，麦肯锡模式（不邀功、不揽责）同样崩溃了。2012年10月，古普塔被判两年监禁，并处以500万美元的罚款。在判决中，他对案件给麦肯锡带来的负面影响表示懊悔（哪怕他已经从公司退休）。“对麦肯锡不得不面对的来自客户和媒体的负面评论，我深表歉意，”他说，“只不过，麦肯锡的实力令我稍感安慰，我只希望它的声誉不会遭受任何长期损害。”

麦肯锡和其校友们的深入反思没有停留在古普塔和库马尔在道德伦理上的失足层面。“我认为，这一切可以追溯到马文离开之后。”麦肯锡的一位现已退休的长期合伙人表示，“马文以价值观为重的驱动方法，并没有被罗恩·丹尼尔完全继承下来。这就让我们越来越多地开始通过财务回报来衡量组织发展成绩，也造就了一种新的氛围：在这种氛围下，没有了马文定下的制衡手段，一个非常擅长创造财务回报的人就可以领导麦肯锡。而这便带来了两件不同的事情：第一是古普塔这个人的得势，第二是我们放弃了传统的组织管理方法。”

他接着说：“但还是那句话，这比古普塔本身要重要得多。一个曾领导麦肯锡十年之久的人，忽视了马文确立的价值观体系。这一点让我意识到美国已经朝着‘金钱至上’的方向上走了有多远，以及金融社群忘记了自己最初是为了什么而创立——那就是‘帮助真正的公司做真正的事’。毫无疑问，现在的麦肯锡是这种时代病症的一部分。当然，看到自己为之奉献了 15 年人生的公司，屈从于一套与它过去信奉的专业人士价值观截然不同的价值观，这很叫人难受。但是领先世界的国家丧失灵魂，是远比拉贾特·古普塔带来的耻辱更严峻的事情。”

然而，有一件事无疑值得拷问麦肯锡：马文·鲍尔去世才九年，为什么他的精神在这么短的时间里就遭到了如此的玷污。“马文·鲍尔说，他们到最后都成了贪婪的无耻混蛋，”一位了解他的客户说，“他老了，依然保有活力，十分敏锐。”至少在这个判断上，马文·鲍尔似乎是对的。

我们是谁？

为了在库马尔和古普塔丑闻中寻求答案，麦肯锡开始审视自身。没有人喜欢自己看到的一切，公司自欺欺人地以为古普塔时代的激进越轨行为早已被抛诸身后。麦肯锡高层只是掩盖了问题，而忽视了公司本质上的一个根本而永久的改变。以当前的组织规模，麦肯锡不可能再坚持马文·鲍尔的原则了。

“阿尼尔·库马尔事件对人们的影响值得注意，”麦肯锡人事总监米歇尔·杰拉德说，“这令人感到很失望。你可以尝试讲一个‘祸兮福之所倚’的道理，说它提高了我们在未来道路中的警惕性，但说实话，它让我们感到痛苦心塞。”[26]

尤其是库马尔事件提出了一个明显的问题：在一家仍在不断壮大的大型公司，高管走到了太过边缘的位置，他从事非法行为纯粹是出于贪婪吗？还是说他这样做是因为自己触及不到麦肯锡的核心领域而感到沮丧？从某种意义上说，麦肯锡很可能因为自己的成功反受其害。它今天的规模太大了，合伙人产生愤懑不满情绪的概率也随着公司的收入和利润的增加而提升。举例来说，20 世纪 80 年代，公司的董事里有大约一半要么是股东委员会成员，要么是董事委员会成员。即便你不是他们中的一员，你也肯定认识他们中的许多人（甚至全部），所以很少有合伙人会觉得自己远离了权力核心。到 2011 年，合伙人在股东委员会或董事委员会任职的比例已经下降到大约 10%，而失望的概率反而上升。

"我跟鲍达民谈过这个问题，"伊恩·戴维斯说，"那就是，面对一群不觉得对组织有责任义务的董事们，你如何在这个组织里构建自己真正的领导力？这就是成立委员会与组建各种关系网的一个原因。关键就是要让资深的咨询师们感觉到自己与公司有所牵连，产生归属感。我的父亲曾经对我说，我们所有人都犯过一个错误，那就是总觉得青少年问题重重，但五六十岁的人才是真正产生问题的人。真正的挫败感就来自这里。"[27]

然而，真正令人遗憾的不是库马尔的丑闻，而是拉贾特·古普塔的，以及麦肯锡里许多人认为自己一开始就应该知道的事情。丑闻的曝光在全世界最自信的一群人里引发了一场撼动性的自信危机。"他们总觉得拉贾特有点难以捉摸，"一位前董事承认，"他从未真正体现过马文的价值观。他更像是一只商业动物。这就是为什么他最初加入高盛董事会时没人感到惊讶。这也是为什么人们对他的恨意如此强烈——他们明明看到了结果，却未能亲手阻止。他们在他的执政期内只顾着各自印钞票，而现在他们都感到愧疚。"

有一些明显的迹象似乎遭到了忽视，其中之一是古普塔顶住了部分合伙人的反对，在还未正式辞去麦肯锡的职务时就加入了高盛董事会——这显然违背了鲍尔的基本原则。于是最糟糕的情况降临了：2011 年年底，联邦检察官呈交了一份追加起诉书，称古普塔在 2008 年就向拉贾拉特南提供了高盛董事会会议上的信息，当时他尚在麦肯锡纽约分部工作。拉贾特 2007 年放弃了合伙人的职位，但在公司仍保留了一间办公室。

如果你在 2011 年询问麦肯锡的合伙人，库马尔和古普塔是否对麦肯锡造成了负面影响，你会得到一声响亮的“是的”。但值得注意的是：要是你去询问客户，你会得到一个完全不同的答案。在大多数情况下，客户们并不在意，甚至会对麦肯锡感到同情。2009 年，由于全球金融危机的影响，麦肯锡的业务量略有下降，但是丑闻发生时，麦肯锡的业务却保持了相对良好的状态。哪怕是多年来对咨询师们不屑一顾的沃尔玛也在 2010 年年底聘用了麦肯锡。[28] 麦肯锡的收入在 2010 年实际增长了 9%，位居行业第二，仅次于普华永道。[29]2010 年，麦肯锡招聘了 2000 名新员工。

就连阿尼尔·库马尔的客户也保持了对麦肯锡的忠诚。例如，2009 年，会计和咨询公司毕马威的董事长兼 CEO 蒂姆·弗林正在跟麦肯锡商榷一个项目。10 月 14 日，库马尔向毕马威董事会发表了讲话。次日早晨，弗林和库马尔共进早餐。又过了一天，库马尔被捕。但是和麦肯锡的许多客户一样，弗林显然认同“坏苹果”理论：每家组织都有坏苹果，重要的是找出坏苹果，然后尽最大努力确保它不再出现。毕马威决定抛开争议，继续跟麦肯锡合作。

彭博社（Bloomberg LP）董事长彼得·格劳尔（Peter Grauer）表达了类似的看法。他第一次接触麦肯锡是在2006年左右，当时他请麦肯锡帮忙为自己这家金融信息提供商的国内电视业务规划未来。2008年，彭博社采纳了麦肯锡的一系列建议，包括引进阅历丰富的人才，如电视网运营老手安迪·莱克（Andy Lack）。

麦肯锡还帮助彭博社评估了其通过新产品“彭博法律”向法律信息领域扩张的战略。当时，彭博社在自己著名的终端机上销售这款产品的访问权限，产品的定价高于主要竞争对手，如汤森路透（Thomson Reuters）、万律（Westlaw）和里德爱思唯尔（Reed Elsevier）。麦肯锡建议彭博社采用基于网络的平台，让价格更具竞争力。“他们在那件事上做得很棒。”格劳尔说。[30]接着，咨询师们又转向了“彭博政府”上的一个类似项目。到2012年，这两个项目都未取得太大的成功，但客户并不愿将任何问题归咎于麦肯锡。

“我们已经目睹了麦肯锡咨询师们工作的质量，”格劳尔说，“和他们一起工作硕果累累。我们也跟其他管理咨询公司有过业务来往，只不过我们碰巧发现，麦肯锡的知识流程和产出质量足够优秀，所以我们会更多地聘用它。”接着，他又说了一句兴许能让马文·鲍尔展露笑容的话：“我们按照自认为公平的方式向它支付酬劳，我认为我们从中得到了价值。”

麦肯锡的智力产出也继续赢得赞誉。在2010年年中，鲍达民会见了法国财政部前部长、时任赛峰集团（Safran）董事长弗朗西斯·梅尔（Francis Mer)。梅尔读过麦肯锡2010年1月发布的题为《债务和去杠杆化：全球信贷泡沫及其经济后果》（Debt and Deleveraging: The Global Credit Bubble and Its Economic Consequences）的报告。梅尔对鲍达民说，这是近五年来自己读过的最好的一篇研究论文。

"我可以给你提点意见吗？"他问鲍达民，"好酒也怕巷子深呀。为什么你不把这份报告塞给欧洲的每一位财政部部长，逼他们读一读？"这样说明显忽略了麦肯锡不再积极拓展业务的主要原因。自从库马尔被捕的消息、古普塔的谣言传出之后，公司便重新采用自己最珍视的公关策略：自我封闭。它仍然在向客户推销自己，只是在2010年它已经没有了拍胸脯承诺的胆量。

尽管内幕交易丑闻引发了媒体的狂热报道，麦肯锡的声誉到底受了多少实际损害仍不清楚。《咨询》杂志评选的"2009年最佳雇主"排行榜上，麦肯锡从第一名滑落到第二名，落在了贝恩咨询公司之后。但在Vault.com评选的"2011年最具声望咨询公司"榜单中，麦肯锡仍位列榜首——它在这一位置已盘桓了10年之久。

达沃斯世界经济论坛举办期间，麦肯锡在丽城酒店（Belvedere Hotel）主办的"周四夜派对"，至今仍被认为是这一周中最精彩的活动。在达沃斯世界经济论坛圈子里有一种说法，等到论坛73岁的创始人克劳斯·施瓦布（Klaus Schwab）退居二线，麦肯锡将接过论坛的管理权。说到底，麦肯锡人就是达沃斯人。

2012 年 3 月，麦肯锡合伙人们悄无声息地再次选举出鲍达民担任公司的董事总经理，甚至没有人愿意和他竞争，这并不奇怪。鲍达民散发着镇定自若的气质，因此很适合领导这一群规模越来越大的且因为再次的些许反省而感到不自信的超级成功人士。

尾声

与时俱进，完善自我

虽说阿尼尔·库马尔和拉贾特·古普塔事件逐渐淡出人们的视野，但麦肯锡正走在它历史上最愁云惨淡的一段路上。咨询师这个主要由它一手创造出来的职业，正面临着前所未有的激烈竞争。人人争先恐后地想要成为咨询师，而许多正在推动经济发展的新兴热门公司对聘请麦肯锡的兴趣不大，甚至根本没兴趣。

麦肯锡的主要资产仍然是来自客户的信任，这是一种无法量化的、无形的东西，并且始终在经受考验。咨询师们的次要资产——他们对彼此的信任和麦肯锡的组织文化——也同样承受着压力。组织越是发展，就越难执行一套连贯的价值观。马文·鲍尔秉持的盎格鲁–撒克逊（Anglo-Saxon）式道德观念以及他那由哈佛 MBA 组成的小规模精英俱乐部早已成为古老的历史。如今的麦肯锡是一家真正的全球性企业。林子大了，什么鸟都会有——员工名录上出现更多的无赖不再仅仅是一种可能性，更是一种必然。

如果说他们值得信赖，那他们的确是一如既往对自己充满信心。这就是为什么麦肯锡合伙人每年都要花这么多时间来评估彼此。尽管麦肯锡肯定会出现蠢人做出更多不良行为，它从来不是一个会吸引真正贪婪者的地方。痴迷于财富的人往往会到别的地方去：投资银行、私募股权、对冲基金或风险投资。

抛开信任问题不谈，麦肯锡最大的挑战是找出客户不知道的事情并告诉他们。今天的商业世界里，MBA并不稀缺，企业用“很不麦肯锡式”的低价就能轻松买到麦肯锡式的建议。此外，对许多卷入全球经济动荡的客户来说，麦肯锡鼓吹的转型关系并不是需要被优先考虑的事情，业绩才是。如果咨询师不能帮自己解决眼前的迫切问题，哪怕是最信赖你的客户也会丧失热情。如今，对很多企业来说，制定长期战略是件奢侈的事情，它们没有条件去享受过程，它们需要的是现在就得到好的结果，而这从来不是麦肯锡的强项。

麦肯锡是工业时代的好搭档。第二次世界大战后的几年里（那是彼得·德鲁克和“发明”管理的时代）尤其如此。当时的美国，有许多真正失控的巨型企业集团，它们的规模大到连管理者也难以驾驭。马文·鲍尔和他的同行们为其提供了全新的管理工具和技术。麦肯锡帮忙重塑了企业和政府部门（多以麦肯锡自己的内部设计作为模板）。

经历了一两次激烈的竞争之后，麦肯锡在第一个后工业时代仍然是公司管理者的好搭档。面临剧烈变化的行业，不管是金融还是制药，麦肯锡都是企业 CEO 们离不开的帮手。事实上，在 20 世纪的每一次大趋势（从资本市场的放松管制，到新技术和全球化的扩散）当中，麦肯锡似乎都发挥了作用。[1] 不管企业碰到了什么样的问题，麦肯锡总能拿出补救方案来。

也有一种观点认为，尽管麦肯锡一直在发展，它的影响力没有跟上时代步伐。今天的商业赢家中很少是从麦肯锡的咨询中获益而取得成就的，苹果或者谷歌就是明证。麦肯锡所辅助过的标志性赢家皆来自老派行业：美国运通、AT & T、花旗银行、通用汽车和美林证券。麦肯锡开始为微软工作的时候，这家软件企业的规模已经非常庞大。在某种程度上，麦肯锡就是咨询行业的微软——从不抢在前头，但在别人抢得先手之后，却拥有偶尔能反超的资源。

随着麦肯锡的活力减退，它对青年人才的吸引力也越来越小。20 世纪 80 年代末期到 90 年代初期，是麦肯锡在 MBA 领域称王称霸的时代，当时，所有商学院的学生都想在咨询业或银行业找到一份工作。1999 年，尼古拉斯·莱曼在《纽约客》上写道，麦肯锡准确地概括了当时的时代精神，一如美国中央情报局之于 20 世纪 50 年代，和平队之于 60 年代，第一波士顿银行之于 80 年代。[2]

但那已经是 13 年前的事了。如今，不管是初级职位还是更高的职位，最优秀的人才都涌向更年轻、更有活力的公司。最聪明的学生往往不想再为大公司工作，而麦肯锡偏偏就是一家大公司。20 世纪 70 年代，每一个聪明的学生都会收到安达信（那时它的员工大概有 10 000 人）的聘书，更有冒险精神的人则会去仅有 400 多人的麦肯锡。如今，安达信已经烟消云散，麦肯锡在学生们的就业选择中还占有一席之地。只不过，它针对的是普通的哈佛商学院毕业生，而不是那些获得过贝克学者奖的精英。而且，一如既往地，麦肯锡的咨询师们继续流水一般离开麦肯锡，去其他地方担任重要职位。比如脸书首席运营官谢丽尔·桑德伯格（Sheryl Sandberg）就是麦肯锡校友，还有谷歌首席财务官帕特里克·皮切特（Patrick Pichette）。对一些人来说，麦肯锡或许是一个可以当成事业来做的地方，但它往往会失去自己最优秀的人才。

麦肯锡声称它发出的聘书接受率徘徊在 95% 左右。但一个在麦肯锡工作了三十年的校友却说，最起码在哈佛的情况来看，这个数字并不准确。他声称，近年来哈佛商学院毕业生对聘书的接受率大不如从前。1973 年，麦肯锡向 5% 的哈佛 MBA 毕业生发出聘书，接受率约为 80%。而在 2013 年，麦肯锡对大约 15% 的毕业生发出聘书，接受率只有 70%。

麦肯锡在人才上的投资仍然高过任何竞争对手，但麦肯锡有可能沦为纯粹的人才驿站，为其他更有吸引力的职业培养年轻人。这跟半个世纪前的麦肯锡呈现出惊人的差距。“他们是否身处最迅猛的洪流？”麦肯锡校友比尔·麦考马克（Bill MacCormack）问道，“他们在学些什么？我们那个时候，大家要在最高的水平上工作，那是一种智力上的高度。现在仍然如此吗？”[3]

即使是常胜将军，也不可能永立不败之地。金融界多年来的金字招牌高盛，最近被规模更大、资本更雄厚的竞争对手摩根大通所超越。微软占据了数十年的行业霸主地位之后变得松懈，被乔布斯回归后的苹果彻底击败。那么，麦肯锡呢？这家公司在游戏中赢了这么久，人们大概会怀疑，它能否意识到自己已经失去了当初让它成为胜者的东西。

麦肯锡在管理过程中的核心地位也随着经济的抽象化而更加模糊了。尽管许多人认为咨询行业的发展直接反映了咨询是产生价值的，但还有另一种观点。“世界的运转，并不有赖于咨询公司的存亡，”2010 年 4 月，斯蒂芬·斯特恩（Stefan Stern）在英国《金融时报》上写道，“毕竟，人们运营企业靠战略咨询公司的帮助的历史并不久远。”[4] 很多时候，今天也是一样：麦肯锡校友或许渗透到了谷歌或 eBay 的高管队伍，但这些正在改变当今商业面貌的迅猛发展的年轻公司，没有时间让麦肯锡和自己建立一段“基于信任的关系”。

如今麦肯锡的规模已经大到足以反映咨询业发展的周期，而这一周期又随着全球经济而起伏变化。因此，麦肯锡已经多年未能在美国实现有意义的增长，而在曾经一度（20 世纪 90 年代）兴旺繁荣的欧洲，其增长也大幅放缓。一如罗马军队，麦肯锡必须不断征战才能找到补给以维持自身的生存，很自然地，中国的企业高管和政府官员发现自己获得了来自咨询师们过度的关注。亚洲对麦肯锡服务的蓬勃需求，至少有一部分是出于麦肯锡在西方所建立起的良好品牌声誉。但如果麦肯锡只想着新瓶装旧酒，这种需求不会持续太久。

麦肯锡的业务也遍及全球，就连它的收入分类，往往也能反映出世界各地国民生产总值的情况。例如，美国占世界国民生产总值的 25% ～ 30%，也占麦肯锡收入的 25% ～ 30%。欧洲和非洲呢？加起来差不多 30%。剩下的部分是亚洲和拉丁美洲。如果债务危机拖垮了欧洲经济，那么，麦肯锡至少 25% 的收入都岌岌可危。

麦肯锡的股东委员会（事实上的董事会）有 31 人，分布在全球各地。如此笨重的管理机构不是为了迅捷行动而设计的。麦肯锡的规模也暴露了它长期维持的“咨询师只跟高管合作”的假象。它现在无奈地承认，自己会接受跟企业的中层合作的项目，这诚然是提升了业务量，但也损害了其作为企业精英亲密战友的声誉。

麦肯锡仍然体现出竞争对手们无法复制的优势。麦肯锡“统一性”的精神（出于这种精神，德国分部负责人不在乎自己的本地咨询师是为戴姆勒还是为底特律工作），让它规避了为争夺内部利益和瓜分金钱而产生的组织内斗与政治冲突。自我管理合伙人模式（与命令 – 控制模式相对），也帮助麦肯锡避开了独裁领导模式的陷阱。

麦肯锡最令人印象深刻的地方或许还在于它仍然有着无与伦比的能力吸引一批批的聪明人加入，又将他们塑造成志同道合的员工，组建出一支干劲十足、影响力超群的咨询师队伍。它靠的是淘汰那些无法被塑造的人来实现这一目的；在麦肯锡，最重要的工作就是在公司不同层级上对员工加以塑造。麦肯锡对年轻人的筛选非常残酷，他们本来是自己班上最聪明的人，可是干了两年就突然被麦肯锡给扫地出门。但如果你成功地跻身合伙人的行列，就等于加入了一支令人心满意足的小型幸存者俱乐部。在某种意义上，麦肯锡解决了跟军队一样的难题，即说服人们为了一种超越自我的崇高感，上战场去挨枪子儿。它的竞争对手中没有哪家可以建立起类似的系统。麦肯锡的集体感规训仪式虽然不至于像日本那样让员工们手拉着手高唱国歌，但也差不太多。

麦肯锡可能会像竞争对手那样败于自身的疏忽，这就又把焦点带回了组织规模这个问题上。麦肯锡内部围绕公司适宜规模的话题曾经展开过无休无止的争论。一方阵营通常是年纪较长的咨询师，他们认为公司已经太过庞大，为了保持员工素质和工作质量，可以进行缩减。另一方阵营由更年轻、更有野心的咨询师组成，他们早就记不起公司只有 400 人、1000 人或者 5000 人的历史，在他们看来，规模就是力量，他们支持持续增长。

伴随着规模的扩大，复杂性也随之变大——就是那种麦肯锡声称自己最擅长为客户解决的复杂性问题。如今，公司内部有大量的内部网络或“细胞”——位于不同地理位置、行业，拥有不同的职能——它的主要挑战从拉到新业务，变成了确保内部单位不会产生冲突甚至自相残杀。实际上，麦肯锡是由数十个小麦肯锡构成的。在庞大的公司下存在这么多小单位的好处是机构整体很难失败，但挑战之处是如何有效领导：真的有人能把 50 个“小鲍尔”或者“小鲍达民”召集在同一屋檐下吗？尤其是考虑到，从制度和治理设计上，没人能在麦肯锡主持运作任何事情超过六年。从外部来看我们并不清楚这一细胞系统怎样运转，从内部来看同样不清楚。而对一家以人际网络为核心的公司来说，这似乎是一个问题。

此外，在当今竞争异常激烈的市场中，高级合伙人每年花上几个星期彼此评估的模式，真的能发挥出应有的工作效率吗？尤其站在客户的角度看，有可能交给麦肯锡一个长达一年的项目吗？长期以来，麦肯锡一直对自己做事的方式很满意，它甚至告诉客户，要么接受这种文化，要么一拍两散。但在企业支出大幅缩水的时代，麦肯锡偏好的这种风格可能无法再得到客户的容忍。

麦肯锡会告诉你，它的成功并没有什么“秘密”——它建立在对招聘和培训的不懈关注、严格的同僚审查、努力工作，以及聚焦于人对组织的贡献，而非为赚到多少咨询费邀功。麦肯锡的招聘过程之复杂堪比招募宇航员，这无疑让麦肯锡经受了必要的人才选择标准的降低，这是因为它每年雇用的人数是 10 年前的两倍，维持人员素质越来越成为一桩具有挑战性的工作。

然而，这也是该公司取得成功的一个方面。克莱·多伊奇，最近离开了效力了 30 年的麦肯锡。他说，自己加入时的麦肯锡和离开时的麦肯锡是两家截然不同的公司。“一家公司能否通过演变成为一个完全不同的模样，同时仍然保留许多核心特征呢？”他问道，“就是那些让它富有活力而非使其迟钝的特征？我认为可以，尽管这看似是一个重要且富有挑战的任务。”[5]

面对客户变化的需求，麦肯锡也在改变自己的做法，甚至对新竞争带来的威胁表现出一种非同寻常的紧急感。这是好事，因为麦肯锡存在的意义就是帮助客户们有效应对突破性的新技术所带来的挑战，面对同样的挑战，麦肯锡从未如此强烈地想要提升自己的新能力。在2007年，麦肯锡做了一个相当颠覆自己传统的决定：在不保证麦肯锡咨询团队可以投入未来新合作项目的情况下，也允许客户应用由鲍达民所引领建设并引以为傲的麦肯锡专业知识库中的软件与分析工具。在一篇2013年发表在《哈佛商业评论》知名度较高的文章中，哈佛商学院教授克莱顿·克里斯坦森指出，这是麦肯锡首次将基于判断力的、定制化的咨询业务与硬知识资产和核心知识库进行分离。[6]

基于克里斯坦森的观点，麦肯锡这一步改变体现了咨询行业的宏观变化：客户和咨询师之间的联系持续地变得松散。需要麦肯锡咨询师深入组织运营和管理决策的客户越来越少，部分原因是客户自己已经雇用了足够的MBA毕业生，可以关起门来内部决策。另外，互联网科技进步和大数据分析技术的发展普及让客户们更想要以授权订制的方式使用麦肯锡的知识库资源，更高效地带动公司的每一个人参与其中，而不是继续像以往那样采用过程冗长烦琐的团队入场和高层对话的咨询方法。

毋庸置疑，麦肯锡对自己人算是仁至义尽。那些离开了麦肯锡的人在他们的履历上会保留这个商业界最令人钦佩的名字。选择在麦肯锡建立自己咨询师事业的人们也变得极其富有，还找到了迈入世界各地权力殿堂的大门。

不过，说到底，要评价一家专业机构的价值，最恰当的方式可能还是要看它为他人做了什么事情。在这一方面，我们很难做出清晰的裁决。

还有一个始终需要探讨与审视的问题，那就是“麦肯锡是否真的改变了商业的管理方式”。尽管多年来它为通用汽车做了无数次价值数百万美元的项目，但是它真的拯救了这一伟大的美国标志性品牌吗？没有。它是否预见了建立在互联网基础上的商业时代的到来，并将客户推到这一时代的风口浪尖？没有。它是否阻止了银行业的肆意妄为，进而阻止了全球金融危机？还是没有。

这又引出了另一个问题：咨询师们到底做过什么？问问麦肯锡，它提出的最了不起的建议是什么？——它让可口可乐公司通过了健怡可乐的产品方案吗？它向麦当劳保证提供早餐是可行的吗？它告诉过克莱斯勒要把吉普品牌坚持到底吗？——答案完全不能叫人感到满意。麦肯锡从来没有过传奇的咨询项目，它只有传奇的客户关系，那种能让金钱源源不断送上门来的客户关系。没过多久你就能够意识到，从一开始，一切的关键之处就在于销售。简而言之，重要的不在于它卖什么，而在于它们可以卖。更重要的是，尽管麦肯锡极力坚持自己的价值观文化，但这些价值观往往是有前提条件的。如果它们能帮上忙，人们就会使用这些价值观；如果不能，人们就不会用。

不管怎么说，通过其客观的、审慎的、基于事实的、综合的和分析性的方法来解决客户的问题，麦肯锡无疑令这个世界变得比原来更高效、更理性、更客观了。在这个充斥着空谈家和吹牛大王的世界里，麦肯锡极其称职地将人们的注意力拉回到数据和研究上，而且大多数情况下能取得高效的成果。管理大师加里·哈默尔（Gary Hamel）在 2007 年出版的《管理的未来》(*The Future of Management*) 一书中，将“机械化管理”称为“人类最伟大的发明之一”。[7] 如果说，自詹姆斯·麦肯锡本人去世后，麦肯锡实际上并没有发明出太多大胆的管理思想，那么，它也扎扎实实地帮助客户理解并实施了这些思想。

麦肯锡还为惊慌失措的高管们充当了强大的护身符，成为缺乏安全感的 CEO 们的企业心理医生，为想把决定强加给公司的霸道老板充当了橡皮图章。换言之，它扮演了客户写好的脚本里的角色。这就是为什么对人际关系的重视发挥了这么长久的作用。有哪一个高管不想要一支高质量的快速反应部队来满足自己的所有需求呢？更何况，这支部队还是一群衣冠楚楚的工蚁所组成的。

麦肯锡在执行现代企业的规则和惯例方面（现代企业不是任何人的保姆，它没有铁饭碗，它正在玩一场要么输、要么赢的无情游戏）发挥了重要作用。从这方面看，麦肯锡也促成了现代企业对社会其他方面的影响。麦肯锡为高管办公室的利益效劳，为收入不平等的加剧也贡献了一分力量，使得企业领导和员工之间的薪酬差距达到了历史最高水平。

麦肯锡持续关注有待解决的问题，纯粹地聚焦于寻找问题的答案，而不关心所提供答案的后果以及实现目标的难易程度，这也是麦肯锡长久以来的弱点。裁员 10% 可能会减少 10% 的成本，但也可能会让剩下的员工为增加的工作量而提升 50% 的愤怒值。

在最为自大自满的时候，麦肯锡咨询师们会祝贺彼此跻身世界上有史以来最伟大的人才集体（不少人都这样赞美麦肯锡）。在某种程度上，他们或许是对的——很难想象，世界上竟有一群这么聪明、干劲十足的人为同一家组织效力。但你也可以这么看：这是麦肯锡宣称自己打赢了一场别人都不参加的比赛。大多数组织，不管是大型跨国银行还是像脸书那样的机构，其实并不需要每个员工都是聪明且成绩斐然的人。

• • •

锁定一位高管，他肯定能告诉你自己职业生涯中最重要的决定是什么。然而，在一家大型组织（也就是麦肯锡为之工作的那种）当中，大多数决定的价值并不一定在于真正做出了什么样的选择，而在于人们一开始就拿定了主意。领导力是要让人们追随你，但在人们追随你之前，你需要选择前进的方向。这样的服务始终存在需求，而这也正是麦肯锡所提供的服务。

眼下，麦肯锡正放眼东方。它在亚洲的早期成功，让它有机会抓住先机，有力地控制当地企业的想象力。同样，麦肯锡董事总经理鲍达民在亚洲企业的后台度过了他的成长岁月，这并不是偶然的。21 世纪初期，任何全球企业面临的最大挑战之一，就是如何在崛起的中国经济和顽固的美国经济这两股力量的交叉潮流中找准航道。如果麦肯锡能够抓住这次世界格局的转变机遇，那么公司就可以繁荣持续，最起码在短时间内是这样。

马文·鲍尔希望人们像看待值得信赖的本地银行家那样看待麦肯锡。但今天的麦肯锡更像是一家全国性甚至全球性的银行集团，而不再是社区路口的那家小店。麦肯锡现在是一家年事已高、规模庞大的企业，就像它在 20 世纪六七十年代服务的那些巨头。它的客户，不管是企业规模还是高管规模，都比从前庞大得多，咨询师们帮助它们实现了大规模的变革。与此同时，麦肯锡如今也需要投入越来越多的时间，在它从前不屑一顾的官僚体系内迂回穿梭，麦肯锡不再是这些体制的局外人，而是更多地成了局内人。

麦肯锡在未来发展道路上的最大的挑战——也是对其才能的真正考验——不再是为客户的问题寻找启发性的解决方案，而是管理自身与大获成功相伴而生的种种复杂状况。麦肯锡近期宣布的目标之一是“(解决) 世界上的重大问题”。[8] 但如果它真的想要实现这个目标，就必须继续解决好自身的问题。

致谢

终于完成了这个重大的项目，最终放下了笔，它让我有了非同寻常的体验。就在几个月前，它还像是一块压在肩上的沉甸甸的巨石，现在我感觉自己轻盈得简直能飞起来。向那些帮助我跑过终点线的人致谢是个很不错的想法，因为如果单从自己的情绪出发，我可能会产生一种错觉：这一切都是靠自己单打独斗完成的。或许有些人是这样的，但我并非这种人。

我首先要感谢我的出版商西蒙 – 舒斯特（Simon & Schuster)。本书是这些好心人托付给我的第二本书，我非常感谢他们对我的再次认可。首先要感谢西蒙 – 舒斯特的编辑普莉希拉·佩顿（Priscilla Painton)，她是一位再好不过的帮手了。谢谢你，普莉希拉。接下来当然是签支票的人，发行人乔纳森·卡普（Jonathan Karp)。感谢你给了我这个机会，乔纳森。我也要感谢柯林·福克斯（Colin Fox)，谢谢你对这个项目的支持。还要感谢维多利亚·迈耶（Victoria Meyer)、特蕾西·盖斯特（Tracey Guest)，以及西蒙 – 舒斯特的营销团队，还有迈克尔·斯泽班（Michael Szczerban）和西德尼·古川（Sydney

Tanigawa)。

同时要感谢跟我同一阵营的谈判代表，我的经纪人大卫·库恩（David Kuhn），以及“库恩项目”旗下的所有好心人：凯西·贝尔德（Casey Baird）、杰西·博肯（Jessie Borkan）、贝基·斯威伦（Becky Sweren）、妮可·图特洛（Nicole Tourtelot），还有比利·金斯兰（Billy Kingsland）。

还有一个人，请允许我致上深深的谢意：我的老朋友和一辈子的导师，雨果·林格伦（Hugo Lindgren），他从城里最棘手的一项工作中抽出时间来，把他的魔力洒到了这本书上。再次感谢，雨果，感谢你在这个项目和其他许多事情上的帮助。

现在，轮到感谢麦肯锡了。我没想到该公司会配合这本书的撰写工作。麦肯锡以前从来没有这样做过，它不知道我和亚当的关系，而且，它也很少热情主动地回应记者们的打探。感谢迈克尔·斯图尔特，是他引导我通过了审批。我真心希望你还会跟我说话，迈克尔。

感谢接受我采访的各位董事总经理：鲍达民、伊恩·戴维斯、弗雷德·格鲁克，罗恩·丹尼尔和艾尔·麦克唐纳。（拉贾特·古普塔虽然不乐意，但我还是得谢谢他丰富了本书的内容。）对于过世有段时间的马文·鲍尔，他的儿子迪克和吉姆都帮我回忆了这位了不起的人物。

接下来是一份现任和前任麦肯锡员工的名单，这些人付出了时间来帮助我理解这家并不太容易弄清楚的机构。他们是：麦克·艾伦、卡特·贝尔斯、帕萨·博斯、西尔维娅·马修·伯维尔（Sylvia Mathews Burwell）、多米尼克·卡斯利、洛根·奇克、约朗德·丹尼克（Yolande Daeninck）、克莱·多伊奇、戴安娜·法雷尔、吉姆·费希尔、彼得·福伊、詹姆斯·戈尔曼、泰德·霍尔、胡安·霍约斯、米歇尔·杰拉德、拉里·卡纳里克、艾伦·坎特罗威、乔恩·卡岑巴赫、南希·基利弗、马特·克莱默（Matt Kramer）、詹姆斯·夸克、埃里克·拉贝叶（Eric Labaye）、迈克尔·兰宁、比尔·马塔索尼、弗兰克·马特恩、斯特凡·马特辛格、乔迪·内维（Jodie Neve）、欧高敦、汤姆·彼得斯、杰夫·蓬戴克（Jeff Pundyk）、戴维·罗伯逊（David Robertson）、伊丽莎白·莱奥丹（Elizabeth Riordan）、威尔·莱奥丹（Will Riordan）、伊夫·史密斯、汤姆·斯坦纳和鲍勃·沃特曼。

这里还有许多未能提及姓名的人。他们大多数是说了一些对麦肯锡不大好的话，不想惹麦肯锡发火；还有些人说了一些麦肯锡的好话……可是，仍然不想惹麦肯锡发火。在撰写本书期间，我自己就惹麦肯锡发了几次火，但我真的希望接受采访的麦肯锡人（不管是从前在那里工作过，还是如今正在为麦肯锡效力的）不会后悔花掉的时间。我相信我为这个有些矛盾的地方画出了一幅公允的肖像。

感谢麦肯锡的部分客户和竞争对手，谢谢他们答应公开谈论一般而言会保密的事情：弗兰克·卡霍特、吉姆·库尔特、罗伯特·戴尔、蒂姆·弗林、乔·富勒、彼得·格劳尔、查克·纽尔、理查德·拉考斯基（Richard Rakowski）、弗雷德·斯特迪凡特和比尔·威尔登（Bill Weldon）。

在麦肯锡之外，我感谢许多学者曾花过比我更多的时间来研究这家了不起的机构（不管我是否亲自向他们表示过敬意）：阿玛尔·毕海德（Amar Bhide）、罗伯特·大卫（Robert David）、拉尔斯·恩格沃尔、班卡吉·格马瓦特（Pankaj Ghemawhat）、马蒂亚斯·基平、拉凯什·库拉纳、克里斯托弗·麦肯纳、亨利·明茨伯格和安德鲁·斯特迪（Andrew Sturdy）。

还有一些记者和作家，为我的工作提供了信息。第一位：长期担任《彭博商业周刊》（*Bloomberg Businessweek*）撰稿人的约翰·伯恩，他在杂志上撰写过大量有关麦肯锡的报道，数量之多，超过其他任何人。让这个故事变得更丰富的还有以下诸君：戴维·贝拉迪内利、威廉·科汉、斯图尔特·克雷纳、彼得·埃尔金德、马尔科姆·格拉德威尔、丹尼尔·戈特曼、约翰·休伊、玛丽安·凯勒、沃尔特·基希勒、马丁·基恩、尼古拉斯·莱曼、贝瑟尼·麦克莱恩、凯文·梅林、约翰·米克尔思韦特、达纳·米尔班克、刘易斯·皮诺、斯蒂芬·斯特恩、马修·斯图尔特、巴利·维尔纳、阿德里安·伍尔德里奇。

我要感谢那些在我着手进行本项目期间，继续为我提供资金的人（毕竟，我得给保姆付工资）：《财富》杂志的安迪·休沃尔（Andy Serwer）和斯蒂芬妮·梅塔（Stephanie Mehta）、《名利场》杂志的格雷登·卡特和达纳·布朗（Dana Brown）、《时尚先生》（*Esquire*）杂志的莱恩·达格斯蒂诺（Ryan D'Agostino）、《彭博商业周刊》的布拉德·韦纳（Brad

Wieners）和朱利安·桑克顿（Julian Sancton）、《赫芬顿邮报》（*Huffington Post*）的迈克尔·霍根（Michael Hogan），还有我的老朋友金珍熙（Jeanhee Kim）。

特别值得一提的是莫·坎尼夫（Mo Cunniffe，因为上一段婚姻，他算是我有些远的姻亲），几年前，他在格林尼治召集了一次麦肯锡人峰会（还买了龙虾三明治）。感谢那天到场的各位：道格·艾耶尔、比尔·麦考马克、艾德·梅西和彼得·冯·布劳恩。还要谢谢比尔·斯托姆瑟（Bill Stromsem）当了专职文案编辑。

最后，向我的家人和朋友们表示感谢。

谢谢你，妈妈，谢谢你从小到大写给我的那些说我将会是一个优秀作家的纸条。那是我在黑暗日子里的明亮光彩。谢谢你，爸爸，感谢你所做的一切。我至今几乎每天都会想起你。虽然你从未见过自己的孙女，但每当我看到她快乐的脸庞，便能联想到你狡黠的笑容。我猜她还继承了你的幽默感，这会令她受益匪浅。

感谢我的兄弟姐妹：史蒂夫·麦克唐纳（Steve McDonald）和杰基·派伊（Jackie Pye），以及朱莉·卡特（Julie Carter）和加雷斯·卡特（Gareth Carter），在过去的几年里，感谢你们忍受了我没缘由的“臭脸”。我还有一位兄弟，不过他跟我存在一段有趣的利害冲突。不管这本书是谁写的，总会出现各种各样的争执，因为麦肯锡触及了这么多地方、这么多人。就我自己而言，我的兄弟斯科特（Scott）是奥纬咨询（Oliver Wyman）

的老板，这家公司是麦肯锡的竞争对手。很遗憾，他不愿意跟我谈论麦肯锡。但他以其他方式进行了弥补。谢谢你，兄弟。

最后，感谢这场漫长努力中为我提供了无价协助的一个特殊群体：威尔·阿内特（Will Arnett）、艾伦·巴达钦（Alan Baldachin）、林赛·布劳恩（Lindsey Braun）、马尔科姆·菲齐（Malcolm Fitch）、戴维·福斯特（David Foster）、彼得·吉尔斯（Peter Giles）、布伦丹·戈登（Brendan Golden）、约翰·格鲁根（John Grugan）梅根·格鲁根（Megan Grugan）、迈克·盖伊（Mike Guy）、迈克尔·霍金斯（Michael Hawkins）、阿道夫·霍尔登（Adolphus Holden）、彼得·基廷（Peter Keating）、凯伦·基廷（Karen Keating）、克里斯·克尔（Chris Kerr）、卡洛琳·麦克唐纳（Caroline McDonald）、马特·迈克菲森（Matt McPherson）、克里斯蒂·尼科尔森（Christie Nicholson）、欧文·奥斯本（Owen Osborne）、吉尔达·里卡迪（Gilda Riccardi）、梅尔·罗山（Maer Roshan）、苏珊·达菲（Susan Duffy）和乔·沙朗克（Joe Schrank）。你们的友谊对我来说意味着全世界。在我需要大家的时候，感谢你们在我身边。

一如既往，我希望本书能向所有帮助过我的人证明，你们为我所花的时间是值得的。

达夫·麦克唐纳

2012年11月于纽约

参考文献

前言：麦肯锡神秘的魅力

1. Hal Higdon, *The Business Healers* (New York: Random House, 1970), 113.
2. Nicholas Lemann, "The Kids in the Conference Room," *New Yorker,* October 18, 1999.
3. Matthew Stewart, *The Management Myth: Why the Experts Keep Getting It Wrong* (New York: W.W. Norton, 2009), 178.

第一章　成功创业的秘诀

1. William B. Wolf, *Management and Consulting: An Introduction to James O. McKinsey* (Ithaca, NY: Cornell University, 1978), 16.
2. Ibid., 1.
3. Marvin Bower, *Perspective on McKinsey* (New York: McKinsey & Company, Inc., 1979), 9.
4. George David Smith, John T. Seaman Jr., and Morgan Witzel, *A History of The Firm* (New York: McKinsey & Company, 2010), 18.
5. Hal Higdon, *The Business Healers* (New York: Random House, 1970), 13.
6. Ashish Nanda and Kelley Morrell, "McKinsey & Company: An Institution at a Crossroads," Harvard Business School, December 4, 2002.
7. Smith, Seaman, and Witzel, *A History of The Firm,* 35.
8. Wolf, *Management and Consulting,* 13.

9. Ibid., 42.
10. Alfred D. Chandler Jr., *Scale and Scope: The Dynamics of Industrial Capitalism* (Boston: Harvard University Press, 1994), 4.
11. Thomas K. McGraw, *American Business, 1920–2000: How It Worked* (Wheeling, IL: Harlan Davidson, 2000), 1.
12. Chandler, *Scale and Scope*, 71.
13. Jack Beatty, *Colossus: How the Corporation Changed America* (New York: Broadway Books, 2001), 178.
14. John Micklethwait and Adrian Wooldridge, *The Company: A Short History of a Revolutionary Idea* (New York: Modern Library, 2003), 66.
15. McGraw, *American Business,* 7.
16. Alfred D. Chandler Jr., *Strategy and Structure: Chapters in the History of the American Industrial Enterprise* (Cambridge, MA: MIT Press, 1962), 6.
17. Christopher D. McKenna, *The World's Newest Profession: Management Consulting in the Twentieth Century* (Cambridge University Press, 2006), 20.
18. Chandler, *Strategy and Structure,* 36.
19. Pankaj Ghemawat, "Competition and Business Strategy in Historical Perspective," *Business History Review,* volume 76 (Spring 2002), 40.
20. James O. McKinsey, *Budgetary Control* (New York: Roland Press, 1922), 8.
21. Wolf, *Management and Consulting,* 5.
22. *McKinsey: A Scrapbook* (McKinsey & Company, 1997), 7.
23. Firm Training Manual (1937), 4.
24. John G. Neukom, *McKinsey Memoirs: A Personal Perspective* (Self-Published, 1975), 4.
25. Higdon, *The Business Healers*, 137.
26. Wolf, *Management and Consulting*, 45.
27. Matthew Stewart, *The Management Myth: Why the Experts Keep Getting It Wrong* (New York: W.W. Norton, 2009), 35.

28. Andrew Billen, "From Man Management to Mad Management," *Times*, March 9, 2009.
29. McKenna, *The World's Newest Profession*, 59.
30. Mathias Kipping, "Trapped in Their Wave: The Evolution of Management Consultancies," in Timothy Clark and Robin Fincham (eds.), *Critical Consulting: New Perspectives on the Management Advice Industry* (Oxford: Blackwell, 2002), 28–49.
31. Matthias Kipping, "Hollow From the Start? Image Professionalism in Management Consulting," *Current Sociology*, volume 59, issue 4 (July 2011), 530–550.
32. McKenna, *The World's Newest Profession*, 62.
33. Rakesh Khurana, *From Higher Aims to Hired Hands: The Social Transformation of American Business Schools and the Unfulfilled Promise of Management as a Profession* (Princeton: Princeton University Press, 2007), 92.
34. McKenna, *The World's Newest Profession*, 60.
35. Stewart, *The Management Myth*, 59.
36. Neukom, *McKinsey Memoirs*, 34.
37. McKenna, *The World's Newest Profession*, 48.
38. Smith, Seaman, and Witzel, *A History of The Firm*, 58.
39. Jack Sweeney, "The Last Lion: Marvin Bower and His Quest for Professional Independence," *Consulting Magazine*, February/March 2003.
40. Wolf, *Management and Consulting*, 10.
41. Ibid., 11.
42. Neukom, *McKinsey Memoirs*, 14.
43. Roger Lowenstein, *New York Times*, December 28, 2003.
44. Nanda and Morrell, "McKinsey & Company: An Institution at a Crossroads."
45. Marvin Bower, *Memoirs* (New York, Marvinstories, 2003), 44.
46. Bower, *Perspective on McKinsey*, 17.

47. Bower, *Memoirs*, 46.
48. Wolf, *Management and Consulting*, 11.
49. Bower, *Perspective on McKinsey*, 16.
50. Elizabeth Haas Edersheim, *McKinsey's Marvin Bower* (Hoboken, NJ: John Wiley & Sons, 2004), 57.
51. Bower, *Perspective on McKinsey*, 32.
52. Ibid., 18.
53. Ibid., 34.
54. Sweeney, "The Last Lion."

第二章 坚持客户至上理念

1. James Gorman, interview by author, August 10, 2011.
2. Stuart Jeffries, "The Firm," *Guardian*, February 21, 2003.
3. John Huey, "How McKinsey Does It," *Fortune*, November 1, 1993.
4. Dick Bower, interview by author, April 5, 2011.
5. Christopher D. McKenna, *The World's Newest Profession: Management Consulting in the Twentieth Century* (Cambridge University Press, 2006), 202.
6. Ibid., 201.
7. Marvin Bower, *The Will to Lead: Running a Business with a Network of Leaders* (Boston: Harvard Business School Press, 1997), 51.
8. Ron Daniel, interview by author, December 7, 2010.
9. Hal Higdon, *The Business Healers* (New York: Random House, 1970), 230.
10. Ibid., 232.
11. Marvin Bower, *Perspective on McKinsey* (New York: McKinsey & Company, 1979), 192.
12. Ibid., 114.
13. Ibid., 14.
14. George MacDonald Fraser, *Flashman: A Novel* (New York: Plume, 1984), 30.
15. Mo Cunniffe, interview by author, May 7, 2010.

16. Elizabeth Haas Edersheim, *McKinsey's Marvin Bower* (Hoboken, NJ: John Wiley & Sons, 2004), 74.
17. Ibid., 71.
18. Harvard Business Study, "McKinsey and the Globalization of Consultancy," July 7, 2009.
19. *Investors Business Daily*, November 10, 2000.
20. Doug Ayer, interview by author, May 7, 2010.
21. Bower, *Perspective on McKinsey*, 37.
22. *McKinsey: A Scrapbook* (McKinsey & Company, 1997), 19.
23. Walter Kiechel III, *The Lords of Strategy* (Boston: Harvard Business Press, 2010), 25.
24. Pankaj Ghemawat, "Competition and Business Strategy in Historical Perspective," *Business History Review*, volume 76 (Spring 2002), 40.
25. Jack Sweeney, "The Last Lion: Marvin Bower and His Quest for Professional Independence," *Consulting Magazine*, February/March 2003.
26. Ibid.
27. Robert A. Caro, *The Power Broker* (New York: Vintage Books, 1974), 315.
28. George David Smith, John T. Seaman Jr., and Morgan Witzel, *A History of The Firm* (New York: McKinsey & Company, 2010), 113.

第三章 “非升即走”的用人之道

1. Dick Bower, interview by author, April 15, 2011.
2. Robert A. Caro, *The Power Broker* (New York: Vintage Books, 1974), 688.
3. Elizabeth Haas Edersheim, *McKinsey's Marvin Bower* (Hoboken, NJ: John Wiley & Sons, 2004), 215.
4. Doug Ayer, interview by author, May 7, 2010.
5. John Micklethwait and Adrian Wooldridge, *The Company: A Short*

History of a Revolutionary Idea (New York: Modern Library, 2003), 115.

6. Ibid., 117.
7. Rakesh Khurana, *From Higher Aims to Hired Hands: The Social Transformation of American Business Schools and the Unfulfilled Promise of Management as a Profession* (Princeton: Princeton University Press, 2007), 208.
8. Markin Bower, *Perspective on McKinsey* (New York: McKinsey & Company, Inc., 1979), 120.
9. Edersheim, *McKinsey's Marvin Bower*, 28.
10. Christopher D. McKenna, *The World's Newest Profession: Management Consulting in the Twentieth Century* (Cambridge University Press, 2006), 152.
11. William H. Whyte, *The Organization Man* (Philadelphia: University of Pennsylvania Press, 2002), 4.
12. Ibid., 276.
13. Khurana, *From Higher Aims to Hired Hands*, 200.
14. *New York Times*, November 30, 1996.
15. George David Smith, John T. Seaman Jr., and Morgan Witzel, *A History of The Firm* (New York: McKinsey & Company, 2010), 90.
16. Daniel Guttman and Barry Willner, *The Shadow Government: The Government's Multi-billion-dollar Giveaway of Its Decision-making Powers to Private Management Consultants, "Experts," and Think Tanks* (New York: Pantheon Books, 1976), 98.
17. Ibid.
18. Ibid.
19. *McKinsey: A Scrapbook* (McKinsey & Company, 1997), 26.
20. Guttman and Willner, *The Shadow Government*, 103.
21. McKenna, *The World's Newest Profession*, 98, 99.
22. Ibid., 105.
23. Ibid., 108.
24. Guttman and Willner, *The Shadow Government*, 111.

25. Ibid., 96.
26. Ibid., 275.
27. *New York Times*, July 3, 1970.
28. Carter Bales, interview by author, April 20, 2011.
29. Bower, *Perspective on McKinsey*, 72.
30. McKenna, *The World's Newest Profession*, 154.
31. Edersheim, *McKinsey's Marvin Bower*, 95.
32. Jon Katzenbach, interview by author, May 5, 2010.
33. Alfred D. Chandler Jr., *Scale and Scope: The Dynamics of Industrial Capitalism* (Boston: Harvard University Press, 1994), 613.
34. Bower, *Perspective on McKinsey*, 90.
35. Ibid., 95.
36. Ibid., 192.
37. Ibid.
38. Matthias Kipping, "American Management Consulting Companies in Western Europe, 1920 to 1990: Products, Reputation, and Relationships," *Business History Review*, volume 73 (Summer 1999), 190–220.
39. Hal Higdon, *The Business Healers* (New York: Random House, 1970), 15.
40. Mike Allen, interview by author, May 24, 2010.
41. McKenna, *The World's Newest Profession*, 174.
42. Doug Ayer, interview by author, May 7, 2010.
43. Stephen Aris, "Ouper managers." *Sunday Times*, September 1, 1968.
44. Edersheim, *McKinsey's Marvin Bower*, 106.
45. McKenna, *The World's Newest Profession*, 181.
46. Micklethwait and Wooldridge, *The Company*, 171.
47. Jean-Jacques Servan-Schreiber, *The American Challenge* (New York: Scribner, 1968).
48. Walter Kiechel III, *The Lords of Strategy* (Boston: Harvard Business Press, 2010),25.

49. Michael Useem, *The Leadership Moment: Nine True Stories of Triumph and Disaster and Their Lessons for Us All* (New York: Crown Books, 1999), 213.
50. Logan Cheek, interview by author, November 2011.
51. Kipping, "American Management Consulting Companies."
52. *McKinsey: A Scrapbook*, 21.
53. Smith, Seaman, and Witzel, *A History of The Firm*, 96.
54. Edersheim, *McKinsey's Marvin Bower*, 95.
55. Bethany McLean and Peter Elkind, *The Smartest Guys in the Room: The Amazing Rise and Scandalous Fall of Enron* (New York: Portfolio, 2003), 71.
56. James Kwak, interview by author, September 10, 2010.
57. Higdon, *The Business Healers*, 134.
58. Matthias Kipping, "Hollow from the Start? Image Professionalism in Management Consulting," *Current Sociology*, volume 59, issue 4 (July 2011), 530–550.
59. James O'Shea and Charles Madigan, *Dangerous Company: Management Consultants and the Businesses They Save and Ruin* (New York: Penguin Books, 1997), 283.
60. Matthew Stewart, *The Management Myth: Why the Experts Keep Getting It Wrong* (New York: W.W. Norton, 2009), 4.
61. Ibid., 125.
62. Ibid., 143.
63. Martin Kihn, *House of Lies: How Management Consultants Steal Your Watch and Then Tell You the Time* (New York: Warner Business Books, 2005), 11.
64. Lewis Pinault, *Consulting Demons: Inside the Unscrupulous World of Global Corporate Consulting* (New York: HarperBusiness, 2000), 13.
65. John Huey, *Fortune*, November 1, 1993.
66. Christopher McKenna, interview by author, 2009.
67. Higdon, *The Business Healers*, 181.

68. McKenna, *The World's Newest Profession*, 157.
69. Gordon Perchthold and Jenny Sutton, *Extract Value from Consultants* (Austin, TX: Greenleaf Book Group Press, 2010), 37.
70. Stewart, *The Management Myth*, 153.
71. Curt Schleler, "Consulting Innovator Marvin Bower: His Vision Made McKinsey & Co. A Pioneer," *Investors Business Daily*, November 9, 2000.
72. *McKinsey: A Scrapbook*, 41.
73. Walter Guzzardi Jr., "Consultants: The Men Who Came to Dinner," *Fortune*, February 1965.
74. Chandler, *Scale and Scope*, 622.
75. McKenna, *The World's Newest Profession*, 8.
76. Higdon, *The Business Healers*, 176.
77. Ibid., 84.
78. Ibid., 181.
79. Smith, Seaman, and Witzel, *A History of The Firm*, 185.
80. Jack Beatty, *Colossus: How the Corporation Changed America* (New York: Broadway Books, 2001), 267.
81. Bower, *Perspective on McKinsey*, 112.
82. Smith, Seaman, and Witzel, *A History of The Firm*, 114.
83. Stephen Aris, "Supermanagers," *The Sunday Times*, September 1, 1968.

第四章 战略业务单元

1. Alfred D. Chandler Jr., *Strategy and Structure: Chapters in the History of the American Industrial Enterprise* (Cambridge, MA: The MIT Press, 1962), introduction.
2. Rakesh Khurana, *From Higher Aims to Hired Hands: The Social Transformation of American Business Schools and the Unfulfilled Promise of Management as a Profession* (Princeton: Princeton University Press, 2007), 208.

3. John Micklethwait and Adrian Wooldridge, *The Company: A Short History of a Revolutionary Idea* (New York: Modern Library, 2003), 121.
4. Chandler, *Strategy and Structure*, introduction.
5. "The New Shape of Management Consulting," *BusinessWeek*, May 21, 1979.
6. Thomas K. McGraw, *American Business, 1920–2000: How It Worked* (Wheeling, IL: Harlan Davidson, 2000), 157.
7. Christopher A. Bartlett, "McKinsey & Co: Managing Knowledge and Learning," *Harvard Business School*, January 4, 2000.
8. *McKinsey: A Scrapbook* (New York: McKinsey & Company, 1997), 49.
9. Michael C. Jensen, "McKinsey & Co.: Big Brother to Big Business," *New York Times*, May 30, 1971.
10. Nancy Killefer, interview by author, July 6, 2011.
11. *McKinsey: A Scrapbook*, 47.
12. David J. Parker, "The Management Consulting Industry in Germany," Working Paper, Alfred P. Sloan School of Management, August 1974, 5.
13. Geoffrey Jones and Alexis Lefort, "McKinsey and the Globalization of Consultancy," *Harvard Business School*, July 7, 2009.
14. John Cable and Manfred J. Dirrheimer, "Hierarchies and Markets—An Empirical Test of the Multidivisional Hypothesis in West Germany," *International Journal of Industrial Organization*, volume 1 (March 1983), 43–62.
15. George David Smith, John T. Seaman Jr., and Morgan Witzel, *A History of The Firm* (New York: McKinsey & Company, 2010), 182.
16. Logan Cheek, interview by author, December 12, 2011.
17. Rod Carnegie, interview by author, October 4, 2012.
18. Walter Kiechel III, *The Lords of Strategy* (Boston: Harvard Business Press, 2010), 40.
19. Stuart Crainer, *The Tom Peters Phenomenon: Corporate Man to Corporate Skunk* (Oxford: Capstone Publishing Limited, 1997), 11.

20. Pankaj Ghemawat, "Competition and Business Strategy in Historical Perspective," *Business History Review*, volume 76 (Spring 2002), 45.
21. John Byrne, *BusinessWeek*, June 23, 1986.
22. Adrian Wooldridge, "Big Think In the Boardroom: How business moved from affable amateurism to specialized, intellectualized 'models' and expertise," *Wall Street Journal*, March 10, 2010.
23. Kiechel, *The Lords of Strategy*, 65.
24. Matthew Stewart, *The Management Myth: Why the Experts Keep Getting It Wrong* (New York: W. W. Norton, 2009), 194.
25. Henry Mintzberg, interview by author, April 7, 2010.
26. Ghemawat, "Competition and Business Strategy," 47.
27. Mike Allen, interview by author, May 24, 2010.
28. Kiechel, *The Lords of Strategy,* 72.
29. *McKinsey: A Scrapbook,* 55.
30. Smith, Seaman, and Witzel, *A History of The Firm,* 178.
31. Elizabeth Haas Edersheim, *McKinsey's Marvin Bower* (Hoboken, NJ: John Wiley & Sons, 2004), 113.
32. *Consulting News*, February 1973.
33. McGraw, *American Business*, 164.
34. Peter von Braun, interview by author, May 7, 2010.
35. Ed Massey, interview by author, May 7, 2010.
36. *BusinessWeek*, November 18, 1967.
37. Smith, Seaman, and Witzel, *A History of The Firm*, 166.
38. Christopher Bartlett, "McKinsey & Company: Managing Knowledge and Learning," Harvard Business School, January 4, 2000.
39. Smith, Seaman, and Witzel, *A History of The Firm*, 311.
40. Hal Higdon, *The Business Healers* (New York: Random House, 1970), 188.
41. Ashish Nanda and Kelley Morrell, "McKinsey & Company: An Institution at a Crossroads," Harvard Business School, December 4, 2002.

42. Frank Mattern, interview by author, July 6, 2011.
43. Partha Bose, interview by author, December 12, 2011.
44. Khurana, *From Higher Aims to Hired Hands,* 324.
45. Ibid., 2.
46. Al McDonald, interview by author, February 24, 2011.
47. Month by Month, "Life After Managing Director—Al McDonald: Dancing Between the Elephant's Toes" (McKinsey & Company), January/February 1998.
48. Ibid.
49. Al McDonald, interview by author, February 24, 2011.
50. Peter von Braun, interview by author, May 7, 2010.
51. Month by Month, "Life After Managing Director—Al McDonald."
52. Smith, Seaman, and Witzel, *A History of The Firm*, 214.

第五章　构建企业的知识生态圈

1. Month by Month, "Life After Managing Director—Still Here. And Still Busy" (McKinsey & Company), July/August 1996.
2. John Byrne, *BusinessWeek*, June 23, 1986.
3. George David Smith, John T. Seaman Jr., and Morgan Witzel, *A History of The Firm* (New York: McKinsey & Company, 2010), 217.
4. Ibid., 225.
5. John A. Byrne, "Inside McKinsey," *BusinessWeek,* July 8, 2002.
6. Dana Milbank, *Globe and Mail,* October 12, 1993.
7. Partha Bose, interview by author, December 12, 2011.
8. *BusinessWeek,* May 21, 1979.
9. Matthias Kipping, interview by author, December 2, 2010.
10. Walter Kiechel III, *The Lords of Strategy* (Boston: Harvard Business Press, 2010), 104.
11. Ibid., 69.
12. Fred Gluck, interview by author, January 27, 2011.
13. Clay Deutsch, interview by author, April 2011.

14. Kiechel, *The Lords of Strategy*, 257.
15. Ashish Nanda and Kelley Morrell, "McKinsey & Company: An Institution at a Crossroads," Harvard Business School, December 4, 2002.
16. Partha Bose, interview by author, December 12, 2011.
17. Tom Peters, interview by author, July 27, 2010.
18. Bob Waterman, interview by author, 2010.
19. Stuart Crainer, *The Tom Peters Phenomenon: Corporate Man to Corporate Skunk* (Oxford: Capstone Publishing Limited, 1997), 12.
20. Ibid., 28.
21. Ibid., 27.
22. Tom Peters, interview by author, 2010.
23. Crainer, *The Tom Peters Phenomenon*, 41.
24. John Micklethwait and Adrian Wooldridge, *The Witch Doctors: Making Sense of the Management Gurus* (New York: Times Books, 1996), 46.
25. Tom Peters, interview by author, 2010.
26. Matthew Stewart, *The Management Myth: Why the Experts Keep Getting It Wrong* (New York: W.W. Norton, 2009), 247.
27. Bob Waterman, interview by author, 2010.
28. Ibid.
29. Tom Peters, interview by author, 2010.
30. Ibid.
31. McKinsey partner, interview by author, 2011.
32. Bob Waterman, interview by author, 2010.
33. John Huey, *Fortune,* November 1, 1993.
34. Bill Matassoni, interview by author, 2010.
35. Logan Cheek, interview by author, November 2011.
36. *McKinsey: A Scrapbook* (New York: McKinsey & Company, 1997), 68.
37. Smith, Seaman, and Witzel, *A History of The Firm,* 256.
38. Ian Davis, interview by author, June 16, 2011.
39. Smith, Seaman, and Witzel, *A History of The Firm,* 256.

40. Kiechel, *The Lords of Strategy,* 257.
41. Frank Mattern, interview by author, July 6, 2011.
42. Byrne, *BusinessWeek*, June 23, 1986.
43. Bill Matassoni, interview by author, September 3, 2010.
44. Smith, Seaman, and Witzel, *A History of The Firm,* 263.
45. Partha Bose, interview by author, December 12, 2011.
46. http://www.kohmae.com/book/index_e.html.
47. John Merwin, "We Don't Learn from our Clients, We Learn from Each Other," *Forbes,* October 19, 1987.
48. Byrne, *BusinessWeek,* June 23, 1986.
49. Merwin, "We Don't Learn."
50. George Feiger, interview by author, January 9, 2012.
51. Crainer, *The Tom Peters Phenomenon,* 77.
52. Bill Matassoni, interview by author, September 3, 2010.
53. Gordon Perchthold and Jenny Sutton, *Extract Value from Consultants* (Austin, TX: Greenleaf Book Group Press, 2010), 51.
54. Jim Coulter, interview by author, 2011.
55. Robert Dell, interview by author, 2011.
56. Huey, *Fortune,* November 1, 1993.
57. Byrne, *BusinessWeek,* June 23, 1986.
58. Huey, *Fortune,* November 1, 1993.

第六章 注重与离职员工保持紧密联系

1. Stuart Crainer, *The Tom Peters Phenomenon: Corporate Man to Corporate Skunk* (Oxford: Capstone Publishing Limited, 1997), 167.
2. Dana Milbank, *Globe and Mail,* October 12, 1993.
3. Frank Cahouet, interview by author, August 30, 2010.
4. *McKinsey: A Scrapbook* (New York: McKinsey & Company, 1997), 67.
5. Ibid.
6. Matthew Stewart, *The Management Myth: Why the Experts Keep Getting It Wrong* (New York: W. W. Norton, 2009), 70.

7. Rakesh Khurana, *From Higher Aims to Hired Hands: The Social Transformation of American Business Schools and the Unfulfilled Promise of Management as a Profession* (Princeton: Princeton University Press, 2007), 326.
8. Martin Kihn, *House of Lies: How Management Consultants Steal Your Watch and Then Tell You the Time* (New York: Warner Business Books, 2005), 38.
9. Hal Higdon, *The Business Healers* (New York: Random House, 1970), 111.
10. James P. McCollom, *The Continental Affair: The Rise & Fall of the Continental Illinois Bank* (New York: Dodd, Mead, 1987), 231.
11. David Craig, *Rip-Off! The Scandalous Inside Story of the Management Consulting Money Machine* (London: The Original Book Company, 2005), 170.
12. Ibid.
13. Michael Lanning, interview by author, April 27, 2010.
14. Tom Steiner, interview by author, 2010.
15. Milbank, "Critics Have Advice for McKinsey."
16. Maryann Keller, interview by author, 2009.
17. John Huey, *Fortune,* November 1, 1993.
18. Stewart, *The Management Myth,* 181.
19. John Merwin, "We Don't Learn from Our Clients, We Learn From Each Other," *Forbes,* October 19, 1987.
20. Alan Kantrow, interview by author, May 4, 2010.
21. Merwin, "We Don't Learn."
22. Stephen Aris, "Supermanagers," *Sunday Times,* September 1, 1968.
23. John Byrne, *BusinessWeek,* June 23, 1986.
24. Huey, *Fortune,* November 1, 1993.
25. Larry Kanarek, interview by author, 2010.
26. Merwin, "We Don't Learn."
27. Edwin Diamond, "News by the Numbers," *New York,* February 25, 1987.

28. Higdon, *The Business Healers,* 85.
29. Merwin, "We Don't Learn."
30. Lewis Pinault, *Consulting Demons: Inside the Unscrupulous World of Global Corporate Consulting* (New York: HarperBusiness, 2000), 47.
31. Fred Sturdivant, interview by author, April 22, 2010.

第七章 创业者文化

1. Walter Kiechel III, *The Lords of Strategy* (Boston: Harvard Business Press, 2010), 95.
2. Fred Gluck, interview by author, January 2011.
3. Ibid.
4. Rod Carnegie, interview by author, October 4, 2012.
5. Fred Gluck, interview by author, January 2011.
6. Month by Month, "Life After Managing Director—Still Here. And Still Busy" (McKinsey & Company), July/August 1996.
7. James Gorman, interview by author, August 10, 2011.
8. James O'Shea and Charles Madigan, *Dangerous Company: Management Consultants and the Businesses They Save and Ruin* (New York: Penguin Books, 1997), 6.
9. John A. Byrne, "What's a Guy Like This Doing at McKinsey's Helm?," *BusinessWeek,* June 13, 1988.
10. Nancy Killefer, interview by author, July 6, 2011.
11. Alison Leigh Cowan, "McKinsey May Buy Consultants," *New York Times*, October 2, 1989.
12. John A. Byrne, "The McKinsey Mystique," *BusinessWeek,* September 20, 1993.
13. Frank Mattern, interview by author, July 6, 2011.
14. Ibid.
15. Hal Higdon, *The Business Healers* (New York: Random House, 1970), 279.
16. Byrne, "The McKinsey Mystique."

17. John Huey, *Fortune,* November 1, 1993.
18. Fred Gluck, interview by author, January 2011.
19. Matthew Stewart, *The Management Myth: Why the Experts Keep Getting It Wrong* (New York: W.W. Norton, 2009), 171.
20. Huey, *Fortune,* November 1, 1993.
21. John A. Byrne, "Sexual Harassment at McKinsey?," *BusinessWeek,* December 9, 1996.
22. Byrne, "The McKinsey Mystique."
23. Huey, *Fortune,* November 1, 1993.
24. Jon Katzenbach, interview by author, May 5, 2010.
25. *McKinsey: A Scrapbook* (New York: McKinsey & Company, 1997), 76.
26. Stefan Matzinger, interview by author, February 5, 2011.
27. Byrne, "The McKinsey Mystique."
28. John Micklethwait and Adrian Wooldridge, *The Witch Doctors: Making Sense of the Management Gurus* (New York: Times Books, 1996), 32.
29. Kiechel, *The Lords of Strategy,* 256.
30. Frank Mattern, interview by author, July 6, 2011.
31. Fred Gluck, interview by author, January 2011.
32. Clay Deutsch, interview by author, March 15, 2011.
33. Kate Linebaugh, "The New GE Way: Go Deep, Not Wide," *Wall Street Journal,* March 6, 2012.
34. Huey, *Fortune,* November 1, 1993.
35. McKinsey pamphlet, "A Career in Consulting."
36. Fred Gluck, interview by author, January 2011.
37. Bill Matassoni, interview by author, September 3, 2010.
38. Alan Kantrow, interview by author, May 4, 2010.
39. Tom Steiner, interview by author, October 28, 2010.
40. Partha Bose, interview by author, December 12, 2011.
41. Jay W. Lorsch and Katharina Pick, "McKinsey & Co.," Harvard Business School Case 402-014, August 16, 2001.
42. Diana Farrell, interview by author, 2011.

43. Micklethwait and Wooldridge, *The Witch Doctors,* 54.
44. http://www.planetizen.com/node/20477.
45. http://www.montecitojournal.net/archive/12/15/220/.

第八章 团队精神

1. John A. Byrne, "Inside McKinsey," *BusinessWeek,* July 8, 2002.
2. John Micklethwait and Adrian Wooldridge, *The Company: A Short History of a Revolutionary Idea* (New York: Modern Library, 2003), 129.
3. John Byrne, "The McKinsey Mystique," *BusinessWeek,* September 20, 1993.
4. Ronald E. Yates, "'The Firm' Myths Not So Firm," *Chicago Tribune,* July 10, 1994.
5. Ibid.
6. Stuart Jeffries, "The Firm," *Guardian,* February 21, 2003.
7. Jim Fisher, interview by author, March 19, 2010.
8. James O'Shea and Charles Madigan, "The Firm's Grip," *Sunday Times,* September 7, 1997.
9. Jim Fisher, interview by author, March 19, 2010.
10. George Feiger, interview by author, January 9, 2012.
11. Gordon Orr, interview by author, June 20, 2011.
12. Ron Daniel, interview by author, December 17, 2010.
13. Partha Bose, interview by author, December 12, 2011.
14. Bill Cohan, interview by author, October 21, 2010.
15. Michelle Celarier, "The Lowdown on McKinsey," *Euromoney,* July 1996.
16. Christopher D. McKenna, *The World's Newest Profession: Management Consulting in the Twentieth Century* (Cambridge University Press, 2006), 3.
17. Ashish Nanda and Kelley Morrell, "McKinsey & Company: An Institution at a Crossroads," *Harvard Business School*, December 4, 2002.
18. Walter Kiechel III, *The Lords of Strategy* (Boston: Harvard Business Press, 2010), 48.

第九章　守住底线

1. Manjeet Kripalani, “India: The GE and McKinsey Club,” *BusinessWeek,* February 23, 2006.
2. Ashish Nanda and Kelley Morrell, “McKinsey & Company: An Institution at a Crossroads,” Harvard Business School, December 4, 2002.
3. Tom Peters, interview by author, July 27, 2010.
4. Bethany McLean and Peter Elkind, *The Smartest Guys in the Room: The Amazing Rise and Scandalous Fall of Enron* (New York: Portfolio, 2003), 31.
5. Kurt Eichenwald, *Conspiracy of Fools: A True Story* (New York: Broadway Books, 2005), 26.
6. Esther Maier, “Consulting Firms’ Impact on Performance: A Case Study of Enron and McKinsey” (Independent Study, University of Western Ontario), April 29, 2007.
7. McLean and Elkind, *The Smartest Guys in the Room*, 31.
8. Ibid., 35.
9. Eichenwald, *Conspiracy of Fools,* 52.
10. McLean and Elkind, *The Smartest Guys in the Room,* xx.
11. Ibid., 28.
12. Michelle Celarier, “The Lowdown on McKinsey,” *Euromoney,* July 1996.
13. Wendy Zellner, “Online Extra: Q&A with Enron’s Skilling,” *BusinessWeek.com,* February 12, 2001.
14. http://www.justice.gov/enron/exhibit/04-17/BBC-0001/OCR/EXH059-00383.TXT.
15. John A. Byrne, “Inside McKinsey,” *BusinessWeek*, July 8, 2002.
16. Ibid.
17. Maier, “A Case Study of Enron and McKinsey,” April 29, 2007.
18. McLean and Elkind, *The Smartest Guys in the Room,* 295.
19. Andrew Billen, “From Man Management to Mad Management,” *Times,* March 9, 2009.

20. McLean and Elkind, *The Smartest Guys in the Room,* 119.
21. Byrne, *BusinessWeek,* July 8, 2002.
22. Ibid.
23. Maier, "A Case Study of Enron and McKinsey," April 29, 2007.
24. Ibid.
25. Byrne, *BusinessWeek,* July 8, 2002.
26. Alex Grey, "Challenges to the Reputation of Consulting Firm: A Case Study of the Fallout from the Enron Demise," (Independent Study, University of Western Ontario), May 5, 2008.
27. Maier, "A Case Study of Enron and McKinsey," April 29, 2007.
28. Byrne, *BusinessWeek,* July 8, 2002.
29. Grey, "A Case Study of the Fallout from the Enron Demise," May 5, 2008.
30. Byrne, *BusinessWeek,* July 8, 2002.
31. Grey, "A Case Study of the Fallout from the Enron Demise," May 5, 2008.
32. Fiona Czerniawska, "Consulting on the Brink: The Implications of Enron for the Consulting Industry," *Arkimeda*, 5.
33. Lewis Pinault, *Consulting Demons: Inside the Unscrupulous World of Global Corporate Consulting* (New York: HarperBusiness, 2000), 230.
34. Lars Engwall, "Bridge, Poker and Banking," Department of Business Studies, Uppsala University, 1995.
35. Byrne, "Inside McKinsey."
36. Stewart Hamilton and Alicia Micklethwait, *Greed and Corporate Failure* (Hampshire, England: Palgrave Macmillan, 2006), 118.
37. Ibid.
38. Ian Davis, interview by author, June 16, 2011.
39. George David Smith, John T. Seaman Jr., and Morgan Witzel, *A History of The Firm* (New York: McKinsey & Company, 2010), 419.
40. David Berardinelli, *From Good Hands to Boxing Gloves: The Dark*

Side of Insurance (Portland, Oregon: Trial Guides, 2008), 31.

41. David Dietz and Darrell Preston, "The Insurance Hoax," *Bloomberg Markets*, September 2007.
42. James O'Shea and Charles Madigan, "The Firm's Grip," *Sunday Times,* September 7, 1997.
43. John Byrne, *BusinessWeek,* August 25, 1997.
44. Nicholas Lemann, "The Kids in the Conference Room," *New Yorker,* October 18, 1999.
45. Malcolm Gladwell, "The Talent Myth," *New Yorker*, July 20, 2002.
46. Ibid.
47. John Micklethwait and Adrian Wooldridge, *The Company: A Short History of a Revolutionary Idea* (New York: Modern Library, 2003), 144.
48. Thomas K. McGraw, *American Business, 1920–2000: How It Worked* (Wheeling, IL: Harlan Davidson, 2000), 36.
49. Nanda and Morrell, "McKinsey & Company: An Institution at a Crossroads."
50. Byrne, "Inside McKinsey."
51. Ibid.
52. Ibid.
53. Chuck Neul, interview by author, April 13, 2010.
54. Byrne, "Inside McKinsey."
55. Ibid.
56. Nanda and Morrell, "McKinsey & Company: An Institution at a Crossroads."
57. Heather Tomlinson, "After Enron, McKinsey Gets Call from the MoD," *The Independent,* July 28, 2002.
58. Dick Bower, interview by author, April 15, 2011.

第十章　价值观的力量

1. "McKinsey's Election Battle," *The Economist,* February 27, 2003.
2. Ian Davis, interview by author, June 17, 2010.

3. Juan Hoyos, interview by author, March 17, 2011.
4. Carter Bales, interview by author, April 20, 2010.
5. Michelle Jarrard, interview by author, January 25, 2011.
6. "80 Layoffs at Madison Square Garden," *New York Times,* February 7, 2004.
7. Richard Milne, "'Locusts' of Private Equity Help Grohe," *Financial Times,* June 5, 2008.
8. Steven Greenhouse and Michael Barbaro, "Wal-Mart Memo Suggests Ways to Cut Employee Benefit Costs," *New York Times,* October 26, 2005.
9. Ann Zimmerman and Gary McWilliams, "Inside Wal-Mart's 'Threat Research' Operation," *The Wall Street Journal,* April 4, 2007.
10. *New York Observer*, August 11, 2009.
11. Dominic Casserley, interview by author, January 14, 2011.
12. Nat Ives, "Conde Nast's Townsend on Why Gourmet Was Shut Down," *Ad Age,* October 5, 2009.
13. Dirk Smillie, "McKinsey Comes to the House of Murdoch," *Forbes.com,* November 13, 2009.
14. Ibid.
15. Amy Chozick, "Helping Hand for a Print Empire," *New York Times,* July 30, 2012.
16. Lucia Moses, "McKinsey's Back at Time Inc," *AdWeek,* October 10, 2012.
17. Del Jones, "Some Firms' Fertile Soil Grows Crop of Future CEOs," *USA Today,* January 9, 2008.
18. Andrew Hill, "Inside McKinsey," *FT Magazine,* November 25, 2011.
19. Nancy Killefer, interview by author, July 6, 2011.
20. Duff McDonald, "The Answer Men," *New York Magazine,* July 26, 2009.
21. "Move Over, Goldman: It Is McKinsey's Turn to Try to Sort Out Uncle Sam," *Economist,* January 13, 2009.
22. Ibid.

23. "The Tale of Mr. Jackson: The Public Sector Has Had Its Fill of Management Consultants," *Economist,* January 23, 2010.
24. Gregg Carlstrom, "Report: What Measuring Productivity Could Yield," *Federal Times*, July 20, 2009.
25. http://www.mckinsey.com/Client_Service/Public_Sector.aspx#Defense_and_Security.
26. David Rose, "The Firm That Hijacked the NHS," *Daily Mail*, February 12, 2012.
27. Walter Kiechel III, *The Lords of Strategy* (Boston: Harvard Business Press, 2010), 304.
28. *Wall Street Journal,* September 29, 1997.
29. Kiechel, *The Lords of Strategy,* 306.
30. Andrew Billen, "Goodbye to Glib Gurus and Their Gobbledegook," *Sunday Times,* March 9, 2009.
31. Kevin Mellyn, *Financial Market Meltdown* (Santa Barbara, CA: Praeger, 2009), 71.
32. Kevin Mellyn, *Broken Markets* (New York: Apress, 2012), 153.
33. Mellyn, *Financial Market Meltdown,* 68.
34. http://www.nakedcapitalism.com/2009/05/guest-post-incredibly-uneven-recovery.html.
35. Diana Farrell, interview by author, 2011.
36. Steve Lohr, "GE Goes With What It Knows: Making Stuff," *New York Times,* December 4, 2010.
37. Michelle Celarier, "The Lowdown on McKinsey," *Euromoney,* July 1996.
38. Francois Bouvard, Thomas Fohrmann, and Nick Lovegrove, "The Case for Government Reform Now," *McKinsey Quarterly,* June 2009.
39. http://poetsandquants.com/2011/11/16/mckinsey-doubles-mba-hires-at-duke-haas/.
40. Jason Busch, "McKinsey Caught Up in China Procurement Bribe Scandal," *Spend Matters*, January 22, 2007.
41. Christine Seib, "Now Even Management Consultants Are Feeling the Squeeze," *Times (London),* February 19, 2009.

第十一章 合格领导者的必备能力

1. http://www.glassdoor.com/Best-Places-to-Work-LST_KQ0,19.htm.
2. Gordon Pittso, "Dominic Barton's Global Challenge," *Globe and Mail,* August 17, 2009.
3. Dominic Barton, interview by author, June 23, 2011.
4. Dominic Barton, "Capitalism for the Long-Term," *Harvard Business Review,* March 2011.
5. Frank Mattern, interview by author, July 6, 2011.
6. Dana Milbank, "Critics Have Advice for McKinsey," *Globe and Mail,* October 12, 1993.
7. John Merwin, *Forbes*, October 19, 1987.
8. John A. Byrne, *BusinessWeek*, September 20, 1993.
9. Lou Gerstner, *Who Says Elephants Can't Dance? How I Turned Around IBM* (New York: HarperCollins, 2002), 3.
10. Bill Matassoni, interview by author, 2010.
11. Michelle Jarrard, interview by author, January 25, 2011.
12. Alistair Osborne, "Prudential's McKinsey Bill Annoys Investors," *Telegraph,* June 6, 2010.
13. Tom Peters, interview by author, July 27, 2010.
14. Ian Davis, interview by author, June 16, 2011.
15. Kunal N. Talgeri, "The McKinsey Way," *Outlook Business,* May 16, 2009.
16. Brooke Masters, James Fontanella-Khan, and Justin Baer, "McKinsey Partner's Arrest Casts Shadow," *Financial Times,* October 22, 2009.
17. http://www.forbes.com/lists/2011/21/private-companies-11_McKinsey-Company_IPPW.html.
18. Duff McDonald, "Rajat Gupta: Touched by Scandal," *Fortune,* October 1, 2010.
19. Ibid.
20. http://friendsofrajat.com/read-the-open-letter/.
21. http://dealbook.nytimes.com/2012/04/19/insider-trading-investiga-

tion-ensnares-goldman-sachs-executive/?nl=business&emc=edit_dlbkam_20120420.

22. Suzanna Andrews, "How Rajat Gupta Came Undone," *BusinessWeek,* May 19, 2011.
23. Ian Davis, interview by author, June 6, 2011.
24. Suketu Mehta, "The Outsider," *Newsweek,* October 23, 2011.
25. Peter Lattman and Azam Ahmed, "Rajat Gupta Convicted of Insider Trading," *New York Times,* June 15, 2012.
26. Michelle Jarrard, interview by author, January 25, 2011.
27. Ian Davis, interview by author, June 6, 2011.
28. Walter Kiechel III, *The Lords of Strategy* (Boston: Harvard Business Press, 2010), 11.
29. Andrew Hill, "Inside McKinsey," *FT Magazine,* November 25, 2011.
30. Peter Grauer, interview by author, July 26, 2011.

尾声：与时俱进，完善自我

1. Walter Kiechel III, *The Lords of Strategy* (Boston: Harvard Business Press, 2010), 2.
2. Nicholas Lemann, "The Kids in the Conference Room,"*New Yorker,* October 18, 1999.
3. Bill MacCormack, interview by author, May 7, 2010.
4. Stefan Stern, "Strategy Consultants Need Some New Ideas," *Financial Times*, April 5, 2010.
5. Clay Deutsch, interview by author, March 5, 2011.
6. Clayton M. Christensen, Dina Wang and Derek van Bever, "Consulting on the Cusp of Disruption,"*Harvard Business Review,* October 2013.
7. Gary Hamel, *The Future of Management* (Cambridge: Harvard Business School Press, 2007), 6.
8. George David Smith, John T. Seaman Jr., and Morgan Witzel, *A History of The Firm* (New York: McKinsey & Company, 2010), 444.